Px
.6

VOYAGES

DANS

L'INTÉRIEUR DU BRÉSIL.

PREMIÈRE PARTIE.

PARIS. — IMPRIMERIE DE CASIMIR, RUE DE LA VIEILLE-MONNAIE, N° 12.

VOYAGE

DANS LES PROVINCES

DE RIO DE JANEIRO

ET

DE MINAS GERAES;

Par AUGUSTE DE SAINT-HILAIRE,

Chevalier de la Légion-d'Honneur, membre de l'Académie royale des Sciences de l'Institut de France, des Sociétés philomatique et d'Histoire Naturelle de Paris, de la Société Linnéenne de Londres, de l'Académie de Lisbonne, de la Société des Sciences Physiques de Genève, de l'Académie Léopoldine, de la Société des Sciences Physiques d'Orléans, etc.

TOME PREMIER.

PARIS.

GRIMBERT ET DOREZ, LIBRAIRES,
RUE DE SAVOIE, N° 14.

1830.

A MONSIEUR

LE DUC DE LUXEMBOURG,

CAPITAINE DES GARDES, PAIR DE FRANCE, ETC., ETC.

MONSIEUR LE DUC,

Lorsque vous partîtes pour Rio de Janeiro, en qualité d'ambassadeur extraordinaire, vous désirâtes que votre voyage ne fût point sans utilité pour les sciences, et vous daignâtes me permettre de vous accompagner. Privé d'un avantage aussi flatteur, je n'aurais point entrepris de visiter l'intérieur de l'empire du Brésil. Si donc j'ai pu parvenir à faire mieux connaître une contrée que la nature a comblée de ses bienfaits, si je puis inspirer à mes compatriotes le désir d'avoir avec les Brésiliens des rapports plus intimes, si mes tra-

vaux ont contribué en quelque chose aux progrès de la science, c'est à vous, monsieur le Duc, que je suis redevable d'un tel bonheur; et en vous offrant l'hommage de cette relation, je ne fais, pour ainsi dire, que vous rendre ce qui vous appartient. Vous ne vous êtes point borné à m'accorder votre protection, lorsque je me rendis en Amérique, mais encore vous n'avez cessé de me prodiguer depuis mon retour les marques les plus honorables d'intérêt et de bienveillance. Puisse l'hommage que j'ose vous présenter aujourd'hui, être à vos yeux une légère preuve de la vive reconnaissance et du profond respect avec lequel j'ai l'honneur d'être,

Monsieur le Duc,

Votre très-humble et très-obéissant serviteur,

AUGUSTE DE SAINT-HILAIRE.

PRÉFACE.

Il est peu de pays qui offrent autant de ressources que le Brésil, et qui soient appelés à jouer dans la politique un rôle aussi brillant; ses montagnes recèlent dans leur sein des métaux précieux; ses rivières couvrent de leurs eaux des diamans et des pierreries; le sucre et le froment, la vigne et le café, les arbres fruitiers de l'Europe et ceux de l'Inde, sont cultivés à la fois sur son territoire fertile; ses immenses solitudes pourraient recevoir d'innombrables colons, et ses ports assurent d'importans débouchés aux produits de notre sol et de notre industrie. Cependant, malgré les utiles travaux de quelques écrivains dignes d'éloges, cette magnifique contrée est encore bien loin d'être connue.

J'ai consacré six années entières à parcourir une vaste portion de l'empire du Brésil; j'y ai fait environ deux mille cinq cents lieues; j'ai visité les provinces de Rio de Janeiro, d'Espirito Santo, de Minas Geraes, Goyaz, Saint-Paul, Sainte-Catherine; j'ai passé plusieurs mois dans la république Cisplatine; j'ai vu tout ce qui reste encore des anciennes missions jésuitiques de la rive gauche de l'Uruguay, et j'ose espérer que la relation de mon voyage ajoutera une foule de notions nouvelles à celles qu'on possède déjà sur la partie orientale de l'Amérique du Sud.

L'examen des productions végétales du Brésil était sans doute le premier but de mon voyage ; cependant je n'ai rien négligé pour recueillir les faits qui peuvent, sous d'autres rapports, donner une idée juste d'une contrée aussi intéressante. Je ne me suis point borné à suivre des chemins fréquentés, je me suis enfoncé dans les lieux les plus déserts, et j'ai étudié les tribus indigènes. Favorisé par les autorités locales, accueilli partout avec l'hospitalité la plus généreuse, j'ai pu voir tout ce qu'il y avait de remarquable, et réunir les renseignemens les plus précieux. Chaque jour, j'écrivais un journal détaillé de ce qui s'offrait à mes regards, et j'y consignais, autant que le permettaient mes faibles connaissances, tout ce qui pouvait contribuer à donner une idée exacte des pays que je parcourais. C'est de ce journal, écrit sur les lieux, que j'extrais la relation historique dont je commence aujourd'hui la publication.

Trois grands ouvrages ont été consacrés à mes observations purement scientifiques [1]. Celui-ci of-

---

[1] I *Plantes usuelles des Brésiliens* avec fig.; II *Histoire*

PRÉFACE.

frira le tableau d'une nature étrangère à l'Europe ; on y trouvera des détails de statistique et de géographie, des renseignemens sur l'agriculture, les arts et le commerce, et de nombreuses recherches sur la géographie des plantes ; j'y jetterai un coup d'œil sur l'état de la religion chez les Brésiliens ; je tâcherai de faire connaître l'administration civile et judiciaire de leur pays ; je dirai quelles sont les mœurs et les usages des provinces que j'ai visitées, et je m'appliquerai à donner une idée exacte des peuplades sauvages.

Il n'est point de peuple qui ne se distingue par des vertus ; il n'en est pas qui soit exempt de défauts. Je ne dissimulerai point le mal dont j'ai été le témoin ; mais aucune personnalité ne souillera cet ouvrage. Je jugerai les masses ; jamais je ne verserai le blâme sur les individus, encore moins sur celui qui m'a reçu sous son toit, et dont l'hospitalité m'a aidé à supporter les fatigues de mon voyage.

Je me permettrai peu de réflexions ; je dirai ce que j'ai vu ; je tâcherai de présenter les faits sous leur véritable aspect, et le plus souvent je laisserai le lecteur en tirer des conséquences.

J'ai poussé l'exactitude jusqu'au dernier scru-

---

des Plantes les plus remarquables du Brésil et du Paraguay avec fig. ; III *Flora Brasiliæ meridionalis* avec fig.

pule; et, je dois l'avouer, je me suis moins attaché à rendre mon style plus correct qu'à peindre fidèlement ce que j'avais observé. Cependant, il faut en convenir, le voyageur ne saurait tout voir par lui-même. Il passe lorsque l'on sème; il sera dans des lieux bien éloignés quand on récoltera; il est donc souvent obligé de s'en rapporter au témoignage d'autrui, et par conséquent il peut être trompé. Plus d'une fois, peut-être, aurai-je éprouvé ce sort; mais c'est alors seulement que j'induirai en erreur ceux qui liront ce livre.

Comme la ville de Rio de Janeiro était un lieu de dépôt pour mes collections d'histoire naturelle, j'y suis revenu plusieurs fois, et par conséquent mon voyage général se compose de plusieurs voyages particuliers entièrement distincts. C'est la province de Minas Geraes que j'ai visitée la première avec détail, et je commencerai par faire connaître cette province que rendent si intéressante les richesses qu'elle posséda jadis, celles qu'elle possède encore aujourd'hui, l'immense chaîne de montagnes qui la traverse, la variété de sa végétation, l'intelligence remarquable de ses habitans et les tribus indigènes qui bordent ses frontières. Dans une seconde partie, je décrirai le nord de la province de Rio de Janeiro et celle du Saint-Esprit; enfin, dans la troisième, je donnerai au public la relation du voyage de trois ans que j'ai fait à Goyaz, à Saint-Paul, Sainte-Catherine, Rio Grande, et sur les bords du Rio de la Plata et de l'Uruguay. J'ose espérer que l'on trouvera des faits nouveaux dans la partie que je publie aujourd'hui; mais ma troisième relation en offrira bien davantage encore, puisqu'on n'a pour ainsi dire rien écrit, du moins à ma connaissance, sur les déserts de Goyaz, sur ces délicieux *campos geraes*, qui conviendraient si bien à des colonies européennes, sur les environs de Curitiba, sur une vaste portion de la province de Rio Grande, etc., et que, depuis la suppression des jésuites, les missions si intéressantes de l'Uruguay sont pour ainsi dire restées dans un entier oubli.

En décrivant les lieux que j'ai parcourus, je me transporterai toujours à l'époque de mon voyage, et je ferai abstraction des événemens dont l'Amérique a été le théâtre depuis mon retour en France. Mais il faut le dire, malgré l'heureuse révolution dont j'ai vu les commencemens, et qui permet de concevoir pour l'avenir des Brésiliens de si belles espérances, il n'a pu survenir de bien grands changemens dans l'intérieur de leur pays. Les élémens d'une prompte réforme manquent dans des contrées où la population est si faible et où l'ignorance est encore si profonde. Au reste, la peinture que je présente ici de la situation du Brésil au moment où cet empire déclara son indépendance, montrera à ses habitans de quel point ils sont partis pour entrer dans la carrière des améliorations ; et si, lorsque le bien commencera à s'opérer chez eux d'une manière efficace, quelques Brésiliens de la génération qui s'élève aujourd'hui jettent un coup d'œil sur cet ouvrage, ils verront combien de grâces ils doivent rendre à leurs pères pour avoir commencé à tirer le pays d'une abjection trop déplorable. Ils verront combien ils doivent en rendre surtout au prince généreux qui a identifié ses intérêts avec ceux de son peuple, et qui, consacrant son immense empire à la liberté, a su le préserver en même temps de cette cruelle anarchie dont les ravages ont laissé des traces si profondes dans les belles campagnes du Rio de la Plata, du Paranna et de l'Uruguay [1].

---

[1] On s'étonnera peut-être de ce que j'ai tardé si long-temps à rédiger le commencement de cette Relation. Si des recherches géographiques eussent été l'unique but de mon voyage, le livre que je publie aujourd'hui aurait vu le jour beaucoup plus tôt. Mais, en parcourant le Brésil, je m'étais proposé principalement d'étudier la végétation de cette contrée, et j'ai cru devoir commencer par faire connaître le résultat de mes observations botaniques.

Des voyages si pénibles, entrepris avec de si faibles moyens, et accompagnés de tant de fatigues et de privations, ne sauraient guère s'achever qu'aux dépens des forces du voyageur.

PRÉFACE.

Quelque temps après mon retour, ma santé s'altéra; je fus obligé de suspendre mes travaux, et je vins chercher dans le midi de la France un climat plus analogue que celui de Paris à la température sous laquelle j'avais vécu si long-temps. Aussitôt que, grâces aux soins et aux talens de deux excellens amis, MM. les Drs Dunal et Lallemand, j'ai pu reprendre mes travaux, je me suis occupé de cette Relation, et si le public daigne en accueillir favorablement la première Partie, je ferai paraître successivement les deux autres.

Je dois cependant l'avouer, si j'ai recouvré un peu de force, ce n'est que par degrés, et bien des pages de ce livre ont encore été écrites au milieu des souffrances les plus cruelles. Il m'est donc permis de solliciter quelque indulgence pour des fautes de rédaction, sans doute trop fréquentes.

La position dans laquelle je me suis trouvé pendant que je rédigeais cet ouvrage, était aussi, je dois le dire encore, peu favorable à ce genre de travail. Éloigné de Paris, je n'ai pu consulter tous les livres dont j'aurais eu besoin; j'ai été privé des conseils qui m'auraient été si nécessaires, et, quoique l'étude de l'histoire naturelle eût été le principal but de mon voyage, je me suis vu trop souvent forcé de laisser beaucoup de vague dans ce que j'ai écrit sur cette science, parce que je n'avais sous les yeux aucune collection de plantes et d'animaux d'Amérique, que j'étais privé de l'avantage de pouvoir consulter celles que j'ai formées pendant mes voyages, privé même des notes que j'ai réunies sur les végétaux du Brésil.

Il est encore une circonstance qui me rend nécessaire l'indulgence de mes lecteurs. Tout le monde sait combien il est utile qu'un auteur surveille lui-même l'impression de ses écrits, et je suis resté à deux cents lieues de l'endroit où s'est imprimé cet ouvrage. Aussi, malgré les soins de

PRÉFACE.

l'éditeur et l'extrême intelligence de l'imprimeur, s'est-il introduit beaucoup de fautes dans mon premier volume. Autant que je l'ai pu, j'ai eu soin de les corriger dans un *errata*, et j'espère que l'on voudra bien ne pas me condamner avant d'y avoir jeté les yeux. Il semble au reste que, sous ce rapport, une espèce de fatalité se soit attachée aux meilleurs ouvrages publiés sur le Brésil. Manoel Ayres de Casal, le père de la géographie brésilienne, a de longs *errata*; la savante Relation de MM. Spix et Martius, où le sentiment des convenances est si bien respecté, renferme des fautes de typographie assez nombreuses; Jozé Feliciano Fernandes Pinheiro n'a pas été beaucoup plus heureux pour ses intéressantes Annales de Rio Grande; d'Eschwege, qui a été si exact et souvent si piquant, s'est vu forcé de joindre à son dernier ouvrage un chapitre entier où il corrige les fautes du premier; enfin, l'écrivain auquel on doit le plus de renseignemens précieux sur l'histoire, la géographie et la statistique du Brésil, Jozé de Souza Azevedo Pizarro e Araujo, a pour chacun de ses volumes des *errata* de plusieurs pages.

Montpellier, 21 mars 1830.

TABLE
DES CHAPITRES
DU TOME PREMIER.

                     Pages

CHAPITRE Ier. Arrivée à Rio de Janeiro. — Voyage à Ubá. 1

CHAP. II. Séjour à Ubá. — Les Coroados du Rio Bonito. 28

CHAP. III. Départ pour la province de Minas Geraes. — Route de Rio de Janeiro jusqu'à l'entrée de cette province. . 50

CHAP. IV. Route du Parahybuna à l'entrée du Campo. 75

CHAP. V. Route de l'entrée du Campo à Villa Rica. — Villes de Barbacena et de Queluz. 110

CHAP. VI. Villa Rica. 136

CHAP. VII. Marianna. 156

CHAP. VIII. De la religion et du clergé dans la province des Mines. 167

CHAP. IX. Route de Marianna à Catas Altas. — Causes principales de la décadence de la province des Mines. 184

CHAP. X. Séjour à Itajurú. — Usages des Mineiros et en particulier de ceux qui habitent la campagne. — Excursion à l'ermitage de Nossa Senhora Mai dos Homens. — Détails sur l'agriculture dans les parties de la province voisines de la capitale. 207

CHAP. XI. Exploitation des mines d'or. 238

CHAP. XII. Départ d'Itajurú. — Itabira de Mato dentro. 260

CHAP. XIII. Route d'Itabira à Villa do Principe. — Mines de fer. Forges du Morro de Gaspar Soares. 288

CHAP. XIV. Séjour à Villa do Principe. — Chasse. — Fonte et circulation de l'or. — Fête du couronnement. 323

CHAP. XV. De l'ordre judiciaire et administratif dans le Brésil en général, et en particulier dans la province de Minas Geraes. — Des milices et du régiment des Mines. . 353

TABLE DES CHAPITRES.

Pages

Chap. XVI. Voyage de Villa do Principe à Passanha. — Culture du froment et du cotonnier.............. 385

Chap. XVII. Les Indiens de Passanha................ 410

Chap. XVIII. Voyage de Passanha au termo de Minas Novas. — Village de Rio Vermelho. — Culture du tabac...... 440

FIN DE LA TABLE DU TOME PREMIER.

Vue de la Maison qu'habitait M.gr Le Duc de Luxembourg,
Ambassadeur extraordinaire de France au Brésil
en 1816.

VOYAGE

DANS

L'INTÉRIEUR DU BRÉSIL.

CHAPITRE PREMIER.

ARRIVÉE A RIO DE JANEIRO. — VOYAGE A UBÁ.

Départ de Brest avec M. le DUC DE LUXEMBOURG, ambassadeur de France au Brésil. — Arrivée à *Rio de Janeiro*. — Départ pour *Ubá*. — Coup d'œil de la baie de Rio de Janeiro. — Coquilles amassées pour faire de la chaux. — Rivière de *Mirity*; ses rivages marécageux. — Paroisse d'*Aguassú*. — Auberge de *Bemfica*. — Idée générale de la Cordilière parallèle à l'Océan. — Description des bois vierges. — Végétation des bords de la rivière d'*Hytú*. — *Taquarassú*, espèce de bambou. — Vallée d'*As Pedras*. — *Serra da Viuva*. — Fougères en arbres. — Grenouilles. — Cuscute. — Sucrerie de *Pao Grande*. — Accord de la distribution des maisons avec les mœurs. — Défauts dans la fabrication du sucre.

Dès ma plus tendre enfance, j'avais eu pour l'histoire naturelle un goût passionné; diverses circonstances le contrarièrent pendant long-temps; mais elles n'en triomphèrent point, et, aussitôt qu'il me fut possible de disposer de moi-même, je me livrai avec ardeur à l'étude des plantes.

TOME I.

Le goût de l'histoire naturelle fait naître celui de voyager. Après avoir étudié les objets qui l'entourent, l'observateur sent le besoin d'en examiner d'autres encore, et de là ce désir ardent qu'ont éprouvé presque tous les naturalistes d'aller visiter des contrées lointaines.

Lorsque le roi Jean VI transporta à Rio de Janeiro le siége de son empire, le Brésil fut enfin ouvert aux étrangers. Cette terre, neuve encore, promettait aux naturalistes les plus riches moissons; ce fut elle que j'entrepris de parcourir.

M. le DUC DE LUXEMBOURG avait été nommé ambassadeur de France près la cour de Portugal. Je sollicitai de lui l'honneur de l'accompagner; il accéda à ma demande avec cette bienveillance qui le caractérise, et, le 1er avril 1816, je partis de Brest avec l'ambassadeur sur la frégate *l'Hermione*.

Les courtes relâches que nous fîmes en Portugal, à Madère et à Ténériffe, ne me permirent pas de me livrer à beaucoup de recherches sur leurs productions, et je croirais inutile de décrire encore des pays qui l'ont été tant de fois.

Je ne décrirai pas davantage la ville de Rio de Janeiro qui, sous plusieurs rapports, est aujourd'hui aussi bien connue que les plus grandes capitales de l'Europe. Nous y arrivâmes le 1er juin, après la traversée la plus heureuse, et monsieur l'ambassadeur y resta quelques mois. J'employai ce temps à en parcourir les environs, et je recueillis un assez grand nombre de plantes, trop souvent contrarié dans leur dessiccation par l'excessive humidité du climat.

Après le départ de l'ambassadeur, un homme généreux auquel j'avais été recommandé, M. le commandeur J. Rodrigues Pereira de Almeida, me proposa de l'accompagner jusqu'à son habitation, située près de la rivière du *Parahyba*, à environ vingt-cinq à trente lieues de Rio de Janeiro : j'acceptai cette offre avec autant d'empressement que de reconnaissance. Je regardais cette petite excursion tout à la fois comme un moyen de me distraire de l'isolement où je me trouvais, et comme une occasion de me préparer d'une manière agréable à de plus longs voyages.

Le jour destiné pour notre départ, nous nous rendîmes de bonne heure à l'une des calles où nous attendaient les barques sur lesquelles nous devions traverser la baie. La société nombreuse qui devait accompagner le commandeur jusqu'à son habitation, se partagea, et je montai sur l'une des barques avec lui et quelques étrangers. Quatre nègres nous conduisaient; chacun d'eux sur un banc séparé appuyait un de ses pieds sur le banc qui était devant lui, et donnait alternativement un coup de rame en se levant et un autre moins fort en restant assis. Ces hommes rament de cette manière avec un ensemble remarquable, et, pendant notre petite navigation qui dura quelques heures, ils ne firent aucun usage du gouvernail. Il n'est aucun voyageur qui n'ait eu l'occasion d'observer que pour tous les exercices où il faut de la mesure et de la précision, les Africains sont généralement supérieurs aux peuples de l'Europe. Leurs chants et leurs danses sont barbares sans doute; mais ils savent y porter une justesse qui est souvent inconnue aux Français d'une classe inférieure.

Les barques sur lesquelles nous étions montés étaient construites avec soin et couvertes dans une partie de leur longueur. On en trouve toujours un grand nombre de semblables dans le port de Rio de Janeiro, et on les loue à des prix modérés pour faire des promenades sur la baie.

Le ciel était brillant et sans nuage; la mer était parfaitement calme, et la fraîcheur du matin nous permettait de jouir tout à notre aise de la vue délicieuse de la rade. Ce n'étaient plus ces points de vue austères et majestueux si communs autour de Rio de Janeiro qui s'offraient à nos regards; tout était riant autour de nous. Des barques nombreuses se croisaient en tous sens, et les pirogues légères, creusées dans un seul tronc d'arbre, semblaient voltiger sur les eaux. Différentes îles qui s'élèvent peu au-dessus de l'eau passèrent rapidement sous nos yeux, et chacune d'elles aurait offert au paysagiste de quoi exercer ses pinceaux. Quelques-unes ne sont qu'un amas de rochers amoncelés et arrondis, au milieu desquels naissent des broussailles; un plus grand nombre présentent l'aspect agréable de la culture. Dans presque toutes, on voit une ou deux petites maisons remarquables par leur propreté extérieure et par une sorte d'élégance qui leur est particulière. Ordinairement fort basses, comme toutes celles des environs de Rio de Janeiro, ces maisons ont également un toit presque plat relevé aux extrémités à la manière des pavillons chinois et couvert en tuiles creuses. Des groupes de bananiers entourent ces petites habitations, et souvent un cocotier, en s'élevant au-dessus de leur toit, ajoute encore à ce qu'elles ont de pittoresque, par l'élégance et la simplicité de ses formes.

Auprès de quelques îles nous vîmes des nègres qui, dans l'eau jusqu'à la ceinture, ramassaient des coquillages. Comme la pierre calcaire ne se trouve point dans les environs de Rio de Janeiro, on la remplace souvent par des coquilles. Pour en obtenir de la chaux, on forme de grands cônes en plaçant alternativement, les uns au-dessus des autres, des lits épais de coquilles et de bois, et c'est là que l'on allume le feu. Le travail de ramasser les coquilles dans l'eau est l'un des plus contraires à la santé des nègres, et leur cause souvent des maladies dangereuses.

Nous passâmes entre la terre ferme et l'Ile du Gouverneur (*Ilha do Governador*), la plus grande de toute la baie, et nous arrivâmes à l'embouchure de la petite rivière de *Mirity*.

Pendant qu'il fut soumis au système colonial, le Brésil avait été fermé aux étrangers avec un si grand soin, que dans un livre imprimé en France il y a à peine douze ou treize ans, on demandait encore si la baie de Rio de Janeiro n'était pas l'embouchure d'un grand fleuve. Cette baie est aujourd'hui aussi bien connue que nos rades les plus fréquentées; l'émulation des Européens est telle, que peu d'années leur ont suffi pour acquérir sur le Brésil des notions parfaitement exactes, et bientôt ils auront décrit jusqu'au plus petit insecte, jusqu'à la moindre graminée de ce pays immense, qui tout récemment encore se présentait à leur imagination entouré de ce merveilleux qui s'attache toujours aux objets lointains et peu connus.

Une foule de rivières se jettent dans la baie de Rio de Janeiro : prenant leurs sources dans les montagnes voisines, elles ont en général un cours de peu d'étendue; mais elles facilitent le transport des denrées, et sont de la plus grande utilité pour l'approvisionnement de la capitale.

Dans la partie où nous la remontâmes, celle de Mirity a un cours à peine sensible. Ses eaux sont saumâtres et traversent un terrain très-bas, marécageux et entièrement couvert de deux espèces d'arbres aquatiques. Des terrains de même nature ne sont pas très-rares autour de Rio de Janeiro; on ne songe point encore à les mettre à profit, mais, comme la population de la capitale du Brésil augmente avec la plus étonnante rapidité, un temps viendra bientôt sans doute où l'on cherchera à tirer parti des terres qui aujourd'hui restent inutiles. Alors on pourra probablement consolider les rivages marécageux, en y plantant des bananiers comme on l'a essayé quelquefois avec succès dans une autre partie de l'Amérique méridionale; on remplacera les bananiers par la canne à sucre, et, si d'abord un goût peu agréable ne permet pas qu'on l'emploie à autre chose qu'à faire de l'eau-de-vie, bientôt elle reprendra sa douceur ordinaire[1].

---

[1] C'est, m'a-t-on dit, ce qui est arrivé à Cayenne.

AU BRÉSIL.

Arrivés au lieu où l'on a coutume d'embarquer les denrées que l'on envoie à Rio de Janeiro par la rivière de Mirity, nous mîmes pied à terre et montâmes sur des mulets que M. d'Almeida avait fait venir de son habitation. Nous traversâmes par un chemin sablonneux un pays égal, entrecoupé de bois et de quelques pâturages, et, après avoir passé devant plusieurs sucreries, nous arrivâmes à *Hyguassú,* ou plus communément *Aguassú* [1], chef-lieu d'une paroisse du même nom.

Il n'y a point à Aguassú [2] de village proprement dit; on y voit seulement quelques maisons éparses, pour la plupart assez écartées les unes des autres, et dont plusieurs sont bâties autour d'une grande place couverte d'un beau gazon. Ces maisons, qui n'ont qu'un rez-de-chaussée, sont occupées par des cabaretiers, par des marchands dont les boutiques sont assez bien fournies, et qui vendent tout à la fois et de la mercerie et des étoffes, et enfin par des maréchaux dont l'état est ici plus nécessaire que tout autre, à cause du passage continuel des muletiers de *Minas Geraes* qui viennent de descendre la montagne. C'est à Aguassú

---

[1] *Hy* et *guassú*, grande eau.

[2] On verra bientôt que je repassai par le chemin d'Aguassú à Ubá, en commençant environ deux mois plus tard mon voyage de la province des Mines. Pour ne pas revenir deux fois de suite sur la description des mêmes lieux, j'ai cru pouvoir présenter dans le même cadre les diverses observations faites à des époques aussi rapprochées.

que commence à devenir navigable la petite rivière à laquelle ce lieu doit son origine et son nom. La rivière d'Aguassú prend naissance à peu de distance de la grande Cordilière, et se jetant comme celle de Mirity dans la baie de Rio de Janeiro, elle offre aux planteurs du voisinage un moyen commode pour transporter leurs denrées à la ville.

En quittant Aguassú, nous nous trouvâmes sur cette route que l'on appelle le *chemin de terre* (*caminho da terra*). On lui donne ce nom, parce qu'en la suivant, on parvient à Rio de Janeiro, sans être obligé de s'embarquer, tandis que la grande route de *Villa Rica*[1] ne va que jusqu'au village de *Porto da'Estrela*, qui est situé au fond de la baie, et où l'on est obligé de prendre des barques pour arriver à la capitale. Ceux des *Mineiros* qui craignent la mer, et il en est un grand nombre, se détournent de la grande route vers la rivière du Parahyba, et ils prennent le chemin de terre; les caravanes qui viennent des parties occidentales de la province de Minas Geraes arrivent aussi au chemin de terre par des routes dont je parlerai ailleurs.

En quittant Aguassú, on n'a guère qu'une demi-lieue à faire pour arriver au pied des montagnes. Le terrain continue à être assez égal; mais le voisinage de la grande Cordilière donne au paysage un aspect plus austère.

Nous fîmes halte à une espèce d'auberge appelée

---

[1] La capitale de la province de Minas Geraes.

Bemfica [1], où s'arrêtent ordinairement les caravanes qui doivent monter la Cordilière et celles qui viennent de la descendre. Cette habitation est située à environ neuf lieues de Rio de Janeiro, vers l'extrémité d'une avance assez étroite que la plaine fait entre les montagnes. Devant le bâtiment, qui est adossé à une colline, s'étend une belle pelouse parsemée de quelques groupes de goyaviers; au-delà coule la petite rivière d'*Hytú* ou *Hutúm* [2], dont on entend le murmure, mais que l'on n'aperçoit point, parce qu'elle est cachée par les arbrisseaux qui la bordent; plus loin enfin des montagnes élevées se développent en demi-cercle et offrent sur leurs flancs un amphithéâtre de bois vierges majestueux. Ce charmant paysage est animé par les bêtes de somme qui paissent çà et là, et par des groupes de muletiers dont les uns déchargent leurs marchandises, et dont les autres se reposent déjà des fatigues de la journée, étendus nonchalamment sur le gazon.

Les montagnes au pied desquelles nous étions alors font partie de l'immense chaîne qui, après avoir pris naissance dans le nord du Brésil, se prolonge parallèlement à la mer, laisse peu d'intervalle entre elle et le rivage, traverse les provinces du Saint-Esprit, de Rio de Janeiro, de Saint-Paul, de Sainte-Catherine, et qui, à l'entrée de celle Rio Grande de S. Pedro, décrit,

---

[1] Ce nom est cependant moins connu que celui de *Pé da Serra* qui signifie simplement le *pied de la montagne*.

[2] Mot indien qui signifie *cascade*.

vers l'ouest, une large courbure pour aller finir dans les Missions de l'Uraguay. Cette cordilière qui change continuellement de nom, tantôt ne laisse qu'un intervalle étroit entre elle et l'Océan, et tantôt s'écarte davantage vers l'ouest. Il est inutile de faire sentir quelle barrière formidable elle opposerait aux étrangers qui voudraient s'emparer du Brésil. Ils pourraient sans doute se rendre maîtres de quelques ports; mais il faudrait qu'ils s'approvisionnassent par la mer, car rien ne serait plus facile que de défendre le petit nombre de défilés et de chemins difficiles qui établissent une communication entre le littoral et l'intérieur. Les terrains qui s'étendent entre l'Océan et la grande Cordilière, sont généralement plats ou coupés de quelques collines. Excepté dans la province de Rio Grande et les parties trop sablonneuses des autres provinces, ces terrains sont couverts de forêts vierges ou ils le furent autrefois, avant que la main des hommes les eût détruites [1], et c'est aussi la même sorte de végétation que présente dans toute son étendue la Cordilière elle-même [2].

Lorsqu'un Européen arrive en Amérique, et que, dans le lointain, il découvre des bois vierges pour la

[1] Il est possible que, dans la province de Rio Grande, il existe quelques bois vierges au nord-est de la grande Cordilière. Il est possible aussi qu'au sud-est de la province de Sainte-Catherine il se trouve quelques *campos* entre la grande chaîne et l'Océan.

[2] Voyez mon introduction à l'*Histoire des plantes les plus remarquables du Brésil et du Paraguay*.

première fois, il s'étonne de ne plus apercevoir quelques formes singulières qu'il a admirées dans nos serres chaudes, et qui sont ici confondues dans les masses; il s'étonne de trouver, dans les contours des forêts, aussi peu de différence entre celles du Nouveau-Monde et celles de son pays; et, si quelque chose le frappe, c'est uniquement la grandeur des proportions et le vert foncé des feuilles qui, sous le ciel le plus brillant, communique au paysage un aspect grave et austère. Pour connaître toute la beauté des forêts équinoxiales, il faut s'enfoncer dans ces retraites aussi anciennes que le monde. Là rien ne rappelle la fatigante monotonie de nos bois de chênes et de sapins; chaque arbre a pour ainsi dire un port qui lui est propre; chacun a son feuillage, et souvent offre une teinte de verdure différente de celle des arbres voisins. Des végétaux gigantesques, qui appartiennent aux familles les plus éloignées, entremêlent leurs branches et confondent leur feuillage. Les *bignonées* à cinq feuilles croissent à côté des *cœsalpinia*, et les fleurs dorées des *casses* se répandent en tombant sur des fougères arborescentes. Les rameaux mille fois divisés des *myrtes* et des *eugenia* font ressortir la simplicité élégante des *palmiers*, et, parmi les mimoses aux folioles légères, le *cecropia* étale ses larges feuilles et ses branches qui ressemblent à d'immenses candélabres. La plupart des arbres s'élèvent parfaitement droits à une hauteur prodigieuse; il en est qui ont une écorce entièrement lisse; quelques-uns sont défendus par des épines, et les énormes troncs d'une espèce de figuier sauvage s'étendent en lames obliques qui semblent les soutenir comme des arcs-boutans. Les fleurs obscures de nos hêtres et de nos chênes ne sont guère aperçues que par les naturalistes; mais, dans les forêts de l'Amérique méridionale, des arbres gigantesques étalent souvent les plus brillantes corolles. Les *cassia* laissent pendre de longues grappes dorées; les *vochisia* redressent des thyrses de fleurs bizarres; des corolles tantôt jaunes et tantôt purpurines, plus longues que celles de nos digitales, couvrent avec profusion les *bignonées* en arbres, et des *chorisia* se parent de fleurs qui ressemblent à nos lis pour la grandeur et pour la forme, comme elles rappellent l'*alstrœmeria* pour le mélange de leurs couleurs. Certaines formes végétales qui ne se montrent chez nous que dans les proportions les plus humbles, là se développent, s'étendent et paraissent avec une pompe inconnue sous nos climats. Des *borraginées* deviennent des arbrisseaux; plusieurs *euphorbiacées* sont des arbres majestueux, et l'on peut trouver un ombrage agréable sous le feuillage épais d'une *composée*[1]. Mais ce sont principalement les *graminées* qui montrent le plus de différence dans leur végétation. S'il en est une foule qui n'acquièrent pas d'autres dimensions que celles de nos *bromes* et de nos *fétuques*, et qui, formant aussi la masse des gazons, ne diffèrent des espèces européennes que par leurs tiges plus souvent rameuses et

---

[1] Je dois dire que ce n'est point dans un bois vierge que j'ai observé la *composée* dont je parle ici.

leurs feuilles plus larges, d'autres s'élancent jusqu'à la hauteur des arbres de nos forêts et présentent le port le plus gracieux. D'abord droites comme des lances et terminées par une pointe aiguë, elles n'offrent à leurs entre-nœuds qu'une seule feuille qui ressemble à une large écaille ; celle-ci tombe ; de son aisselle naît une couronne de rameaux courts chargés de feuilles véritables : la tige du *bambou* se trouve ainsi ornée, à des intervalles réguliers, de charmans verticilles; elle se courbe et forme entre les arbres des berceaux élégans.

Ce sont principalement les lianes qui communiquent aux forêts les beautés les plus pittoresques ; ce sont elles qui produisent les accidens les plus variés. Ces végétaux, dont nos *chèvre-feuilles* et nos *lierres* ne donnent qu'une bien faible idée, appartiennent, comme les grands végétaux, à une foule de familles différentes. Ce sont des *bignonées,* des *bauhinia,* des *cissus,* des *hippocratea,* etc., et, si toutes ont besoin d'un appui, chacune a pourtant un port qui lui est propre. A une hauteur prodigieuse une *aroïde* parasite appelée *cipó d'imbé* ceint le tronc des plus grands arbres ; les marques des feuilles anciennes qui se dessinent sur sa tige en forme de losanges, la font ressembler à la peau d'un serpent ; cette tige donne naissance à des feuilles larges, d'un vert luisant, et à la partie inférieure du tronc naissent des racines grêles qui descendent jusqu'à terre droites comme des fils à plomb. L'arbre qui porte le nom de *cipó matador* ou la liane meurtrière a un tronc aussi droit que celui de nos peupliers; mais trop grêle pour se soutenir isolément, il trouve un support dans un arbre voisin plus robuste que lui; il se presse contre sa tige à l'aide de racines aériennes qui, par intervalles, embrassent celle-ci comme des osiers flexibles; il s'assure et peut défier les ouragans les plus terribles. Quelques lianes ressemblent à des rubans ondulés; d'autres se tordent ou décrivent de larges spirales; elles pendent en festons, serpentent entre les arbres, s'élancent de l'un à l'autre, les enlacent et forment des masses de branchages, de feuilles et de fleurs, où peut-être l'observateur aurait peine à rendre à chaque végétal ce qui lui appartient.

Mille arbrisseaux divers, des *mélastomées*, des *borraginées*, des *poivres*, des *acanthées*, etc., naissent au pied des grands arbres, remplissent les intervalles que ceux-ci laissent entre eux, et offrant leurs fleurs au naturaliste, le consolent de ne pouvoir atteindre celles des arbres gigantesques qui élèvent au-dessus de sa tête leur cime impénétrable aux rayons du soleil. Les troncs renversés ne sont point couverts seulement d'obscures cryptogames; les *tillandsia*, les *orchidées* aux fleurs bizarres, etc., leur prêtent une parure étrangère, et souvent ces plantes elles-mêmes servent d'appui à d'autres parasites. De nombreux ruisseaux coulent ordinairement dans les bois vierges; ils y entretiennent la fraîcheur; ils offrent au voyageur altéré une eau délicieuse et limpide, et sont bordés de tapis de mousses, de lycopodes et de fougères, du milieu desquelles naissent des *bégonies* aux tiges délicates et succulentes, aux feuilles inégales, aux fleurs couleur de chair.

Excitée sans cesse par ses deux agens principaux, l'humidité et la chaleur, la végétation des bois vierges est dans une activité continuelle; l'hiver ne s'y distingue de l'été que par une nuance de teinte dans la verdure du feuillage, et si quelques arbres y perdent leurs feuilles, c'est pour reprendre aussitôt une parure nouvelle. Mais il faut en convenir, cette végétation, qui ne se repose jamais, ne permet pas qu'on trouve dans les bois vierges autant de fleurs que dans les pays découverts. La floraison met, comme l'on sait, un terme à la végétation; les arbres qui produisent sans cesse des branches et des feuilles ne sauraient donner des fleurs continuellement; et, par exemple, un *qualea Gestasiana*, qui s'était chargé de fleurs élégantes, est ensuite resté pendant cinq ans sans en rapporter de nouvelles [1].

Il ne faut pas croire que les forêts vierges soient partout absolument les mêmes; elles offrent des variations suivant la nature du terrain, l'élévation du sol et la distance de l'équateur. Les bois des environs de Rio de Janeiro ont plus de majesté que tous ceux que j'ai vus dans les autres parties du Brésil, peut-être parce que l'humidité n'est nulle part aussi grande; cependant les forêts des provinces du Saint-Esprit et de Minas Geraes, celles même des provinces plus mé-

---

[1] Je dois cette espèce à mon excellent ami M. le comte DE GESTAS, consul général de France, et c'est à lui que je l'ai dédiée... *Voyez* mon travail sur les *Vochisiées* dans les Mémoires du Muséum.

ridionales de Saint-Paul et de Sainte-Catherine, ont aussi leurs beautés, et à mesure que j'avancerai dans mes récits, je tâcherai de faire connaître les différences qui m'ont frappé le plus.

Si les forêts vierges servent de retraite à quelques animaux dangereux, tels que des serpens, elles sont l'asile d'un nombre bien plus considérable d'espèces entièrement innocentes; des cerfs, des tapirs, des agoutys, plusieurs espèces de singes, etc. Les hurlemens des *macacos barbados*, répétés par les échos, ressemblent au bruit d'un vent impétueux qui s'interromprait par intervalles en se ralentissant peu à peu. Des milliers d'oiseaux, dont le plumage diffère autant que les mœurs, font entendre un ramage confus ; les batraciens y mêlent leurs coassemens aussi variés que bizarres, et les cigales leurs cris aigus et monotones. C'est ainsi que se forme cette voix du désert, qui n'est autre chose que l'accent de la crainte, de la douleur et du plaisir, exprimé de différentes manières, partant d'êtres divers. Au milieu de tous ces sons, un bruit plus éclatant frappe les airs, fait retentir la forêt et étonne le voyageur. Il croit entendre les coups d'un marteau sonore qui tombe sur l'enclume et auquel succèderait le travail étourdissant de la lime s'exerçant sur le fer. Le voyageur regarde de tous côtés, et il s'étonne, lorsqu'il découvre que des sons qui ont autant de force sont produits par un oiseau gros comme un merle qui, presque immobile au sommet d'un arbre desséché, chante, s'interrompt, et attend pour recommencer qu'un autre individu de son espèce ait répondu à ses accens. C'est le *casmarynchos nudicollis,* Tem., qui change de plumage à ses différens âges, et qui, après avoir été d'un vert cendré, finit par devenir aussi blanc que nos cygnes : les Mineiros l'appellent *ferrador,* à cause de ses chants, et dans les provinces de Rio de Janeiro et du Saint-Esprit, on lui donne le nom d'*araponga,* évidemment emprunté des Indiens.

Des myriades d'insectes habitent les bois vierges et excitent l'admiration du naturaliste, tantôt par la singularité de leurs formes, tantôt par la vivacité de leurs couleurs. Des nuées de papillons se reposent sur le bord des ruisseaux ; ils se pressent les uns contre les autres, et, de loin, on les prendrait pour des fleurs dont la terre serait jonchée. Un superbe papillon bleu erre entre les grands arbres d'un vol lourd et incertain; il déploie un instant ses ailes qui sont en dessus d'un azur éclatant et nacré; cependant il les applique bientôt l'une contre l'autre; il a caché leur surface brillante pour ne plus montrer que le côté inférieur qui est d'un gris foncé : il disparaît ainsi dans l'obscurité de la forêt; mais on a le plaisir de l'apercevoir plus loin, encore orné de ses brillantes couleurs.

Après avoir quitté la maison de Bemfica, nous traversâmes à gué la petite rivière d'Hytú[1] qui est peu pro-

---

[1] Pour les noms propres, j'ai suivi, au'ant qu'il m'a été possible, l'orthographe et l'accentuation portugaises. L'accent tombe ordinairement sur la pénultième syllabe, et quand il y a exception, elle est indiquée par le signe ´, mis

fonde et coule avec rapidité. Parmi les arbrisseaux qui la bordent, il est impossible de ne pas remarquer des *ingas* aux longues étamines, une borraginée dont les fleurs blanches réunies en cime ressemblent à celles de notre liseron, et enfin une myrtée remarquable par la grandeur de ses feuilles, par son calice qui s'ouvre comme un couvercle, et par le goût de ses fleurs, qui rappelle celui du clou de gérofle (*calyptranthes aromatica*. Aug. de S. Hil.). On ne saurait s'empêcher d'admirer aussi un petit arbrisseau touffu qui croît parmi les pierres dans le lit même du ruisseau, et qui appartient à la famille des rubiacées. Son feuillage est d'un vert luisant, ses branches étalées s'étendent au-dessus de l'eau, et elles se terminent par une espèce d'ombelle composée de longues corolles d'un aussi beau rouge que celui des fleurs du grenadier.

Au-delà de la rivière d'Hytú, le chemin s'élève peu à peu au-dessus d'un ravin étroit qui sépare deux hautes montagnes couvertes de forêts. Jusqu'alors j'avais vu peu de bois vierges dont le feuillage fût d'un vert aussi sombre et dont la végétation fût aussi vigoureuse. Les arbres, pressés les uns contre les autres, ne laissent point aux lianes assez d'air ni d'espace pour croître au milieu d'eux, leur feuillage touffu affaiblit la lumière du jour, et leurs branches entrelacées dérobent au voyageur la vue d'un torrent qui coule en mugis-

---

sur la voyelle accentuée. Ce signe, placé sur l'*e*, n'indique pas que cette lettre doit être prononcée comme notre *e* fermé, mais comme notre *e* ouvert.

sant au fond du ravin. Après avoir monté pendant quelque temps, je regardai en arrière : le chemin que nous avions suivi et le ravin qu'il côtoie se découvraient à mes regards. Par une illusion d'optique assez singulière, un arbre gigantesque, à tige parfaitement droite, paraissait placé au milieu du chemin, et, isolé dans une masse immense de verdure, il semblait un roi entouré de son peuple. A mesure que nous montions, le bruit du torrent s'affaiblissait, et le silence des bois était à peine troublé de loin en loin par le chant de quelques oiseaux et les sons grêles que faisaient entendre de petites espèces de cigales. Dans un enfoncement humide et ombragé, j'aperçus un *erinus* dont les fleurs, disposées en ombelle et d'un violet rougeâtre, ressemblaient à celles de la primevère à grandes corolles[1]. Des plantes que l'on puisse rapporter aux genres de la flore française sont, comme l'on sait, fort rares sous les tropiques, et je n'en recueillis jamais, dans le cours de mes voyages, sans éprouver quelque attendrissement. Cet *erinus* me rappela, avec celui des Alpes, les riantes campagnes où j'avais vu ce dernier pour la première fois, et les doux souvenirs de la patrie vinrent se mêler au recueillement dans lequel m'avait plongé la vue des forêts sombres et majestueuses que je traversais alors.

Après être montés et descendus plusieurs fois, nous

---

[1] J'ai décrit cet *erinus* dans les Plantes les plus remarquables du Brésil et du Paraguay.

parvînmes au bout d'une heure au point le plus élevé. Là, une vue aussi étendue que variée s'offrit à mes regards. Nous découvrîmes toute la plaine, les collines qui la coupent çà et là, et plus loin les montagnes pittoresques de *Tijuca* et du *Corcoyado*. Sur la gauche l'horizon était borné par la baie de Rio de Janeiro, et comme l'entrée de celle-ci était cachée par des vapeurs, elle se montrait à mes yeux avec l'apparence d'un immense lac parsemé d'îles.

En descendant la montagne, j'eus le plaisir de trouver en fleur (au commencement de décembre) un grand nombre de *taquarassú*, la plus grande espèce de bambou qui croisse au Brésil. Ces graminées gigantesques peuvent s'élever à cinquante ou soixante pieds de hauteur; leurs tiges, d'un vert mat, ont la grosseur du bras; presque dès leur origine, elles se courbent en berceau, et souvent leur extrémité retombe sur la terre. A leurs nœuds, qui sont éloignés les uns des autres de plusieurs pieds, naissent des verticilles de rameaux courts et chargés de feuilles lancéolées. Il se passe plusieurs années depuis la naissance du *taquarassú* jusqu'à l'époque de sa floraison, qui met un terme à son existence. D'immenses panicules de quinze à vingt pieds de long se développent à l'extrémité de sa tige; mais alors la plante a perdu presque toute sa beauté; il ne lui reste presque plus de feuilles; la teinte grisâtre de ses fleurs semble annoncer sa destruction prochaine, et la raideur des rameaux écartés de sa panicule achève de lui ôter toute son élégance. Le *taquarassú* est au reste une plante fort utile. Des échelles légères et solides se font avec les tiges adultes, et, comme ces tiges sont creuses, on se sert souvent de leurs entre-nœuds, qui sont fermés par des cloisons transversales, soit pour aller puiser de l'eau, soit pour mettre l'huile de ricin qu'on vend dans les tavernes. Quand ces mêmes tiges sont encore très-jeunes, on les emploie pour faire des chapeaux ; à cet effet on les fend par la moitié ; on les expose au feu afin de leur enlever leur couleur verte ; ensuite on les met au soleil, et il s'en détache une écorce mince, flexible, d'un blanc verdâtre et mat, dont on forme des tresses.

Nous nous arrêtâmes quelques instans dans une vallée profonde qui porte le nom d'*As Pedras*, et j'eus l'occasion d'y observer un effet de végétation assez remarquable (au commencement de décembre). Sur le bord d'un ruisseau était un rocher isolé : il avait la forme d'un carré long ; ses côtés semblaient taillés à pic, et son sommet arrondi était couvert de plantes. Parmi elles, étaient un grand nombre de fougères à feuilles linéaires et étroites semblables à celles de notre *osmunda spicant*, L. Ces feuilles, longues de sept à huit pieds, s'inclinant dès leur naissance, tombaient perpendiculairement le long des côtés du rocher et à sa partie supérieure ; celui-ci se trouvait ainsi revêtu de bandelettes de verdure qui, serrées les unes contre les autres, ne laissaient voir la pierre nue qu'à travers leurs découpures horizontales.

Après avoir traversé la vallée d'As Pedras, nous trouvâmes la montagne qu'on appelle *Serra da*

Viuva[1], et qui est moins haute que celle que nous venions de descendre. Au-dessus du chemin, sur le penchant de la montagne, j'aperçus pour la première fois une réunion considérable de fougères en arbre, plante dont je n'avais vu jusqu'alors que des pieds isolés. Ces fougères atteignaient trente ou quarante pieds; leur tige droite, cylindrique, parfaitement égale dans toute sa longueur, portait l'empreinte des anciennes feuilles; elle pouvait avoir trois à cinq pouces de diamètre, et elle se terminait par une touffe de feuilles très-longues, qui, après s'être élevées d'abord dans une direction presque droite, se courbaient ensuite avec grâce. Des palmiers élégans se mêlaient aux fougères arborescentes qui leur ressemblent tant pour l'ensemble de leurs formes, mais qui en diffèrent parce qu'elles sont généralement moins grandes, et que leur feuillage est finement découpé. Comme ces végétaux naissaient sur le flanc de la montagne à des hauteurs différentes, leurs feuilles se trouvaient souvent confondues, et ce mélange ôtait à chaque espèce ce que la répétition de ces formes si bien prononcées aurait eu de trop monotone.

A peu près sur le sommet de la montagne, mon attention fut excitée par un coassement grave et répété par intervalles. Je descendis de cheval, et, m'étant approché d'un marais, je vis sur les herbes dont il était couvert une multitude de petites grenouilles

---

[1] Il est vraisemblable que ce n'est pas une montagne unique qui porte ce nom.

d'un jaune doré. Non-seulement le marais en était rempli, mais encore il y en avait un grand nombre sur les bambous voisins, et même sur le tronc des arbres. Elles pouvaient avoir environ deux pouces de longueur ; leur tête était alongée en forme de museau, leurs yeux ressortaient d'une manière remarquable ; elles avaient le cou étroit, le dos enflé, et le corps très-rétréci immédiatement au-dessus des cuisses. Elles sautaient avec une extrême légèreté, et elles s'élançaient sur les bambous et sur les troncs des arbres où elles grimpaient ensuite avec lenteur dans une position verticale. Leur coassement était absolument semblable à celui des grenouilles communes d'Europe. Quant au coassement grave qui m'avait frappé d'abord, il était produit par une autre espèce de grenouilles que je ne pus voir d'aussi près que les premières, parce qu'elles étaient dans une partie plus éloignée du marais : elles me parurent plus grandes ; leur dos était plus aplati, leur corps moins resserré au-dessous de la tête et au-dessus des cuisses, et ce qu'il y a de remarquable, c'est qu'aucune n'était mêlée parmi les premières. Les batraciens de l'Amérique méridionale ne présenteraient probablement pas moins de différence dans leurs habitudes que dans leurs formes, et ils offriraient sans doute un vaste champ d'observations curieuses au naturaliste qui voudrait les étudier avec soin.

Depuis l'auberge de Bemfica, le chemin avait été presque partout fort étroit et souvent même assez dangereux ; il s'élargit et devient très-beau quand on a descendu la Serra da Viuva ; alors on suit une vallée assez large, et l'on voit, de distance en distance, des habitations assez bien tenues, autour desquelles on cultive le maïs, le café et la canne à sucre. Dans un lieu humide, voisin d'une de ces habitations, j'aperçus de loin d'immenses paquets de filamens d'un très-beau jaune, qu'on aurait pu prendre pour des écheveaux de fils d'or jetés négligemment sur le gazon : ce n'était autre chose que les tiges longues et très-grêles d'une cuscute à laquelle on attribue dans le Brésil, comme à quelques autres espèces du même genre, des propriétés miraculeuses pour la guérison des maladies de poitrine.

Le troisième jour après notre départ de Rio de Janeiro, nous arrivâmes à *Pao Grande,* la sucrerie la plus considérable que j'aie vu au Brésil, si j'excepte peut-être celles du *Collegio* près *S. Salvador de Campos* bâties par les jésuites. Après avoir parcouru un pays où l'on ne découvre que de loin en loin quelques traces de la puissance de l'homme, on s'étonne d'apercevoir tout à coup un bâtiment immense entouré de vastes usines. Cependant Pao Grande rappelle bien moins l'aspect de nos châteaux que celui d'un monastère. La maison du propriétaire a un étage sans compter le rez-de-chaussée ; elle présente seize croisées de face ornées de balcons en fer, fabriqués en Europe, et au milieu du bâtiment est une grande chapelle de niveau avec lui, mais dont le toit est tout-à-fait distinct. L'autre côté de la maison, qui est adossée à un morne, a deux ailes entre lesquelles est une cour étroite. Comme dans la plupart des maisons portugaises et espagnoles, le rez-de-chaussée n'est point habité par les maîtres; un escalier en bois, assez mal construit, conduit aux appartemens : ceux du derrière sont réservés pour les dames; ceux du devant présentent une suite de grandes pièces toutes dépendantes les unes des autres et fort peu meublées; au fond de ces pièces sont de petites cellules obscures fermées par des portes, et c'est là que l'on couche. Cette distribution n'est pas seulement celle de Pao Grande, on la retrouve assez généralement dans les maisons anciennes un peu considérables, et elle est d'accord avec les mœurs. Les femmes, qui vivent peu avec les étrangers, qui même le plus souvent ne se montrent jamais, devaient habiter un local entièrement séparé. Les hommes, ignorant les charmes de la lecture et de l'étude, livrés à leurs plaisirs ou à des occupations extérieures, ont seulement besoin de trouver des appartemens où ils puissent se réunir; et, pour se coucher, il importe assez peu qu'ils aient des chambres obscures ou éclairées : une cellule privée de la lumière est même préférable pour ceux qui veulent dormir pendant le jour.

Les usines et les cases à nègres sont, à Pao Grande, rangées à peu près en demi-cercle devant l'habitation du maître. La distillerie, les chaudières et le moulin à sucre, se suivent dans l'ordre que j'indique, et sont placés dans un bâtiment immense construit en bois et en terre. L'arbre qui fournit le bois extrêmement dur que l'on a employé, porte le nom de *barauna* et appartient à la famille des légumineuses; pour les toitures, on s'est servi des tiges du palmier élancé qu'on appelle *palmito*. Tout autour de la pièce où sont les chaudières, règne une galerie entourée par une balustrade d'où le propriétaire peut, sans être incommodé, surveiller ses travailleurs. Le moulin à sucre, qui tourne par le moyen de l'eau, est dû à un mécanicien que le marquis de Pombal avait envoyé au Brésil; à ce moulin étaient jointes d'autres mécaniques plus ou moins utiles, mais elles n'ont point été entretenues. Dans un autre bâtiment sont actuellement un moulin à pilon pour concasser le maïs, un autre pour le moudre, et une râpe pour faire la farine de manhiot; ailleurs est un moulin à scie, et c'est l'eau qui met en mouvement ces diverses machines.

On voit assez par ce qui précède que l'habitation de *Pao Grande* doit avoir une très-grande importance; cependant là, à peu près comme ailleurs, on n'observe dans l'art de fabriquer le sucre aucun de ces nombreux perfectionnemens qu'y ont apportés le temps et les progrès des sciences. Je ne veux point parler des procédés inventés récemment pour clarifier et décolorer le sucre, mais de ceux qui sont connus depuis de longues années dans nos colonies; et, pour avoir une idée de ce qu'est aujourd'hui, chez les Brésiliens, cette fabrication importante, peut-être suffirait-il de lire Pison et Marcgraff, qui écrivaient en 1658. Très-peu de personnes connaissent les changemens que Dutrosne a introduits dans la manière de disposer les chaudières; les fourneaux sont toujours construits d'après les principes anciens, et personne n'a songé à les faire bâtir de manière à ce qu'on puisse les allumer en dehors, méthode qui a paru préférable dans d'autres colonies[1] : enfin on continue à laisser perdre la bagasse, et le bois est toujours employé comme combustible. Au lieu de faire sécher le sucre dans des étuves, on a l'habitude de l'exposer au soleil, sur des planches ordinairement élevées au-dessus du sol par des poteaux; on perd du temps à le rentrer lorsqu'on est menacé de la pluie; il est mouillé lorsqu'elle survient inopinément, et le vent y mêle toujours des corps étrangers qui diminuent sa qualité.

Il serait, au reste, injuste d'accuser les Brésiliens du peu de progrès qu'ils ont faits dans les arts les plus nécessaires pour eux. Tout le monde sait que le système colonial tendait à retarder les progrès de l'instruction, et depuis que leurs ports sont ouverts aux étrangers, ceux qui se sont proposés pour être leurs maîtres, auraient eu trop souvent eux-mêmes besoin d'être instruits.

[1] J'ai trouvé cette méthode en usage dans le voisinage de *Jejuco*.

CHAPITRE II.

SÉJOUR A UBÁ. — LES COROADOS DU RIO BONITO.

Arrivée à *Ubá*.—Histoire de cette habitation.—Des Indiens qui occupaient autrefois ce canton. — M. Jozé Rodriguez. — Commencement de mes collections zoologiques. — Oiseaux des environs d'Ubá. — Insectes ; espèces phosphoriques ; espèces nuisibles ; puces pénétrantes ; moustiques ; *borrachudos*. — Arrivée des Indiens *Coroados* à Ubá ; leur danse ; leur manière de manger ; discours singulier de l'un d'eux. — Danse des nègres créoles et mozambiques. — Histoire des Coroados du *Rio Bonito ;* leur industrie ; leurs mœurs ; portrait de ces Indiens ; leur langage. — Abondance de la chasse après la pluie. — Sarigue. — Retour à Rio de Janeiro.

Après avoir quitté Pao Grande, nous traversâmes de nouvelles forêts, et bientôt nous arrivâmes à Ubá. Cette habitation située tout près du *Parahyba*, et dans le bassin de ce fleuve, n'est guère élevée que de six cents pieds au-dessus du niveau de la mer [1] ; la chaleur y est presque aussi forte qu'à Rio de Janeiro, et les terres sont très-propres à la culture du sucre. Le nom d'Ubá est celui d'une graminée fort élevée, qui croît sur le bord des eaux et qui est commune sur ceux d'une rivière voisine de l'habitation où j'étais alors.

[1] Observation de M. d'Eschwege.

Pendant tout mon séjour au Brésil, je ne passai nulle part des instans plus heureux; chaque jour je faisais de longues courses dans les forêts ou sur les bords de la rivière; je rapportais une foule d'objets qui m'étaient inconnus, et je me livrais tranquillement à mes travaux, sans éprouver aucune de ces privations, aucun de ces embarras et de ces soins qui ont rendu tant de fois mes voyages si pénibles.

Il n'y a qu'un très-petit nombre d'années, cette habitation d'Ubá, aujourd'hui si belle et si florissante, n'existait point encore. Ce fut l'oncle de M. d'Almeida qui la fit construire. Cet oncle, M. Jozé Rodriguez, possédait originairement une lieue de terrain inculte à Pao Grande; il s'associa à deux marchands de Rio de Janeiro qui lui fournirent des fonds; il bâtit, sur sa terre, la sucrerie qu'on y voit aujourd'hui, et il en devint l'administrateur. Alors Ubá était habité par des Indiens sauvages, et il n'y avait que deux nègres de Pao Grande qui se hasardassent à traverser la forêt pour aller pêcher sur les bords du Parahyba. Cependant M. Jozé Rodriguez vivait en bonne intelligence avec les Indiens : ils allaient le visiter à Pao Grande; il leur faisait donner à manger, les régalait de tafia [1], et ils finirent par l'engager à s'établir au milieu d'eux. Sur ces entrefaites, les associés de M. Jozé Rodriguez vinrent à mourir; dégoûté des embarras d'une tutelle qui devait être fort longue, il quitta Pao Grande, et profitant de l'offre des sauvages, il alla former un

[1] *Cachaça.*

établissement à Ubá. M. Jozé Rodriguez avait pris pour les Indiens l'affection la plus touchante; il forma la généreuse résolution de les civiliser et de leur faire embrasser le christianisme. Il allait les voir dans leurs huttes, les recevait chez lui, et dépensait des sommes considérables pour gagner leur confiance.

Mais, comme j'aurai occasion de le démontrer par la suite, ce n'est que par un système suivi que l'on pourrait faire aux Brésiliens indigènes un bien durable; il faudrait que tous les blancs qui se dévoueraient à vivre parmi eux fussent animés du même esprit et tendissent au même but : ce ne sera jamais l'ouvrage d'un homme isolé, quelque noble que soit son caractère, quelque absolu que l'on puisse supposer son dévouement. Le voisinage des Portugais ne tarda pas à devenir funeste aux Indiens des environs d'Ubá. Une maladie de peau, les maladies vénériennes, et surtout la petite vérole, exercèrent bientôt leurs ravages parmi eux et en firent périr un très-grand nombre. Cependant le comte de Linharés, ministre d'État, ayant entendu parler de l'établissement d'Ubá, pensa qu'on pourrait tirer un parti avantageux des terres fertiles de ce canton, et M. Jozé Rodriguez fut chargé d'en faire le partage. Les Indiens, réduits à un très-petit nombre, et divisés entre eux depuis la mort d'un chef qui avait su se faire respecter de tous, se retirèrent de l'autre côté du Parahyba; ils se mêlèrent avec les restes d'autres peuplades, que les Portugais confondent sous le nom de *Coroados*, et ils vivent aujourd'hui dans les forêts voisines du *Rio Bonito*, à une assez faible distance de l'habitation d'Ubá. Depuis ce temps cette habitation est devenue chaque jour plus florissante. M. Jozé Rodriguez avait fait construire une sucrerie, un moulin à scie, un moulin à maïs; mais une maison commode manquait encore. M. d'Almeida a ajouté cet agrément à sa propriété, et aujourd'hui on est surpris de trouver au milieu des bois vierges, et à plusieurs journées de la ville, une demeure élégante où se trouvent rassemblées toutes les commodités de la vie.

En quittant la France, j'avais eu pour compagnon de voyage feu M. Delalande, naturaliste du Muséum de Paris, que son activité et son ardeur pour le travail doivent faire regretter par cet établissement [1]. Il avait été forcé de retourner en Europe avec M. le duc de Luxembourg, et il n'avait pu étendre ses recherches au-delà des environs de Rio de Janeiro. Arrivé à Ubá, j'y vis déjà des insectes et des oiseaux que je n'avais point aperçus jusqu'alors; excité par le désir de rendre mon voyage plus utile, je voulus essayer de remplacer mon compagnon sans pourtant nuire à mes observations botaniques, et je me mis à former des collections d'animaux que j'ai continuées jusqu'à mon départ pour l'Europe, et qui ont beaucoup ajouté à mes fatigues.

Autour de Rio de Janeiro, les chasseurs, et proba-

---

[1] Voyez l'introduction à mon *Histoire des plantes les plus remarquables du Brésil et du Paraguay*.

blement les faiseurs de collections, ont singulièrement diminué le nombre des oiseaux et des quadrupèdes : on n'y trouve plus de singes, fort peu de perroquets et de toucans, et, en 1821, j'apercevais à peine quelques petites espèces dans les campagnes les plus voisines. Il n'en était pas de même d'Ubá ; de nombreux oiseaux habitaient encore les bois vierges des alentours et les rivages du fleuve ; on voyait des toucans, des perroquets, des martins-pêcheurs, des jacanas, des coucous, des oiseaux-mouches. Des gallinacées beaucoup plus grosses que nos perdrix rouges et d'un goût au moins aussi délicat, étaient extrêmement communes dans les forêts, et chaque jour les chasseurs de M. d'Almeida lui apportaient des *jacus*, des *jacutingas* [1], et surtout une grande quantité d'individus de cette belle espèce qu'on appelle dans le pays *macuco*, et qui pond des œufs d'une couleur bleu de ciel, presque aussi gros que ceux des poules. Les diverses sortes de gibier ne sont point les mêmes dans les différentes parties du Brésil ; mais on peut dire que presque partout il y a plus de variété dans les espèces qu'il n'en existe dans nos contrées.

La collection d'insectes que je formai à Ubá ne fut pas moins considérable que celle d'oiseaux. Pendant les mois où la chaleur se fait le moins sentir, on trouve encore quelques coléoptères dans les parties du Brésil situées entre les tropiques ; mais c'est en octobre qu'ils commencent à devenir communs, et l'on continue à

---

[1] *Penelope.*

en trouver un grand nombre jusque vers la fin de mars. Il faut quelque dextérité pour saisir ces petits animaux; l'instinct de leur conservation les tient sans cesse sur leurs gardes; au bruit le plus léger ils rapprochent leurs pattes de leur corps, deviennent immobiles, se laissent rouler sur la feuille qu'ils broutaient, tombent à terre et s'échappent au milieu des herbes. Il est donc bon que le chasseur avance doucement une de ses mains par-dessous la feuille où il voit l'insecte qu'il veut saisir; l'animal croit, par sa manœuvre accoutumée, pouvoir échapper à son ennemi, et il se précipite lui-même dans le piége qui lui a été tendu.

Ce n'est pas seulement pendant le jour que l'entomologiste augmentera ses collections; il peut encore, lorsque la nuit arrive, se livrer à la chasse des insectes phosphoriques. Tandis qu'en France la propriété d'être lumineux ne s'observe que dans trois ou quatre lampyres, et que, dépourvus d'ailes, ils restent à peu près à la même place cachés parmi les herbes, ici, diverses espèces, appartenant à plus d'un genre, parcourent les airs et les sillonnent de leur brillante lumière. Quelques-unes ont les derniers anneaux du ventre remplis de matière phosphorique; d'autres, au contraire, portent à la partie supérieure de leur corselet deux proéminences lumineuses, arrondies et assez écartées, qui semblent se confondre lorsque l'insecte vole, mais qui, pendant le jour, brillent comme autant d'émeraudes enchâssées dans un fond brun un peu cuivré. Les coléoptères phosphoriques répandent ordinairement une lumière éclatante et d'un vert jaune; cependant quelques-uns ne laissent échapper qu'une lueur rouge et obscure, et il en est qui ont tout à la fois quelques anneaux de l'abdomen remplis d'une lumière verte et d'autres anneaux pleins d'une matière lumineuse et jaunâtre. Rien n'est plus amusant que de voir ces divers insectes voler par une nuit sombre dans les endroits où ils sont un peu nombreux. Les airs sont traversés par des points lumineux plus ou moins larges, plus ou moins éclatants, qui se croisent en tous sens, brillent un moment, disparaissent et se montrent plus loin. Le vol des coléoptères phosphoriques n'est pas le même pour toutes les espèces : quelques-unes s'élèvent à dix ou douze pieds ou même davantage ; d'autres, au contraire, restent toujours à quelques pieds de la terre ; la plupart volent horizontalement ; mais dans les endroits marécageux on en trouve une petite espèce, qui, comme un jet lumineux, s'élance dans une direction oblique ou verticale, scintille un instant et disparaît. On sait que les insectes phosphoriques ont la faculté d'affaiblir ou de cacher la substance lumineuse qu'ils contiennent ; cependant lors même qu'ils ont cessé d'exister, la présence de cette matière se trahit encore par la couleur jaune serin de la partie qui la renferme, et, quand ils sont vivans, la clarté qu'ils répandent est souvent assez forte pour faire distinguer, dans l'obscurité, les objets les plus voisins. En me promenant un soir dans les environs de Rio de Janeiro, j'aperçus sur la terre un disque lumineux de plus d'un pied de diamètre. A mesure que j'avançais la lumière fuyait devant moi; je me mis à courir, elle redoubla de vitesse; cependant je parvins à m'approcher assez près pour découvrir au centre du disque un point plus brillant, et pour me convaincre que cette lumière était due à un très-petit insecte qui, après avoir été long-temps poursuivi, passa sous la porte d'un jardin et m'échappa.

Ceux qui forment des collections ont porté en Europe la plupart des insectes qui appartiennent au littoral du Brésil; on en a formé des cadres arrangés avec plus ou moins d'ordre; on les a classés avec art d'après leur organisation : mais personne n'a songé jusqu'ici à étudier leurs mœurs si variées, leurs ruses, leurs amours, et l'Amérique attend encore un Réaumur ou un Degeer.

Cependant, parmi ces insectes, il en est qui sont pour l'homme une source d'incommodités. A mon arrivée à Rio de Janeiro, j'avais eu les pieds rongés par les puces pénétrantes qui, comme les autres insectes malfaisans, attaquent surtout les Européens nouvellement débarqués. Elles sont principalement communes dans les bâtimens récemment construits et dans les rez-de-chaussée; et c'était précisément celui d'une maison bâtie depuis peu de temps que j'habitais alors. Souvent l'on m'enlevait quelques-uns de ces insectes; et, un jour, l'on m'en tira dix-sept d'un seul pied. Ces animaux ont la même couleur que la puce ordinaire, mais ils en diffèrent par plusieurs caractères importans; ils sont en outre plus petits, plus alongés : ils courent peut-être plus vite et sautent avec moins de vivacité. La puce pénétrante s'enfonce entièrement dans la peau, et ne laisse apercevoir, en dehors du trou qu'elle s'est formé, que les deux ou trois derniers anneaux de son abdomen : la nourriture qu'elle prend à son gré lui dilate le tube intestinal d'une manière extraordinaire; à peine est-elle entrée dans la chair, qu'elle n'en peut déjà plus sortir par l'ouverture qu'elle s'était ménagée, et elle acquiert très-promptement le volume d'un grain de chenevis ou même d'un petit pois. Dans cet état, l'insecte a pris une figure entièrement différente, et serait incapable de changer de place ; c'est alors un globule blanchâtre, aplati, qui présente sur chacune de ses faces une petite proéminence brunâtre : celle de la face supérieure est formée par les derniers anneaux de l'abdomen, et la proéminence de la face inférieure par la tête et le corselet, qui n'éprouvent aucune dilatation. Une légère démangeaison avertit de la présence de l'insecte; la chair s'enflamme un peu autour du point où il a pénétré, et il pourrait causer des accidens, si on le laissait séjourner long-temps dans la peau. Les nègres et les mulâtres ont une dextérité particulière pour enlever les *bichos do pé* (c'est le nom que les Brésiliens donnent aux puces pénétrantes); ils se servent pour cela d'une épingle, ou plus ordinairement encore de la pointe d'un couteau, et souvent ils ne causent pas la douleur la plus légère.

Dans les parties les plus humides et les plus récemment bâties de la ville de Rio de Janeiro, les moustiques[1]

---

[1] *Mosquitos*.

pullulent bien plus encore que tous les autres insectes nuisibles. Pendant le jour elles se tiennent cachées derrière les meubles et dans les endroits obscurs ; mais quand le soir vient, elles quittent leurs retraites et commencent leurs persécutions. L'oreille est fatiguée de leur bourdonnement aigu, et leur piqûre, sans produire de boutons, cause une démangeaison brûlante qui prive du sommeil.

A Ubá, il n'y avait point de moustiques, comme en général dans les endroits qui ne sont pas très-bas et où les eaux ont un cours rapide ; mais j'avais à me plaindre de quelques autres insectes malfaisans : je me contenterai de dire ici deux mots des *borrachudos*, espèce que je ne crois pas avoir vue ailleurs que dans la province de Rio de Janeiro. C'est un taon d'une petitesse extrême, et dont le corps est très-ramassé. Cet insecte se pose légèrement sur les mains ou sur le visage ; il va, vient, et hésite long-temps avant de choisir l'endroit où il doit s'arrêter. Il pique sans qu'on s'en aperçoive ; il attire le sang sous l'épiderme, et il y forme une petite plaque rouge, qui brunit, se dessèche, et finit par tomber. La démangeaison, qui avertit de la piqûre, est d'abord légère ; mais pour peu qu'on se frotte elle augmente, et la partie piquée s'enflamme d'une manière assez sensible.

Je revenais un soir d'une de mes promenades accoutumées, lorsqu'on vint me dire que mon hôte m'attendait dans la sucrerie ; je m'y rendis avec empressement, et ne fus pas médiocrement surpris en le voyant entouré d'hommes que je ne pus méconnaître pour des indigènes. Ils appartenaient à la peuplade la plus disgraciée de la nature que j'aie rencontrée pendant mon séjour au Brésil [1]. Aux traits de la race américaine, si différente de la nôtre, ils joignaient une laideur particulière à leur nation : ils étaient d'une petite taille ; leur tête, aplatie au sommet et d'une grosseur énorme, s'enfonçait dans de larges épaules; une nudité presque complète mettait à découvert leur dégoûtante malpropreté; de longs cheveux noirs pendaient en désordre sur leurs épaules; leur peau, d'un bistre terne, était çà et là barbouillée de roucou; l'on entrevoyait dans leur physionomie quelque chose d'ignoble, que je n'ai point observé chez les autres Indiens, et enfin une sorte d'embarras stupide trahissait l'idée qu'ils avaient eux-mêmes de leur infériorité. Cet ensemble vraiment hideux me frappa beaucoup plus que je ne m'y étais attendu, et fit naître en moi un sentiment de pitié et d'humiliation. Je ne tardai pas à savoir que ces Indiens étaient du nombre de ceux que les Portugais appellent *Coroados*, et qui habitent les forêts voisines du Rio Bonito. Mon hôte avait remarqué que je désirais ardemment voir des sauvages, et par l'espoir d'une récompense, il avait décidé quelques-uns de ces hommes à se rendre à son habitation.

A peine fus-je au milieu d'eux, qu'on les pria de danser; mais ce ne fut qu'avec beaucoup de peine qu'ils y consentirent ; et, pour les y déterminer, il

---

[1] Voyez l'Introduction à mon *Histoire des plantes les plus remarquables du Brésil et du Paraguay.*

fallut leur promettre du tafia, liqueur dont on leur avait déjà distribué une ample ration. Ils se rangèrent sur deux files, les hommes devant et les femmes derrière : les premiers tenaient leur arc et leurs flèches dans une position verticale, et celles des femmes qui étaient nourrices, gardèrent leurs enfans entre leurs bras. Ainsi disposés, ils se mirent à chanter sur un ton lugubre et monotone, et en même temps ils commencèrent leur danse. Ils avançaient à la suite les uns des autres en se portant gravement et en mesure, tantôt sur un pied et tantôt sur l'autre; de cette manière ils faisaient en ligne droite une douzaine de pas ; toute la file se retournait ensuite; ceux qui avaient été devant se trouvaient derrière, et l'on recommençait en sens contraire. A cette première danse en succéda une autre qui avait pour objet, nous dirent nos Indiens, de célébrer la défaite du jaguar, et qui était accompagnée d'un chant un peu moins lamentable. Ils s'avançaient de même sur deux rangs dans un très-petit espace; mais au lieu d'avoir le corps droit ils le courbaient en avant, tenaient un de leurs poings sur leur hanche, et sautaient avec un peu plus de vivacité. Quand ils eurent fini de danser, on leur apporta des haricots et du maïs. Les femmes en prirent à poignée autant que leurs mains pouvaient en contenir, et mangèrent avec leurs doigts. Les hommes cherchèrent des écales de bois, et s'en servirent en guise de cuillère, en mangeant ensemble à la gamelle. Quand ils eurent terminé leur repas, le plus ancien de la petite troupe, celui qui paraissait en être le chef, vint s'asseoir aux pieds de M. d'Almeida; alors le plus jeune, nommé BURÈ, s'avança vers ce dernier, et se tenant debout il lui adressa le discours suivant en mauvais portugais : « Cette terre est à nous, et ce sont les blancs qui la couvrent. Depuis la mort de notre grand capitaine, on nous chasse de tous côtés, et nous n'avons pas même assez de place pour pouvoir reposer notre tête. Dites au roi que les blancs nous traitent comme des chiens, et priez-le de nous faire donner du terrain pour que nous y puissions bâtir un village. » Cette petite harangue, qui n'était que l'expression trop fidèle de la vérité, fut prononcée d'un ton fort timide, mais en même temps avec une espèce de solennité qui la rendait plus frappante encore.

Excités peut-être par l'exemple des sauvages, les nègres de l'habitation demandèrent à leur maître la permission de danser à leur tour; elle leur fut accordée, et nous ne tardâmes pas à les aller voir prendre ce plaisir. Les nègres créoles dansaient des *batuques*[1], pendant que l'un d'eux jouait d'une espèce de tambour de basque, et qu'un autre, glissant avec rapidité un petit morceau de bois arrondi sur les coches transversales d'un gros bâton, produisait en même temps un bruit à peu près semblable à celui d'une crécelle. Dans un autre coin de la cour, des nègres de Mozambique formaient un rond au milieu duquel s'assirent deux ou trois

---

[1] Danse indécente fort en usage chez les Brésiliens. C'est à tort qu'en Allemagne on a écrit *baducas*.

musiciens qui commencèrent à frapper en mesure sur de petits tambours peu sonores. Les danseurs les accompagnaient de leurs chants; ils sautaient en tournant toujours dans le même sens, et à chaque tour leurs mouvemens s'animaient davantage. Le jarret plié, le poing fermé, l'avant-bras dans une position verticale, chacun d'eux s'avançait en trépignant du pied, et donnait à tous ses membres une sorte d'agitation convulsive qui devait être extrêmement fatigante pour des hommes qui avaient travaillé pendant toute la durée du jour. Mais cet état violent leur procurait cet oubli d'eux-mêmes qui fait tout le bonheur de la race africaine, et ce ne fut qu'avec le plus vif regret qu'ils virent arriver l'instant marqué pour leur repos.

Le lendemain matin, je m'empressai d'aller rendre visite à nos Coroados, et je passai la journée au milieu d'eux. Ayant traversé deux fois leur pays, pendant le cours de mes voyages, j'ai eu occasion d'ajouter d'autres renseignemens à ceux que me procura leur séjour à Ubá, et je réunirai ici ce que j'ai appris sur ces sauvages.

Les Coroados du Rio Bonito se composent de deux hordes mélangées, les *Tampruns* et les *Sasaricons*[1]. Le nom de *Coroados*[2], que les Portugais donnent à

[1] La finale du premier de ces deux mots se prononce comme la syllabe *un* des Portugais, et le second comme leur *āo*.

[2] Les Portugais ne prononcent point *coroatos*, comme on l'a écrit en Allemagne.

ces Indiens, comme à plusieurs autres peuplades[1], signifie *couronnés*, et doit, à ce qu'il paraît, son origine à l'usage qu'avaient autrefois un grand nombre d'indigènes, soit de se couper les cheveux sur le milieu de la tête, à la manière de nos prêtres[2], soit plutôt de ne conserver qu'une calotte de cheveux, comme font encore aujourd'hui les Botocudos. M. Jozé Rodriguez fut le premier qui s'occupa de la civilisation des Coroados du Rio Bonito. Ses soins ne se bornaient point à ceux des environs d'Ubá et de Pao Grande : il fit faire une percée qui allait du Parahyba au *Rio* Preto. A une époque où ce pays n'était point encore habité par des hommes de notre race, il traversait seul ou presque seul les forêts les plus épaisses ; il portait aux Indiens des vivres, des instrumens de fer et des remèdes ; il entrait dans leurs huttes et profitait, pour leur donner le baptême, de la confiance qu'il leur avait inspirée. Il poussait si loin le désir de leur plaire, qu'un jour il mangea avec eux du maïs qu'ils lui présentèrent pour le régaler, et qui, auparavant, avait été mâché par de vieilles femmes. Après la mort de cet homme bienfaisant, le gouvernement confia la surveillance des Coroados à un directeur auquel on accordait cent mille reis par an (environ 625 fr.) ; mais on ne tarda pas à se lasser de cette dépense, et actuellement on ne s'oc-

---

[1] Les Portugais appliquent ce nom, même à des Indiens qui habitent l'extrémité méridionale de la province de Saint-Paul.

[2] Telle est l'opinion de M. le baron d'Eschwege.

cupe plus des Coroados. On les avait d'abord établis dans une *aldea*[1], à environ neuf à dix lieues d'Ubá, de l'autre côté du Parahyba. Aujourd'hui ils errent au nombre de cinq à six cents dans les bois des alentours, ne conservant point d'habitations durables, et vivant la plupart du temps de leur chasse. Pour satisfaire la passion qu'ils ont pour l'eau-de-vie, ils se décident quelquefois à travailler dans les habitations portugaises ; mais à peine ont-ils gagné de quoi s'enivrer, qu'ils se reposent. Ils font, avec assez d'art, des arcs et des flèches ; ils savent tirer de l'étoupe des jeunes rameaux du *cecropia* (*embauba*), et ils en fabriquent des hamacs et un tissu croisé très-fort, mais grossier, dont ils font des jupes qui descendent à peine jusqu'aux genoux : c'est là que se borne toute leur industrie. Leurs huttes ne sont autre chose qu'une espèce de berceau assez mal construit, haut d'environ quatre pieds, et couvert de feuilles de palmier. Parmi eux il en est peu qui restent nus : la plupart portent de mauvaises hardes que les Portugais leur donnent gratuitement ou en échange de leur travail.

Quelques-uns ont reçu le baptême : d'ailleurs ils sont absolument étrangers à la religion chrétienne ; et, à trente ou quarante lieues de la capitale, on laisse errer quelques centaines d'Indiens au milieu des forêts, sans que personne songe à les élever à ce faible degré de civilisation dont ils seraient susceptibles.

---

[1] Ce mot, qui signifie proprement *village* en portugais, ne s'applique au Brésil qu'à ceux des Indiens.

Les Coroados reconnaissent un chef pris au milieu d'eux ; mais son autorité sur des hommes qui vivent dispersés dans les bois, doit nécessairement être extrêmement bornée.

Ils peuvent changer de femme quand bon leur semble, et l'on assure que la polygamie est en usage parmi eux. La femme suit son mari à la chasse, et c'est elle qui porte le petit bagage, comme cela a généralement lieu chez les peuplades sauvages.

Il paraît qu'avant de se mêler parmi les Portugais, les Coroados mettaient dans leurs amours aussi peu de mystère que les animaux : ils sont aujourd'hui plus réservés. Cependant il ne faudrait pas croire que leurs mœurs se soient réellement épurées depuis qu'ils ont eu des communications avec des hommes de notre race : les femmes *coroados* ne s'effarouchent point des gestes, souvent fort indécens, que les blancs se permettent devant elles [1], et il est bien rare qu'elles résistent aux moindres sollicitations. La pudeur, il est vrai, était autrefois inconnue à ce peuple, et les individus des deux sexes se rapprochaient pour satisfaire un besoin, comme ils buvaient lorsqu'ils avaient soif; mais en donnant à ces hommes l'idée de la décence, les Portugais leur ont appris à la mépriser, et on les a corrompus avant de les civiliser.

J'ai vu Burè, ce Coroado dont j'ai parlé plus haut, réjouir ses camarades par ses gestes grossiers, tandis qu'un jeune Indien, qui jusqu'alors avait vécu

---

[1] C'est du moins ce que j'ai vu à Ubá.

loin des habitations portugaises, le regardait de l'œil le plus indifférent. L'indécence fait rougir la vertu, et elle excite le rire de celui qui, connaissant la pudeur, ne craint pas de la blesser. Dans l'état de pure nature, on ne doit concevoir ni le rire de l'un ni la rougeur de l'autre.

En peignant l'impression que fit sur moi la vue des Coroados, la première fois que j'en aperçus quelques-uns, j'ai déjà parlé de l'infériorité de cette peuplade. Je n'en ai point en effet rencontré de plus désagréable ni de plus stupide. Autant, par exemple, les Botocudos sont vifs, gais, ouverts et affectueux, autant les Coroados sont indifférens, tristes et apathiques; ils regardent à peine, ainsi que je l'ai dit ailleurs, celui qui les caresse ou leur fait des présens[1], et leurs manières rappellent celles des individus de notre race qui sont tombés dans l'imbécillité. Tantôt ils montrent une sorte de timidité niaise, et quand on leur parle, ils baissent la tête comme des enfans; tantôt ils poussent de grands éclats de rire, sans qu'il soit possible d'en deviner la raison.

Parmi les bagatelles que je donnai à ceux qui étaient venus à Ubá, rien ne parut leur plaire autant que les épingles. J'avais cru leur faire un très-grand plaisir en leur offrant un miroir; mais les hommes le regardèrent à peine, et les femmes, auxquelles il donnait sans doute le sentiment de leur infériorité, se cachè-

---

[1] Voyez l'Introduction à mon *Histoire des plantes les plus remarquables du Brésil et du Paraguay.*

rent le visage avec les mains aussitôt qu'elles l'aperçurent. Une d'elles, cependant, qui avait eu plus de rapports avec les Portugais, finit par l'accepter, mais ce fut pour s'en servir dans l'instant même en guise de couteau.

Voulant écrire quelques mots de la langue des Coroados sous la dictée de ceux qui étaient venus à Uba, je tirai de ma poche une plume et de l'encre; mais à l'instant même tous me quittèrent brusquement et allèrent se promener dans la campagne. Cependant ils revinrent vers le soir, et je sus qu'ils avaient craint que je ne les emmenasse par force à Rio de Janeiro, parce que, peu de temps auparavant, ils avaient vu des militaires qui avaient saisi des déserteurs au milieu d'eux, porter également une écritoire.

Ce fut avec une peine extrême qu'à l'époque où je passai dans le pays de ces Indiens, je décidai ceux que j'allai visiter, à m'enseigner quelques mots de leur langue; pour obtenir un terme de plus il fallait de longues supplications, des caresses et toujours quelque présent.

Voici les mots qu'ils me communiquèrent; je les écrivis tels qu'ils doivent se prononcer d'après l'orthographe portugaise, qui s'écarte moins que la nôtre de la représentation exacte des sons : Dieu, *Tupan;* eau, *nhuman;* feu, *motè;* soleil, *copé;* tête, *kè;* lune, *pergran;* homme, *cuaiman;* femme, *boiman;* enfant, *spona* (*a* fermé); père, *seleua;* mère, *ioua;* fils, *smeiua;* main, *juparé;* bras, *nhat;* doigt, *tupié;* pied, *jupareuan;* yeux, *murim;* nez, *nhim;* bouche, *chori;* langue, *tão;* arbre, *bó;* oiseau, *proono.*

A peu près comme tous les Indiens, les Coroados parlent la bouche presque fermée et poussent les sons avec effort du fond de leur gosier. Quelque abrégé que soit le vocabulaire que je viens de citer, il suffit pour faire voir que la langue des Coroados, comme beaucoup d'autres langues américaines, a l'avantage d'admettre des termes composés; ainsi *jupareuan* (le pied), est un composé de *juparé* (la main); *cuaiman* et *boiman* sont évidemment des composés, et il en est de même de *seleua, ioua, smeiua.*

M. d'Almeida ne passa que quinze jours à son habitation; mais il me permit d'y rester encore après son départ, et en me quittant, il pourvut à tous les moyens de rendre mon séjour chez lui aussi agréable qu'il pouvait l'être encore en son absence.

Aux collections que j'avais commencées, j'ajoutai quelques mammifères que j'envoyai au Muséum de Paris immédiatement après mon retour à Rio de Janeiro.

C'était principalement quand il avait plu que les chasseurs de M. d'Almeida tuaient le plus de gibier. Je les questionnai à ce sujet, et ils me répondirent qu'à la suite d'une pluie leurs pas se faisaient beaucoup moins entendre que quand leurs pieds broyaient à chaque instant des feuilles ou des branches desséchées; ils ajoutèrent même que, pendant la sécheresse, le jaguar, disait-on, léchait sans cesse ses pattes afin de faire moins de bruit et de ne point effrayer sa proie.

On m'apporta un matin une sarigue femelle que l'on

avait tuée d'un coup de fusil. Ses huit petits, qui n'avaient reçu aucune blessure, demeurèrent attachés pendant tout le reste du jour aux mamelles de leur mère; je les en arrachai le lendemain, mais ils les reprirent presque aussitôt. Le troisième jour tous étaient encore vivans, à l'exception d'un seul; les autres, détachés de la mère pour la seconde fois et jetés par la fenêtre, ne moururent qu'au bout de quelques heures; enfin, la vie est tellement tenace chez cette espèce, qu'un des petits, auquel un domestique avait fendu la peau du ventre dans toute sa longueur, survécut assez long-temps à cette opération cruelle. Nous nous sommes accoutumés à voir dans la sarigue un symbole intéressant de l'amour maternel; mais il ne faut pas s'étonner si les Brésiliens ont peu de pitié de ces animaux : non-seulement la sarigue a des formes désagréables et répand une mauvaise odeur, mais les cultivateurs la regardent comme un fléau, parce que, beaucoup plus petite que le renard, elle ne fait guère moins de ravage parmi les poules.

Après avoir passé un mois à Ubá je songeai à retourner à Rio de Janeiro, et l'administrateur de l'habitation m'annonça, par ordre du propriétaire, que je ne partirais point sans emporter des vivres. Un mulâtre que M. d'Almeida avait eu la bonté de laisser à la campagne pour me servir, devait être mon guide et conduire le mulet porteur des provisions. Ne sachant point encore ce que sont les esclaves, et surtout ceux de sang mélangé, je m'abandonnai entièrement au bon Antonio. Il me fit dîner à Pao Grande, chez les amis de M. d'Almeida. Le soir je parlai des provisions; Antonio me répondit qu'elles avaient été oubliées, et que le mulet était uniquement chargé d'effets appartenant à son maître; je le crus sur parole, et soupai médiocrement à l'auberge de Bemfica. Je repartis le lendemain après un déjeûner assez léger, mais le mulâtre m'assura que je serais amplement dédommagé par un dîner qu'il me ferait faire chez un colonel ami de M. d'Almeida. Cependant nous nous rapprochions de plus en plus de la ville, la maison du colonel ne se présentait pas, et la faim commençait à se faire vivement sentir; elle finit par m'inspirer quelque défiance, et, malgré la résistance de l'honnête Antonio, je visitai le mulet et le trouvai chargé de provisions plus abondantes qu'il n'en eût fallu pour dix personnes. Je me promis de profiter de l'expérience que je venais d'acquérir, et ne voulus point trahir le bon Antonio; mais les nègres qui conduisaient mes collections, et qui étaient restés en arrière, ne furent pas aussi discrets que moi, et le fidèle mulâtre fut châtié pour son larcin.

CHAPITRE III.

DÉPART POUR LA PROVINCE DE MINAS GERAES, ROUTE DE RIO DE JANEIRO JUSQU'A L'ENTRÉE DE CETTE PROVINCE.

Départ de Rio de Janeiro avec MM. Langsdorff et Antonio Ildefonso Gomez. — Aspect charmant des alentours de Rio de Janeiro. — Paroisse d'*Inhuma*; étymologie de ce nom. — Comparaison des paroisses des environs de la capitale avec celles de l'intérieur. — *Irajá*. — Rencontre des Coroados. — Végétation des haies. — *Chacaras*. — *S. Antonio da Jacutinga*. — Portrait des propriétaires de sucreries. — Bemfica. — Peaux d'animaux sauvages. — Visite à Ubá. — Chemin d'Ubá au Parahyba. — Rivière du *Parahyba*; réflexions sur le peu de population de ce pays. — *Vassoura*, plante mucilagineuse. — *Ranchos*. — Tableau des *vendas* ou tavernes. — Composition des caravanes; leurs usages. — Tableau des plateaux et bassins du Brésil méridional. — Des routes en général, et en particulier de celle de Rio de Janeiro à *Villa Ricá*; causes principales du peu de ressources qu'offre cette route, quoiqu'elle soit très-fréquentée. — *Farinha*. — Hameau de *Paiol*. — Aspect d'une forêt de montagnes. — *Parahybuna*, rivière qui divise la province de *Rio de Janeiro* et celle de Minas Geraes.

Voulant m'accoutumer par degrés à la chaleur du pays, j'avais formé le projet de commencer mes voyages par la province de Rio Grande; mais M. Antonio Ildefonso Gomez, jeune Brésilien avec lequel je m'étais lié, et qui cultivait la botanique avec succès, m'engagea à aller passer quelques mois chez son père dans la province des Mines, et je me rendis à ses instances.

Ce jeune homme, M. Langsdorff, consul de Russie, et moi, nous partîmes de Rio de Janeiro, le 7 décembre 1816, accompagnés de mon domestique, d'un jeune Indien Botocudo, qui servait M. Langsdoff, enfin d'un nègre et d'un mulâtre qui appartenaient à M. Ildefonso, et auxquels nous confiâmes le soin de nos mulets.

En quittant Rio de Janeiro, nous prîmes le *chemin de terre*, celui dont j'ai déjà parlé. Dans un espace de quelques lieues, ce chemin, quoique sablonneux, est beau, assez égal, et peut être suivi par les voitures. Bientôt nous passâmes devant le palais de Saint-Christophe. A droite nous étions à peu de distance de la baie dont nous avions quelquefois des échappées délicieuses; à gauche nous découvrions une vallée parsemée de collines et couverte de maisons de campagne entre lesquelles sont des pâturages et des terrains cultivés; au-delà nous apercevions les hautes montagnes de Tijuca, dont les flancs sont revêtus de bois vierges. Rien au monde n'est aussi beau peut-être que les environs de Rio de Janeiro. En été le ciel est d'un azur foncé, en hiver ses teintes se radoucissent et offrent ce bleu tendre qu'on admire chez nous dans les belles journées d'automne. Là jamais la végétation ne se repose, et, dans tous les mois de l'année, les bois et les campagnes sont ornés de fleurs brillantes. Des forêts vierges aussi anciennes que le monde étalent leur pompe presque aux portes de la ville, et forment un contraste ravissant avec les ouvrages des hommes. Les maisons de campagne qu'on aperçoit de tous côtés n'ont aucune magnificence ; on y a peu suivi les règles de l'art ; mais l'originalité de leur construction contribue à rendre le paysage plus pittoresque. Qui pourrait retracer les beautés que présente la baie de Rio de Janeiro, cette baie qui, suivant un de nos amiraux les plus instruits, contiendrait tous les ports de l'Europe? qui pourrait peindre les îles si différentes entre elles dont elle est parsemée, cette foule d'anses qui dessinent ses contours, ces montagnes majestueuses qui la bordent, cette végétation si riche et si variée qui embellit ses rivages ?

Les routes voisines de la capitale du Brésil sont aujourd'hui aussi vivantes que celles qui conduisent aux plus grandes villes d'Europe. Pendant une couple de lieues, nous ne cessâmes de rencontrer des hommes à pied et à cheval ; des nègres ramenaient à vide les mulets que le matin ils avaient conduits à la ville chargés de provisions ; des troupeaux de bœufs et de pourceaux touchés par des *Mineiros* s'avançaient lentement en faisant voler des tourbillons de poussière, et à chaque instant nos oreilles étaient frappées du bruit confus que faisaient dans les *vendas* les esclaves confondus avec des hommes libres d'une classe inférieure [1].

Après avoir marché pendant deux lieues, nous trouvâmes l'église paroissiale d'*Inhauma* ou *S. Tiago*

---

[1] Tableau tracé en 1822.

d'*Inhauma*, petit édifice construit isolément sur une plate-forme d'où l'on découvre une vue très-agréable.

Le nom d'*Inhauma* n'est probablement qu'une corruption de celui d'*Inhuma*[1] que l'on donne, au Brésil, à l'oiseau singulier que les naturalistes appellent *palamedea cornuta*. Comme beaucoup d'endroits portent le nom d'*Inhuma* ou *as Inhumas*, il est probable que cet oiseau, aujourd'hui extrêmement rare, était autrefois très-commun; mais on l'aura détruit pour se procurer cette espèce de corne qu'il porte sur sa tête et à laquelle on attribue une foule de vertus imaginaires [2].

Dans l'intérieur du Brésil on fait quelquefois soixante lieues et davantage sur le territoire d'une paroisse où il existe à peine un millier ou deux d'habitans. Mais ce qui prouve combien les environs de Rio de Janeiro sont déjà peuplés, c'est que sur la paroisse d'*Inhauma*, qui n'a pas un rayon de plus d'une demi-lieue, on compte deux cents feux et seize cents adultes [3].

Cette paroisse, comme plusieurs de celles qui avoisinent Rio de Janeiro, n'est point formée par un village proprement dit, mais elle se compose uniquement de maisons éparses dans la campagne. Au

[1] S'il faut en croire Marcgraff, on l'appelait de son temps *anhima*.

[2] Peut-être recherche-t-on plutôt les éperons dont ses ailes sont armées.

[3] Voyez *Memorias historicas de Rio de Janeiro*, vol. VIII, p. 2da, p. 32.

contraire, dans les parties reculées de l'intérieur, il n'y a pas de paroisse sans village, et la raison de cette différence peut être, ce me semble, indiquée d'une manière plausible. Autour de Rio de Janeiro les terres se sont divisées plus que partout ailleurs; chaque portion de terrain a eu ses habitans, et lorsque dans un canton il s'en est trouvé un nombre suffisant, on y a formé une paroisse. Mais personne n'était assez éloigné de l'église pour ne pouvoir pas s'y rendre en peu de temps, et comme les *vendas* où l'on s'approvisionne des denrées les plus nécessaires sont dispersées sur le bord de tous les chemins, chaque propriétaire en a toujours quelqu'une à sa portée; par conséquent il n'y avait aucune raison pour qu'il se formât un groupe de maisons autour de l'église plutôt que partout ailleurs. Il n'en a pas été de même dans les provinces centrales, où les habitations sont très-éloignées les unes des autres. Outre sa demeure ordinaire, chaque cultivateur a voulu avoir près de l'église une maison dans laquelle sa famille pût se reposer de la longue course qu'elle a faite pour assister au service divin, où il pût recevoir ses amis, et enfin traiter d'affaires avec ses voisins rassemblés. Les ouvriers, les marchands, les cabaretiers, ont dû naturellement chercher à se rapprocher du lieu où se réunissaient les propriétaires, et c'est ainsi que se sont formés, pour la plupart, ceux des villages de l'intérieur qui ne doivent pas leur origine à la présence de l'or.

D'*Inhauma* nous allâmes coucher à *Irajá*, autre

paroisse encore plus importante, puisque dans un rayon de près de deux lieues, elle comprend une population d'environ quatre mille six cents communians et trois cent cinquante feux[1].

Il faisait déjà nuit quand nous arrivâmes à Irajá, et je remarquai une maison qui était illuminée par un très-grand nombre de lanternes de papier rangées sur la même ligne. On me dit que le maître de cette maison avait chez lui un petit oratoire consacré à la Vierge, pour laquelle il professait une dévotion particulière, et que, comme c'était le lendemain la Conception, il avait voulu fêter sa patronne.

Lorsque je sortis, le jour suivant, de la chambre où j'avais couché, je fus très-surpris de trouver à la porte de la maison une troupe de douze ou quinze Coroados, femmes et hommes, parmi lesquels étaient la plupart de ceux que j'avais vus à Uba. Quoique j'eusse passé un jour entier avec eux, il y avait à peine un mois, que je leur eusse fait beaucoup de petits présens, et que mon costume et mes questions multipliées eussent dû laisser quelques traces dans leur souvenir, ils ne parurent point me reconnaître, et me regardèrent à peine. Ils allaient, disaient-ils, à Rio de Janeiro pour réclamer du roi une lieue carrée de terrain où ils voulaient s'établir, et d'où l'on prétendait les chasser. Je ne sais ce qu'ils devinrent, mais il

---

[1] Voyez *Memorias historicas de Rio de Janeiro*. C'est cet Irajá qui a été indiqué dans le *Flora Brasilia*, etc., comme situé dans les *campos* de Minas.

n'est guère vraisemblable que personne ait fait attention à leurs plaintes.

Après Irajá le chemin devient moins égal, et dans quelques endroits, il traverse des terrains marécageux où fleurissent plusieurs *pontederia*, une belle *sagittaire* et un *rhexia* orné de jolies fleurs roses.

Dans les *capoeiras*[1] un peu humides, j'observai l'espèce de *bignonée* qu'on appelle vulgairement *ipé*. C'est un grand arbre qui perd ses feuilles tous les ans et fleurit avant que les nouvelles feuilles repoussent : il était alors couvert d'une immense quantité de belles fleurs jaunes qui le faisaient distinguer au loin. Les branches de *l'ipé* commencent assez bas[2] et forment une tête irrégulière et alongée. Son bois, d'un blanc jaunâtre et d'une extrême dureté, est très-recherché par les habitans du pays : on l'emploie dans la charpente et le charonnage, et l'on en fait aussi des bâtons et d'excellens manches d'outils.

Si auprès de Rio de Janeiro on peut se croire dans les environs d'une des plus grandes villes d'Europe, cette illusion se dissipe bientôt. A mesure qu'on s'éloigne d'Inhauma on voit moins de maisons, les *vendas* sont plus rares, on trouve moins de terrains en culture, les bois deviennent plus communs, et comme on se rapproche davantage des montagnes, l'aspect du pays prend un caractère plus grave. Jus-

---

[1] On donne ce nom, comme on le verra ailleurs, aux bois qui poussent après la destruction des forêts vierges.
[2] Ce caractère est-il constant?

qu'à Inhauma, le chemin est bordé de haies artificielles, formées de cette mimose charmante qui est aujourd'hui si répandue autour de Rio de Janeiro. Depuis Inhauma, ces haies sont déjà composées de plantes du pays; ce sont les espèces les plus communes, celles sans doute qui ont échappé à la destruction des bois vierges, principalement diverses espèces de bignonées, des *bauhinia*, un *cordia* à odeur fétide (*cordia hircina*, Aug. de Saint-Hil.); et le *pittangueira*, myrtée qui caractérise les terrains sablonneux et voisins de la mer.

A une couple de lieues de Rio de Janeiro cessent les *chacaras*[1], ou maisons de campagne, et commencent les sucreries. A peine en compte-t-on cinq sur la paroisse d'Inhauma, et déjà il en existe douze sur celle d'Irajá, et onze sur celle de *S. Antonio da Jacutinga*[2], paroisse qui vient après Irajá, et dont les terres basses et humides conviennent parfaitement à la culture de la canne à sucre. Elle y donne trois coupes consécutives, et ensuite on laisse reposer les terres pendant quatre ans, à moins qu'on n'y mette du fumier, ce que commencent à faire les cultivateurs qui ont peu de terrain.

La possession d'une sucrerie établit parmi les cultivateurs des environs de Rio de Janeiro une sorte

---

[1] Les Indiens désignaient sous ce nom les faibles espaces de terrain qu'ils mettaient en culture : les Brésiliens ont appliqué ce mot à leurs maisons de campagne.

[2] *Memorias historicas*, etc.

de noblesse. On ne parle qu'avec considération d'un *senhor d'ingenho* (propriétaire d'un moulin à sucre), et le devenir est l'ambition de tous. Un *senhor d'ingenho* a ordinairement un embonpoint qui prouve qu'il se nourrit bien et qu'il travaille peu. Lorsqu'il est avec des inférieurs, et même avec ses égaux, il se rengorge, tient la tête élevée, et parle avec cette voix forte et ce ton impérieux qui indique l'homme accoutumé à commander à un grand nombre d'esclaves. Quand il est chez lui, il porte une veste d'indienne, des galoches, et un pantalon ordinairement mal attaché; il n'a point de cravate, et toute sa toilette indique qu'il est ennemi de la gêne; mais s'il monte à cheval, il faut que sa mise annonce sa dignité, et alors le frac, les bottes luisantes, les éperons d'argent, une selle très-propre, un page noir en espèce de livrée, sont pour lui de rigueur.

Je passai pour la seconde fois par Aguassú, et je couchai encore à l'auberge de Bemfica, dont le propriétaire nous montra des peaux de jaguars, de chats sauvages, de *macacos vermelhos* (espèce de singe), de cerfs, de coatis, etc., qu'il achète des chasseurs de la montagne, et qu'il revend à la ville après les avoir fait tanner. Les peaux de cerfs nous étonnèrent par leur épaisseur; celles de coatis nous parurent également très-épaisses relativement à la grosseur de l'animal; elles sont flexibles, et l'on peut en faire de très-bonnes empeignes.

Nous montâmes la grande Cordilière, nous entrâmes dans le bassin du Parahyba, et, parvenus au chemin qui conduit à l'habitation d'Ubá, nous nous y rendîmes, M. Langsdorff et moi, laissant notre caravane suivre la route ordinaire.

Après avoir passé un jour à Ubá, nous en partîmes de très-bonne heure pour aller rejoindre nos compagnons de voyage, qui étaient convenus de nous attendre sur les bords du Parahyba. Nous suivîmes d'abord, au milieu des bois vierges, un chemin de traverse qui ne sert qu'aux habitans du voisinage. Bientôt ce chemin n'est plus qu'un sentier étroit, formé par le lit d'un ruisseau qui coule encaissé entre deux bords assez élevés et entièrement à pic; des arbres touffus étendent leurs branches au-dessus du ruisseau; ils arrêtent les rayons du soleil et protégent des *begonia*, des aroïdes, de nombreuses fougères et d'autres plantes qui n'aiment que l'ombre et la fraîcheur. Nous fûmes obligés de passer sous un vieux tronc d'arbre qui, en tombant, avait formé au-dessus du chemin une espèce de pont : ce tronc avait perdu son feuillage, mais il s'était paré d'une verdure étrangère; des plantes parasites, pressées les unes contre les autres, couvraient sa surface supérieure, et, de droite et de gauche, ils laissaient pendre leurs racines au-dessus de nos têtes.

Sur toute la route d'Ubá au Parahyba, on ne fait guère un quart de lieue sans rencontrer quelque demeure, mais en général ce ne sont que des chaumières. Une habitation n'offre bien rarement qu'une maison isolée; presque toujours elle se compose d'une réunion de petits bâtimens construits sans ordre, mais dont l'ensemble est souvent fort pittoresque. Cette multiplicité de petites constructions semble pouvoir s'expliquer d'une manière assez plausible par la nature des établissemens ruraux. L'homme qui commence est ordinairement très-pauvre ; il bâtit une humble chaumière : mais si peu à peu sa culture augmente, il achète un nègre, puis un autre, et à mesure que ses besoins l'exigent, il doit élever une nouvelle chaumière auprès des anciennes.

A l'endroit appelé *Encrusiada* (embranchement), le grand chemin dans lequel nous étions rentrés tombe dans la véritable route de la province des Mines. Nous avions fait environ cinq lieues depuis Ubá, lorsque les sons argentins d'une cloche qui retentissaient dans le silence des bois, nous avertirent du voisinage d'une église ; et en effet, au bout de quelques instans, nous nous trouvâmes sur le bord du Parahyba, en face du *rezistro*, nom que l'on donne aux lieux où l'on acquitte les droits dus à l'État et où l'on demande les passe-ports.

Le Parahyba est la seule rivière considérable qui coule dans la province de Rio de Janeiro. Il prend sa source à peu de distance de la ville de Paraty, et à environ vingt-huit lieues de la capitale. Il coule entre la grande Cordilière et la chaîne occidentale qui lui est parallèle, et il va se jeter à la mer à l'extrémité de la province, au-dessous de la ville de S. Salvador de Campos de Goytacazes.

La vue que nous découvrîmes en arrivant au bord du Parahyba est assez riante et d'un caractère étranger à l'Europe. Le fleuve coule avec rapidité au milieu des rochers qui s'élèvent au-dessus de ses eaux. Sur la rive opposée à celle où nous étions s'avance la maison du *rezistro*, bâtie sur des poteaux ; quelques pas plus loin est le *rancho* ou hangar destiné à recevoir les voyageurs, et qui fait face au lit du fleuve ; une vingtaine de chaumières presque carrées sont éparses çà et là ; enfin, derrière le hangar, s'élève un petit coteau sur le penchant duquel nous découvrions une église à travers le feuillage de quelques arbres touffus, tandis que du côté opposé une plantation de bananiers se laissait apercevoir entre les poteaux du hangar.

On traverse la rivière sur un bac qui est très-bien construit, et peut recevoir à la fois une douzaine de mulets ; cependant ce mode de passage présente, il faut en convenir, des inconvéniens très-graves. On est souvent obligé de décharger les mulets avant de les faire entrer dans le bac ; quelquefois ces animaux s'effraient, ce qui n'est pas sans danger ; enfin le courant ne permet d'avancer qu'avec une lenteur extrême, et quand plusieurs caravanes arrivent à peu près ensemble sur le bord de la rivière, la dernière est obligée d'attendre fort long-temps avant d'avoir son tour.

La route qui conduit de Rio de Janeiro à Villa-Rica n'est pas moins fréquentée peut-être que celle de Paris à Toulouse, et il serait bien à désirer que l'on jetât un pont sur le Parahyba. Mais les Brésiliens sont encore presque étrangers à ce genre de construction[1]. D'ailleurs

---

[1] Je n'ai vu au Brésil que des ponts de peu d'étendue.

pour songer à une pareille entreprise, l'ancienne administration avait des idées trop bornées et trop fiscales. Elle n'aurait pas fait construire un pont à ses frais, parce qu'un bac lui coûtait beaucoup moins, et jamais elle n'aurait pu se persuader qu'un pont, facilitant les communications, lui procurât un jour de plus grands avantages; d'un autre côté elle n'aurait pas consenti non plus à laisser construire le pont par une compagnie, s'il eût été possible d'en former une, parce qu'il eût fallu, du moins pendant quelque temps, abandonner à cette compagnie le revenu du péage.

Arrivés de l'autre côté du Parahyba, nous présentâmes nos papiers au commandant du *rezistro*, qui nous reçut avec politesse. On confie ordinairement ce poste à un lieutenant [1] qui a sous ses ordres un détachement de quatre à dix hommes appartenant à la province de Rio de Janeiro. La visite des passe-ports est le principal devoir du commandant du *rezistro*; mais ce n'est pas entre ses mains que l'on paie le passage de la rivière; on l'acquitte plus loin au *rezistro* du Parahybuna. Après avoir quitté le commandant, nous allâmes visiter l'église que nous avions aperçue, lorsque nous étions encore de l'autre côté de la rivière. Elle est construite sur une petite plate-forme qui

---

[1] Il est évident que le commandant d'un poste aussi secondaire n'a jamais porté le titre de *gouverneur* que lui donne un voyageur anglais. J'avoue aussi que je ne trouve rien qui s'accorde avec les mœurs brésiliennes dans les aventures que le même voyageur dit lui être arrivées au Parahyba et au Parahybuna.

domine le fleuve et est environnée d'arbres. Tout autour règne une galerie soutenue par des poteaux ; d'ailleurs elle n'a rien qui puisse attirer l'attention.

De cette église dépend une paroisse d'une assez grande étendue, mais qui ne fait que commencer à se peupler et qui confine avec des terres fertiles habitées par des Indiens sauvages [1]. Ainsi, tandis qu'à soixante-dix ou quatre-vingts lieues de la mer on trouve des villes assez considérables, un grand nombre de villages, une immense étendue de terrains dégarnis de bois, au contraire il n'existe, à une faible distance de la capitale, qu'une population naissante ; les forêts vierges s'y montrent encore dans toute leur pompe, et des Indiens y errent en liberté. La raison de cette différence est facile à saisir. Ce ne fut point pour former des établissemens ruraux que les Portugais s'enfoncèrent dans l'intérieur des terres ; ils cherchaient de l'or, et peu de gens voulaient s'arrêter sur une route qui conduisait à la fortune. Depuis que les mines d'or commencent à s'épuiser, et que la liberté du commerce a donné une plus grande valeur aux produits coloniaux, les pères de famille tournent leurs vues du côté de l'agriculture, et l'on peut espérer de voir des habitans se multiplier bientôt dans les vastes forêts qui bordent la partie du chemin de Villa-Rica, la plus voisine de Rio de Janeiro.

[1] Le village considérable que l'abbé Casal place sur cette paroisse n'existe réellement pas. Voyez *Corrcg*.

En cueillant une fleur sur le bord du Parahyba, je fus piqué par une guêpe qui me causa une vive douleur. Un enfant, qui me suivait, mâcha aussitôt quelques feuilles de la malvacée connue dans le pays sous le nom de *vassoura (sida carpinifolia,* L. F.); il en frotta la piqûre, et dans l'instant même la douleur disparut. J'attribuai cette petite cure au mucilage assez abondant que contient la plante dont l'enfant avait fait usage.

Pour la première fois depuis le commencement de mon séjour au Brésil, je couchai sous un *rancho.* On donne ce nom à des hangars plus ou moins vastes destinés à recevoir les voyageurs et leurs effets. On en trouve assez généralement dans l'intérieur du Brésil, sur le bord des routes appelées *royales,* et ils sont très-rapprochés sur celles que je suivais alors. Ce sont les habitans, dont le terrain avoisine la route, qui les font construire. On n'y paie point sa place ; mais auprès du *rancho* est une *venda* où le propriétaire fait vendre le maïs qui sert de nourriture aux mulets des voyageurs : il se dédommage ainsi très-amplement de la dépense qu'il a faite pour élever son *rancho,* et l'on m'a cité des propriétaires qui possèdent jusqu'à cinq *ranchos* sur le bord de la route.

Les *vendas* ne sont pas, comme nos cabarets, consacrées uniquement à la vente des boissons fortes ; on y débite encore toute sorte de comestibles. Les marchandises sont placées sur des tablettes rangées autour des murailles, ou bien elles sont attachées aux solives. Comme dans toutes les boutiques, le marchand se tient derrière un comptoir qui fait face à la porte, et c'est sur ce comptoir qu'il distribue aux buveurs le tafia appelé *cachaça,* dont le goût détestable participe de celui du cuivre et de la fumée. On ne trouve dans les *vendas* aucun siége, et par conséquent on est obligé de s'y tenir debout. C'est là que les esclaves passent une grande partie des instans de liberté qu'on leur accorde et de ceux qu'ils peuvent dérober à leurs maîtres ; c'est là qu'ils apportent le fruit de leurs larcins, dont les propriétaires de *vendas* n'ont peut-être été que trop les complices ; c'est là qu'ils achèvent de se corrompre, en se communiquant réciproquement leurs vices, et qu'ils oublient, en buvant, leur esclavage et leurs misères. Rien n'égale le bruit confus et discordant qui règne dans les *vendas* très-fréquentées : les uns rient, les autres se disputent ; tous parlent avec volubilité : celui-ci, sans remarquer ce qui se passe autour de lui, danse en trépignant des pieds ; celui-là, appuyé nonchalamment contre la muraille, chante d'une voix juste un air barbare, en s'accompagnant d'un instrument plus barbare encore. C'est en tenant des *vendas* que beaucoup de Portugais européens, d'une classe inférieure, ont commencé leur fortune. Ces hommes, qui généralement se distinguent par une extrême économie, profitent de l'espèce d'abandon qui caractérise les Américains, et s'enrichissent à leurs dépens, en affectant de les mépriser. Mais les biens de ces parcimonieux Européens ont été trop souvent dissipés par leurs enfans qui, nés en Amérique, prennent les mœurs et l'esprit de leur patrie ; et l'on voit ainsi se vérifier ce proverbe répété chez les Brésiliens : *O pai taberneiro ; o filho cavalheiro ; o neto mendicante* (le père cabaretier ; le fils chevalier ; le petit-fils mendiant.).

Les seuls mulets sont employés au transport des marchandises qui sortent de la province des Mines et de celles que les habitans de cette province tirent de la capitale. On donne le nom de *tropeiros* aux hommes qui conduisent les troupes de mulets destinés à faire ces voyages et d'autres semblables. Les caravanes un peu considérables sont divisées en lots de sept mulets, et chaque lot est confié à la conduite d'un nègre ou d'un mulâtre qui, marchant derrière les animaux dont il est chargé, les excite et les dirige par ses cris ou par un sifflement assez doux. On a coutume de faire porter aux mulets huit arobes (environ 240 liv.) ; et, pour ne les pas blesser, on égalise leur charge avec le plus grand soin. Chaque caravane qui arrive sous un *rancho* y prend sa place ; les mulets sont bientôt déchargés ; on range les marchandises avec ordre ; chaque bête reçoit sa ration de maïs ; on les mène au pâturage ; on raccommode leurs bâts, et l'on redresse les clous destinés à les ferrer. Pendant ce temps, le plus jeune de la troupe va chercher de l'eau et du bois, allume du feu, il plante autour trois bâtons qui se rencontrent à leur sommet, il les attache, y suspend une marmite, et fait cuire les haricots noirs destinés au souper du jour et au déjeûner du lendemain. Les muletiers des différentes caravanes se rapprochent, se racontent leurs voyages, leurs aventures amoureuses, et quelquefois l'un d'entre eux charme le travail de ses voisins en jouant de la guitare et en chantant quelques-uns de ces airs brésiliens qui ont tant de grâce et de douceur. Tout se passe avec ordre ; on se dispute rarement, et l'on se parle avec une politesse inconnue chez nous parmi les hommes d'une classe inférieure. Le lendemain on se lève de bonne heure ; on donne aux mulets une nouvelle ration de maïs. En quittant le *rancho*, on salue les muletiers qui y sont encore ; l'on fait trois à quatre lieues, et l'on arrive à une autre station sur les deux ou trois heures du soir.

Lorsque nous eûmes soupé sous le *rancho* du Parahyba, mes compagnons de voyage s'endormirent. A la lueur d'une bougie que le vent agitait sans cesse, je me mis à écrire mon journal, et j'esquissai le tableau qui s'offrait à mes yeux : je vais le retracer ici pour faire mieux connaître ce que c'est qu'un *rancho*. Comme nous voulions partir le lendemain de bonne heure, nous avions fait attacher nos mulets à une des extrémités du *rancho*, et ils y mangeaient tranquillement l'herbe verte qu'on leur avait donnée. Mon hamac venait ensuite, suspendu entre deux poteaux ; tout auprès étaient entassés nos selles et tout le menu bagage ; un peu plus loin, le feu qui avait servi à faire cuire notre souper jetait encore quelque lueur, et nos gens dormaient autour sur des peaux de bœufs, tandis que mes deux compagnons de voyage reposaient de leur côté étendus sur nos malles et enveloppés dans une couverture de coton. Plus loin était une autre caravane. Ses bagages avaient été rangés, sous le hangar, en deux longues files transversales. Des nègres accroupis se chauffaient autour d'un feu au-dessus duquel était suspendue leur marmite, et l'un deux faisait répéter le catéchisme à des compagnons d'esclavage nouvellement achetés. Attirées par la présence de nos mulets, des chauves-souris traversaient le *rancho* d'un vol rapide et incertain, pendant que des pourceaux y cherchaient les restes du repas des caravanes.

Je passai une fort mauvaise nuit; le froid se fit sentir d'une manière assez vive, et j'étais étouffé par la fumée de notre feu que les nègres rallumèrent pour se réchauffer.

Nous nous remîmes en route le lendemain de fort bonne heure; mais avant de continuer le récit de mon voyage, il me paraît nécessaire de faire connaître en peu de mots l'ensemble du pays que j'avais à parcourir. J'ai déjà dit qu'une chaîne de montagnes se prolongeait le long de la mer dans une grande partie du Brésil, et qu'elle était couverte de bois vierges. Une autre chaîne à peu près parallèle à la première, mais plus élevée, s'avance vers le nord-est de la province de Saint-Paul, ne laissant guère qu'une distance de trente à soixante lieues entre elle et la Cordilière maritime : elle sépare toute la province des Mines en deux parties fort inégales, divise les eaux du Rio Doce et du Rio de S. Francisco, et va se perdre dans le nord du Brésil [1]. L'espace compris entre les deux chaî-

---

[1] *Voyez* l'ouvrage du baron d'Eschewege sur *le gisement*

nes est coupé par d'autres montagnes qui assez généralement se dirigent de l'est à l'ouest et laissent entre elles de profondes vallées. Si l'on excepte certaines parties moins inégales, situées dans la province de Saint-Paul et le district de Minas Novas, le pays qui s'étend d'une chaîne à l'autre est entièrement couvert de bois comme la Cordilière maritime, ou il le fut jadis, avant que la main des hommes les eût détruits. A l'ouest de la chaîne occidentale, tout change d'aspect; aux montagnes succèdent des collines, les forêts vierges disparaissent, et d'immenses pâturages s'offrent aux yeux des voyageurs. Le terrain s'abaisse peu à peu jusqu'au Rio de S. Francisco ; mais à l'ouest de ce fleuve, le sol s'élève pour la deuxième fois, et l'on arrive à un plateau qui divise les eaux de la même rivière et celles du *Parana*. Quelques points de ce plateau présentent de véritables montagnes, telles que la *Serra da Canastra* et la *Serra dos Pyreneos ;* mais d'ailleurs il est trop généralement égal pour pouvoir porter le nom de chaîne. Comme la route de Rio de Janeiro à Villa Rica décrit différens détours, il faut faire environ vingt et une lieues pour arriver du Parahyba au point de la chaîne orientale où commencent les pâturages naturels, et d'après ce que j'ai dit plus haut, on sait déjà que cet intervalle est montagneux et couvert de bois. Tout en montant et descendant sans cesse, on s'élève graduellement, et la végé-

---

des diamans et mon Introduction à l'*Histoire des plantes les plus remarquables.*

tation devient peu à peu moins vigoureuse et moins variée.

Chez nous, un espace de vingt et une lieues se franchit en quelques heures; mais au Brésil où l'on voyage accompagné de mulets chargés, qui vont au pas, on ne saurait, comme je l'ai déjà dit, faire plus de trois, quatre, ou tout au plus cinq lieues par jour, et comme la route des Mines est souvent fort difficile, la marche y est, s'il est possible, encore plus lente qu'ailleurs. Après des pluies un peu abondantes, on y trouve, dans les endroits bas, des trous profonds où les bêtes de somme enfoncent jusqu'aux genoux dans une boue tenace, et d'où elles ne se tirent qu'avec une peine extrême. Ce sont les particuliers qui ont des propriétés sur les bords des chemins qui sont obligés de dégager ceux-ci des branches d'arbres qui peuvent les embarrasser, et d'y faire les réparations nécessaires [1]; mais pour rendre moins impraticables les endroits fangeux, ils ne connaissent guère d'autre moyen que d'y mettre en travers les unes à côté des autres des bûches arrondies sur lesquelles les mulets ont la plus grande difficulté à se tenir. D'ailleurs la route de Rio de Janeiro à Villa Rica est généralement assez large, et de droite et de gauche, on a soin presque partout de couper les arbres qui pourraient arrêter les rayons du soleil

---

[1] Les propriétaires des bords de la route de Villa Rica à Rio de Janeiro ont encore une obligation à remplir, celle de tenir un cheval toujours prêt pour les militaires porteurs des ordres du gouvernement.

et les empêcher de sécher la terre. Dans ces espaces ainsi dégarnis, croissent les plantes basses qui ont coutume de succéder bientôt aux bois vierges, et la route se trouve bordée, presque dans toute son étendue, de cette verbenacée qu'on appelle *gervão* (*verbena jamaicensis,* L.), de la malvacée à laquelle on donne le nom vulgaire de *vassoura* (*sida carpinifolia,* L. F.), et enfin d'un *spermacoce* (*spermacoce viarum,* N.) haut d'environ un pied à un pied et demi, dont les tiges sont ligneuses, les fleurs blanches et verticillées, et qui, par la réunion de ses rameaux, forme une espèce de boule. Je n'oublierai pas non plus la composée nommée *carqueja,* dont la tige et les rameaux, dépourvus de feuilles, se dilatent en formant trois ailes et prêtent aux gazons un aspect particulier.

Entre le Parahyba et les commencemens des pâturages naturels, on ne rencontre aucun village proprement dit; cependant on voit quelques églises, et l'on traverse plusieurs paroisses.

Si les établissemens un peu considérables sont rares sur le bord de la route, assez souvent du moins on passe devant quelque chaumière ; mais, il faut en convenir, les habitans de ces chétives demeures sont bien loin d'avoir cette politesse aimable qui distingue ceux de l'intérieur de la province des Mines; on n'observe chez eux qu'une apathie stupide ou une curiosité grossière. En général le voyageur ne trouve sur cette route absolument aucune ressource. Les *vendas* y sont, il est vrai, très-multipliées ; mais quelques bouteilles d'eau-de-vie de sucre, quelques poteries, un peu de tabac, composent ordinairement la boutique tout entière; l'on doit s'estimer heureux lorsqu'on y trouve encore une douzaine de bananes et une couple de fromages.

Il ne faut pas s'étonner, au reste, que les bords d'un chemin si fréquenté n'offrent qu'une population si peu nombreuse et généralement si pauvre. Au préjudice de l'intérêt général, des étendues de terre considérables ont été concédées aux mêmes individus, et il en est qui possèdent trois ou quatre lieues sur le bord de la route. Pour éviter les désagrémens d'un passage continuel, ces propriétaires se fixent à quelque distance du chemin; ils font vendre leur maïs par des hommes peu aisés, et quoiqu'ils ne puissent cultiver qu'une portion de leur terrain infiniment petite, ils souffrent difficilement qu'on vienne s'y établir. Il est arrivé quelquefois que des gens pauvres et sans asile ont construit des chaumières sur des terres incultes et qui paraissaient dédaignées par les propriétaires; mais ceux-ci ont détruit ces misérables demeures. Quelquefois, à la vérité, ils permettent à un protégé, à un compère, de se fixer sur le bord du chemin, et n'exigent de lui aucune rétribution. Cependant si l'*agrégé*, c'est le nom que l'on donne au colon qui s'établit de cette manière sur le terrain d'autrui; si l'agrégé, dis-je, ne rend pas au propriétaire tous les hommages que celui-ci exige, il court le risque d'être chassé, et il s'est trouvé des propriétaires qui ont fait mettre le feu à la maison de leur agrégé.

On trouve sur cette route fort peu de gens de métier; cependant il faut excepter les cordonniers et surtout les maréchaux ferrans, qui, réellement plus nécessaires au voyageur que tous les autres ouvriers, sont devenus très-nombreux. Une *venda* et l'atelier d'un maréchal accompagnent presque tous les *ranchos*.

Du Parahyba jusqu'à *Farinha*, qui en est à deux lieues et demie, nous traversâmes des bois vierges, sans rencontrer aucune habitation, et sans apercevoir aucune trace de culture. Je commençais à me plaindre de l'uniformité du pays, lorsque, vers le hameau de *Paiol* (grange) composé de cinq à six chaumières, les forêts se présentèrent à mes yeux avec une nouvelle majesté. Le chemin se rétrécit; plusieurs plans de montagnes s'élèvent les uns au-dessus des autres, et de grands arbres semblent se disputer le terrain sur leur flanc taillé presqu'à pic. Ce n'est point cette masse compacte de verdure que l'on découvre quelquefois lorsque, du sommet d'un morne, on jette les yeux sur la forêt qui l'entoure; chaque arbre presse de sa cime le tronc de celui qui croît au-dessus de lui; mais il ne peut en cacher que la partie inférieure. Des groupes de palmiers hérissés d'épines noires croissent sur le bord du chemin, et, par la simplicité de leurs formes et la blancheur de leurs feuilles, ils font ressortir la sombre verdure et le feuillage touffu des arbres qui les environnent. Ces beautés austères m'avaient plongé dans un recueillement profond, lorsque je me suis trouvé auprès d'une pelouse qui, à droite du chemin, forme une avance dans la forêt; et, tel est l'effet des contrastes, ce gazon produisit sur moi l'impression qu'on éprouve lorsqu'en sortant d'un caveau obscur, on revoit tout à coup la lumière du jour.

Ayant fait cinq lieues, nous parvînmes au bord du *Parahybuna*, qui me parut un peu moins large que la Seine au dessous du Pont-Neuf; il coule avec plus de rapidité que le Parahyba, et, au lieu où on le passe, son lit n'est point embarrassé par des rochers. Dans cet endroit, le Parahybuna divise la province de Rio de Janeiro de celle de *Minas Geraes*, et, après plusieurs détours, finit par se jeter dans le Parahyba.

CHAPITRE IV.

ROUTE DU PARAHYBUNA A L'ENTRÉE DU CAMPO.

Histoire de la province de Minas Geraes; ses limites; sa population; ses divisions politiques.—Rivière du *Parahybuna*; paysage qu'on découvre en arrivant sur les bords de la rivière; hospitalité. — Passage du Parahybuna; *rezistro*; droits; employés du *rezistro*. — La redingote de M. Langsdorff. — Explication du mot *vargem*. — *Rocinha de Simão Pereira*; visite qu'on y fait pour empêcher la contrebande de l'or et des diamans. — Explication des noms de lieux. — Paroisse de *Simão Pereira*. — *Rezistro de Mathias Barbosa*; droits qu'on y acquitte; réflexions sur le système colonial; observation sur le lieu où aurait dû être placé le *rezistro*. — *Morro da Boa Vista*; idée superstitieuse. — *Marmelo*; différence des *ranchos* et des *vendas*. — *Juiz de Fora*; joli paysage. — *Alcaide mor*; forêt de bambous. — *Ribeirão*; conversation avec un nègre; réflexions sur l'esclavage. — Paysages.— Palmier appelé *andaia*. — Paroisse de *Chapeo d'Uvas*. — Paysages. — Machine appelée *manjola*. — *Mantiqueira*. — Termites.

La province de *Minas Geraes*, qui a fourni à l'Europe tant d'or, de diamans et de pierreries, fut une des dernières que les Portugais découvrirent.

Vers le milieu du dix-septième siècle, un aventurier, nommé Marcos de Azevedo, remonta le *Rio Doce* et le *Rio das Caravellas*, et rapporta de ce voyage des émeraudes et des morceaux d'argent; mais ayant refusé de déclarer en quels lieux il avait fait ces découvertes, il fut jeté dans une prison, et il y termina ses jours[1].

Quelques années s'étaient écoulées, lorsque Fernando Dias Paes sollicita et obtint la permission de faire des recherches, à ses frais, pour retrouver les mines découvertes par Azevedo. Il fallait pénétrer dans un pays hérissé de montagnes, couvert de forêts gigantesques, habité par des peuplades barbares. Une telle entreprise paraissait exiger toute la vigueur de la jeunesse, et ce fut un vieillard de quatre-vingts ans qui osa la concevoir et sut l'exécuter; car tel était l'âge de Fernando Dias. Cet homme extraordinaire explora une grande partie de cette immense contrée qui forme aujourd'hui la province de Minas Geraes; il y ouvrit des chemins, il y forma un nombre prodigieux d'établissemens; mais il ne découvrit point de mines, et, après tant de fatigues et de travaux, il mourut abandonné des siens au milieu d'un désert.

Ce fut Rodriguez Arzão, natif de *Taubaté*, qui, le premier, découvrit de l'or dans la province de Minas Geraes. Il avait remonté le Rio Doce; il avait pénétré dans les déserts de *Cuyaté*, et à son retour, en l'année 1695, il présenta trois *oitavas* d'or à la munici-

---

[1] Suivant Casal (*Chorog. Bras.* I, pag. 526), Sebastião Tourinho de Porto Seguro avait remonté le Rio Doce dès l'année 1573, et était revenu sur la côte par le *Jiquitinhonha*. Dans le précis historique que je donne ici, j'ai suivi Southey et Pizarro, écrivains qui me paraissent mériter beaucoup de confiance.

palité (*cámara*) de la ville capitale de la province du Saint-Esprit.

Bientôt des bandes de Paulistes quittèrent leur patrie pour aller à la recherche de l'or; et comme on en trouvait, pour ainsi dire, de tous les côtés, on donna au pays le nom de *Minas Geraes*, qui désigne une longue suite de mines. Alors, fut fondée *Villa Rica*, naguère si florissante; on vit s'élever presque en même temps, les villes de *Marianna*, de *Sabará*, *Caeté*, *S. João del Rey*, *S. Jozé*; et, vers la même époque, l'on découvrit les mines du *Serro do Frio*.

Cependant des essaims d'aventuriers arrivèrent de toutes parts. Le désordre s'introduisit avec eux; toutes les passions semblèrent s'être déchaînées, et deux partis se formèrent: celui des Paulistes qui se prétendaient les seuls maîtres des mines, et le parti des Étrangers ou *Forasteiros* que les premiers, par dérision, appelaient *Embuabas*[1]. Un combat s'engagea auprès du *Rio das Mortes*; les Paulistes y furent vaincus, et les Forasteiros donnèrent à leur chef Manoel Nunez Vianna, le titre de gouverneur de la province.

D. Fernando Martins Mascarenhas, capitaine général de Rio de Janeiro, se présenta pour faire rentrer les révoltés dans le devoir; mais, au lieu de se soumettre, ils le forcèrent à se retirer. Plus habile ou plus

---

[1] Ce nom est celui d'un certain oiseau qui a les jambes couvertes de plumes, et avait été donné aux Européens parce qu'ils portaient des bottes ou des guêtres. Le nom d'*embuaba* s'est conservé jusqu'à ce jour dans la province de Saint-Paul.

heureux que lui, Antonio de Albuquerque pacifia le pays; les rebelles obtinrent leur pardon, mais Vianna fut jeté dans les prisons de Bahia et il y termina ses jours.

Jusqu'alors, la province de Saint-Paul et celle des Mines avaient fait partie de la capitainerie de Rio de Janeiro. On sentit enfin qu'un seul homme ne pouvait gouverner un pays aussi vaste, et, par un décret du 9 novembre 1709, Saint-Paul et le pays des Mines devinrent ensemble une capitainerie particulière.

Onze ans plus tard, le gouvernement jugea, à la suite de quelques révoltes, qu'une nouvelle division était encore devenue nécessaire, et, depuis cette époque, le pays des Mines, érigé en capitainerie, eut toujours un gouvernement séparé. Son premier capitaine général, D. Lourenço de Almeida prit possession de sa place en 1721, et quatorze gouverneurs se succédèrent jusqu'à la révolution qui sépara le Brésil du Portugal.

La province de Minas Geraes est située entre les 13° et 23° degr. 27″ lat. S., et entre les 328° et 336° degr. long. Elle est bornée au nord par la province de Fernambouc et par celle de Bahia; au levant par celle du Saint-Esprit; au midi par les provinces de Rio de Janeiro et de Saint-Paul, et enfin à l'occident par celle de Goyaz. Le *Rio Carunhanha,* qui se jette dans le S. Francisco, la sépare de la province de Fernambouc, et le *Rio Verde* de celle de Bahia. C'est l'île de l'*Espérance,* située dans le Rio Doce, qui forme la limite des provinces du Saint-Esprit et de Minas. Enfin cette dernière est séparée de Rio de Janeiro par le Parahyba, le *Rio Preto* et le Parahybuna, de la province de Saint-Paul par la *Serra de Mogiguassú* et celle de Mantiqueira, et de la province de Goyaz par les montagnes appelées *Serras da Parida, dos Cristaes* et *da Tabatinga* [1].

La province des Mines présente à peu près la forme d'un carré. Comme je l'ai déjà dit, elle est partagée en portions très-inégales par une longue chaîne de montagnes qui s'étend du midi au nord, et ce sont des bois qui couvrent le côté de l'orient, tandis que la partie occidentale n'offre généralement que des pâturages. Cette dernière est elle-même divisée, dans presque toute sa longueur, par le Rio de S. Francisco, fleuve majestueux navigable dans une étendue immense. D'autres fleuves, le Rio Doce, le *Jiquitinhonha* et le *Rio Grande*, offriront un jour les moyens de transport les plus utiles à la province des Mines, qu'arrose encore une multitude incroyable de rivières et de ruisseaux. Non-seulement cette province est riche de ses diamans et de ses pierres précieuses, de ses mines d'or, de fer, de plomb, etc.; mais elle l'est encore de ses gras pâturages, de ses belles forêts et de son territoire fertile qui, suivant les lieux et les hauteurs, peut produire la vigne, le sucre et le café; le chanvre et le coton; le manhiot, le froment et le seigle; la mangue, la pêche, la figue et la banane. S'il existe un pays qui jamais puisse se passer du reste du monde, ce sera certaine-

---

[1] *Mem. hist.*, vol. VIII, p. 2da, p. 58.

ment la province des Mines, lorsque ses ressources innombrables seront mises à profit par une population moins faible.

Celle qui se trouve aujourd'hui (1817 à 1818) disséminée sur ce vaste territoire, ne s'élève environ qu'à 500,000 individus [1], ce qui en fait 10 pour chaque lieue carrée; et ainsi la population de la province des Mines est, par lieue carrée, environ 110 fois moindre que celle de la France. La moitié de cette population se compose d'esclaves; les mulâtres libres ou privés de la liberté en forment presque le tiers; les nègres libres ou esclaves environ les deux cinquièmes, et les blancs un peu moins du quart [2].

[1] Suivant Pizarro, la population de Minas Geraes s'élevait, en 1776, à 319,769 individus. En 1808, elle s'élevait, d'après d'Eschwege, à 433,049. En 1813, le nombre des communians du diocèse de Marianna montait, d'après le *Patriota* cité par Southey, à 425,281, et ce diocèse renferme, dit l'historien anglais, les deux tiers de la population de la province. Le *Correio Brasiliense*, probablement plus exact, ne portait ce nombre qu'à 390,685 pour l'année 1816 (South.). Pizarro dit qu'en exceptant la population de Minas Novas, qu'il fait monter à 27,000 individus, celle de Minas Geraes allait, en 1817, à 397,685. Enfin, Martius et Spix indiquent le nombre de 621,885 âmes comme celui de la population de l'année 1820, et l'on retrouve la même évaluation dans Pizarro. Si donc cette dernière évaluation et celle de l'année 1776 sont exactes, il en résulterait que, dans un espace de quarante-quatre ans, la population de la province des Mines a presque doublé.

[2] Je suis ici les proportions indiquées par M. d'Eschwege;

La province des Mines a été divisée en cinq *comarcas,* au midi celles du *Rio das Mortes* et de *Villa Rica,* à l'est celle du *Serro do Frio,* au milieu celle de *Sabará,* et à l'ouest, celle de *Paracatú.* Ces cinq divisions ont entre elles des limites généralement assez naturelles ; mais avec quelques légers changemens, on eût rendu leur circonscription bien plus naturelle encore. Pour cela, il eût suffi d'ajouter à la *comarca* de Villa Rica, plus petite que toutes les autres, les portions de celles de Sabará et du Rio das Mortes qui se trouvent à l'est de la grande chaîne ; et de retrancher, pour la joindre à Sabará, la partie de la *comarca* du Serro do Frio, située à l'occident des montagnes. De cette manière, on aurait eu généralement, dans la *comarca* du Rio das Mortes, des pâturages découverts, avec un peuple agricole et livré à l'éducation des troupeaux ; dans la *comarca* de Villa Rica, un pays boisé et aurifère ; dans celle du Serro do Frio, encore des forêts et une population moins composée de mineurs que d'hommes appliqués à la culture des terres. La *comarca* de Sabará eût généralement offert des pâturages parsemés d'arbres tortueux et rabougris, une population occupée de l'éducation des bestiaux, mais qui ne sait point leur donner des soins aussi rationnels que les cultivateurs du

---

mais si elles offrent quelque inexactitude, ce doit être dans le nombre des mulâtres et des nègres esclaves, nombre que les propriétaires sont sans doute portés à diminuer plutôt qu'à augmenter.

Rio das Mortes. La *comarca* de Paracatú, restant telle qu'elle est aujourd'hui, se trouve renfermée dans des limites parfaitement naturelles; elle présente un pays presque semblable à la population qui la borne du côté de l'orient; mais le peuple qu'elle renferme, moins nombreux et plus isolé que celui du reste de la province, est plus éloigné encore des progrès de la civilisation.

En passant de la province de Rio de Janeiro dans celle de Minas Geraes, on se trouve sur le territoire de la *comarca* du Rio das Mortes qui est comprise entre les 19ᵉ degr. 30′ et 23ᵉ degr. 35′ lat. S., et les 328ᵉ degr. et 334ᵉ degr. 5′ long.; elle a pour chef-lieu *S. João del Rey*, et se subdivise en huit *termos*, ceux de S. João del Rey, de *Jacuhy*, de *Baependy*, de *Villa da Campanha*, de *Barbacena*, de *Queluz*, de *S. Jozé* et de *Tamanduá*.

Le paysage qui s'offre aux yeux du voyageur lorsqu'il arrive à l'entrée de la *comarca* du Rio das Mortes sur les bords du Parahybuna, a quelque chose qui frappe par un mélange de désordre et de régularité sauvage. Partout la rivière est dominée par de hautes montagnes; comme elle fait un détour avant de parvenir au *rezistro*, on n'aperçoit de ce côté qu'une petite partie de son cours, et elle semble commencer tout entière au pied d'une montagne plus élevée que toutes les autres, et dont le sommet absolument nu contraste avec la végétation vigoureuse des mornes voisins. Sur la droite de la rivière sont quelques maisons couvertes en chaume; une petite chapelle a été construite au bord de l'eau, et tout auprès on voit une maison à un étage et qui annonce l'aisance du propriétaire. De l'autre côté de la rivière et en face de cette maison, est située celle du *rezistro* qui est très-basse, à peu près carrée, et dont le toit extrêmement plat et couvert en tuiles se prolonge au-dessus d'une galerie (*varanda*). Deux mornes à peu près semblables s'élèvent derrière le *rezistro*, et, se rencontrant à leur pied, ils s'écartent ensuite l'un de l'autre jusqu'à leur sommet. Un troisième morne, placé derrière les premiers, masque l'intervalle qui se trouve entre eux, et, décrivant une courbe, il forme une sorte d'hémicycle dont les deux autres mornes seraient les gradins. Le sommet de ces montagnes est couronné par des bois vierges, et sur leur penchant s'étendent des taillis vigoureux (*capoeira*); trois ou quatre chaumières bâties çà et là au milieu des taillis donnent de la vie à cet ensemble, et l'une d'elles, placée absolument au milieu de la montagne qui présente la figure d'un hémicycle, ajoute à la régularité du paysage.

M. Ildefonso nous présenta chez un propriétaire qu'il connaissait; mais on nous fit une réception tellement froide, que j'exprimai à mon compagnon de voyage le désir de me retirer sous le *rancho*. M. Ildefonso me dit qu'il allait s'expliquer franchement avec notre hôte; il revint bientôt en m'assurant que nous pouvions compter actuellement sur un meilleur accueil, et effectivement nous fûmes traités, pendant tout le reste de la journée, de la manière la plus aimable. Quelques années auparavant, un habitant de ce canton avait reçu chez lui un étranger qui, de retour en Europe, l'avait rendu ridicule par la relation de son voyage; notre hôte avait craint qu'étant également étrangers, nous ne nous conduisissions de même à son égard, et il n'avait pas été maître de nous cacher la méfiance que nous lui inspirions. C'est ainsi que trop souvent le voyageur honnête a porté la peine des torts de ceux qui l'avaient précédé, et peut-être évite-t-on aujourd'hui les étrangers dans des pays vantés naguère pour leur hospitalité[1].

Nous passâmes le Parahybuna sur un grand bac semblable à celui que l'on trouve au Parahyba, et, arrivés sur la rive gauche de la rivière, nous présentâmes nos passe-ports au commandant du *rezistro* qui nous reçut avec politesse.

On examine les passe-ports au *rezistro* du Parahybuna avec plus de sévérité que sur les bords du Parahyba, et pour s'assurer si ceux qui viennent de la province de Minas Geraës n'emportent pas de l'or en poudre ou des diamans, on visite leurs malles et leur bagage, qui l'avaient déjà été plus loin, au lieu appelé *Rocinha de Simão Pereira*. Il faut donner 640 reis (4 fr.) pour la vérification de chaque passe-port; l'on paie en outre, pour le passage des deux rivières, 460 reis (un peu moins de 3 francs) par mulet, et 250 reis (1 franc 60 centimes environ) par individu libre ou

[1] *Voyez*, par exemple, ce qui est raconté dans *Macartney*, de l'accueil qu'il reçut à Rio de Janeiro, avant que les Portugais d'Europe s'y fussent réfugiés.

esclave; enfin ceux qui conduisent dans les Mines des nègres nouvellement achetés, sont obligés d'acquitter un droit de 5400 reis (33 francs 75 centimes) par tête de nègre. Les personnes qui vont de la province des Mines à Rio de Janeiro avec des lingots d'or sont aussi obligées d'en faire la déclaration au *rezistro* du Parahybuna. On leur donne un certificat de la valeur des lingots qu'elles exportent, et, comme elles ne peuvent les vendre à aucun particulier, mais qu'elles sont tenues de les échanger à l'hôtel des monnaies de Rio de Janeiro, il faut, quand elles retournent dans leur pays, qu'elles présentent un reçu de la monnaie parfaitement conforme au premier certificat.

Ce sont des employés civils qui perçoivent les droits : la rétribution que l'on paie pour les passe-ports leur appartient; mais le péage fait partie des revenus de la province de Rio de Janeiro, et, pour cette raison, le détachement militaire cantonné au *rezistro* a été composé de vétérans tirés des différens régimens de la même province [1]. Aussi, quoique la rive gauche du Parahybuna appartienne à la province de Minas Geraes et à la paroisse de *Simão Pereira,* qui déjà dépend de l'évêché de Marianna, le *rezistro* fait encore partie de la paroisse du Parahyba.

Comme M. Langsdorff et moi nous étions porteurs de passe-ports royaux, signés de la main du ministre

[1] Le commandant de ce détachement n'a pas plus le titre de *superintendant* qui lui a été donné par un voyageur, que celui du Parahyba n'a le titre de *gouverneur.*

d'État, les employés du *rezistro* n'exigèrent rien de nous, et M. Ildefonso fut compris dans la même faveur.

Nous avions à peine quitté le Parahybuna, lorsque deux hommes courant à toutes jambes me demandèrent M. Langsdorff qui avait pris les devants. Ils l'eurent bientôt rejoint, et nous le vîmes de loin entre ces deux hommes qui lui avaient ôté sa redingote et qui la retournaient en tous sens. M. Ildefonso et moi nous crûmes que les employés du *rezistro* avaient eu regret de nous laisser passer aussi facilement, et qu'ils prenaient M. Langsdorff pour un homme suspect. Cependant tout s'expliqua bientôt : les deux hommes n'étaient autre chose que des tailleurs, qui, voulant faire un habillement à la française, prenaient pour modèle une redingote sortie des mains d'un mauvais ouvrier de Rio de Janeiro, et la plus mal faite peut-être que j'aie vue de ma vie.

Le premier endroit habité qu'on trouve après le *Parahybuna* est *Rocinha da Negra* (le petit champ de la négresse), où l'on voit un *rancho* et une *venda* bâtie dans une vallée sur le bord d'un ruisseau [1]. Un peu plus loin, on passe devant la chaumière appelée *Tres Irmãos* (les trois frères), et bientôt après on arrive à l'habitation de *Vargem*, située dans une large vallée entourée de mornes. Le nom de *vargem*, synonyme

---

[1] Il n'y a point là de village, comme l'a écrit un voyageur qui change le nom de cet endroit en celui de *Rocinhas do Negro*.

du mot portugais *varzea*, s'applique généralement à ces espèces de plaines humides et entourées de hauteurs qui sont assez communes dans les parties montagneuses du Brésil et diffèrent un peu du reste du pays par leur végétation [1].

A environ deux lieues et demie du Parahybuna se trouve *Rocinha de Simão Pereira*, le premier endroit où l'on visite les voyageurs qui viennent des Mines. On fait ouvrir les malles; on enfonce des sondes de fer dans les sacs de maïs et dans les rouleaux de toile de coton, qui forment une branche de commerce si importante pour la province des Mines; mais en général les recherches ne sont pas extrêmement rigoureuses, à moins que le voyageur n'ait été secrètement dénoncé comme contrebandier. Il n'est personne au reste qui ne sente que cette double visite pour les diamans et la poudre d'or n'est qu'une formalité vexatoire; car ces objets ont si peu de volume, qu'avec de l'intelligence on pourra toujours les soustraire à la vigilance la plus active. Des *tropeiros* ne craignaient pas de m'offrir de la poudre d'or dans le moment même où l'on visitait leurs effets, et tout le monde sait que chaque année les contreban-

[1] Nous fûmes accueillis, à l'habitation de Vargem, de la manière la plus aimable. Un autre voyageur s'est aussi beaucoup loué de l'hospitalité qu'il reçut dans cet endroit; comment se fait-il qu'ensuite il cherche à ternir le caractère de son hôte? Pourrait-on rester hospitalier quand on a été ainsi voué à la haine et au ridicule par l'inconnu auquel on a cherché à se rendre utile?

diers portent à Rio de Janeiro de l'or et des diamans pour des sommes considérables.

Les soldats cantonnés à *Rocinha de Simão Pereira* appartiennent au régiment des Mines; ils font partie du détachement du *rezistro* de *Mathias Barbosa*, situé un peu plus loin, et sont chargés non-seulement de visiter, comme je l'ai dit, les voyageurs et leur bagage, mais encore de faire des patrouilles sur la route et dans le voisinage, toujours pour empêcher la contrebande [1].

Le jour où nous quittâmes le Parahybuna, nous allâmes coucher au *rancho* de *Simão Pereira*. Ce nom est celui du premier cultivateur qui s'établit dans cet endroit, et on le donne aujourd'hui à toute la paroisse dont le Parahybuna forme les limites. En général la plupart des noms de lieu qui n'ont point été empruntés à la langue des Indiens sont ceux des plus anciens propriétaires. On allait chez *Simão Pereira*, chez *João Gomez*, *Antonio Moreira*, *Pedro Alvez*, etc. Les individus qui s'appelaient ainsi sont morts; mais on s'était accoutumé à attacher leurs noms à leurs habitations, et, quoiqu'elles aient changé de maître, le nom du premier possesseur a été conservé [2].

---

[1] Il paraît que le poste dont il est ici question n'a pas été constamment placé à Rocinha de Simão Pereira. (*Voyez Eschw. journ. von Bras.*, I, 94.)

[2] La plupart des noms de ferme dans la Beauce et la Normandie n'ont pas une autre origine.

Il n'y a pas plus de village à Simão Pereira que sur les bords du Parahyba[1]. L'église, à peu près isolée, a été bâtie à peu de distance du chemin au milieu d'une petite plate-forme, et, derrière, elle s'élève un morne dont le sommet est couronné de bois vierges et dont le penchant, autrefois cultivé, n'offre plus que des arbrisseaux. La paroisse qui dépend de cette église s'étend dans une longueur de dix lieues portugaises, depuis le Parahybuna jusqu'au lieu appelé *Juiz de Fora*. Autrefois elle ne comprenait guère que le petit nombre de maisons situées sur le bord du chemin; mais, depuis l'arrivée du roi Jean VI à Rio de Janeiro, elle a reçu un accroissement de population très-considérable. Plus de quatre cents hommes libres, avec autant d'esclaves, sont venus s'y établir des différentes parties de la province des Mines, attirés par la fertilité des terres, par les avantages que procure le voisinage de la capitale, et celui de ne payer aucun droit en demeurant au-delà du *rezistro* de Mathias Barbosa[2].

[1] C'est donc à tort qu'un voyageur anglais place dans cet endroit un village et qu'il l'appelle *Simon Pre*.

[2] Suivant Pizarro, la paroisse de Simão Pereira fait partie du *termo* de *Barbacena*; elle comprend plus de 2460 individus, et porte proprement le nom de *Nossa Senhora da Gloria do Caminho novo* ou de *N. S. da Conceição*. Simão Pereira, dit le même auteur, est situé par le 21ᵉ degr. 52′ lat., à 45 l. et 1/2 de Marianna, et 35 1/2 de Rio de Janeiro (*Mem. hist.*, vol. VIII, p. 2da, p. 203). Pizarro ajoute ailleurs (p. 235) que le *rezistro* de Mathias Barbosa fait partie de la justice (*julgado*) de *Sapucahy*. Il faut convenir que, si cela

Ce *rezistro*, où nous arrivâmes bientôt, est situé à peu de distance de Simão Pereira. On y pèse toutes les marchandises sèches qui entrent dans la province des Mines, et l'on fait payer 1125 reis (9 fr. 55 c.) par chaque arobe de 32 livres, quelle que soit d'ailleurs la nature des objets et leur valeur. Quant aux droits sur les liquides, ils se perçoivent en raison de leur volume, et l'on exige 1050 reis pour le baril de 8 *canadas*. Enfin, outre ces droits, on fait payer encore au *rezistro* de Barbosa une nouvelle somme, celle de 7800 reis pour chaque nègre nouveau. Les revenus de ce *rezistro* sont une partie très-importante de ceux de la province des Mines, et s'élèvent annuellement à environ 90 ou 120 contos de reis (de 562,375 francs à 749,833).

Ce sont des employés civils et un détachement militaire qui font le service du *rezistro*. Les bâtimens qui y sont consacrés forment un carré long, et sont construits autour d'une cour assez grande que traverse la route. Ils n'appartiennent point au gouvernement, mais à un propriétaire qui les loue et s'en est réservé une partie. Ils comprennent le logement du commandant [1],

est, ce serait une bien singulière enclave; car, d'un côté, la paroisse de Simão Pereira n'est point au nombre des cinq comprises dans cette justice; d'un autre côté, elle s'étend jusqu'à Juiz de Fora, qui est situé à 6 l. N. du chef-lieu même de la paroisse, tandis que le *rezistro* de Mathias Barbosa n'en est qu'à 1 l. 1/4.

[1] Le commandant de Mathias Barbosa ne porte point le titre de *superintendant* qui lui a été donné par un voyageur.

celui des employés civils et des soldats, une grande pièce entièrement ouverte du côté de la cour et où l'on pèse les marchandises, enfin une autre pièce, voisine de la première et également ouverte, où se fait la visite.

Aucune autre province que celle des Mines n'est sujette à des droits semblables à ceux qui se paient à Mathias Barbosa. Cette partie du Brésil passait pour la plus riche; c'était sur elle que le joug du système colonial devait peser le plus. Aussi ne se contenta-t-on pas de soumettre ses produits à des impôts, ce qui eût été juste; on exigea de ses habitans des tributs auxquels les autres provinces n'étaient point soumises. Il y a plus : les mineurs faisaient une très-grande consommation de fer; mais quoiqu'ils marchassent sur des montagnes qui en sont presque entièrement formées, ils furent condamnés à n'employer que des outils tirés du Portugal, et, par la manière dont on établit les droits de Mathias Barbosa, le fer fut, à cause de son poids et de son peu de valeur, une des marchandises qui payèrent le plus. Tout ceci était une conséquence naturelle du système administratif adopté pour le Brésil avant l'arrivée du roi Jean VI, et par conséquent ce n'est point de l'absurdité qu'il faudrait reprocher à ceux qui, antérieurement à cette époque, exigeaient des droits infiniment plus élevés sur le sel et le fer que sur la bijouterie, les rubans et la dentelle. Mais ce dont on ne saurait trop s'étonner, c'est qu'après l'émancipation du Brésil, lorsqu'on eut ouvert ses ports aux étrangers, et lorsqu'on ne devait songer qu'à réparer les maux engendrés par le système colonial, on ne changea absolument rien à la manière de percevoir les droits de Mathias Barbosa, et que le poids des marchandises fut toujours la seule règle de ces droits. Comme il fut alors permis aux mineurs d'exploiter le fer de leurs montagnes, on pouvait, on devait même, conserver des droits élevés sur le fer étranger, pour forcer les propriétaires à n'en plus faire usage. En même temps, depuis qu'un grand nombre de pères de famille avaient renoncé à l'extraction de l'or pour s'occuper de l'agriculture, on devait encourager l'éducation si importante et si productive des bestiaux; et comme, dans une grande partie de la province des Mines, les bêtes à cornes ne peuvent vivre si on ne leur donne du sel, il fallait supprimer toute espèce d'impôt sur une denrée si nécessaire et que la difficulté des transports fait déjà monter à des prix trop élevés. Mais si l'entrée des Français à Lisbonne et l'établissement de la cour de Portugal à Rio de Janeiro exigèrent qu'on émancipât le Brésil et qu'on cessât d'envoyer ses habitans se faire juger sur les bords du Tage, on n'alla pas plus loin. Au système monarchique qui remplaçait un despotisme dont le résultat était d'épuiser et de désunir, on ne sut point rattacher des institutions uniformes et monarchiques [1]. Le Brésil était

[1] D. Rodrigo, comte de Linhares, ministre du roi Jean VI, à l'arrivée de celui-ci au Brésil, avait de grandes idées, une imagination active; mais il ne s'occupa point assez de l'ensemble, ses plans de détails furent trop gigantesques relativement aux moyens d'exécution qui étaient en son pouvoir;

émancipé; mais comme tous les détails du régime colonial subsistèrent, il n'y eut aucune harmonie dans l'ensemble du gouvernement, et de là, comme on le verra ailleurs, les terribles dangers qui ont un instant menacé le Brésil, de là même la plupart des embarras que rencontrera long-temps le gouvernement actuel.

Quoi qu'il en soit, au reste, des droits que l'on exige sur les marchandises qui entrent dans la province des Mines, il est bien évident que, dans l'intérêt du fisc, ce n'était point à Mathias Barbosa que la douane devait être établie : elle avait été placée dans l'origine environ vingt-cinq lieues plus loin au-delà des bois vierges, dans le lieu qu'on appelle aujourd'hui pour cette raison *Rezistro Velho*. On ne tarda pas à s'apercevoir que le pays étant découvert de tous les côtés, offrait aux contrebandiers des moyens faciles pour se soustraire à la surveillance des employés, et il y a déjà à peu près soixante-dix ans, on avança le *rezistro* jusqu'à Mathias Barbosa. Alors il y avait sans doute peu d'habitans entre ce lieu et le Parahybuna, et les bois vierges qui bordent la route ne devaient point encore être percés de chemins. Mais depuis cette époque une population nombreuse s'est fixée au-delà du *rezistro*, et, quoiqu'elle appartienne à la province des Mines, elle

enfin il crut trop aisément qu'il lui suffisait d'avoir formé une entreprise pour qu'elle fût mise à exécution. Un homme d'esprit peignait le genre d'instruction de ce ministre, en disant que sa tête contenait les premières lignes de tous les articles d'une Encyclopédie.

ne paie aucun droit. D'un autre côté on ne saurait empêcher qu'il existe des chemins de traverse pour communiquer de la grande route aux habitations et des habitations entre elles, et, par conséquent, les contrebandiers adroits peuvent éviter de passer par Mathias Barbosa. Il est donc bien clair que les intérêts de l'administration exigeraient que la douane fût établie sur le bord même du Parahybuna. Par ce moyen, aucune partie de la population n'eût été plus favorisée que le reste des habitans de la province, et comme le Parahybuna, embarrassé dans plusieurs endroits par des rochers, n'est pas une rivière navigable, on pourrait facilement empêcher la contrebande, en faisant observer les réglemens qui défendent aux propriétaires riverains d'avoir des pirogues.

Lorsqu'on a quitté Mathias Barbosa, on côtoie de temps à autre le Parahybuna ; le terrain devient plus sablonneux ; la végétation perd quelque chose de sa vigueur ; les arbres des forêts sont moins rapprochés, et leur feuillage n'offre plus des teintes aussi obscures, différence qui, dans le pays, suffit pour faire distinguer les bonnes des mauvaises terres.

Après avoir passé l'habitation qui porte le nom de *Roça da Viuva de João do Valle* (le champ de la veuve de Jean do Valle), les mornes deviennent plus élevés, et l'on arrive à une montagne appelée *Morro da Boa Vista* ou *dos Arrependidos*[1] (la montagne

---

[1] Un voyageur lui a donné le nom de *Morro de Mideiros*. Il y a dans le voisinage un lieu appelé *Medeiro* dont il est

de Belle-Vue ou du Repentir), d'où l'on découvre une vue extrêmement étendue. On domine une longue suite de collines boisées qui se perdent dans un immense lointain; mais, sans une habitation qui se trouve au milieu des mornes, cette vue fatiguerait par sa monotonie. Au sommet de la même montagne, on voit sur le bord du chemin une multitude de petites croix faites avec des brins de bois longs d'un pied à un pied et demi. Ces croix sont plantées par ceux qui passent par ce chemin pour la première fois, et qui croiraient ne pas revenir, s'ils négligeaient de remplir un devoir aussi important. Ce qui prouve cependant que ces idées superstitieuses sont loin d'être générales aujourd'hui, c'est que le maître de la *venda* du *rancho* de *Marmelo* (Coing) où nous passâmes la nuit, nous dit qu'il n'y avait plus que les fous qui se conformassent encore au vieil usage.

Marmelo est situé dans un fond entre des montagnes qui laissent peu d'espace entre elles. Un ruisseau traverse cette étroite vallée et y entretient la fraîcheur.

Nous trouvâmes le *rancho* de Marmelo assez grand et bien entretenu, tandis que la *venda* voisine était fort petite et extrêmement mal approvisionnée. Cette différence, qui est très-ordinaire, tient à ce que les muletiers, qui ont coutume de porter leurs provisions avec eux et sont d'une sobriété extrême, s'inquiètent beaucoup moins de la *venda* que du *rancho*. Le proprié-

---

possible qu'on lui donne quelquefois le nom; dans tous les cas ce serait alors *Morro de Medeiro*.

taire qui de son côté veut se débarrasser de son maïs, cherche à s'attirer des chalands en soignant son *rancho*, et l'approvisionnement de la *venda*, dont il y a peu de chose à espérer, reste assez généralement au compte de l'homme pauvre chargé de débiter le maïs.

A 1 3/4 l. de Marmelo on trouve l'habitation de *Juiz de Fora* (Juge du dehors), nom qui vient sans doute de l'emploi qu'occupait le premier propriétaire. De la *venda* de Juiz de Fora on a sous les yeux un paysage charmant. Cette *venda* a été bâtie à l'extrémité d'un vaste pâturage, borné de tous les côtés par des mornes. Le Parahybuna coule auprès du chemin; sur un petit ruisseau qui s'y jette, après avoir traversé la route, a été construit un pont en bois d'un effet très-pittoresque; auprès est une croix : plus loin on voit une chapelle abandonnée et les ruines d'une sucrerie. Sur le côté de la *venda* est un vaste *rancho*, et tout auprès une grange pour le maïs.

Jusqu'alors je n'avais rencontré des bambous qu'au milieu des forêts vierges, mêlés parmi de grands arbres; mais je trouvai les mornes qui avoisinent le lieu appelé *Alcaide mor*, presque uniquement couverts de ces herbes gigantesques. Avant même d'avoir pu les reconnaître, déjà de loin j'avais été frappé de l'aspect aérien de la végétation que j'apercevais sur les collines; j'éprouvai un véritable ravissement, lorsque je vis de près ces forêts de graminées hautes peut-être de quarante à soixante pieds, qui, courbées en arcades élégantes, se croisaient en tous sens, entremêlaient leurs immenses panicules, et laissaient entrevoir l'azur du ciel à travers des feuilles étalées comme un tapis à jour et soutenues par des demi-verticilles de rameaux délicats. L'espèce que j'avais sous les yeux s'appelle dans le pays *toboca* ou *tobioca*. Ses tiges sont creuses comme celles du *taquarassú* que j'ai déjà décrit ; elles sont presque aussi grosses et servent aux mêmes usages ; mais l'ensemble de la plante est infiniment plus élégant ; ses rameaux, beaucoup plus menus, ont moins de raideur, et ses feuilles sont plus petites. Comme le *taquarassú*, le *toboca* ne fleurit qu'au bout d'un certain nombre d'années, et la floraison met un terme à son existence. Lorsque je passai pour la première fois à Alcaide mór, la plante était en fleurs, et plusieurs tiges avaient déjà perdu leurs feuilles ; au bout de quinze mois, je ne retrouvai plus aucune trace de ces forêts que j'avais tant admirées.

Après Alcaide mór nous passâmes devant l'habitation de *Ribeirão* (torrent), et ensuite devant celle d'*Entre os Morros* (entre les mornes). A peu de distance de cette dernière, un ruisseau traverse le chemin ; puis, se répandant sur des rochers inclinés, il forme une nappe d'eau écumante qui descend en cascade jusqu'au fond d'un vallon.

Lorsque je revins de la province des Mines, je fis halte à *Ribeirão*, et comme il me restait encore quelques instants avant la chute du jour, j'en profitai pour aller herboriser dans les bois. Suivant toujours le cours d'un ruisseau, j'arrivai à une plantation de maïs. La fumée qui s'élevait au milieu du champ annonçait quelque case à nègre. Je me dirigeai de ce côté, et je trouvai une de ces baraques que les nègres de la province des Mines ont coutume de construire lorsqu'ils sont obligés de coucher dans la campagne. Elles sont faites avec des bâtons qui, enfoncés obliquement dans la terre, se joignent à leur partie supérieure comme les chevrons d'un toit, et elles sont couvertes de feuilles de palmier le plus souvent jetées sans ordre. Quelques pots de terre, et des vases faits avec des gourdes coupées par la moitié dans leur longueur, composent tout l'ameublement de ces chétifs abris. Devant celui où j'étais arrivé, je trouvai un nègre assis par terre, qui mangeait des morceaux de tatou grillés sur des charbons; dans l'instant même, il en mit quelques-uns dans une moitié de gourde; il y joignit de l'*angu*[1], et il me les offrit de la meilleure grâce du monde. Je le remerciai, et la conversation s'engagea entre nous. « Vous devez bien vous ennuyer tout seul au milieu des bois ? — Notre maison n'est pas éloignée d'ici; d'ailleurs je travaille. — Vous êtes de la côte d'Afrique; ne regrettez-vous pas quelquefois votre pays ? — Non : celui-ci vaut mieux ; je n'avais pas encore de barbe, lorsque j'y suis venu; je me suis accoutumé à la vie que j'y mène. — Mais ici vous êtes esclave, vous ne pouvez jamais faire votre volonté. — Cela est désagréable, il est vrai ; mais mon maître est bon, il me donne bien à manger : il ne m'a pas battu six fois depuis qu'il m'a acheté, et il me laisse cultiver un petit champ. Je travaille pour moi le dimanche; je

[1] Espèce de polenta dont je parlerai ailleurs.

plante du maïs et des *mandubis* (*arachis*), cela me donne un peu d'argent. — Êtes-vous marié? — Non : mais je me marierai bientôt ; quand on est ainsi toujours seul, le cœur n'est pas content. Mon maître m'avait d'abord offert une créole [1], mais je n'en veux plus : les créoles méprisent les nègres de la côte. J'aurai une autre femme que ma maîtresse vient d'acheter, qui est de mon pays et qui parle ma langue. » Je tirai une pièce de monnaie, je la donnai au nègre, et il voulut absolument me faire accepter quelques petits poissons et un concombre qu'il alla chercher dans son champ de *mandubis*.

La conversation que je viens de rapporter, et à laquelle je n'ai pas changé un seul mot, prouve que les nègres ne sont pas toujours aussi malheureux qu'on l'a dit. L'esclavage n'est point pour eux, ce qu'il serait pour nous, parce qu'ils s'occupent peu de l'avenir, et que, quand le présent est supportable, ils ne demandent rien de plus. D'ailleurs la plupart d'entre eux ont été faits prisonniers dans des guerres dont le seul but est de prendre des hommes pour les vendre, et le vaincu trouve tout naturel de devenir la victime d'une chance qu'il faisait courir au vainqueur. L'état de guerre continuel que la traite a introduit parmi les Africains est tellement affreux, que, même au milieu de l'esclavage, il les empêche de regretter leur patrie ; et parmi les nègres auxquels j'ai demandé s'ils ne se-

[1] Les créoles (*crioulos*) sont au Brésil les nègres et négresses esclaves nés dans le pays.

raient pas bien aises de retourner en Afrique, il en est bien peu qui ne m'aient répondu que la terre des blancs valait mieux, parce qu'on ne s'y battait pas sans cesse[1]. Je faisais un jour cette question à un vieux nègre qui, chargé par son maître de vendre dans une *venda* du maïs aux voyageurs, passait des jours tranquilles, éloigné de toute surveillance. « Serait-il possible, me répondit-il, qu'on pût oublier entièrement le pays où l'on est né ? — Insensé que tu es ! s'écria vivement sa femme, si nous retournions dans notre pays, est-ce qu'ils ne nous vendraient pas encore ? » On a dit que si les Africains cessaient de pouvoir vendre leurs prisonniers aux hommes blancs, ils les massacreraient[2]; qu'ils n'aient plus le même intérêt à se faire la guerre, et ils vivront en paix.

Quoi qu'il en soit, ce qui a été dit plus haut montre que, dans l'état actuel des choses, on doit, pour être vrai, faire des concessions aux partisans de l'esclavage. Le nègre qui tombe entre les mains d'un maître bon et sincèrement chrétien est, il faut l'avouer, plus heureux que la plupart des paysans de certaines provinces de France; il travaille beaucoup moins; il n'a point la même inquiétude ; la misère et la faim ne le menacent point sans cesse; vivant sous un climat chaud, il a peu de besoins, et ceux qu'il a, son maître les satisfait; s'il jette un regard sur le passé, il reconnaît que le

[1] Peut-être même celui dont je vais parler, fut-il le seul qui ne me tint pas ce langage.

[2] C'est une des raisons que l'on a données dans la chambre des députés de 1825 en faveur de la traite des nègres.

présent vaut mieux, et le lendemain, s'il y pense, lui promet autant de douceurs que le jour même. Mais il n'en est pas moins vrai que l'esclave court plus de chances de misère que de bonheur, parce qu'il y a plus de maîtres inhumains qu'il n'y en a de bons, et il est affreux de songer qu'un être qui sent et qui pense se trouve dans tous les instans de sa vie à l'entière disposition d'un méchant, sans espoir de jamais se soustraire à sa tyrannie et à ses caprices. L'intérêt du maître, a-t-on répété cent fois, est une garantie suffisante en faveur de l'esclave[1] : comme si les passions connaissaient d'autre intérêt que celui de se satisfaire !

Le jour que nous quittâmes Marmelo, nous couchâmes à *Antonio Moreira*[2], qui est à environ cinq lieues

---

[1] Ce n'est plus, au reste, sous ce point de vue qu'il faut actuellement traiter la question de l'esclavage. Je démontrerai ailleurs qu'il est peut-être moins préjudiciable encore aux esclaves qu'à leurs maîtres.

[2] Un écrivain anglais raconte qu'il trouva à Antonio Moreira beaucoup de voyageurs allant à Rio; que, comme c'était un jour de fête (*dia santo*), ces hommes eurent de la peine à consentir que l'un d'eux lui vendît une volaille, et que le marchand, s'étant laissé tenter par un prix au moins double de la véritable valeur, fut réprimandé très-sérieusement par l'un des assistans. Le même voyageur ajoute qu'il conclut de ce qui lui fut dit par son guide, qu'on n'aurait pas souffert que la volaille parût ce jour-là sur la table. Je ne me rappelle point d'avoir rien vu qui indiquât que les Brésiliens fussent des observateurs aussi judaïques qu'on le prétend, des jours de fêtes; et, ni au Brésil, ni dans aucun pays ca-

de Marmelo. Le jour suivant, nous fîmes quatre lieues et demie, et après avoir passé devant un grand nombre de *ranchos* et d'habitations, telles que *Queiroz, Rocinha de Queiroz, Ponte da Estiva, Azevedo, Luiz Antonio, Sobradinho, Rocinha d'Ingenho de Chapeo d'Uvas, Chapéo d'Uvas, Tabão, França* et *Bernardo Luiz Ferreira*, nous nous arrêtâmes au *rancho* de *Retiro*. Depuis Antonio Moreira, le chemin va sans cesse en montant et en descendant, et les pentes sont souvent fort raides et très-fatigantes pour les bêtes de somme. D'ailleurs, quoiqu'on traverse continuellement des forêts, la route n'est point ennuyeuse. La variété de la végétation, la verdure extrêmement fraîche de toutes les plantes, la diversité des teintes, ces grands arbres qui s'élèvent en amphithéâtre sur le penchant des mornes, le calme et, pour ainsi dire, l'immobilité des bois, les accidens de lumière qui résultent de l'inégalité du terrain, en un mot tout ce qui entoure le voyageur se réunit pour produire sur son âme une impression délicieuse. Presque partout la route domine des vallées assez larges qui serpentent entre les mornes et qui, arrosées par des ruisseaux, offrent des espèces de prairies où s'élèvent çà et là des touffes d'arbrisseaux délicats, végétation qui contraste avec les bois épais dont les mornes voisins sont couverts. A des distances peu considérables, on rencontre,

---

tholique, il n'existe de règles qui défendent de manger des volailles à pareil jour. — Suivant d'Eschwege, Antonio Moreira est élevé de 2,135 pieds au-dessus du niveau de la mer.

comme je l'ai déjà dit plus haut, tantôt quelques chaumières disposées sans ordre, tantôt un *rancho* ou une habitation, et ces fabriques, qui toujours présentent entre elles quelque différence, soit par leur position, soit par la manière dont elles sont construites, forment, au milieu des bois, les plus agréables paysages.

Le lieu appelé *Luiz Antonio*, que j'ai cité plus haut, porte aussi le nom de *Coqueiros* qu'il doit à une espèce de cocotier extrêmement abondante dans les bois de ce canton, et qui se fait remarquer par l'élégance de ses formes. Ce cocotier, qui porte le nom d'*andaia*, produit un fruit bon à manger et qu'on emploie principalement dans les confitures. Du sommet de l'arbre, il part une énorme touffe de très-longues feuilles ailées qui, au lieu de s'étendre en arc horizontal, comme cela arrive ordinairement chez les palmiers, s'élèvent dans une direction presque droite, mais qui, tout-à-fait à leur extrémité, se recourbent avec grâce à la manière des plumes d'autruche. Pour la plupart, ces feuilles ne présentent point au sol leur côté large; elles présentent leur tranchant, et comme le vent le plus léger suffit pour les pousser tantôt à droite tantôt à gauche, il résulte de cette différence continuelle de position, des effets d'ombre et de lumière qui produisent une agréable diversité de teintes. La partie supérieure des feuilles desséchées se détruit bientôt; mais leur base, restant sur la tige, y forme de larges écailles qui se recourbent comme des tuiles sur un toit. Cependant, à mesure que la plante s'élève, les écailles les plus anciennes tombent, et par conséquent plus multipliées vers le sommet de l'arbre, elles forment, depuis le point où elles commencent, un cône renversé qui, s'élargissant toujours, se continue dans les feuilles actuellement vivantes.

Parmi les végétaux que je recueillis, le jour où je fis halte au *rancho* de Retiro, je dois citer un *solanum* qui, loin d'être un simple arbrisseau, comme la plupart des espèces de ce genre, s'élève à une hauteur que j'estimai, à la simple vue, être d'environ quarante pieds, et dont les fleurs blanches répandent une odeur agréable (*solanum excelsum*, N.).

Le lieu le plus remarquable que l'on trouve entre Antonio Moreira et Retiro est *Chapeo d'Uvas*, où se trouve une église paroissiale. Là un ruisseau coule dans un grand espace découvert que les mornes laissent entre eux et qui présente une espèce de prairie. Des deux côtés du ruisseau, le terrain s'étend par une pente douce jusqu'au pied des mornes. Dans la partie la plus élevée a été bâtie l'église, auprès de laquelle quelques maisons de différentes grandeurs sont disposées sans ordre; et en face de l'église, de l'autre côté du ruisseau, on voit un vaste *rancho*. Le flanc de quelques mornes a été défriché et mis en culture; mais leur sommet reste couvert de grands arbres, et, de tous les côtés, l'espèce d'oasis que je viens de décrire se trouve entourée d'immenses forêts. Ce lieu respire un calme enchanteur.

La paroisse de Chapeo d'Uvas, appelée autrement *Nossa Senhora da Assumpção do Engenho do Mato* (Notre-Dame de l'Assomption de la sucrerie des bois), confine au nord avec celle de *Barbacena;* et, commençant au midi à l'habitation de Juiz de Fóra, elle est limitée de ce côté par la paroisse de Simão Pereira [1].

C'est vers cet endroit de la route qu'on cesse de compter par vintems de 20 reis, et qu'on commence à faire les comptes en vintems de 37 1/2 reis, comme cela se pratique dans une vaste portion de la province des Mines [2]. C'est aussi vers Chapeo d'Uvas que nous commençâmes à remarquer une diminution très-sensible dans le prix des denrées, que jusqu'alors nous avions toujours payées à peu près aussi cher qu'à Rio de Janeiro.

De Retiro nous allâmes coucher à Mantiqueira. Les

---

[1] On trouve dans Pizarro, la paroisse de *N. S. da Assumpção*, etc., indiquée comme faisant partie du *termo* de Barbacena, et située sur le chemin de Rio de Janeiro, à 56 l. de cette dernière ville, et 35 1/2 de Marianna (*Mem. hist.*, vol. VIII, p. 2da, p. 203). J'ai jugé que cette paroisse ne pouvait être que celle de Chapeo d'Uvas. — Suivant d'Eschwege, Chapeo d'Uvas est élevé de 2,210 pieds au-dessus du niveau de la mer. — Un voyageur moderne prétend que, dans un endroit qu'il ne nomme point, entre Chapeo d'Uvas et *Curral Novo*, et dans beaucoup d'autres parties boisées du Brésil, on croit à l'existence d'une race de pygmées, qui, dit-on, sont hauts d'environ trois pieds, bien faits, sans poil sur le corps et de la couleur des Européens. Personne ne m'a fait ce conte absurde, et pourtant j'ai visité dans le Brésil bien des pays couverts de forêts.

[2] J'aurai occasion de revenir ailleurs sur ce sujet.

vallées continuent à avoir une largeur remarquable; les *ranchos,* sont toujours très-multipliés, et quelques-uns forment de jolis paysages. Je puis citer entre autres celui de *Pedro Alves,* où je fis halte à mon retour. Entre plusieurs mornes est une petite plaine qu'on a dégarnie de bois, et où coulent plusieurs ruisseaux. On y avait bâti deux habitations qui jadis étaient florissantes, mais qui aujourd'hui n'annoncent plus qu'un état de décadence. Une petite chapelle s'élève sur une plate-forme. Des cases à nègres, plusieurs *ranchos,* des *vendas,* quelques maisonnettes habitées par des *aggregados,* sont épars çà et là dans la plaine et sur le penchant des mornes. L'espèce de machine, appelée *manjola,* fait entendre son bruit monotone sur le bord d'un ruisseau, et des groupes d'orangers et d'*araucaria* (pinheiro) répandent de la variété dans le paysage, couronné de tous côtés par des bois vierges.

C'est presque toujours au fond des vallées que l'on construit les *ranchos* et les habitations, parce qu'on y trouve des ruisseaux et qu'on peut s'y ménager les chutes d'eau nécessaires pour faire mouvoir la machine dont j'ai parlé tout à l'heure, et qui est indispensable pour la fabrication de la farine de maïs.

La *manjola,* qu'on appelle aussi *preguiça,* a déjà été décrite par quelques voyageurs [1]; cependant je ne crois pas inutile de donner ici, en peu de mots, une idée de cette machine remarquable par sa simplicité.

---

[1] Elle a été décrite par Mawes et par Luccok. Faudrait-il plutôt *monjola* ou *monjollo?*

Sur une pièce de bois verticale et immobile, est placée, à la manière d'une balançoire, une autre pièce de bois mobile et horizontale ; cette dernière est creusée à une de ses extrémités comme une large cuillère, et à l'autre bout, elle est armée d'une dent très-forte. La machine est toujours placée, comme je l'ai dit, au-dessous d'une petite chute d'eau. Le liquide, en tombant dans l'espèce de cuillère qui, d'un côté, termine la pièce de bois, fait pencher celle-ci de ce même côté, tandis que l'autre extrémité, armée, à la face inférieure, d'une dent épaisse et conique, s'élève en décrivant un arc de cercle ; mais pendant que l'extrémité creusée s'incline, l'eau s'écoule, le poids de la dent l'emporte sur celui de la cuillère, la machine crie, et la dent tombe lourdement dans une auge destinée à recevoir le grain.

Vers le lieu appelé *Pinho Velho,* qui est à quelque distance de *Pedro Alves,* j'observai un effet de végétation assez remarquable. Plusieurs chaumières étaient soutenues aux quatre angles par des troncs bruts de l'arbre à bois rouge et odorant, appelé dans le pays *cedro* (*cedrela*). Ces troncs avaient pris racine, et, de leur sommet, il avait poussé de grandes feuilles ailées longues de plusieurs pieds qui, se courbant sous le toit, ressemblaient aux feuilles d'acanthe d'un chapiteau corinthien.

L'habitation de *Mantiqueira,* où nous couchâmes, est aujourd'hui presque abandonnée ; mais elle est restée célèbre dans le pays, parce que ses alentours furent autrefois le théâtre des forfaits d'une bande de brigands qui pillaient et massacraient les voyageurs.

Dans les environs du Parahyba, nous avions vu, sur le bord de la route, des habitations de termites ou fourmis blanches [1]; nous fûmes ensuite long-temps sans en apercevoir; mais vers Pinho Velho, et surtout après Mantiqueira, nous en trouvâmes un très-grand nombre. Ce genre d'insectes comprend beaucoup d'espèces, et celles-ci, encore trop peu connues, paraissent différer singulièrement entre elles par leurs mœurs et par la manière dont elles bâtissent leurs demeures. Les habitations de l'espèce qui est si commune aux environs de Mantiqueira, sont construites avec une terre argileuse fortement mastiquée ; elles sont à peu près cylindriques, arrondies au sommet, et ressemblent à des bornes. La plupart ont environ deux à trois pieds de haut ; cependant quelques-unes s'élevaient jusqu'à cinq à six pieds, et j'en ai vu une qui pouvait avoir vingt pieds et à peu près autant de circonférence vers le milieu de sa hauteur où elle était renflée. La partie extérieure est formée par une croûte dont l'épaisseur atteint souvent la longueur du doigt, et où l'on n'aperçoit aucune ouverture. Dans leur intérieur, quelques-unes de ces habitations qui avaient été renversées m'ont laissé voir une suite de planchers horizontaux qui étaient superposés, fort rapprochés les uns des autres, noirs et percés de trous orbiculaires. Ce n'est point en une seule fois que les termès construisent leurs demeures. A mesure que la population d'une même ru-

---

[1] Les Brésiliens les appellent *cupim*.

che vient à s'accroître, ses habitans l'augmentent, et les parties nouvelles se distinguent facilement par la couleur de la terre fraîchement rapportée. Comme la ruche se compose extérieurement d'une croûte dure et compacte, il est évident que les termès ne peuvent rien ajouter à leur demeure sans détruire cette croûte à l'endroit où l'augmentation doit avoir lieu. C'est vraisemblablement à cette destruction qu'étaient occupés des termès que nous vîmes travailler. La partie de l'habitation où s'étaient postés les ouvriers était déjà percée d'une multitude de petits trous; les termès se présentaient tour à tour à l'entrée de ces trous, et ils rejetaient en dehors des grains de sable qui roulaient jusqu'en bas.

CHAPITRE V.

ROUTE DU CAMPO A VILLA RICA. — VILLES DE BARBACENA ET DE QUELUZ.

Serra da Mantiqueira. — Entrée dans les *campos*; changement de végétation; autres oiseaux; autres insectes; aspect général; *capões.* — *Borda do Campo*, lieu élevé; arbres fruitiers d'Europe; précaution prise dans la construction des *ranchos.* — M. MANOEL RODRIGUES DA COSTA; sa chapelle; prière du soir. — Culture du lin; plantes brésiliennes propres à faire des tissus, cordes. — Ville de *Barbacena*; sa fondation; sa situation; rues, maisons, jardins, murs d'enclos, églises; poteau de justice. — Idée générale des églises du Brésil, leur façade, leur intérieur; place des hommes et des femmes. — Manière d'aller à l'église. — Costumes. — Mulâtresses de Barbacena. — Spectacle appelé *presepio.* — Description du pays situé entre Barbacena et *Padre Anastasio.* — Habitation de *Padre Anastasio*; pains d'*inhames*; moulins à sucre; *rapaduras*; *jacuba.* — Ville de *Queluz.* — Hameau d'*Alto*; *casa d'Escuteiro.* — Manière de voyager. — M. Langsdorff; son étonnante activité. — Premiers terrains lavés. — Village d'*Ouro Branco*; costumes; goîtres. — *Serra de Deos livre*; *Vellozia.* — *Capão.* — *Boa Vista.* — Aspect des environs de *Villa Rica.*

C'EST à Mantiqueira qu'on arrive au pied de cette haute chaîne occidentale dont j'ai déjà parlé; on l'appelle dans cet endroit *Serra da Mantiqueira*[1], et

[1] Et non Mantigueira ou Mantequera, comme on l'a

elle conserve ce nom dans une étendue très-considérable

Un millepertuis très-abondant sur le bord de la route, semble être l'avant-coureur d'une végétation nouvelle. Déjà auprès de *Vallinha* (petite vallée), les arbres que l'on voit à la droite ont un peu moins de vigueur, et ne sont plus aussi pressés les uns contre les autres ; mais la différence n'est pas tellement sensible qu'elle ne puisse échapper à celui qui n'aurait point été prévenu d'avance. C'est auprès de *Batalha* que le voyageur, fatigué de traverser des forêts, aperçoit tout à coup de vastes pâturages. Cependant il ne faut pas croire que le passage des bois au pays découvert ou *campos* se fasse brusquement et sans aucune transition ; pendant plusieurs lieues, on voit encore des bouquets de bois épars çà et là ; mais peu à peu ils deviennent plus rares, et ils finissent par disparaître. La végétation que l'on a sous les yeux est absolument différente de celle que présentent les bois vierges ; à des arbres gigantesques ont succédé des graminées souvent peu fournies, entremêlées d'autres herbes, et les végétaux qui s'élèvent le plus au milieu de ces pâturages ne sont que des arbrisseaux. Les plantes des *campos* n'étant pas les mêmes que celles des bois, ne sauraient nourrir les

écrit. — Dans le *Flora Brasiliæ meridionalis*, Mantiqueira a été deux fois indiqué comme étant une ville ; mais un *errata* a bientôt rétabli la vérité. — Selon M. d'Eschwege, le point le plus haut de la route dans la Serra da Mantiqueira, est élevé de 3,160 pieds au-dessus du niveau de la mer.

animaux qu'on a coutume de voir au milieu des forêts: il y a d'ailleurs trop de fixité dans les habitudes et les mœurs des animaux pour que les mêmes espèces puissent vivre également dans des pays qui, quoique contigus, présentent de si grandes différences; et, lorsque la végétation a changé, on voit paraître d'autres oiseaux et de nouveaux insectes.

D'après ce que j'avais entendu dire aux Mineiros, je m'étais imaginé que le *campo* était une vaste plaine; mais il n'en est réellement pas ainsi. Lorsqu'on a quitté Batalha, le pays n'offre plus sans doute des pentes raides et de profondes vallées ; mais il est encore fort inégal, et il présente l'aspect qu'ont les pacages dans plusieurs de nos hautes montagnes d'Europe, celui, par exemple, des Monts-d'Or en Auvergne, lorsque après avoir passé le pic de Sancy on arrive à Vassivière.

Je n'ai pas besoin de dire que les campos ne sont pas les mêmes de tous les points de la chaîne occidentale jusqu'au Rio de S. Francisco ; il est assez évident qu'ils doivent être singulièrement modifiés par les différences de latitude et de hauteur. Mais ceux que je viens de décrire se retrouvent généralement dans les pays élevés du midi de la province des Mines, et forment une portion considérable de la *comarca* du *Rio das Mortes*. Si cependant, comme je l'ai dit ailleurs, au milieu d'un terrain découvert, il se trouve une vallée humide et profonde, s'il existe quelque enfoncement sur le penchant d'un morne, on peut être à peu près assuré d'y trouver un de ces bouquets de bois que les habitans appellent *capões*[1], et où ils forment leurs plantations[2].

Le point le plus élevé de l'espèce de plateau où l'on arrive immédiatement après avoir monté la Serra da Mantiqueira, est *Borda do Campo* (les limites du Campo). L'air y est tellement sec et vif, qu'il gerça mes lèvres et celles de mes compagnons; et mon domestique éprouva la même incommodité, lorsqu'au bout de quinze mois nous repassâmes par le même lieu. Dès le mois d'avril, le froid se fait sentir dans ce canton; à peu près tous les ans le thermomètre y descend au-dessous de zéro, et l'on n'y peut recueillir ni café ni bananes. En revanche, à peu de distance de Borda do Campo, vers l'habitation de *Registro Velho*, j'eus le plaisir de voir un champ de blé qui promettait une moisson abondante, et le propriétaire du Registro Velho a planté, avec le plus grand succès, des pommiers, des cognassiers, de la vigne, des guigniers, des oliviers et même des poiriers, arbre qui produit si rarement dans d'autres parties élevées du Brésil.

La différence de climat n'influe pas moins dans ce canton sur les individus de notre espèce que sur les productions végétales; car, entre Pedro Alves et Barbacena, nous vîmes une foule d'enfans aussi blonds

---

[1] L'étymologie du mot *capão* est assez jolie. Il vient de *caápoám*, qui, dans la *lingoa geral*, signifie île.

[2] Voyez l'Introduction à l'*Histoire des plantes les plus remarquables du Brésil et du Paraguay*.

TOME I. 8

que des Écossais, et dont le teint était animé par les plus belles couleurs.

Comme une température plus froide exige qu'on prenne quelques précautions de plus, on commence vers Borda do Campo à entourer les *ranchos* d'un mur d'appui, et l'on continue à faire de même à peu près dans toutes les parties hautes de la province des Mines. Ces petits murs ont encore un autre avantage, celui de délivrer les voyageurs de la persécution des volailles, et surtout des cochons que les cultivateurs élèvent en très-grand nombre.

On jouit à Registro Velho d'une vue très-agréable. Sur une hauteur est l'habitation; tout auprès on voit une chapelle, et, au-dessous de la colline, coule le Rio das Mortes, au bord duquel a été bâtie une *venda*. De tous côtés, on découvre des champs de maïs entremêlés de pâturages et de bouquets de bois; çà et là sont éparses des chaumières avec quelques maisons plus soignées, et ce paysage est continuellement animé par le passage des caravanes.

- On m'avait parlé du propriétaire du Registro Velho, l'ecclésiastique MANOEL RODRIGUES DA COSTA, comme d'un agriculteur distingué; et, au retour de mon voyage, j'allai lui rendre visite. Il était alors dans son oratoire occupé à réciter les prières du soir au milieu d'une trentaine de personnes, la plupart nègres et négresses, et je pris place parmi les assistants. Dans ce moment-là même, tous se prosternèrent, et le prêtre se mit à réciter, en l'honneur des souffrances de Jésus-Christ, des Litanies qui indiquaient le nombre exact des soufflets et des coups de fouet qu'il a reçus, des gouttes de sang qui ont coulé de ses plaies, et même des larmes qu'il a répandues pour nos péchés. A chaque article des Litanies, la chapelle retentissait du bruit des soufflets que se donnaient ceux qui étaient présens, et tous répondaient: *Louvado seja Deos* (Dieu soit loué). Quand les Litanies furent achevées, on chanta, au son d'une guitare, quelques prières en l'honneur de la Vierge, et ensuite l'on se retira. Je saluai M. Manoel Rodrigues à la porte de la chapelle : il me fit entrer dans sa maison, et répondit à mes questions avec beaucoup de complaisance. Il me dit qu'après avoir passé quelque temps en Portugal, il en avait rapporté des machines propres à travailler le lin et à faire différens tissus; qu'il avait invité tout le monde à venir voir ces machines et à en faire faire de semblables, mais que personne n'avait profité de cette offre; qu'il avait inutilement fait part au gouvernement de ses projets pour répandre, dans la province des Mines, les arts les plus utiles; qu'il n'avait reçu ni réponse, ni encouragement. Cependant M. Manoel Rodrigues a fait usage de ses métiers pour lui-même et pour les gens de sa maison. Il était vêtu d'une étoffe croisée, fabriquée chez lui avec la laine de ses brebis, et il me montra une pièce de toile d'un tissu fin et assez égal, faite avec du lin recueilli sur ses terres. Je savais déjà que l'on avait essayé avec succès de cultiver le lin dans la *comarca* du Rio das Mortes : M. Manoel Rodrigues me le confirma, et me dit que cette culture avait toujours très-bien réussi, et que tous les temps de l'année y étaient également propres; mais il ajouta qu'on l'avait presque abandonnée, parce qu'elle donne plus de peine que celle du coton. Ceux qui cultivent le lin bêchent la terre, la fument, sèment les graines, et font, au bout de trois mois, une excellente récolte. On s'étonnera sans doute de ce que le gouvernement ne cherche pas à encourager une culture si avantageuse; mais comment songerait-on à rendre plus commune une plante exotique, lorsqu'on néglige entièrement cette foule d'espèces indigènes dont les fibres tenaces et flexibles peuvent être employées si utilement pour faire des cordages et des tissus, telles que les *embauba* (*cecropia*), les *tucum* et le *macauba* (palmiers), le *pitta* (*agave vivipara*), plusieurs *malvacées*, différentes *anonées*, etc., plantes dont les sauvages savent tirer plus de parti que les Portugais eux-mêmes? Il faut avouer que, pour les usages ordinaires de la vie, les Brésiliens de l'intérieur ont peu besoin de cordes; ils y suppléent par des lanières de cuir brut qui leur coûtent peu d'argent, ou, avec plus de facilité, par des lianes, qui, si elles se détruisent promptement, peuvent du moins être remplacées à chaque instant. Mais il n'en est pas moins vrai que pour les gros cordages, les ficelles dont les muletiers font un emploi si fréquent, les tissus de chanvre et de lin, le Brésil est obligé de recourir aux étrangers, et c'est un tribut dont il pourrait facilement s'affranchir.

Après avoir passé le Registro Velho, nous aperçûmes, du haut d'une crête, la ville de *Barbacena*[1], et nous

[1] Et non Barbazinas, Babazena, ou Barbacene.

y parvînmes, après avoir fait environ six lieues depuis Mantiqueira.

Je m'imaginais que Barbacena, située à l'extrémité des immenses forêts que nous venions de traverser, ne présenterait qu'une réunion de misérables huttes, et je fus agréablement surpris de trouver une petite ville qui peut rivaliser avec toutes celles de France d'une population égale.

Ce lieu, qui dépend de la *comarca* du Rio das Mortes, n'était autrefois qu'un village, et portait le nom d'*Arraial da Igreja Nova* (village de l'église neuve)[1]. Le vicomte de Barbacena, gouverneur de la province des Mines, fut frappé de la position avantageuse de ce village; il lui fit accorder des priviléges, le fit ériger en ville par un décret de l'année 1791[2], lui donna son nom et y attira des habitans. On y compte aujourd'hui environ deux cents maisons[3] avec une population de 2000 âmes, et l'on estime que celle de toute la paroisse[4] peut aller à 9 ou 10,000 âmes dans un rayon d'à peu près dix lieues[5].

[1] Eschw. *Journ. von Bras.*, I, p. 123.

[2] *Loc. cit.*

[3] Et non trois cent cinquante à quatre cents, comme on l'a imprimé en 1818.

[4] J'expliquerai ailleurs la signification de ce mot, tel qu'on l'entend dans la province des Mines.

[5] Suivant Pizarro (*Mem. hist.*, vol. VIII, p. 2da, p. 200), Barbacena est située par le 21° 21′ 30″ lat. mér., et 334° 39′ 26″ long., à 10 lieues de S. João del Rey, 22 de Villa Rica et 58 de Rio de Janeiro. D'après les observations de M. d'Esch-

Quoique agréablement coupés de pâturages et de quelques bouquets de bois, les environs de Barbacena sont généralement assez arides; ils offrent aujourd'hui fort peu d'or, et c'est, pour ainsi dire, uniquement au passage des caravanes que cette ville doit son existence. Après dix ou douze, ou même quinze jours de voyage à travers des forêts, les muletiers achètent toujours quelque chose dans la première ville qu'ils rencontrent, et ceux qui viennent des diverses parties de la province des Mines pour se rendre à Rio de Janeiro, ont soin de se pourvoir à Barbacena des objets qui leur manquent, parce qu'ils savent que plus loin ils ne trouveront aucune ressource.

L'air qu'on respire à Barbacena est extrêmement pur, mais l'eau y est peu abondante.

Cette ville a été bâtie sur la crête de deux collines allongées, dont l'une aboutit perpendiculairement au milieu de l'autre. Sa forme est à peu près celle d'un T, et l'on y compte deux rues principales qui sont alignées et très-larges; l'une des deux est pavée dans toute sa largeur, et les autres le sont devant les maisons seulement. Celles-ci sont en général petites et basses, et le plus grand nombre n'a qu'un rez-de-chaussée; mais toutes sont blanchies, leurs toits peu élevés sont couverts en tuiles, et elles ont, à l'extérieur, un air de propreté qui flatte la vue. Les portes et les croisées sont moins multipliées qu'à Rio de Ja-

---

wege, cette ville est élevée de 3,530 pieds au-dessus du niveau de la mer.

neiro, et leurs contours peints en gris ou en jaune tranchent assez agréablement avec la blancheur des murailles. Quelques fenêtres ont des carreaux, mais la plupart sont faites avec un treillage croisé obliquement.

La plupart des maisons ont un petit jardin ; nous entrâmes dans celui d'un marchand connu de M. Ildefonso, et nous y trouvâmes des treilles chargées de belles grappes de raisin, des pêchers couverts de fruit, quelques-unes des fleurs cultivées dans les jardins d'Europe, telles que des œillets, des scabieuses, des bouquets parfaits (*dianthus barbatus*) ; enfin de fort beaux légumes, et entre autres des pommes de terre. Les jardins que nous vîmes d'un des côtés de la grande rue s'étendent sur le penchant de la colline, et la plupart, soutenus par des murs, forment de petites terrasses. Presque tous les murs d'enclos sont construits avec des parallélipipèdes de terre glaise séchés au soleil, et qui peuvent avoir environ un pied et demi de long sur quatre pouces d'épaisseur (*adobes*) : ils sont couverts avec des tuiles creuses ou du chaume.

On compte à Barbacena quatre églises qui n'offrent rien de bien remarquable, et dont une n'est pas encore achevée. L'église paroissiale, dédiée à Notre-Dame de la Pitié, est bâtie isolément sur le milieu d'une place formée par la rencontre de deux rues principales. En face de cette église est le poteau qui désigne toujours les chefs-lieux d'une justice. A chacun de ces poteaux, ordinairement construits en pierre, est attaché un carcan, et ils sont surmontés d'un glaive horizontal ou plutôt d'une espèce de coutelas et d'une sphère armillaire.

Comme j'aurai souvent à parler des églises du Brésil, je crois qu'il est nécessaire d'en donner une idée générale. Construites à peu près sur le modèle de celles de Portugal, elles sont beaucoup plus petites que les nôtres. Le clocher ne s'élève point du milieu du toit; il est remplacé par deux tours carrées qui, faisant partie de la façade de l'église, prolongent ses deux côtés, et l'intervalle que les tours laissent entre elles, est rempli par un fronton qui diminue de largeur de la base au sommet, à peu près comme un triangle, et se termine par une croix. Quelques églises de campagne n'offrent qu'un fronton sans ornement; d'autres n'ont qu'une tour ou même elles n'en ont pas du tout, et alors la cloche est ordinairement placée à côté de l'église sous un petit toit soutenu par deux poteaux. Aucune église n'a de bas côtés. Le sanctuaire n'est point, comme chez nous, continu avec le reste du vaisseau; c'est, ainsi que l'indique la dénomination portugaise *capella mór* (chapelle majeure), une véritable chapelle distincte de la nef, moins élevée et surtout moins large qu'elle. Pour masquer les angles qui, de chaque côté, résultent naturellement de la différence de largeur de la nef et de la chapelle majeure, on construit à droite et à gauche un autel oblique. Au-dessus du maître-autel, qui occupe le fond de la chapelle majeure, s'élève dans une niche une haute pyramide de gradins chargée de chandeliers et de bouquets de fleurs; le sommet de la pyramide porte la statue du patron, et les côtés de la niche sont assez généralement accompagnés de colonnes, ce qui forme un ensemble d'un effet agréable et d'un goût assez pur.

Il ne faut pas s'attendre à trouver, dans les églises de l'intérieur du Brésil, des chefs-d'œuvre de peinture ou de sculpture ; on n'y voit aucun tableau, mais les statues des saints, les peintures des plafonds et des murailles, ne sont pas beaucoup plus mauvaises que celles de la plupart de nos églises de province. On a senti chez nous que les édifices religieux empruntaient d'une lumière affaiblie quelque chose de plus imposant; mais souvent on a exagéré ces effets, et plusieurs de nos temples sont devenus tristes et lugubres : il n'en est pas ainsi des églises brésiliennes; elles sont mieux éclairées que les nôtres; les fenêtres ne sont pas très-grandes, mais elles sont plus multipliées et n'ont point de carreaux à petits plombs. La majesté de nos temples ne se retrouve point, il est vrai, dans les églises du Brésil, mais on a beaucoup plus de soin d'y maintenir la propreté. Toutes sont planchéiées, et, des deux côtés de la nef, dans une largeur de cinq à six pieds, le plancher est plus élevé d'environ neuf pouces que dans le reste de l'église. Cet espace ainsi exhaussé, est séparé du milieu de la nef par une balustrade de *jacaranda* noir comme l'ébène, et la même balustrade, prolongée parallèlement au maître-autel, sépare encore le sanctuaire de la nef.

Les femmes, sans distinction de rang, se tiennent au milieu de l'église accroupies ou à genoux; les hommes les plus connus et les mieux mis se placent des deux côtés, dans cet espace dont je viens de parler et qui est séparé du reste de la nef par une balustrade; enfin les nègres et les gens du commun restent à la porte.

Nous passâmes un jour de fête à Barbacena, et j'eus l'occasion d'observer le costume que les femmes ont à l'église. La plupart portaient sur leurs épaules de grandes capotes d'un drap lourd et épais, le plus souvent rose ou écarlate, à manches pendantes et à collet large. Les plus âgées, les moins riches, et une grande partie des négresses, avaient la tête couverte d'un fichu en marmotte qui s'avançait au-delà du front à la manière d'une coiffe, et qui, passant sous le menton de ces dames, le couvrait quelquefois avec une partie de la bouche; d'autres femmes plus élégantes avaient leur fichu arrangé en turban, et les mieux mises enfin ne portaient rien sur leur tête. Ces costumes se retrouvent presque sans aucune différence dans les diverses parties de la province des Mines.

Lorsque, dans cette province, comme à peu près dans tout le reste du Brésil, une famille se rend à l'église, les femmes marchent à la suite les unes des autres au plus petit pas possible, et forment ainsi une espèce de procession. Elles ne se disent rien, ne tournent la tête ni à droite ni à gauche, regardent ceux qui passent en jetant les yeux de côté avec effort, et répondent à peine par un léger signe de tête au salut qu'on leur a fait.

On voit, à Barbacena, plusieurs boutiques assez bien garnies, beaucoup de *vendas* et quelques auberges.

Dans aucune partie de la province, la main-d'œuvre

n'est aussi chère que dans cette ville, ce qui tient à ce que celle-ci est sans cesse traversée par des voyageurs qui, pressés de se rendre à leur destination, sont forcés de se laisser faire la loi par les ouvriers.

Barbacena est célèbre, parmi les muletiers, pour la quantité de mulâtresses prostituées qui l'habitent, et entre les mains desquelles ces hommes laissent le fruit de leur travail. Sans aucune cérémonie, on vient offrir ces femmes dans les auberges; souvent les voyageurs les invitent à souper, et ils dansent avec elles des *batuques*, ces danses lubriques, qui, l'on ne saurait le dire sans honte, sont devenues nationales dans la province des Mines. D'après la facilité avec laquelle le maître de notre auberge paraissait souffrir qu'on fît de sa maison un lieu de débauche, on conçoit que je dus le juger avec quelque sévérité; mais, après qu'il eut causé long-temps avec nous, je reconnus en lui un très-brave homme qui tout bonnement se conformait à l'usage.

Le jour de notre arrivée à Barbacena, on nous parla d'un de ces spectacles ridicules appelés *presepio*, où l'on fait jouer, par des marionnettes, des scènes tirées de l'Écriture-Sainte. Nous résolûmes d'abord d'aller voir le *presepio*; mais nous renonçâmes bientôt à notre projet, ayant su par quelqu'un d'officieux que c'était à nous qu'on voulait faire payer les frais du spectacle. A Barbacena, et probablement ailleurs, personne ne donne rien à la porte du *presepio*; mais les acteurs proclament avec honneur le nom de ceux que l'on veut faire payer, et, dans le même moment, on leur présente un plat où ils mettent leur argent. Souvent un compère a été proclamé avant l'étranger que l'on a choisi pour victime ; il met très-généreusement dans le plat une somme qu'on lui rend ensuite, et la honte empêche la personne qui n'est pas dans le secret de donner moins que ceux qui l'ont précédé. On était si bien disposé à nous traiter de la sorte, que le spectacle n'eut point lieu, quand on sut que nous ne voulions pas y aller. Au reste, le spectacle de Barbacena, fréquenté principalement par des femmes de mauvaise vie, n'était, à ce qu'il paraît, qu'un rendez-vous de débauche.

Le pays que nous parcourûmes dans un espace de plusieurs lieues, entre Barbacena et l'habitation appelée *Padre Anastasio*, est semblable à celui que nous avions traversé depuis notre entrée dans les *campos*. Ce sont encore des mornes arrondis et peu élevés couverts de pâturages, et des bouquets de bois se montrent toujours çà et là dans les vallées. Les graminées forment la masse de la végétation ; mais au milieu d'elles on trouve beaucoup de sous-arbrisseaux d'un pied à un pied et demi, entre autres des apocynées, de charmantes mélastomées à petites feuilles, quelques malvacées, un *cuphea* qui, par son feuillage, sa tige grêle et ses fleurs purpurines, rappelle certaines bruyères ; enfin une petite espèce de *psidium*, à laquelle on donne le nom de *guabiroba*, et dont on mange le fruit qui est jaunâtre et un peu moins gros qu'une cerise. Ces pâturages ne sont pas à beaucoup près aussi arrosés que les forêts. Les habitations y sont plus rares, et le petit nombre de maisons que l'on rencontre présentent le plus souvent l'aspect de la misère et celui de la décadence plus affligeant encore, car la décadence suppose presque toujours un mieux possible.

Du haut des mornes, on découvre une immense étendue de pays sans population et sans culture, et les vastes pâturages que l'on traverse, et qui pourraient nourrir tant de bestiaux, sont déserts et semblent inutiles. Les oiseaux que je voyais de ces lieux découverts, moins nombreux que ceux des bois, n'avaient pas, en général, des couleurs aussi belles. Quand je traversais les forêts, je trouvais sans cesse de nouveaux insectes; souvent, lorsque le soir j'écrivais mon journal, à la lumière d'une bougie, j'étais fort incommodé par les moucherons qui tombaient en foule sur mon papier; et, à Antonio Moreira, de plus grosses espèces, des sauterelles, des mantes, des spectres, des phalènes, venaient comme à l'envi enrichir mes collections : depuis mon entrée dans les *campos*, elles ne s'accrurent plus qu'avec une extrême lenteur; car à peine apercevions-nous, dans les lieux aquatiques, quelques petites espèces de papillons.

Deux jours après avoir quitté Barbacena, nous fîmes halte à l'habitation de Padre Anastasio[1], et nous y mangeâmes de petits pains assez bons, faits avec des racines d'*inhame* (*arum esculentum*) que l'on avait

---

[1] Entre Barbacena et Padre Anastasio, se trouve la *Fazenda de Gama*, élevée, suivant d'Eschwege, de 3,530 pieds au-dessus du niveau de la mer.

râpées et ensuite pétries. Ces racines forment un légume qui, sans avoir une saveur délicate, est également sain et nourrissant ; elles sont excellentes surtout pour engraisser les cochons, et leur culture ne peut être trop recommandée aux habitans du Brésil.

La sucrerie de Padre Anastasio était alors en pleine activité, tandis qu'à la même époque celles de Rio de Janeiro ont déjà cessé leurs travaux; ce qui prouve que, dans ce pays élevé, la végétation est sensiblement plus lente que sur la côte.

Les cylindres des moulins à sucre, que j'avais eu l'occasion de voir jusqu'alors, étaient revêtus de lames de fonte attachées avec des clous. Chez le Padre Anastasio et dans la plupart des sucreries de la province des Mines, les cylindres sont entièrement découverts, mais on les fait avec un bois fort dur qu'on appelle *paroba*.

Le Padre Anastasio, comme beaucoup d'autres propriétaires de la province des Mines, ne fabriquait point de cassonade, et se contentait de faire ce qu'on appelle dans le pays des *rapaduras*. Ce sont des carrés qui peuvent avoir cinq à six pouces et qui sont fort épais; leur couleur, leur goût et leur odeur sont à peu près ceux du sucre brûlé de nos raffineries, mais le sirop s'y fait sentir davantage. Pour faire des *rapaduras*, on ne met point d'eau alcaline dans le vesoul; on le fait cuire assez pour qu'il ne s'en échappe aucun sirop, et on le verse dans des moules d'où l'on peut très-promptement retirer les *rapaduras* refroidies. Les enfans, les nègres et les muletiers aiment singulièrement cette espèce de sucre et en consomment une quantité prodigieuse. Souvent, lorsque les muletiers arrivent au *rancho*, et qu'ils n'ont pas la patience d'attendre que leurs haricots soient cuits, ils apaisent leur faim en mangeant un *jacuba*, mélange qui se fait à froid avec de l'eau, de la farine de maïs et des *rapaduras*.

Continuant toujours à traverser un pays découvert, nous arrivâmes à *Queluz*, qui est à 15 lieues E. de S. João del Rey et 8 lieues S. S. E. de Villa Rica. Queluz s'appelait autrefois *Sitio* ou peut-être *Aldea dos Carijos*, du nom d'une peuplade indienne qui jadis y avait fait sa demeure. A la sollicitation du vicomte de Barbacena, gouverneur de la province des Mines, le village de Carijos fut érigé en ville par un décret de l'année 1791; son nom fut changé [1], et on y établit des juges ordinaires. Cette petite ville, qui fait partie de la *comarca* du Rio das Mortes (Eschw., Piz.), bâtie sur une crête élevée, serait fort agréable, si elle n'était aussi déserte; la rue que traverse la route est large et assez bien alignée, mais l'herbe y croît de tous les côtés; d'assez jolies maisons nous semblaient être abandonnées, et presque toutes sont mal entretenues et sur le point de tomber en ruines [2].

[1] Ces détails sont empruntés à Pizarro.

[2] Un voyageur anglais dit qu'aux environs de Queluz, le tabac fleurit dans l'état sauvage avec la plus grande magnificence (*with the utmost luxuriance*). Je ne me rappelle pas d'avoir trouvé au Brésil le vrai tabac à l'état sauvage : peut-être le voyageur dont il s'agit a-t-il pris pour cette plante

Au-delà de Queluz, nous eûmes le plaisir de retrouver des bois. Dans un pays où les arbres ne vivent point en société, les forêts offrent moins de monotonie que d'immenses pâturages, et elles déguisent le défaut de culture et de population que la vue d'un pays découvert trahit en un instant.

Ce fut au hameau appelé *Alto* que, pour la troisième fois depuis Rio de Janeiro, nous couchâmes dans une maison. Outre le *rancho,* quelques particuliers ont encore, pour les voyageurs qui sont au-dessus de la classe des muletiers, des chambres que l'on appelle *casa d'escuteiro;* mais presque toujours le *rancho* est encore préférable.

Nous laissâmes notre caravane à Alto, et, prenant les dèvans, nous nous rendîmes le jour même à Villa Rica.

le *nicotiana Langsdorffii* ou quelque apocynée. — Jamais je n'ai entendu parler non plus d'un oiseau que le même voyageur nomme *ariba raba* et dont il dit quelques mots, bientôt après avoir donné des détails sur Queluz. — A la vérité il existe au Brésil un coucou appelé *anu branco,* qui a le plumage mêlé de gris fauve et de blanc; mais comme l'écrivain que je viens de citer attribue à son *white anou* un dos bleu, il est bien évident qu'il a mal appliqué le nom des Brésiliens. C'est aussi à tort qu'il donne à une espèce le nom de *merlu,* c'est *merlo* qu'il fallait écrire. Ces inexactitudes débitées à la suite d'un article sur Queluz, où l'auteur prodigue les plus grossières injures aux habitans de cette ville, pourraient bien, ce me semble, fournir à ceux-ci un argument pour se défendre.

Il est temps de parler de la manière dont nous avions vécu depuis Rio de Janeiro. Dans la compagnie de M. Langsdorff, l'homme le plus actif et le plus infatigable que j'aie rencontré dans ma vie, j'appris à voyager sans perdre un seul instant, à me condamner à toutes les privations, et à souffrir gaîment tous les genres d'incommodité. Nous nous levions avec le jour; j'achevais d'écrire mon journal ou de faire l'analyse des plantes que j'avais recueillies la veille, et mon domestique changeait de papier celles qui étaient sous presse. Pendant ce temps-là, on préparait notre déjeûner, qui se composait de haricots noirs cuits avec du lard, de riz et de quelques tasses de thé. Dans le commencement du voyage nous avions du biscuit; mais bientôt il fallut se contenter de farine de maïs ou quelquefois de manioc. N'étant pas encore accoutumé à cette nourriture, je jetais, par respect humain, un peu de farine sur mes haricots; mais j'éprouvais une sensation désagréable, lorsque les grains, imparfaitement broyés de la farine, passaient sur ma langue et sur mon palais. Après avoir mangé à la hâte, tenant mon assiette à la main, et presque toujours m'occupant en même temps de tout autre chose, je refaisais mes malles que j'avais défaites la veille. Le départ était l'instant critique. Mon compagnon de voyage allait, venait, s'agitait, appelait celui-ci, réprimandait celui-là, mangeait, écrivait son journal, arrangeait ses papillons et courait çà et là tout à la fois. Tout son corps était en mouvement; sa tête et ses bras, qui se portaient en avant, semblaient accuser de lenteur le reste de ses membres; ses paroles se précipitaient; sa respiration était entrecoupée; il était haletant comme après une longue course. De mon côté, je me hâtais autant qu'il m'était possible, tremblant de faire attendre, et souvent j'étais plus fatigué au moment du départ que lorsque nous arrivions le soir. Malgré nos efforts, nous ne pouvions presque jamais nous mettre en route avant sept à huit heures. Du haut de mon mulet, je cueillais les branches d'arbres et d'arbrisseaux que je pouvais atteindre, et je descendais lorsque j'apercevais quelque plante moins élevée qui présentait de l'intérêt. La mule de mon domestique étant devenue dans les premiers jours du voyage incapable de servir, je partageai ma monture avec le fidèle Prégent, et la botanique y gagna. J'avais adopté l'usage des habitans du pays, et je portais toujours un parasol; j'ai fait de même pendant le reste de mes voyages, et je crois devoir en grande partie à cette précaution la conservation de ma santé. On était alors dans la saison des pluies : quand l'eau tombait dès le matin, nous ne nous mettions point en route; mais le plus souvent, il ne pleuvait que vers les trois ou quatre heures, et c'était alors que nous avions coutume de faire halte; quelquefois cependant, il nous arrivait d'être mouillés; mais dans ces climats heureux, la pluie n'a pas les mêmes inconvéniens qu'en Europe; elle est beaucoup moins froide, et pour peu qu'il survienne un rayon de soleil, l'humidité s'évapore promptement. Pour pouvoir attendre avec moins d'impatience notre frugal souper, je ne me mettais point en route sans emporter avec moi un peu de chocolat et une petite bouteille d'eau mêlée avec du tafia et du sucre. A peine arrivé sous le *rancho*, j'ouvrais mes malles, je desséchais les plantes que j'avais recueillies, j'en faisais l'analyse, et j'arrangeais les insectes que j'avais trouvés ; nous mangions avec précipitation nos haricots noirs et notre riz ; j'écrivais mon journal ; rarement il était moins d'onze heures lorsque je me couchais, et souvent l'air froid qui circulait sous le *rancho* me privait du sommeil.

Peu d'instans après avoir quitté Alto, je vis, pour la première fois, des terrains que l'on avait lavés pour en extraire de l'or. La surface de la terre avait été enlevée, et des monceaux de cailloux remplaçaient la verdure des gazons.

Depuis Alto, l'horizon est borné par une haute montagne appelée *Deos Livre* (que Dieu nous en délivre), ou d'*Ouro Branco*, que nous avions déjà aperçue le jour précédent. Dans le lointain, son sommet semble tronqué et à peu près égal ; ses flancs paraissent très-escarpés et sont couverts d'herbes.

Bientôt nous arrivâmes au village d'*Ouro Branco*[1],

---

[1] Ouro Branco ou *S. Antonio d'Ouro Branco* est situé par le 20° 31′ de lat., et 332° 42′ long., à 6 lieues E. S. E. de Villa Rica, 8 de Marianna, 73 de Rio de Janeiro. Ce village est le chef-lieu d'une paroisse qui fait partie du *termo* de Villa Rica, et dont la population s'élève à plus de 1600 individus (1172 individus en 1813, Eschw.). *Mem. hist.*, vol. VIII, p. 2da, p. 75.

le seul que nous ayons trouvé entre Rio de Janeiro et Villa Rica, et qui peut se composer d'une cinquantaine de maisons. Ce village se termine par une place à l'extrémité de laquelle on a bâti l'église et qui domine une large vallée. Comme celle-ci ne peut être aperçue, l'église semble appuyée contre la montagne qui présente derrière elle un rideau de verdure. D'un côté de la place sont les maisons les plus considérables du village ; l'autre côté n'a point été bâti ; mais ce qui achève de rendre cet ensemble extrêmement pittoresque, c'est un groupe de palmiers à tige élancée et à feuilles légères, qui entourent une grande croix plantée sans symétrie du côté de la place opposé à l'église [1].

Après être descendus de cette petite plate-forme, nous entrâmes dans la vallée. C'était un jour de fête, et les habitans du voisinage se rendaient en grand nombre à l'église. Tous avaient des habillemens propres : les femmes portaient des robes blanches, une sorte de spencer de drap et un chapeau de feutre ; mais leurs jambes et leurs pieds étaient nus. Presque tous ceux que nous rencontrions, hommes et femmes, blancs et gens de couleur, avaient un large goître, et,

[1] Un voyageur anglais a érigé en église métropolitaine celle de l'humble village d'Ouro Branco. Ce voyageur, le même qui s'est imaginé qu'on ne voulait pas qu'il mangeât de la volaille un jour de fête, a parlé beaucoup trop souvent de la religion des Brésiliens : on voit qu'il eût bien fait de commencer par s'instruire un peu mieux des choses qui la concernent.

dans ce canton comme dans les vallées d'Europe où cette infirmité est commune, on l'attribue à la fraîcheur des eaux.

En suivant la vallée, nous vîmes une suite de terrains d'où l'on a tiré de l'or, et où le sol creusé, l'absence de la végétation, et des monceaux de cailloux épars çà et là, donnent au paysage un air de tristesse.

Arrivés au pied de la montagne de Deos Livre, à l'endroit même où nous devions la monter, nous fûmes frappés de l'aspect singulier d'une plante *monocotylédone* qui s'élevait du milieu des gazons. Ses tiges vivaces ont cinq à six pieds de haut; elles sont grosses comme le bras, tortueuses, et se divisent en un petit nombre de rameaux également tortueux, écartés et aussi gros qu'elles. Si l'on excepte les sommités, toute la plante est dépouillée de feuilles et couverte seulement d'écailles sèches qui se recouvrent comme les tuiles d'un toit, et ne sont que la base des feuilles anciennes. Les feuilles nouvelles forment une touffe à l'extrémité des rameaux, et sont longues d'environ un demi-pied, raides, linéaires et aiguës. Du milieu d'entre elles, naît une belle fleur bleue d'environ trois à quatre pouces de diamètre, et qui, pour l'ensemble de ses formes, a de la ressemblance avec nos lis; les étamines sont nombreuses, et l'ovaire inférieur se termine par un long style que couronne un stigmate jaune, étalé et à trois lobes. Cette plante singulière appartient au genre *vellozia* [1], dont les espèces assez

---

[1] J'ai déjà donné des détails abrégés sur les *vellozia* dans

nombreuses caractérisent généralement les sommets découverts et pierreux de la chaîne occidentale; à cause de leurs tiges sèches et couvertes d'écailles, les grandes espèces de ce genre ont été appelées par les habitans du pays *canella d'ema* ou jambe d'autruche; ces mêmes tiges sont généralement résineuses[1], et l'on peut s'en servir pour s'éclairer comme on se sert en quelques endroits des branches du sapin.

La montagne de Deos Livre fait partie de la chaîne occidentale : comme les hauteurs qui l'avoisinent, elle était couverte, à cette époque, d'une verdure aussi fraîche que celle qu'étalent nos champs de blé au commencement du printemps. On monte sur cette montagne par une pente assez facile, et parvenu au sommet, on découvre une vue extrêmement étendue.

Après avoir descendu la serra de Deos Livre, nous allâmes dîner au lieu appelé *Capão*, dans le voisinage duquel on trouve des topazes, et ensuite nous passâmes par le hameau de *Boa Vista* qui domine un pays immense.

Entre Capão et Villa Rica, les chemins sont affreux, et l'on assure que dans certains endroits où la route est

---

mon introduction à l'*Histoire des plantes les plus remarquables du Brésil et du Paraguay*. Si l'on réunit les espèces à étamines définies à celles à étamines nombreuses, le genre doit porter le nom de *xerophyta*, donné jadis aux premières par Ant. Laur. de Jussieu; mais je crois qu'il est mieux de conserver les deux genres.

[1] L'analogie semble indiquer que toutes les espèces contiennent de la résine.

resserrée entre des mornes, on est quelquefois attaqué par des nègres fugitifs.

A peine a-t-on passé Capāo, que le paysage prend un air de tristesse qu'il conserve presque toujours jusqu'à Villa Rica. On ne découvre de tous côtés que des campagnes désertes, sans culture et sans troupeaux. Si l'on aperçoit quelques maisons, ordinairement elles sont en ruines; les contours des montagnes sont pour la plupart âpres et irréguliers ; sans cesse on aperçoit des excavations faites pour les lavages de l'or; la terre végétale a été enlevée, la verdure a disparu avec elle, et il ne reste plus que des monceaux de cailloux.

CHAPITRE VI.

VILLA RICA.

Arrivée à Villa Rica. — M. le baron d'Eschwege. — Position de Villa Rica; sa population; aspect singulier de cette ville; ses églises; palais du gouverneur; hôtel-de-ville; caserne; hôpital civil et militaire; spectacle, acteurs; fontaines; maisons, jardins; manière de vendre les denrées; manufacture de faïence; fabrique de poudre. — Occupations des habitans de Villa Rica. — Un bal. — Les femmes ne se montrent point. — Excursion au village d'*Antonio Pereira*; sa position; ses habitans; ses ruines.

On descend, à peu près depuis Boa Vista jusqu'à Villa Rica, et, à mesure qu'on approche de cette ville, le paysage prend un aspect encore plus sévère. Nous marchions depuis long-temps, et nous commencions à nous plaindre de ne pas apercevoir la ville, lorsque tout à coup elle se montra à peu de distance de nous. Le temps était sombre quand nous y arrivâmes, et ajoutait encore à l'aspect mélancolique du pays. Des montagnes qui, de tous côtés, dominent la ville, des maisons anciennes et en mauvais état, des rues qui descendent et qui montent, voilà ce qui s'offrit à nos regards, lorsque nous entrâmes dans la capitale de la province des Mines. En descendant toujours, nous finîmes par arriver au bas de la ville, et nous nous trouvâmes dans une vallée assez étroite entourée de mornes élevés. Une partie des maisons s'étend sur ceux qui étaient à notre droite; ceux de la gauche sont arides, presque à pic et sans habitation. Dans la vallée où nous étions descendus, coule le *Rio d'Ouro Preto*, petite rivière dont les eaux, peu abondantes, sont sans cesse divisées et subdivisées par les chercheurs d'or, et dont le lit d'un rouge noir ne présente plus que des filets d'eau qui coulent entre des amas de cailloux noirâtres, résidu des lavages.

Après avoir traversé le vallon, nous arrivâmes à la maison de M. le baron d'Eschwege, située seule au pied d'un des mornes qui font face à la ville (le 26 décembre 1816). M. d'Eschwege, assez connu par ses ouvrages et alors lieutenant-colonel au service de Portugal, avait été le compagnon d'études de M. Langsdorff; il nous fit une excellente réception, nous combla de politesses, et pendant les dix-huit jours que nous passâmes chez lui, il alla au devant de tous nos désirs.

La grande quantité d'or que l'on trouvait à Villa Rica fut l'unique cause de sa fondation [1]. D'ailleurs il

[1] Les mines d'Ouro Preto furent découvertes en 1699, 1700 et 1701, par Antonio Dias de Thaubatè, et par les Paulistes Thomas Lopez de Camargos et Francisco Bueno da Silva. De nouveaux colons se réunirent bientôt à ces hommes entreprenans, et le village qui venait d'être fondé se trouva assez considérable, dès 1711, pour pouvoir être érigé en *ville*. — La capitale des Mines est située à 80 lieues de Rio de Ja-

était impossible de choisir une position moins favorable, puisque cette ville est éloignée des ports de mer et plus éloignée encore de toute rivière navigable; qu'on ne peut y faire arriver des marchandises qu'à l'aide des bêtes de somme, et que ses alentours sont frappés de stérilité.

On compte, à Villa Rica, environ deux mille maisons. Cette ville était florissante, lorsque les terrains qui l'environnent fournissaient de l'or en abondance; mais à mesure que ce métal est devenu plus rare ou plus difficile à extraire, les habitans ont été peu à peu chercher fortune ailleurs, et, dans quelques rues, les maisons sont presque abandonnées. La population de Villa Rica qui s'est élevée autrefois jusqu'à 20 mille âmes, est réduite aujourd'hui à environ 8 mille, et cette ville serait bien plus déserte encore, si elle n'était la capitale de la province, le chef-lieu de l'administration, et la résidence d'un régiment[1].

Villa Rica a si peu de régularité, qu'il est extrême-

neiro, par le 20° 25′ 30″ lat., et 334° 2′ 12″ de long. (*Mem. hist.*, vol. VIII, p. 2da, p. 87-93).

[1] Villa Rica est non-seulement la capitale de la province, mais encore le chef-lieu d'une *comarca* qui se divise en deux *termos*, celui de la ville elle-même et celui de Marianna. Cette *comarca*, la plus petite des cinq qui forment la province, comprenait en 1813, suivant d'Eschwege, 6,517 feux et 72,209 individus, c'est-à-dire environ la septième partie de la population totale des Mines; du moins si nous admettons le nombre de 433,049 habitans, indiqué par d'Eschwege pour 1808.

ment difficile d'en donner une idée très-exacte. Elle est bâtie sur une longue suite de mornes qui bordent le Rio d'Ouro Preto et qui en dessinent les sinuosités. Les uns sont plus avancés; d'autres reculés davantage forment des gorges assez profondes; quelques-uns, trop à pic pour recevoir des habitations, ne présentent, au milieu de ceux qui les environnent, qu'une végétation assez maigre et de grandes excavations. Les maisons se trouvent ainsi disposées par groupes inégaux, et chacune est, pour ainsi dire, construite sur un plan différent. La plupart ont un petit jardin long et étroit, assez mal soigné. Ces jardins sont soutenus par une muraille peu élevée, presque toujours couverte d'une immense quantité de fougères, de graminées, de mousses, et le plus souvent ils forment les uns au-dessus des autres une suite de terrasses dont l'ensemble présente quelquefois une masse de verdure, telle qu'on n'en vit jamais dans nos climats tempérés. De ces maisons ainsi entremêlées de sommets arides et de touffes serrées de végétaux, il résulte des points de vue aussi variés que pittoresques; mais la couleur noirâtre du sol, celle des toits qui n'est guère moins obscure, le vert foncé des orangers et des cafiers très-multipliés dans les jardins, un ciel presque toujours nuageux, la stérilité des mornes où l'on n'a point bâti, communiquent au paysage un aspect sombre et mélancolique.

Pour faire connaître ces paysages singuliers, je vais tâcher d'esquisser celui que nous avions devant nous, lorsque, de la maison du baron d'Eschwege, nous jetions les yeux sur la ville. Cette maison, comme je l'ai dit, en était séparée par le Rio d'Ouro Preto. Un gazon d'un assez beau vert tapisse les espaces inégaux qui se trouvent compris entre la rivière et le bas des mornes sur lesquels est bâtie la ville. Ceux de ces derniers qui font exactement face à la maison de M. d'Eschwege, n'offrant pas une pente assez douce pour recevoir des habitations, sont restés couverts d'un gazon rare et grisâtre; une seule maison a été construite tout-à-fait à leur pied, et ses murs, nouvellement reblanchis, contrastaient alors avec le vert foncé des orangers, des bananiers et des cafiers qui l'entourent, pressés les uns contre les autres. C'est vis-à-vis le côté gauche de la maison de M. d'Eschwege que sont situés deux des groupes de maisons les plus considérables. Réunis à leur base, ils s'élèvent, en divergeant, sur la pente de deux mornes qui s'avancent dans le vallon du Rio d'Ouro Preto, et ils laissent entre eux, sur un plan un peu moins avancé, un espace triangulaire sans culture et sans habitation, où le terrain bouleversé et dépouillé de verdure laisse voir partout les traces affligeantes du travail des mineurs. Aucun des deux groupes ne parvient jusqu'au sommet des mornes; celui-ci est resté nu, et ne présente qu'un sol rougeâtre et presque dépourvu de végétation. Comme la disposition du terrain ne permet pas que deux maisons se trouvent sur le même plan, on les découvre pour la plupart en tout ou en partie. Le plus grand nombre, bâties en terre et mal entretenues, annoncent le peu d'aisance des habitans. La couleur brune des toits dont les bords s'avancent bien au-delà des murailles grisâtres des maisons, et les jalousies d'un rouge foncé, ajoutent à ce que le paysage a de mélancolique; et quelques bâtimens, fraîchement reblanchis, font ressortir encore les couleurs sombres des maisons environnantes. Le groupe qui est à gauche, plus large que l'autre, offre un ensemble plus irrégulier, et s'élève au-dessus de l'église paroissiale d'*Ouro Preto* qui présente un de ses côtés au cours de la rivière. Les maisons qui forment le groupe de la droite, rapprochées les unes des autres, ne laissent entre elles presque aucun intervalle; chacune a un jardin qui forme sur le même plan qu'elle une terrasse étroite, et j'ai compté jusqu'à vingt-deux de ces terrasses qui s'élevaient en amphithéâtre les unes au-dessus des autres. Les fougères qui couvrent les murailles des terrasses masquent la couleur des pierres, et, mélangeant leur verdure aux teintes plus foncées des plantes cultivées dans les jardins, produisent un effet très-pittoresque; mais si ces parasites[1] montrent la force de la végétation dans ces climats heureux, elles attestent en même temps la négligence de l'homme, et ajoutent à l'air d'abandon que présentent les habitations. Sur le côté du groupe que je viens de décrire, on voit l'église militaire bâtie sur une plate-forme, au-dessous d'une pente qui n'offre que des broussailles entremêlées de quelques rochers noirâtres. Un peu plus loin que le

---

[1] Je n'ai pas besoin de dire que ce mot n'est pas pris ici dans le sens qu'y attachent les naturalistes.

groupe de la gauche, en est un autre que couronne une église, et au-dessus duquel s'élèvent, sur un autre plan, des hauteurs arides qui ont été bouleversées par les mineurs. On voit au-delà quelques terres cultivées et des bouquets d'*araucaria*; enfin des montagnes élevées, en décrivant un demi-cercle, bornent cet horizon très-rapproché, et semblent séparer le bassin étroit qu'elles renferment, du reste de l'univers.

On compte à Villa Rica quinze ou seize chapelles[1] et deux églises paroissiales, l'une dédiée à Notre-Dame du Pilier (*Nossa Senhora do Pilar*, Piz.) et connue sous le nom d'*Antonio Dias* son fondateur; l'autre, bâtie sous l'invocation de Notre-Dame de la Conception (*Nossa Senhora da Conceição*, Piz.), et appelée généralement l'église du *Rio d'Ouro Preto*, à cause de la rivière auprès de laquelle elle est située.

L'église d'*Ouro Preto* a une longueur d'environ cinquante-cinq pas, depuis la porte d'entrée jusqu'au maître-autel; elle est fort ancienne et m'a paru ne pas être d'une grande solidité. Moins éclairée que ne sont en général les églises plus modernes, elle est d'ail-

[1] Par le mot chapelle, *capella*, il faut entendre tous les temples qui ne sont pas des églises paroissiales. Pizarro donne la liste de dix-huit *capellas*; mais on peut, ce me semble, soupçonner qu'il a fait un double emploi; car après avoir nommé, entre autres, la chapelle de *Nossa Senhora do Rosario do Taquaral*, il termine son catalogue de la manière suivante : *A de S. Sebastião e as tres do titulo de Nossa Senhora do Rosario no Ouro Preto, no Alto da Cruz e no sitio denominado do Padre Faria.*

leurs extrêmement jolie. La forme de la nef est elliptique ; et à chacun de ses deux côtés, sont adossés trois autels fort ornés et chargés de dorures. Ces autels sont séparés par des pilastres d'ordre corinthien et voilés, hors du temps des offices, par des rideaux de damas cramoisi. A peu de distance d'eux, une balustrade de *jacaranda* fait, suivant l'usage, le tour de la nef. Au-dessus de la porte d'entrée et des autels latéraux, règne une tribune qui s'arrête, des deux côtés, à l'entrée du sanctuaire ou chapelle majeure. Les peintures du plafond et des autres parties de l'église sont passables et infiniment supérieures à celles des autres temples qu'on voit dans la province. A l'époque où fut construite l'église d'Ouro Preto, les mineurs très-opulens auront pu appeler du Portugal des ouvriers et des artistes; devenus moins riches, ils se seront contentés des peintres de leur pays qui, souvent doués d'un génie naturel, restent pourtant de misérables barbouilleurs, parce qu'ils n'ont point de maîtres et qu'ils ne voient jamais de bons modèles. Sur les côtés du sanctuaire de l'église d'Ouro Preto, on voit, à une certaine hauteur, des tableaux supportables qui représentent les quatre Évangélistes : ceux qui étaient plus bas avaient probablement été détruits; une main moderne s'est avisée de les remplacer par les quatre Saisons faites, comme toutes les peintures actuelles, à grands coups de pinceau et avec des couleurs grossières.

L'église paroissiale d'*Antonio Dias*, bâtie dans la partie la plus élevée de la ville, a environ la même longueur que celle d'Ouro Preto : elle est mieux éclairée, mais ses dorures sont moins fraîches, ses peintures beaucoup plus grossières, et sa forme moins agréable. De chaque côté de la nef, sont quatre autels; et, suivant l'usage, les deux plus voisins du sanctuaire sont placés obliquement. Des pilastres dorés séparent ces autels qui, hors du temps des offices, restent cachés par des rideaux de damas cramoisi. Au-dessus de la porte d'entrée, est une tribune, et sur l'un des côtés de cette tribune, on voit un très-petit buffet d'orgues.

L'édifice le plus considérable que renferme Villa Rica est l'hôtel du gouverneur, auquel on donne le nom pompeux de *palacio,* et qui est situé sur une place irrégulière dans un des endroits les plus élevés de la ville. Ce prétendu palais présente une masse de bâtimens fort lourds et d'un mauvais goût, dont la forme est celle d'un carré long, et à laquelle on a voulu donner quelque ressemblance avec un château-fort. La principale façade, celle par où l'on entre, est formée par un des grands côtés du bâtiment, et présente un corps de logis et deux ailes fort peu saillantes. Cette façade donne sur une terrasse très-étroite qui domine la caserne, un des petits côtés du bâtiment fait face à la place; ce côté présente aussi un corps de logis avec deux ailes extrêmement courtes, et il s'élève également sur une terrasse très-étroite qui s'avance sur la place en manière de bastion. Quelques petites pièces d'artillerie que l'on a fait venir avec beaucoup de peine à travers les montagnes, ont été placées sur cette dernière terrasse. L'intérieur du palais offre une suite d'appartemens élevés et très-vastes, mais aussi peu meublés que le sont en général ceux des anciennes maisons portugaises. Les murs y sont entièrement nus; il n'y a de peints que les corniches et les lambris, et encore le sont-ils fort grossièrement[1]. Le local consacré à la fonte de l'or en poudre, fait partie du palais.

La place dont j'ai déjà parlé forme un carré long, peu régulier, dont le palais occupe un des côtés étroits. Vis-à-vis cet édifice est l'hôtel-de-ville (*casa da camara*), bâtiment d'un assez bon goût, auquel on monte par un perron et qui est couronné par une balustrade à l'italienne. Il est fâcheux que ce bâtiment ne soit pas achevé, et qu'il ne fasse pas exactement face au palais. Suivant l'usage du pays, une partie de l'hôtel-de-ville sert de prison.

En face de la principale entrée du palais se trouve, comme je l'ai dit, la caserne, qui ne présente rien de remarquable; ce sont simplement des bâtimens à un seul étage, disposés autour d'une cour dont la forme est celle d'un carré long. A peu de distance de la caserne, on voit l'église militaire, bâtie sur une plate-forme, d'où l'on découvre une fort belle vue.

---

[1] Pizarro dit de ce palais qu'il est magnifique. On sent qu'il parle ainsi, parce que sans doute il n'a pas eu d'objets de comparaison. Ce ne sont pas, au reste, des jugemens sur les objets d'art qu'il faut chercher dans les *Memorias historicas*, etc., livre d'ailleurs extrêmement estimable.

TOME I.

L'hôtel du trésor (*casa da fazenda*) est un bâtiment fort lourd, qui cependant se fait remarquer par sa grandeur. C'est là que s'assemble la junte du trésor, que sont les caisses publiques, et que se tiennent les écritures relatives aux finances de la province.

Il existe à Villa Rica un hospice civil entretenu par les confrères de la Miséricorde; mais cet établissement ne fait qu'attester la plus déplorable négligence. Ne faut-il pas gémir de ce que, dans la capitale d'un pays où l'on se dit chrétien, et où l'on dépense des sommes considérables à construire tant d'églises inutiles, on n'ait pas encore songé à offrir un asile convenable à la pauvreté souffrante? Et si les citoyens mettent tant d'indifférence à remplir ce devoir, ne doit-on pas s'étonner de ce que l'administration n'ait pris aucune mesure pour suppléer à leur peu de zèle?

L'hôpital militaire, entretenu aux frais du gouvernement, occupe l'étage supérieur du bâtiment, dont le rez-de-chaussée est consacré à l'hospice civil, et qui appartient tout entier à la confrérie de la Miséricorde[1]. Aussi bien tenu que l'hospice civil est négligé, l'hôpital militaire peut recevoir soixante malades. Les lits, placés dans deux salles assez hautes et passablement aérées, sont, suivant l'ancien usage, séparés par des cloisons qui forment autant de petites cases; mais malgré cette distribution mal entendue, on a su conserver dans cet hôpital une très-grande propreté, et l'on n'y

[1] Je crois que, depuis 1818, l'hôpital militaire a été transporté ailleurs.

respire aucune odeur désagréable. Les malades y sont traités avec beaucoup de soin, et lorsque l'infirmité qu'ils éprouvent ne les empêche pas de prendre de la nourriture, on leur donne chaque jour un petit pain, une petite mesure de farine et deux livres de viande. Un adjudant, qui demeure dans la maison, fait exécuter les ordonnances du chirurgien-major, et ce sont des esclaves loués à l'administration par des citoyens, qui font le service de la maison, sous la surveillance d'un infirmier blanc. Il ne se trouve habituellement à Villa Rica que cent vingt à cent cinquante soldats, et, ce qu'il y a de remarquable, c'est que, sur un nombre si peu considérable d'individus, il y en a toujours à peu près dix à l'hôpital et autant qui se font traiter à leurs frais dans des maisons particulières. De là il ne faudrait cependant rien conclure contre la salubrité du pays; les maladies vénériennes, si communes dans l'intérieur du Brésil, sont la seule cause d'une telle disproportion.

Si les habitans de Villa Rica ne possèdent dans leur ville qu'un seul établissement de bienfaisance, et s'ils font si peu de sacrifices pour le soutenir, du moins ne peut-on pas leur reprocher de faire trop de dépenses pour leurs plaisirs, pour ceux du moins qu'il est permis d'avouer. On ne voit dans leur ville aucune promenade publique, aucun café passable, aucune bibliothèque, aucun cabinet littéraire, aucun lieu de réunion, et les étrangers n'ont pas même la ressource d'y trouver une auberge passable.

Il existe à la vérité un spectacle à Villa Rica; mais,

comme on va le voir, il dédommage bien peu de tant d'autres privations. Après avoir monté une rue extrêmement raide, on arrive à une maison qui n'a nulle apparence; c'est là que l'on joue la comédie. La salle est assez jolie, mais petite et fort étroite. Elle a quatre rangs de loges, dont le devant est fermé par des balustrades à jour qui ne produisent pas un mauvais effet. Les hommes seuls se tiennent au parterre, et ils y sont assis sur des bancs. Jusqu'ici on n'a pas imaginé d'autre moyen d'éclairer la salle que de placer des chandelles entre les loges. La toile représente les quatre parties du monde peintes de la manière la plus grossière; mais parmi les décorations, qui sont assez variées, il y en a quelques-unes de passables. Les acteurs ont soin de se couvrir le visage d'une couche épaisse de blanc et de rouge; mais leurs mains trahissant la couleur que la nature leur a donnée, prouvent que la plupart d'entre eux sont des mulâtres. Ils n'ont aucune idée du costume; et, par exemple, dans des pièces tirées de l'histoire grecque, j'ai vu les héros habillés à la turque, et les héroïnes à la française. Lorsque ces acteurs font des gestes, ce qui arrive assez rarement, on pourrait croire qu'ils sont mus par des ressorts, et le souffleur, qui lit les pièces pendant qu'ils les déclament, parle si haut, que souvent sa voix couvre entièrement la leur.

Villa Rica jouit d'un avantage inappréciable. De tous les côtés, une eau excellente s'échappe des mornes où cette ville est bâtie. On en a profité pour construire un assez grand nombre de fontaines, mais elles n'ont absolument rien de remarquable.

La plupart des maisons sont mal entretenues, et elles ont un air triste qu'elles doivent à la couleur foncée de leurs jalousies, et à la teinte noirâtre que prennent bientôt les briques des toits, lorsqu'elles sont exposées à l'air. Au milieu d'une multitude de vilaines maisons, on en voit cependant plusieurs de jolies, surtout dans la rue principale qui porte le nom de *Rua direita*, quoiqu'elle ne soit point droite.

Comme plusieurs des mornes sur lesquels on a bâti ont une pente très-raide, il arrive quelquefois que les longues pluies des mois de janvier et février font ébouler les terres et entraînent des bâtimens.

Les petits jardins qui, comme je l'ai dit, accompagnent les maisons, sont généralement assez mal soignés. Des orangers, des caféyers, des bananiers, y sont plantés presque toujours sans ordre. Les choux sont le principal légume qu'on y cultive; et, parmi les fleurs, celles qui ont le plus de vogue sont les œillets et la rose du Bengale, qui a conservé sa couleur primitive [1].

La présence du gouverneur, des principaux officiers du régiment, des tribunaux et des premières administrations de la province, entretient à Villa Rica un commerce d'importation considérable, et l'on y voit beaucoup de boutiques assez bien garnies.

Le mardi et le mercredi de chaque semaine, des conducteurs de mulets chargés de denrées arrivent à Villa Rica, et se promènent dans les rues, jusqu'à ce

---

[1] Ce sont ces jardins qu'un voyageur a cru pouvoir appeler pompeusement *le royaume de Flore*.

qu'ils aient débité tout ce qu'ils avaient apporté. Une petite branche d'arbre, portée par chaque mulet, est destinée à indiquer que sa charge est à vendre. On avait voulu établir dans cette ville un marché régulier, mais on choisit un moment peu favorable, celui d'une disette. Le petit nombre de vendeurs, voyant d'un coup d'œil la grande quantité d'acheteurs qui se présentaient, augmentèrent leurs prétentions. On adressa une requête au gouverneur, et les choses furent rétablies sur l'ancien pied.

Si l'on excepte la manufacture de poudre, qui appartient au gouvernement, et une fabrique de faïence qui a été établie depuis un petit nombre d'années à peu de distance de Villa Rica, il n'existe dans cette ville et dans son voisinage, aucune espèce de manufactures. Les vases qui sortent de la fabrique de Villa Rica présentent en général d'assez jolies formes ; mais ils sont revêtus d'un vernis trop épais, et cassent, dit-on, très-facilement. Il est évident, au reste, que l'on parviendra sans peine à éviter ces défauts, et la manufacture de Villa Rica finira sans doute par rivaliser avec celles d'Europe, surtout si les habitans du pays, écoutant leur honneur et leur intérêt, veulent faire quelques efforts pour soutenir le premier établissement de produits industriels qui se soit formé chez eux. Mais, il faut l'avouer, quoique les *Mineiros* paraissent très-fiers de leur patrie, il y a réellement parmi eux si peu d'esprit public, que je n'ai presque jamais entendu les habitans de Villa Rica parler autrement qu'avec mépris de la seule manufacture qu'ils possèdent ; ils exagèrent les défauts de ses produits, et, s'ils comparent leur faïence avec celle d'Angleterre, c'est pour faire sentir combien est supérieure celle qu'ils achètent aux étrangers.

La manufacture de poudre est située hors de la ville, et isolée au milieu des mornes. Les procédés qu'on y suit sont à peu près ceux qui sont en usage en Europe; mais il paraît qu'on néglige beaucoup trop les précautions nécessaires dans un établissement de ce genre, et plusieurs fois il a failli arriver des accidens fâcheux.

Comme les femmes se montrent aussi peu à Villa Rica que dans presque tout le reste de la province, il ne peut y avoir dans cette ville aucune société. Le jeu, des plaisirs grossiers, et de petites intrigues, occupent seuls les loisirs des habitans.

D. Manoel de Castro e Portugal, gouverneur de la province, avait cependant usé de son influence pour rassembler chez lui une société honnête composée d'hommes et de femmes; mais ces réunions n'avaient jamais lieu que dans des occasions extraordinaires. Le lendemain de notre arrivée, il y eut un bal au palais, et nous y fûmes invités. La toilette et la tournure des dames pouvaient offrir matière à la critique d'un Français nouvellement arrivé de Paris; cependant nous fûmes étonnés de ne pas trouver, à une aussi grande distance de la côte, une différence plus sensible encore entre les manières des femmes et celles des Européennes. On dansa plusieurs contredanses fort longues. Entre deux contredanses, on faisait de la musique; plusieurs dames chantèrent très-agréablement, et un soldat vint réciter un petit discours de sa composition. Pour payer sans doute un tribut aux mœurs du pays, on fit danser à une mulâtresse une espèce de fandango, et ces mêmes femmes, auxquelles il nous eût été à peine permis d'adresser la parole, restèrent paisibles spectatrices de cette danse extrêmement libre, sans que personne songeât le moins du monde à s'en étonner.

Ne connaissant point alors les usages du pays, je m'imaginais que, durant notre séjour à Villa Rica, nous reverrions les dames avec lesquelles nous avions passé la soirée chez le gouverneur. Nous rendîmes souvent visite à leurs maris, qui étaient les principaux personnages de la ville; mais nous n'aperçûmes plus une seule femme.

Pendant le temps que nous restâmes à Villa Rica, nous fîmes presque tous les jours des promenades auxquelles la conversation instructive de notre guide, M. le baron d'Eschwege, ajoutait un extrême intérêt [1]. La plus longue de ces excursions fut celle qui eut pour but le village d'*Antonio Pereira*, un des endroits de la province les plus riches en or. Après être sortis de la

[1] Un voyageur anglais parle, d'après des renseignemens qu'on lui a donnés, d'Indiens qui habitent, dit-il, les alentours de Villa Rica. Il est à croire qu'on aura voulu lui parler des *Coroados*, *Puris* et *Coropos*, qui occupent les bords du Rio Xipotó, à cinq à six jours de marche de la capitale de la province. — Le même voyageur ajoute qu'à quelque distance de Villa Rica, du côté du nord-ouest, des tribus indiennes ont acquis les premiers élémens de la civilisation; qu'elles se forment, dit-on, en bandes pour se livrer au brigan-

ville, nous montâmes sur les hauteurs qui s'élèvent au-dessus d'elle. De tous côtés, nous avions sous les yeux les traces affligeantes des lavages, de vastes terrains bouleversés et des amas de cailloux; mais en même temps nous dominions une partie de la ville, et au-delà nous apercevions la vallée où coule la rivière d'Ouro Preto. Quand nous fûmes sur le revers de la montagne, la ville disparut à nos yeux, et alors nous ne vîmes plus que des mornes d'un aspect sauvage, dont quelques-uns sont couronnés par des rochers nus, et parmi lesquels il en est qui abondent tellement en fer, que, sur cent livres de minerai, on retire quatre-vingts livres de fer purifié. Continuant notre route, nous montâmes et nous descendîmes plusieurs fois, en suivant les chemins les plus affreux, et nous arrivâmes enfin dans une vallée tellement sombre, que comparé avec elle, le pays que nous venions de traverser aurait pu passer pour riant. Les mornes qui la bordent sont couverts d'un gazon grisâtre, et présentent l'image de la stérilité; partout où le travail des mineurs a dépouillé la terre de végétation, elle offre une teinte d'un rouge obscur; et les eaux peu abondantes du ruis-

dage; qu'elles ont, dit-on encore, des armes à feu et cherchent les moyens de se procurer de la poudre; enfin qu'elles se font sans cesse la guerre et finissent par s'exterminer, tandis que les blancs, agissant davantage de concert, restent impassibles et voient ces malheureux se détruire les uns les autres. Ceux qui connaissent les environs de Villa Rica seront bien étonnés d'apprendre qu'il s'y passe des choses si extraordinaires.

seau de *Gualacha*[1], qui coule dans la vallée, laissent voir leur lit d'une couleur noirâtre. C'est là qu'est situé le village d'*Antonio Pereira,* chef-lieu d'une paroisse très-étendue dont la population s'élève à environ 5,000 âmes. Ce village, éloigné de deux lieues de la ville de Marianna, se compose d'une cinquantaine de maisons qui ont été bâties avec soin, mais qui, pour la plupart, sont aujourd'hui dans le plus mauvais état. Chaque maison est accompagnée d'un petit jardin assez mal tenu, où sont plantés des choux, des bananiers et quelques pieds de caféyer. D'ailleurs, on ne voit dans la campagne aucune trace de culture; on n'aperçoit aucun troupeau au milieu des vastes pâturages qui couvrent les mornes, et il faut que des muletiers viennent de Marianna apporter aux habitans d'Antonio Pereira, ce qui est nécessaire à leur subsistance. La plupart de ces derniers sont des hommes de couleur; ils ne vivent que du lavage de l'or, et, presque tous trop pauvres pour avoir des esclaves, ils sont obligés de travailler eux-mêmes; mais ils se reposent dès qu'ils ont obtenu, par une recherche de quelques heures, l'or qui était absolument nécessaire pour satisfaire aux besoins de la journée, et ils ne recommencent à travailler que quand la faim les y force de nouveau. Cependant un peu plus d'intelligence et d'activité serait infailliblement récompensé par d'heureux succès, car les terres de ce canton contiennent encore une grande quantité d'or. Ainsi, avant d'arriver au village, nous passâmes devant une habitation

[1] Ou peut-être *Guallacho.*

où, peu de mois auparavant, on avait obtenu, en une heure de temps, pour la valeur d'environ 20,000 reis (125 fr.) de poudre d'or. Le propriétaire de l'habitation se livrait déjà aux plus belles espérances; mais il n'avait pas su prendre les précautions qu'exigeait la nature du terrain; les eaux survinrent, la terre s'éboula, et elle engloutit le gérant de l'habitation avec plusieurs esclaves.

CHAPITRE VII.

MARIANNA.

Départ de Villa Rica. — Passe-port. — Chemin de Villa Rica à *Marianna;* végétation; *gamelleiros.* — Village de *Passagem;* aqueducs rustiques. — Marianna; sa situation; ses rues; ses places; palais épiscopal; séminaire; fontaines; maisons; végétation des environs de Marianna; denrées; mines; commerce.

Au bout d'une quinzaine de jours, nous songeâmes à quitter Villa Rica, et nous prîmes congé du gouverneur, qui nous avait comblés de politesses et de marques d'intérêt. Il m'offrit de me donner un soldat pour m'accompagner dans le reste de la province, et montrer aux habitans du pays que je voyageais sous la protection spéciale du gouvernement. Mais j'allais parcourir une contrée paisible et hospitalière; je crus que la délicatesse ne me permettait pas d'accepter cette offre, qui d'ailleurs excita toute ma reconnaissance. Le gouverneur ne s'en tint pas à cette marque de bonté; au moment de mon départ, je reçus de lui un passe-port qui m'accordait les prérogatives les plus étendues. Ce passe-port m'épargna les visites des *registros*, et m'exempta des droits que l'on paie aux passages des rivières. D'ailleurs, excepté dans deux occasions extraordinaires, je ne le montrai, pendant quinze mois, à aucun particulier; et si, durant le cours de mes voyages, j'ai été traité par les habitans du pays avec tant de bienveillance et d'hospitalité, je n'en suis redevable qu'à eux-mêmes.

Le lendemain de notre arrivée à Villa Rica, notre compagnon de voyage, M. Antonio Ildefonso Gomes, s'était séparé de nous pour se rendre dans sa famille à *S. Miguel de Mato dentro*. Nous quittâmes Villa Rica avec l'intention d'aller le rejoindre, et, jusqu'au village de *Catas Altas*, nous suivîmes la grande route qui conduit de Villa Rica à Villa do Principe et au District des Diamans.

Jusqu'à *Marianna*, qui est située à deux lieues de Villa Rica, cette route va toujours en descendant; elle est fort belle, du moins pour le pays, et, ce qui mérite d'être cité, on a eu soin de la paver dans le voisinage de Marianna. On suit d'abord à mi-côte les mornes qui dominent du côté de l'ouest la vallée où coule la rivière d'Ouro Preto, et tant que l'on découvre une partie de la ville, on jouit toujours de ces points de vue pittoresques qu'elle présente de quelque côté qu'on l'aperçoive. Le terrain ne descend point par une pente douce jusqu'au bord du Rio d'Ouro Preto; mais, presque partout, cette rivière est encaissée entre des rochers noirâtres et à pic. Quelques maisonnettes, bâties vers le fond de la vallée et entourées de bananiers épais, jettent de la variété dans le paysage; mais elles ne lui ôtent rien de son aspect austère et sauvage. Quand Villa Rica a disparu aux yeux du voyageur, ce qui arrive bientôt, il ne voit de tous côtés que des mornes stériles. Ceux que nous traversions étaient couverts en grande partie de la composée appelée *carqueja* et des tiges visqueuses du *mata pasto*, autre composée dont l'odeur forte éloigne les bestiaux, et qui, s'emparant, comme notre gentiane jaune, de terrains considérables, les rend entièrement inutiles. Dans le voisinage de Marianna, c'est une autre plante qui domine sur les mornes; une *éricacée*, dont le fruit est succulent, et qui, par ses feuilles blanches en dessous et d'un vert foncé à la surface supérieure, communique aux pâturages une teinte particulière.

De distance à autre, on a planté sur le bord de la route quelques-uns de ces figuiers sauvages connus dans le pays sous le nom de *gamelleiros*. Ces arbres viennent de boutures; une simple branche, enfoncée dans la terre sans aucun soin, végète avec promptitude, et donne bientôt un assez bel ombrage. On ne saurait sans doute tirer un grand parti pour les arts du bois très-tendre de ces mêmes arbres; cependant la rapidité de leur croissance, le peu de travail qu'exige leur plantation, l'utilité de l'ombrage dans un pays aussi chaud, le besoin de bois de chauffage qui, dans bien des endroits, se fait déjà sentir, sont autant de motifs qui devraient engager l'administration à faire planter des *gamelleiros* sur le bord des chemins dans les parties découvertes de la province.

Peu de temps après avoir quitté Villa Rica, on voit près de la route une fontaine d'eau minérale légèrement ferrugineuse. Les mornes sur lesquels on a tracé le chemin, ont été, dans beaucoup d'endroits, creusés à leur surface par les mineurs, et, dans le voisinage de Villa Rica, on aperçoit, de distance en distance, l'entrée des galeries qu'ils ont pratiquées autrefois dans les entrailles de la terre. Quelques-unes de ces galeries n'avaient été que commencées, et elles forment des grottes tapissées de mousses et de fougères, où l'eau, qui s'échappe de tous côtés, entretient la fraîcheur.

A environ une demi-lieue de Marianna, on traverse *Passagem*, village de peu d'importance situé sur la pente des mornes, et qui a une chapelle dépendante de la paroisse de Marianna. A Passagem, le Rio d'Ouro Preto, qui, comme je l'ai dit, a long-temps coulé à l'est du chemin, le traverse avec rapidité; il se cache ensuite derrière des mornes qui sont à l'ouest de la route, et il ne reparaît plus qu'à l'extrémité de la ville de Marianna.

Au-delà de Passagem, je remarquai un de ces aqueducs rustiques que les mineurs construisent pour amener l'eau, souvent de fort loin, jusqu'à leurs lavages. Ces aqueducs, qui consistent simplement en des conduits de bois découverts et soutenus par de longues perches, forment quelquefois, comme celui de Passagem, de très-larges courbures, et produisent dans le paysage un effet assez pittoresque.

Il ne nous fallut que deux heures de temps pour arriver à Marianna, et les premiers habitans mettaient cinq jours à faire ce voyage, lorsque le pays était encore couvert de forêts vierges, et qu'on était obligé de suivre, à travers les rochers et d'épaisses broussailles, toutes les sinuosités que le Rio d'Ouro Preto décrit dans son cours[1].

Immédiatement avant d'entrer à Marianna, on passe auprès d'une église bâtie isolément sur le sommet d'un morne qui domine presque toute la ville, et qui lui-même est dominé par d'autres mornes plus élevés. Cette église n'est point achevée; mais, par cela même, elle produit dans le paysage un effet plus pittoresque. De ce point, Marianna semble, par une illusion d'optique, s'étendre sur le bord d'un ruisseau dans une petite plaine environnée de montagnes; mais il n'en est pas ainsi. Cette ville presque entière est bâtie sur le sommet et sur le côté oriental d'une colline très-basse, étroite et allongée, qui s'étend du midi au nord et diminue insensiblement de hauteur jusqu'à son extrémité. Deux ruisseaux qui sont loin de remplir tout leur lit, coulent parallèlement aux flancs de la colline sur un sable ferrugineux et noirâtre. L'un baigne le côté

---

[1] Des mines furent découvertes, en 1700, dans le *Ribeirao de Carmo* par le pauliste JOÃO LOPES DE LIMA, et, dès 1711, le gouverneur ALBUQUERQUE trouva, sur le bord de ce ruisseau, une population assez considérable pour ériger en ville la réunion des maisons qu'elle s'était bâties. Cette ville fut nommée d'abord *Villa Leal de Nossa Senhora do Carmo*; mais, en 1745, on en fit le siége d'un évêché, on l'éleva au rang de cité (*cidade*), et l'on changea son nom pour celui de *Marianna* que portait la reine alors régnante, MARIANNE D'AUTRICHE, femme de JEAN V. La population actuelle de Marianna s'élève à 5,130 individus. *Mem. hist.*, vol. VIII, p. 2da, p. 76. — *Corog. Bras.*, I, p. 371.

orientale, et porte le nom de *Ribeirão do Seminario*, parce que le séminaire est bâti sur ses bords ; l'autre coule du côté de l'occident et s'appelle *Ribeirão do Catete*. Un troisième ruisseau, celui d'Ouro Preto, qui vient de Villa Rica et prend ici le nom de *Ribeirão do Carmo* [1], passe, comme je l'ai déjà dit, du côté de l'ouest, derrière un morne assez élevé parallèle à la ville ; formant un coude, il coule un instant perpendiculairement à l'extrémité septentrionale de cette dernière, et, après avoir reçu les eaux rougeâtres des ruisseaux de Catete et do Seminario, il reprend son cours dans la direction du midi au nord. Ainsi Marianna est réellement bâtie dans une presqu'île. Cependant, hors de cette presqu'île, il existe encore deux groupes de maisons dont le principal est situé sur le morne qui se trouve entre le Ribeirão do Carmo et celui de Catete, et pour établir une communication entre ce morne et la ville, on a construit sur le dernier des deux ruisseaux un pont en pierre, et à une seule arche. Des mornes assez élevés, jadis couverts de bois et aujourd'hui de maigres pâturages, dominent la ville de tous les côtés, et offrent dans plusieurs endroits les traces du travail des mineurs.

La ville de Marianna est traversée par des rues longitudinales, qui coupent d'autres rues obliques relativement aux premières, et à peu près parallèles entre elles. Les rues longitudinales, qui suivent la crête de la colline,

[1] C'est ce ruisseau qu'un voyageur anglais appelle *Rio del Carmen*.

vont en descendant d'une manière insensible; les transversales s'étendent sur le flanc de la colline par une pente un peu raide. Toutes sont passablement pavées; elles sont en général droites et assez larges, principalement les deux rues longitudinales appelées *rua Direita* et *rua das Cortes*. La première aboutit à la place dite *da Cadea* (place de la prison), et l'autre à celle appelée *das Cavalhadas* (place des tournois).

C'est au milieu de la place *da Cadea* qu'est la colonne surmontée d'une sphère dorée qui indique que la ville est le chef-lieu d'une justice. Cette place est petite et carrée. Un de ses côtés est formé par l'hôtel de ville (*casa da camara*), bâtiment peu considérable, mais régulier et bien entretenu, qui comprend la prison; deux des autres côtés sont occupés par autant d'églises. La place dite *das Cavalhadas* présente un carré allongé et est couverte de gazon; c'est là que dans les réjouissances publiques se font les courses à cheval et les tournois.

La ville de Marianna forme une seule paroisse; mais on y compte neuf églises, y compris la cathédrale.

Le palais épiscopal est situé hors de la ville. C'est un bâtiment fort long qui n'a rien de remarquable, et qui présente, du côté de l'intérieur, un corps de logis et deux ailes. On m'en avait beaucoup vanté le jardin, et effectivement, des hauteurs voisines, il me parut dessiné avec régularité, plus grand et mieux soigné que tous ceux que j'ai vus dans le reste de la province. En passant, au retour de mon voyage, devant l'évêché de

Marianna, j'aperçus deux prêtres à une croisée; je m'avançai, et demandai à l'un d'eux la permission d'entrer dans le jardin. Il me renvoya à l'autre prêtre, et celui-ci me dit, d'une manière peu honnête, que la permission sollicitée ne pouvait m'être accordée que par le vicaire général, qui, depuis la mort du dernier évêque, gouvernait le diocèse. Comme j'avais déjà vu le jardin des hauteurs qui le dominent, je jugeai qu'il ne méritait pas la peine que je fisse cette démarche, et je me retirai, témoignant ma surprise de ce qu'on faisait une si grande affaire de si peu de chose, et regrettant, je l'avoue, de ne point avoir sur moi mon passe-port pour opposer l'autorité du gouverneur à l'impolitesse de ces messieurs. C'est, au reste, le seul refus de ce genre que j'aie essuyé pendant les voyages de vingt-deux mois que j'ai faits dans la province des Mines, et j'y ai été reçu par les ecclésiastiques en particulier de la manière la plus aimable.

Auprès du palais épiscopal et sur la rive droite du Ribeirão do Seminario, on voit les bâtimens de l'ancien séminaire. Ils forment un carré long fort irrégulier, et sont très-considérables; mais comme on les a négligés depuis plusieurs années, ils menacent ruine de tous les côtés. Le séminaire de Marianna avait été fondé par quelques riches mineurs, qui désiraient donner de l'éducation à leurs enfans, sans les envoyer en Europe. On avait attaché à cet établissement des terres et des esclaves, et rien n'avait été négligé pour le rendre digne du but que l'on se proposait. Si, parmi les propriétaires d'un certain âge qui habitent les campagnes des *comarcas* de Sabará et de Villa Rica, on trouve autant d'hommes polis et doués de quelque instruction, on le doit en grande partie à l'éducation qu'ils ont reçue au séminaire de Marianna. Cependant les terres que possédait cet établissement s'épuisèrent [1], et les esclaves moururent; les mineurs, devenus moins riches, n'étaient plus en état de faire de nouveaux sacrifices, et l'on cessa d'avoir les moyens de payer des professeurs habiles. C'est alors que les autorités ecclésiastiques et civiles devaient se réunir pour venir au secours d'un établissement aussi avantageux pour la province, et qui, déjà formé, n'avait besoin que d'être soutenu; mais, pour cela, il eût été nécessaire non-seulement d'être animé de l'amour du bien public, mais encore il aurait fallu déployer quelque activité, savoir former un plan, le suivre avec persévérance, et déjouer les petites intrigues qui, au Brésil plus qu'ailleurs, s'opposent aux entreprises utiles. On trouva plus commode de fermer le séminaire et de le laisser tomber [2].

Marianna possède plusieurs fontaines; mais elles n'ont absolument rien de remarquable.

Les maisons de cette ville, dont le nombre s'élève à

---

[1] Voyez ce que je dis chapitre IX sur le système d'agriculture adopté par les Brésiliens.

[2] C'est donc à tort que des voyageurs et un historien ont écrit, que cet établissement remplissait encore sa destination en 1817 et 1822.

environ 500, paraissent généralement mieux entretenues que celles de Villa Rica; elles sont beaucoup moins tristes, et les toits n'avancent pas autant au-delà des murailles.

Depuis Mantiqueira, nous avions toujours voyagé sur la grande chaîne occidentale ou à son couchant [1]; mais à Marianna, nous nous retrouvions à l'est de cette chaîne. Malgré le peu de distance qu'il y a de la capitale de la province à Marianna, cette dernière ville est cependant beaucoup moins élevée au-dessus du niveau de la mer [2]; aussi plusieurs fruits, tels que les ananas, qui réussissent mal à Villa Rica, mûrissent-ils très-bien à Marianna. Nous revîmes près de cette ville les *cecropia* (vulgairement *imbauba*), que nous n'avions pas aperçus depuis Juiz de Fóra, et le *gervão* (*verbena jamaicensis*, L.) que je ne me rappelle pas d'avoir rencontrée aux alentours de Villa Rica.

Les mornes qui avoisinent Marianna sont stériles et incultes, et les denrées qui se consomment dans cette ville viennent d'une distance assez grande. Comme les forêts qui jadis entouraient la ville ont été détruites, les nègres vont chercher assez loin le bois dont les habitans ont besoin, et, apporté à dos d'hommes, il doit naturellement se vendre cher.

Aujourd'hui il n'y a plus guère autour de Marianna

---

[1] *Serra do Espinhaço*, Eschw.
[2] Suivant d'Eschwege, le palais de Villa Rica est élevé de 630 toises au-dessus de l'Océan, et Marianna de 398 1/2 toises.

que quatre mines en exploitation ; mais les gens pauvres vont chercher dans le lit des ruisseaux les parcelles d'or que les eaux entraînent avec elles.

Le commerce de cette ville se borne à une consommation intérieure; l'on n'y compte qu'un petit nombre de boutiques, et à peine deux ou trois marchands riches.

CHAPITRE VIII.

DE LA RELIGION ET DU CLERGÉ DANS LA PROVINCE DES MINES.

Évêché et chapitre de Marianna. — Défense faite aux religieux de s'établir dans les pays aurifères. — Dîme. — Constitution de Bahia. — Revenus des curés. — Provisions. — Manière de nommer les curés ; concours. — Desservans ; conventions simoniaques. — Réparations des églises paroissiales ; églises des confréries ; priviléges de celles-ci ; leurs rivalités. — *Vigario da vara* ; ses attributions ; singulier procès entre les gens qui veulent se marier. — Origine des abus qui se sont introduits dans le clergé. — A quoi l'on a réduit les devoirs des prêtres et des laïques. — Remèdes aux abus.

A l'occasion de ce que j'ai à dire sur l'évêché de Marianna, je vais tracer ici une esquisse de l'état de la religion dans la province des Mines. Ceux qui ont parcouru cette province me reprocheront peut-être des réticences ; mais je doute qu'ils me reprochent des exagérations. Le chrétien aura sans doute à gémir des abus que je vais signaler, mais il est une idée élevée qui doit lui servir de consolation. Comment ne serait-il pas soutenu par un pouvoir supérieur, le vaisseau qui, naviguant sur une mer orageuse, sous la conduite de pilotes négligens ou mal habiles, résiste pourtant aux plus affreuses tempêtes ? Les torts des ministres de la religion n'appartiennent point à elle, et il est utile de faire connaître ce qui est, parce que la publicité oblige le coupable à rougir et qu'elle excite l'homme de bien à chercher un remède aux abus.

Marianna est, comme je l'ai déjà dit, non-seulement le chef-lieu d'une justice, mais encore celui d'un évêché, et c'est là uniquement ce qui empêche cette ville de tomber dans une entière décadence. Son chapitre se compose de douze chanoines et de quatre dignitaires[1]. Le premier de ceux-ci, qui est l'archidiacre, reçoit du gouvernement 500,000 reis (3,125 fr.), les autres dignitaires 400,000 (2,500 fr.), et les simples chanoines 300,000 (1,875 fr.). Quant à l'évêque, on fait monter son revenu à 18 ou 20,000 cruzades. Tandis que les villes du Brésil, qui sont uniquement des capitales de province ou des chefs-lieux de justice, n'ont d'autre nom que celui de *villa*, Marianna et tous les siéges épiscopaux jouissent du privilége de porter le nom de *cidade*.

Le *termo* de *Minas Novas* dépend de l'archevêché de Bahia, et le territoire de Paracatú de l'évêché de Fernambouc; cependant le diocèse de Marianna comprend encore la moitié de la province de Minas Geraes, et l'on sent qu'une surveillance qui s'étend sur un pays aussi vaste doit nécessairement être fort mal exercée.

[1] Casal et Pizarro disent que le chapitre de Marianna se compose seulement de dix chanoines. A ceux-ci et aux quatre dignitaires, Pizarro ajoute douze chapelains, dont un maître de cérémonies, quatre enfans de chœur, un maître de chapelle, un sacristain, un bedeau et un organiste.

Il n'existe aucun couvent dans toute la province des Mines [1]. Le gouvernement avait interdit l'entrée de cette province aux corporations religieuses, et, à cet égard, ses ordres furent toujours soigneusement exécutés.

Dans la province des Mines comme dans toutes les autres, le clergé séculier n'est point propriétaire, et les curés eux-mêmes sont obligés de louer ou d'acheter les maisons qu'ils occupent. Ils recevaient autrefois la dîme de tout ce que les terres produisent ; mais, comme alors il y en avait peu de défrichées, ils trouvèrent leurs revenus trop modiques ; ils cédèrent donc la dîme au gouvernement, et celui-ci s'engagea à payer annuellement aux curés la somme de 200,000 reis (environ 1,250 francs) qu'ils reçoivent encore aujourd'hui. Les ecclésiastiques qui firent cet arrangement y gagnèrent sans doute, mais il était facile de sentir qu'à un intérêt personnel et momentané, ils sacrifiaient les intérêts de leurs successeurs. En effet, la quantité des terres cultivées ne tarda pas à devenir plus considérable ; la dîme que le gouvernement perçoit aujourd'hui dans chaque paroisse s'élève beaucoup au-

[1] Des voyageurs, après avoir attesté la même chose que moi, disent qu'on voit à Marianna deux monastères, l'un de Carmélites et l'autre de Franciscains. Il est clair qu'ils auront voulu parler des églises des confrères du Mont-Carmel et de Saint-François ; et l'on sait, dans les pays catholiques, que ces confrères sont de simples laïques appartenant à tous les états.

dessus de ce qu'il paie aux curés, et la culture devant nécessairement faire des progrès, le bénéfice du gouvernement ne peut qu'augmenter encore avec le temps.

Cependant, comme les traitemens des curés ne suffisaient pas dans la province de Bahia pour leur permettre de faire desservir les succursales dont un accroissement de population avait rendu l'établissement nécessaire, les propriétaires offrirent volontairement de payer à leurs pasteurs 40 reis (25 centimes) pour eux-mêmes et pour leurs femmes, et 20 reis (12 1/2 centimes) pour chacun de leurs enfans et pour chaque tête d'esclave. Cet arrangement, qui reçut la sanction de l'autorité, est connu sous le nom de *constitution de Bahia*, et n'avait d'abord été fait que pour la province de ce nom. Cependant les ecclésiastiques de plusieurs parties du Brésil s'en prévalurent, et ils ne se contentèrent point de la somme fixée par la constitution; ils prétendirent qu'on leur payât 2 et 300 reis (1 fr. 25 à 1 fr. 95) par tête d'homme libre ou d'esclave, et de là naquirent des querelles interminables entre les curés et leurs paroissiens. Pour y mettre fin, le roi étendit la constitution de Bahia à plusieurs parties du Brésil, et, entre autres, à la province des Mines; mais, sous prétexte d'être indemnisé du travail de la confession pascale, prétexte que les catholiques européens auront heureusement quelque peine à concevoir, les curés parvinrent à introduire l'usage de se faire payer 300 reis (1 fr. 95) par chaque communiant. Un ecclésiastique charitable n'exigera sans doute rien des indigens; mais l'on a vu des curés (on ose à peine le dire), qui, au moment de donner la communion dans le temps de Pâques, suspendaient cet acte solennel pour demander à des hommes pauvres la rétribution accoutumée. De là il est résulté, comme on peut le croire, des procès et des scandales, et j'ai entre les mains la sentence d'un *ouvidor* qui, devenu juge entre un curé et son paroissien disputant pour la rétribution de 300 reis, décida, conformément à la loi, en faveur du paroissien; mais l'ecclésiastique ne se tint point pour battu, il en appela à Rio de Janeiro; là il n'y eut aucun jugement de rendu, et l'affaire est restée dans l'oubli. La cause de ce silence est facile à deviner. Depuis l'arrivée du roi au Brésil, le gouvernement exigeait, pour l'entretien de la chapelle royale, une certaine portion de la première année du revenu des curés; or on calculait ce revenu sur le pied de 300 reis par communiant, et par conséquent on ne pouvait permettre qu'il fût rendu une sentence définitive contraire à cette évaluation [1].

D'après ce qui vient d'être dit plus haut, on ne s'étonnera pas si j'ajoute qu'il n'est point rare de voir, dans l'évêché de Marianna, des cures qui rapportent huit à neuf mille cruzades, en y comprenant le casuel

---

[1] Cette explication n'est peut-être fondée que sur un soupçon, mais elle m'a été donnée par un homme très-recommandable; au reste, le public cherchera toujours la cause d'un déni de justice dans les intérêts de ceux qui se le permettent.

et la pension payée par le gouvernement. La cure de *Villa do Principe*, qui a été divisée depuis que j'ai passé par cette ville, pouvait produire avant cette division environ 8 à 12,000 cruzades (Piz.)[1].

Il faut convenir, au reste, qu'en se montrant exigeans pour les fidèles, les ecclésiastiques du second ordre ne font que les traiter comme ils le sont eux-mêmes par leur propre supérieur. En effet, à l'exception des curés, les prêtres qui veulent exercer le ministère sacerdotal reçoivent chaque année trois ou quatre provisions de leur évêque, et chacune leur coûte 1,800 reis (11 fr. environ). Il faut une provision pour pouvoir dire la messe, une seconde pour confesser, la troisième pour prêcher, et la quatrième enfin pour remplir les fonctions curiales lorsque le prêtre est employé dans quelque paroisse comme vicaire (*coadjutor*), ou comme desservant (*capellão*). Il n'est pas jusqu'aux sacristains des églises qui ne paient tous les ans une provision de 1,800 reis à leur évêque.

Il n'y a qu'un petit nombre d'années, les cures se donnaient au concours. Quand il en vaquait une, les concurrens se présentaient devant quatre examinateurs, choisis dans le clergé par l'évêque. L'examen se faisait en public; les examinateurs proclamaient trois candidats, et l'évêque les présentait au roi, qui nommait l'un d'entre eux. Peut-être pourrait-on trouver dans cet usage quelque chose de contraire à l'humilité

---

[1] On verra ailleurs qu'il s'en faut bien que tout le clergé brésilien soit traité aussi favorablement que celui des Mines.

chrétienne et à la dignité du sacerdoce; mais au moins il avait l'avantage d'assurer aux fidèles des pasteurs instruits. On a laissé subsister le réglement qui avait établi le concours; mais, depuis quelques années, le gouvernement a cessé peu à peu de donner les cures aux candidats désignés; alors personne ne s'est offert pour concourir, et aujourd'hui les places de curés sont le plus souvent accordées à l'intrigue, et souvent même achetées à prix d'argent.

Les curés peuvent avoir des vicaires qu'ils salarient et qui résident avec eux dans le chef-lieu des paroisses. Cependant comme celles-ci ont dans la province des Mines une étendue immense [1], il serait impossible que les pasteurs ou leurs vicaires se transportassent partout pour l'administration des sacremens. Les réglemens les obligent donc à placer à leurs frais, de lieue en lieue, des desservans ou chapelains (*capelães*); mais nulle part, ou presque nulle part, ces réglemens ne sont observés avec exactitude. Très-souvent, à la vérité, le nombre des chapelles ou succursales est insuffisant pour celui des chapelains qu'il faudrait établir; mais souvent aussi il y a des succursales que les curés laissent fermées. Ce sont ceux-ci qui nomment leurs chapelains, et ils peuvent les changer à leur gré. Les émolumens des chapelains sont l'objet d'une convention particulière entre eux et les curés;

---

[1] La paroisse de *Salgado*, par exemple, a 40 lieues de longueur, celle d'*Itacambira* 80 (Piz.), celle de *Morrinhos* 100, etc.

mais lorsque le revenu d'une succursale est un peu considérable, il arrive quelquefois que le curé, au lieu de payer le chapelain, reçoit de lui une rétribution, et alors la succursale devient pour le curé une espèce de ferme.

On voit, d'après tout ce que je viens de dire, que si au Brésil la vénalité caractérise les gens de justice, la simonie n'est pas moins ordinaire parmi les ecclésiastiques de la province des Mines. Je me rappelle que dans le cours de mon voyage je me trouvai retenu sous un *rancho* par une pluie très-forte qui dura plusieurs jours, et j'allai deux ou trois fois visiter un curé du voisinage, qui me parut éclairé et attaché à ses devoirs. A ma première visite, il m'avait dit qu'étant âgé et ayant besoin de repos, il désirait quitter sa cure et obtenir un canonicat qui était devenu vacant. Lorsque je retournai chez lui pour la seconde fois, la conversation tomba sur la ville de Rio de Janeiro, et je nommai par hasard un homme auquel on pouvait supposer alors un crédit très-étendu. « Quoi ! s'écria le curé, vous connaissez M.*** ! vous me rendriez un grand service si vous vouliez lui parler du canonicat que je sollicite, et, s'il est nécessaire de donner de l'argent, je suis prêt à le faire. — Mais c'est une simonie que vous me proposez là, monsieur le curé ! m'écriai-je, un peu surpris de ce qu'un homme qui m'avait semblé respectable osât faire une telle proposition à un étranger qui ne lui avait pas donné lieu de soupçonner ses principes. — Je le sais bien, répondit le curé, que c'est une simonie; mais malheureusement, dans ce pays-ci, la simonie a passé en usage, et sans elle, nous ne pourrions plus rien faire. »

D'après le contrat passé entre le clergé et le gouvernement pour la cession de la dîme, c'est ce dernier qui devrait se charger de la réparation des églises paroissiales; cependant jamais il n'accorde la moindre chose pour cet objet, et les fidèles sont obligés d'y suppléer par leurs aumônes. Mais ce n'est point aux églises paroissiales que ceux-ci s'intéressent le plus. Outre ces églises et les succursales, il y en a d'autres qui appartiennent à des confréries, et, tandis que ces derniers temples sont brillans d'argenterie et d'ornemens précieux, souvent l'église paroissiale est entièrement négligée. Le plus petit village possède quelquefois cinq à six temples; à peine une confrérie a-t-elle quelques fonds qu'elle commence une église, sans songer comment elle la finira; mais si le zèle se refroidit, l'édifice ne s'achève point, ou bien on décore l'intérieur, et les murs tombent en ruine. On construit des temples sans nécessité, on fait de folles dépenses pour célébrer des fêtes patronales par des cérémonies presque païennes, et, comme je l'ai déjà fait observer ailleurs, on ne songe point à former des établissemens de charité, à fonder des hôpitaux, des écoles gratuites, etc., etc. Ce n'est pas même une piété mal entendue qu'il faut accuser toujours de semblables abus; le plus souvent la vanité en est l'origine. Les confréries rivalisent entre elles et cherchent à se distinguer par de vaines prodigalités. De très-grands priviléges ont été follement accordés à celles des tiers-ordres des Carmes et de Saint-Antoine, et souvent on les voit lutter avec succès contre une des autorités les plus respectables pour des chrétiens, l'autorité de leurs pasteurs.

Le clergé brésilien ne possède pas seulement une autorité ecclésiastique; il a encore, dans certains cas, une juridiction civile. Quand un différend s'élève entre un ecclésiastique et un laïque, et que le premier est demandeur, il fait citer le laïque devant son juge naturel, qui est le *juiz ordinario* ou le *juiz de fóra*. Mais lorsque c'est le laïque qui est demandeur, alors la cause se plaide devant un juge ecclésiastique qu'on nomme *vigario da vara*, et de celui-ci on appelle au vicaire général du diocèse (*vigario geral*).

Le *vigario da vara* possède encore une autorité d'un autre genre. Il est juge des mariages (*juiz dos casamentos*), et l'on n'en contracte aucun sans son consentement. Quoique les parties soient parfaitement d'accord, il faut nécessairement qu'il se forme un procès devant le *vigario da vara*, et le résultat de ce procès bizarre est une provision que l'on paie 10 à 12,000 reis (environ 63 à 75 fr.) ou davantage, et qui autorise le curé à marier les deux parties. S'il existe l'ombre d'un empêchement, alors la dépense monte à 30, 40, 50,000 reis, ou davantage. Il est vrai qu'il n'y a rien à ajouter à ces frais pour la cérémonie même du mariage, mais il faut encore donner 1,200 reis pour les publications. Ainsi, dans un pays où l'on a déjà tant de répugnance à contracter des unions légitimes, et où il serait si essentiel pour l'État et pour la morale publique qu'elles fussent encouragées, les indigens sont, pour ainsi dire, entraînés, par leur manque de fortune, à vivre dans un coupable désordre. J'ai entendu un prêtre se plaindre amèrement de ce que le respectable et généreux évêque de Rio de Janeiro avait marié ou fait marier, dans le cours de ses pénibles voyages, des hommes trop pauvres pour payer les frais accoutumés.

Outre les attributions dont je viens de parler, le *vigario da vara* en a encore plusieurs autres. Ainsi, ayant eu besoin d'un extrait mortuaire, je m'adressai au curé de la paroisse où le décès avait eu lieu; celui-ci me dit qu'il ne pouvait me délivrer l'acte que je demandais sans le consentement du *vigario da vara*. Je présentai donc une requête à ce dernier, il me donna son autorisation, et je fus obligé de la payer.

En 1796, le sénat (*camara*) de la ville de Caeté adressa des représentations à la reine Maria Ire sur les provisions que les évêques de Marianna font payer aux prêtres de leurs diocèses et sur les procès ridicules que deux personnes, qui s'entendent à merveille, sont obligées de se faire pour pouvoir se marier. Le gouvernement prit d'abord quelques informations, mais l'affaire n'eut aucune suite.

Tout ce que je viens de dire montre déjà trop quelle est la situation fâcheuse de la religion dans le diocèse de Marianna. J'adoucirai, autant qu'il me sera possible, les traits que j'ai encore à ajouter à ce triste tableau. Mais le premier devoir de celui qui écrit est d'être vrai, et, en faisant connaître les abus, il peut espérer, je le répète, qu'on fera des efforts pour les déraciner.

Le mal que je viens de signaler, ne doit pas cependant faire condamner avec trop de sévérité le clergé actuel de l'évêché de Marianna. Ses torts sont le résultat des circonstances où s'est trouvé successivement le peuple brésilien; l'habitude a familiarisé avec les abus, et peut-être la plupart des ecclésiastiques soupçonnent-ils à peine le mal qu'ils font, ou dont ils sont les complices.

On sait que le Portugal est un des pays de l'Europe où l'ignorance et la superstition ont le plus altéré la pureté du christianisme. Les hommes qui peuplèrent le Brésil n'avaient donc puisé, dans leur patrie, qu'une idée obscure et incomplète de la religion chrétienne; et, lorsqu'ils arrivaient en Amérique, les déréglemens de la plupart d'entre eux avaient déjà dû effacer de leur cœur les faibles principes de morale qu'ils avaient reçus dans leur première jeunesse. Ils quittaient leur patrie pour s'enrichir, souvent même peut-être pour fuir les rigueurs de la justice, et il est facile de concevoir qu'une vie consacrée à l'avarice et à la cruauté, dans une contrée encore barbare, était peu capable de les ramener à des idées religieuses. Les obstacles qu'ils rencontraient à chaque pas, les guerres qu'ils étaient obligés de soutenir contre les indigènes, les difficultés qu'ils éprouvaient sans cesse pour satisfaire même à leurs besoins les plus pressans, absorbaient toutes leurs pensées; comment eussent-ils réfléchi sur eux-mêmes et sur leurs devoirs? Tout en abhorrant les Indiens, ils se mêlaient avec eux; la vie animale de ces peuples ne faisait qu'accroître le goût de leurs oppresseurs pour la licence, et ce goût n'a pu que se fortifier depuis, par l'admission de l'esclavage. Des prêtres séculiers se trouvèrent mêlés parmi les premiers habitans du Brésil; mais ils étaient entraînés dans le vice par les hommes aventureux qui les environnaient, et leurs mauvais exemples, réagissant ensuite sur les laïques, devaient nécessairement encourager ceux-ci dans leurs déréglemens. Ainsi, l'oubli de la morale devint universel. Avec le temps, les circonstances changèrent sans doute; mais alors le relâchement faisait déjà partie des mœurs, et, il faut le dire, les exemples que donna la cour de Portugal, pendant son séjour à Rio de Janeiro, et la vénalité qu'elle introduisit partout, ajoutèrent encore à la corruption générale.

On est devenu indifférent sur les devoirs les plus essentiels; les fautes contre les mœurs sont à peine aujourd'hui des fautes; la religion est restée sans morale, et l'on n'a conservé d'elle que les pratiques extérieures. On est même arrivé au point d'observer celles-ci avec beaucoup d'insouciance, bien moins par attachement que par habitude, et souvent il n'en est resté qu'une légère écorce. Ainsi, on se donne à la messe de grands coups dans la poitrine, et en même temps l'on cause avec son voisin. Presque tous les Mineiros portent un chapelet à leur cou, mais il en est très-peu à qui j'en aie vu réciter les prières.

Les devoirs des laïques se bornent à entendre la messe le dimanche et les fêtes, et à se confesser au temps de Pâques. Paraître à l'église avec un livre, c'est s'exposer au ridicule, et s'il existe dans la province des Mines plusieurs exemplaires de l'Écriture sainte, du moins est-il certain que, dans tout le cours de mon voyage, j'en ai à peine aperçu deux. Les curés n'ont pas d'obligations beaucoup plus étendues que celles des simples fidèles. Ils ne disent qu'une messe basse le dimanche. Ils ne sont pas même obligés de la dire toujours dans l'église paroissiale; mais ils peuvent choisir à leur gré tantôt une église et tantôt une autre[1]. On ne fait jamais la lecture de l'Évangile à la messe paroissiale; on n'y récite point les prières du prône; on n'y fait aucune instruction, et l'on ne sait ce que c'est que vêpres et complies. Les curés ne visitent les malades que pour l'administration des sacremens; ils ne catéchisent jamais les enfans, et, ce qui paraîtra plus incroyable, ils ne se donnent pas la peine de les examiner eux-mêmes pour savoir s'ils sont assez instruits pour être admis à la première communion. La confession est celle de toutes les fonctions sacerdotales qui prend aux prêtres le plus de temps, et j'ai vu cinq nègres expédiés en un quart d'heure. Si les ecclésiastiques disent leur bréviaire, il faut que ce soit bien secrètement, car il ne m'est arrivé qu'une seule fois d'en surprendre un remplissant ce devoir. Être prêtre, c'est une sorte de métier, et les ecclésiastiques eux-mêmes trouvent tout naturel de considérer ainsi le sacerdoce dont ils sont re-

---

[1] C'est du moins ce que j'ai vu dans une ville où j'ai passé environ un mois.

vêtus. Je remerciais un vicaire de ce qu'il avait assisté, dans ses derniers momens, un homme auquel je m'intéressais. « Vous ne me devez point de remercîmens, me répondit-il, je suis payé pour cela. »

Comme les fonctions sacerdotales laissent aux prêtres beaucoup de loisir, il ne faut pas s'étonner, si, en même temps qu'ils s'y livrent, ils font souvent tout autre chose. Il n'est pas sans exemple de voir des ecclésiastiques s'adonner au commerce, et même vendre en boutique ; quelques-uns sont avocats ; et j'ai connu un curé, d'ailleurs recommandable, qui, tous les dimanches après la messe, allait courir le cerf avec ses amis.

Au reste, si les prêtres sont loin d'être exempts de torts, on doit se plaire à reconnaître qu'ils n'y ajoutent point celui de l'hypocrisie ; ils se montrent tels qu'ils sont, et ne cherchent nullement à en imposer par de graves discours ou par un extérieur austère. Hors des villes, leur costume ne diffère nullement de celui des laïques, et personne n'est étonné de voir un curé avec des bottes, une culotte de nankin, la chemise décolletée et une veste d'indienne verte ou rose.

D'après tout ce qui vient d'être dit, il ne faudrait pas croire cependant que le clergé du diocèse de Marianna soit entièrement livré à l'ignorance. Le dernier évêque de cette ville admettait difficilement aux ordres sacrés[1], et, si ses vues n'eussent été trop souvent

---

[1] Je veux parler ici du P. Cypriano de S. Jozé, qui mou-

contrariées, on trouverait dans la province des Mines beaucoup moins d'ecclésiastiques indignes de l'être. Les élémens d'une utile réforme ne sont donc point tout-à-fait anéantis; mais il faudrait, pour l'amener, du temps et une extrême prudence : en heurtant des habitudes invétérées, on ne produirait que du mal. Il serait d'abord nécessaire de n'accorder la prêtrise qu'à des sujets éprouvés; de rétablir les concours dont le souvenir n'est point encore effacé ; et, le premier pas qu'il faudrait faire ensuite, serait d'exiger peu à peu des curés qu'ils catéchisassent les enfans et fissent, le dimanche, de courtes instructions morales [1].

Aucun peuple n'a plus de penchant que les Mineiros à devenir religieux, et même à l'être sans fanatisme. Tout à la fois spirituels et réfléchis, ils sont naturelle-

rut le 14 août 1817. L'administration de son successeur, le P. Jozé da Santissima Trinidade, m'est entièrement inconnue.

[1] De ce qui a été dit plus haut, il ne faut pourtant pas conclure que le clergé du Brésil n'ait rendu aucun service à son pays. Des religieux se sacrifièrent généreusement pour civiliser les Indiens et pour les soustraire à la tyrannie de leurs oppresseurs. Quant aux prêtres séculiers, voici comment s'exprime à leur égard un écrivain protestant que personne ne soupçonnera de partialité : « *There was no class of men... who possessed... the same desire of doing good.* » (Southey, *Hist. of Braz.*, III, p. 877.) L'auteur écrit cette phrase, en traçant une esquisse générale de l'état du Brésil, avant l'arrivée de Jean VI à Rio de Janeiro.

ment portés aux pensées graves; leur vie, peu occupée, favorise encore cette propension, et leur caractère aimant les dispose à une piété douce. En général, les Mineiros ont été heureusement doués par la Providence : qu'on leur donne de bonnes institutions, et l'on pourra tout attendre d'eux.

CHAPITRE IX.

ROUTE DE MARIANNA A CATAS ALTAS. — CAUSES PRINCIPALES DE LA DÉCADENCE DE LA PROVINCE DES MINES.

Village de *Camargos*. — Maladie appelée *morphea*. — Village de *Bento Rodrigues*. — Village d'*Inficionado*; végétation. — Hameau de *Morro d'Agua Quente*. — Village de *Catas Altas*. — Les quatre causes de la décadence de la province des Mines. — Première cause : manière erronée dont les Mineurs considèrent le fruit de leur travail. — Seconde cause : le système d'agriculture ; origine de ce système. Défaut d'engrais et de charrue. Brûlement des forêts ; plantations de grains faites dans les cendres des arbres. *Capoeiras. Capim gordura.* Terres abandonnées après sept à huit récoltes. Destruction funeste des forêts. Décret absurde rendu sous le ministère du comte de Linhares. Émigration. Remède à l'état de choses actuel. Procédés de culture employés par un habitant des Açores. — Troisième cause : la prétendue conspiration connue sous le nom d'*inconfidencia das Minas*. — Quatrième cause : les longs termes accordés aux acquéreurs de biens saisis. — Manière dont les pauvres construisent leurs maisons ; facilité avec laquelle elles se détruisent ; ruines appelées *taperas*.

Le pays que nous traversâmes, entre Marianna et le village de *Camargos* où nous fîmes halte, ne présente aucune trace de culture. Camargos, chef-lieu d'une paroisse, est situé sur le bord d'un ruisseau dans une position fort triste, entre des mornes sauvages déchirés par les chercheurs d'or[1]. Ses habitans actuels sont très-pauvres; ils possèdent trop peu d'esclaves pour avoir des lavages tant soit peu importans, et leurs maisons sont mal entretenues.

Nous vîmes, auprès de Camargos, une femme attaquée de la maladie que les Mineiros appellent *morfea*, maladie contagieuse[2], beaucoup trop commune sans doute, mais qui pourtant l'est moins qu'on ne l'a prétendu. Le visage des personnes qui en sont atteintes est d'un rouge brunâtre; d'énormes verrues le déforment entièrement, et souvent les yeux se distinguent à peine de ces hideuses protubérances.

Après avoir quitté Camargos, nous suivîmes, pendant quelque temps, le ruisseau qui coule auprès de ce village, et nous fûmes frappés de la ressemblance des plantes de ce canton avec celles des environs de Rio de Janeiro, ressemblance peu étonnante au reste, puisque alors nous étions à l'est de la grande chaîne qui,

---

[1] Le village de Camargos, ou *Nossa Senhora da Conceição de Camargos* (Notre-Dame de la Conception de Camargos), situé à 2 l. de Marianna et 84 de Rio de Janeiro, est le chef-lieu d'une des treize paroisses qui forment tout le *termo* de Marianna. (V. *Mem. hist.*, vol. VIII, p. 2da, p. 84.) La population de cette paroisse s'élève, suivant Pizarro, à 1,000 individus, et, selon d'Eschwege, elle ne montait, en 1813, qu'à 826.

[2] On m'a cependant assuré que ceux qui, dans l'hôpital autrefois établi à Saint-Christophe, près de Rio de Janeiro, soignent les personnes attaquées de cette maladie, restent parfaitement sains.

comme je l'ai dit, forme la limite de la végétation des bois vierges et de celle des pays découverts.

A une distance peu considérable de Camargos, nous trouvâmes *Bento Rodrigues*, autre village situé sur le bord d'un ruisseau, entre des mornes peu élevés, et qui emprunte un aspect assez pittoresque des nombreux bananiers que les habitans ont plantés autour de leurs maisons.

Au-delà de Bento Rodrigues, nous aperçûmes tout à coup la *Serra do Caraça*, l'un des points les plus élevés de la chaîne occidentale, et bientôt nous arrivâmes à *Inficionado*. Ce village, situé à quatre lieues nord de Marianna, est considérable et bien bâti. Il est le chef-lieu d'une paroisse, et l'on y compte trois églises[1]. Ce fut à Inficionado que naquit le P. Jozé de S. Rita Durão, auteur du poème intitulé *Caramuru*[2].

[1] La paroisse d'Inficionado, ou *Nossa Senhora de Nazareth do Inficionado* (et non *Infectionado*, comme on l'a écrit), comprend deux succursales et appartient au *termo* de Marianna. (V. Mem. hist., vol. VIII, p. 2da, p. 85.) En 1813, la population de cette paroisse s'élevait, selon d'Eschwége, à 4,102; mais Pizarro dit seulement, dans son ouvrage imprimé en 1822, qu'elle monte à plus de 3,445 individus. Inficionado est situé par le 20° 11' de lat. et 333° de long. Le nom d'*Inficionado* signifie *détérioré*, et a été donné, suivant Casal, au village qui le porte, parce que l'or qu'on y trouvait ne fut pas toujours d'une qualité aussi belle que celui qui y avait été découvert d'abord.

[2] M. Denis a donné un extrait intéressant du *Caramuru* dans son *Résumé de l'Histoire littéraire du Portugal*, et de-

Après avoir passé Inficionado, nous traversâmes un terrain entièrement ferrugineux, couvert de bois, et nous y recueillîmes un grand nombre de belles plantes, principalement de sapocynées. Nous observâmes qu'en général les terrains de cette nature sont ceux qui offrent la végétation la plus variée. Les plantes y sont ordinairement moins vigoureuses qu'ailleurs, mais elles ne contiennent pas, à beaucoup près, autant de parties aqueuses.

Certains végétaux indiquent presque avec certitude la présence du fer, et, parmi eux, on doit citer principalement trois espèces de quinquina à tige fort grêle, qui, étant très-voisines, sont confondues par les habitans du pays sous le nom de *quina da Serra* ou de *Remijo*, et qu'ils emploient avec succès comme fébrifuges (*cinchona ferruginea, Vellozii, Remijiana,* Aug. de Saint-Hil.)[1].

Non loin d'Inficionado, on trouve le hameau de *Morro d'Agua Quente*, dont le nom est dû à des sources d'eau chaude qui existaient autrefois dans son voisinage. Elles ont été détruites par les fouilles qu'on y a faites, dans l'espoir d'y trouver de l'or en plus grande abondance qu'ailleurs.

Depuis long-temps, nous avions à notre gauche les hautes montagnes appelées *Serra de Catas Altas,*

puis M. de Monglave a publié la traduction complète ou une imitation de ce poème.

[1] Voyez l'introduction à l'*Histoire des Plantes les plus remarquables*, etc., et le livre des *Plantes usuelles des Brésiliens*. Peut-être ces trois espèces ne sont que des variétés d'une seule.

qui semblent coupées à leur sommet, et offrent des rochers nus d'une couleur noirâtre entremêlés d'une végétation rare. Ces montagnes empruntent leur nom d'un village où nous arrivâmes bientôt, et où nous passâmes la nuit. La journée tout entière s'était passée, sans que nous eussions vu aucune trace de culture ; nous avions traversé quelques bons pâturages, mais il n'y paissait ni brebis ni bétail, et, ce qui le plus souvent avait frappé nos regards, c'étaient des mornes arides, sillonnés en tout sens par la main des mineurs. Les hommes que nous avions quelquefois aperçus dans la campagne, étaient des nègres et des mulâtres, occupés çà et là à la recherche de l'or.

Catas Altas[1] *de Mato dentro* est le chef-lieu d'une paroisse assez considérable. Les habitans actuels de ce village, comme ceux d'Antonio Pereira, ne cultivent point ; et quand un travail de quelques heures leur a procuré pour trois ou quatre *vintems* d'or, ils se reposent[2].

[1] On appelle ainsi les excavations faites par les anciens mineurs. Ainsi, *Catas Altas* signifie excavations profondes.

[2] Une partie de la paroisse de Catas Altas, ou *Nossa Senhora da Conceição de Catas Altas de Mato dentro* (Notre-Dame de la Conception des excavations profondes du pays des bois), appartient au *termo* de Marianna, une autre à celui de Villa Rica, une autre à celui de Caeté, une quatrième enfin à celui de Sabará. Selon d'Eschwege, la population de cette paroisse s'élevait, en 1813, à 2,444 individus; suivant l'ouvrage de Pizarro, imprimé en 1822, elle monte à 2,899. Le village de Catas Altas est situé à 6 lieues de Ma-

Partout où nous avions fait halte, nous avions excité une curiosité générale. Déjà au Parahyba, les gens du pays qui paraissaient les plus notables, nous avaient entourés, et nous accablaient de questions. A Catas Altas, on alla beaucoup plus loin; il y avait foule devant la croisée de la chambre où j'analysais mes plantes, et l'on me privait du jour qui m'était nécessaire.

Ce fut dans une auberge que nous passâmes la nuit, et, comme dans toutes celles où nous nous étions arrêtés jusqu'alors, nous fûmes servis en argenterie. Après le souper, la maîtresse de l'hôtellerie joua de la guitare, et chanta avec ses sœurs d'une manière très-agréable. Les chansons que ces dames nous firent entendre avaient été composées dans le pays même; c'étaient des paroles anacréontiques sur des airs tendres et très-appropriés à la guitare.

Catas Altas, Inficionado, et une foule d'autres villages des cantons aurifères de la province des Mines, ont été construits avec beaucoup plus de soin que la plupart de ceux qu'on voit en France, et même en Allemagne; ils furent jadis riches et florissans, mais aujourd'hui ils ne présentent plus, comme tout le pays qui les environne, que l'image de l'abandon et de la décadence. On peut assigner à ce changement

---

rianna, et 88 de Rio de Janeiro, par le 20ᵉ degr. 7′ lat. S. C'est en comptant la paroisse de Catas Altas, qu'on en trouve treize dans le *termo* de Marianna (*Mem. hist.*, vol. VIII, p. 2ᵈᵃ, p. 85).

différentes causes : je vais faire connaître les quatre principales, savoir, la manière erronée dont les mineurs ont toujours considéré le produit de leur travail, leur système défectueux d'agriculture, les longs crédits accordés par l'administration aux acquéreurs de biens saisis, et les persécutions qu'attira aux habitans les plus considérés de la province, la prétendue révolte connue sous le nom d'*inconfidencia das Minas*.

Il fut un temps où l'or se trouvait en si grande abondance dans les environs de Villa Rica, Sabará, Villa do Principe, etc., que, pour peindre la richesse de ces cantons, on répète aujourd'hui avec regret que, lorsqu'on arrachait une touffe d'herbes, et qu'on en secouait les racines, la poudre d'or tombait mêlée avec le sable. Les mineurs, éblouis, crurent que ces brillans succès n'auraient jamais de terme ; ils dépensaient leur or aussitôt qu'ils le possédaient, et rivalisaient de luxe et de prodigalité. Mais le métal précieux qui faisait l'objet de toutes leurs recherches ne se reproduit pas comme les fruits et les moissons ; et, en bouleversant d'immenses terrains, en les dépouillant de leur humus par l'opération des lavages, on les a enlevés pour toujours à l'agriculture. L'or qu'on tire de la terre ne doit point par conséquent être considéré comme un revenu, mais comme un capital. Cet or, il fallait donc le faire valoir, sous peine d'avoir le sort du propriétaire qui vend son héritage par parcelles, et c'est là ce qui est arrivé aux mineurs. Ils ne connaissaient qu'un seul mode de placement; c'était d'acheter, comme moyens d'exploitations, des nègres et des mulets, et ce placement n'était que viager. A mesure que l'or était tiré de la terre, il sortait de la province, pour n'y rentrer jamais, et allait enrichir les négocians de Londres et de Lisbonne : les pères furent opulens ; leurs enfans sont pauvres. Il s'en faut bien sans doute qu'il n'y ait plus d'or dans la province des Mines; mais les premiers habitans ont laissé à leurs successeurs celui qui était le plus difficile à extraire, et précisément lorsqu'il faudrait un plus grand nombre d'esclaves, on est privé des moyens nécessaires pour en acquérir. Qu'on ne croie pas cependant que la triste expérience du passé ait rendu plus sages les mineurs actuels; si quelquefois la fortune les favorise encore, ils se montrent aussi imprévoyans que leurs pères, et ne songent pas davantage à ceux qui doivent les suivre.

Après l'erreur que je viens de signaler, le système d'agriculture adopté par les Brésiliens en général, et en particulier par les Mineiros, est certainement la cause qui a le plus contribué à la ruine des parties de la province des Mines, qui, les premières, ont été habitées par des blancs. Pour faire connaître ce système défectueux, je me vois forcé d'entrer dans quelques détails.

L'agriculture n'a peut-être jamais été aussi florissante en Portugal que dans plusieurs autres parties de l'Europe, et les hommes qui peuplèrent le Brésil ne profitèrent même pas des faibles connaissances qu'ils possédaient. L'intérêt qu'a le cultivateur à conserver sa terre, est la meilleure garantie des efforts qu'il fera pour bien cultiver : cet intérêt, les premiers habitans du Brésil ne l'avaient point, et à peine leurs descendans l'ont-ils aujourd'hui. Une immense contrée s'offrait à leurs regards ; quelquefois un homme montait sur une hauteur, et s'écriait : « Tout ce que je découvre m'appartient; » et dans des temps modernes, on a vu récompenser par une donation de vingt-quatre lieues de terrain, sur les deux rives d'un fleuve navigable, quelques victoires obscures remportées sur des Indiens timides. Des hommes qui disposaient à leur gré d'un territoire immense, n'avaient aucun besoin de prendre des précautions pour ménager le coin de terre, où ils venaient de recueillir quelques grains. D'ailleurs, il était bien rare qu'en passant en Amérique, ils eussent le projet de s'y fixer sans retour ; ils voulaient amasser des richesses, pour les étaler ensuite aux yeux de leurs compatriotes; et à peine comptaient-ils, dans leur existence, le temps qu'ils passaient loin de leur pays. Pendant cet intervalle, il fallait vivre sans doute ; les pratiques qu'ils adoptèrent furent les plus expéditives, celles qui convenaient le mieux à la vie nomade qu'ils menaient, celles des peuplades les plus barbares. La mort, les infirmités, une foule de circonstances, déjouèrent souvent les calculs de ces hommes aventureux : leurs enfans n'avaient à regretter ni les bords du Tage, ni les fruits savoureux du Douro ; ils étaient fatigués d'entendre vanter sans cesse un pays qu'ils ne connaissaient point, ils restèrent dans celui où ils étaient nés, et le Brésil se peupla ; mais on s'était accoutumé aux pratiques défectueuses de ses premiers habitans, et elles se sont perpétuées jusqu'à nos jours.

Si j'excepte la province de Rio Grande do Sul, celle des Missions et la province Cisplatine, on ne fait usage, dans le Brésil méridional, ni de la charrue, ni des engrais : tout le système de l'agriculture brésilienne est fondé sur la destruction des forêts, et où il n'y a point de bois, il n'y a point de culture.

L'expérience a appris aux Brésiliens quelles espèces d'arbres sont communes dans les forêts qui, mises en culture, doivent donner les meilleures récoltes. Lorsqu'on a fait choix d'un terrain, on ne le défriche point; on se contente de couper, à hauteur d'appui, les arbres qui le couvrent : opération généralement confiée aux esclaves, et que l'excessive dureté des bois rend souvent très-pénible. C'est quand la saison des pluies est passée, que l'on abat les portions de forêts que l'on veut cultiver; on donne aux branchages le temps de sécher, et l'on y met le feu avant que les pluies recommencent.

Non-seulement chez nous l'on contemple avec une douce satisfaction les moissons qui commencent à jaunir, mais un champ nouvellement labouré plaît aussi aux yeux par cet aspect de régularité qui, éveillant toutes les espérances, annonce le travail de l'homme industrieux et civilisé. Au Brésil, au contraire, le terrain que l'on vient d'ensemencer n'offre que l'image de la destruction et du chaos; la terre est couverte de cendres et de charbons, d'énormes branches à demi consumées par les flammes sont jonchées çà et là, et au milieu d'elles s'élèvent des troncs noircis et dépouillés de leur écorce : spectacle d'autant plus hideux, qu'il contraste avec les beautés majestueuses des forêts environnantes.

Lorsqu'on a fait deux récoltes dans une terre qui était autrefois couverte de bois vierges, on la laisse reposer; il y pousse des arbres beaucoup plus grêles que les premiers, et d'une nature entièrement différente; on laisse croître ceux-ci pendant cinq, six ou sept années, suivant les cantons; on les coupe, ensuite on les brûle, et on plante dans leurs cendres. Après une seule récolte, on laisse la terre reposer de nouveau; d'autres arbres y croissent encore, et l'on continue de la même manière, jusqu'à ce qu'on juge le sol entièrement épuisé. Les espèces de taillis qui succèdent aux bois vierges s'appellent *capoeiras*.

Cette portion de la province de Minas Geraes, située à l'orient de la Serra da Mantiqueira et de la chaîne qui la continue vers le nord, est coupée de montagnes plus ou moins élevées, et fut autrefois entièrement couverte de forêts[1]. Lorsque, dans cette partie du Brésil, on a fait, dans un terrain, un très-petit nombre de récoltes, on y voit naître une très-grande fougère du genre *pteris*. Une graminée visqueuse, grisâtre et fétide, appelée *capim gordura*, ou herbe à la graisse[2], succède bientôt à cette cryptogame, ou croît en même temps

[1] Peut-être y a-t-il une exception dans les Minas Novas.
[2] *Tristegis glutinosa*, Nées. A Rio de Janeiro, cette plante porte le nom de *capim melado*. Le mot guarani *capim*, ou, pour être plus exact, *capyi* (*Thes. de la leng. guar.*), signifie herbe, foin. Cette expression s'est introduite parmi les Brésiliens, quoiqu'elle ne fût pas nécessaire dans leur langue,

qu'elle. Alors presque toutes les autres plantes disparaissent avec rapidité. Si quelque arbrisseau s'élève au milieu des tiges du *capim gordura,* il est bientôt brouté par les bestiaux ; l'ambitieuse graminée reste maîtresse du terrain, et elle ne peut même pas être recommandée comme fourrage ; car si elle engraisse les bêtes de somme et le bétail, elle diminue sensiblement leurs forces. L'agriculteur ne pouvant plus espérer de voir naître de nouveaux arbres sur son terrain, dit que celui-ci est perdu sans retour (*he uma terra acabada*); après avoir fait sept à huit récoltes dans un champ, et quelquefois moins, il l'abandonne, et brûle d'autres forêts, qui bientôt ont le même sort que les premières. Où s'élevaient naguère des arbres gigantesques entrelacés de lianes élégantes, le voyageur ne découvre plus que des campagnes immenses de *capim gordura,* et cependant il paraît incontestable que cette graminée ne s'est introduite que depuis une cinquantaine d'années dans la province des Mines [1] ; ses graines s'attachent aux vêtemens de l'homme

puisque l'on a en portugais le mot *feno.* L'habitude de vivre parmi les Indiens a pu seule faire adopter aux Portugais le mot *capyi.*

[1] Quelques-uns disent que ce fut un religieux qui, dans l'intention de rendre un service au pays, y apporta cette graminée comme fourrage, et ils ajoutent qu'elle fut long-temps appelée *capim de Frei Luiz,* du nom de ce même religieux. D'autres assurent que le *capim gordura* a été introduit dans la province des Mines par un muletier qui venait de fort loin, et s'était servi de cette herbe pour remplir ses bâts. Arrivé

et aux poils des animaux ; elle se répand partout, et quelques montagnes voisines de Rio de Janeiro, où il n'en existait pas un seul pied lors de mon arrivée au Brésil, en sont aujourd'hui entièrement couvertes.

Ainsi, les agriculteurs achèvent dans la province des Mines ce qu'avaient déjà commencé les hommes qui allaient à la recherche de l'or, la destruction si funeste des forêts. La disette de bois se fait déjà sentir dans quelques villes qui furent probablement construites au milieu des forêts, et des mines de fer, de la plus étonnante richesse, ne pourraient être exploitées faute de combustibles[1]. Tous les jours, des arbres précieux tom-

---

dans les environs de Villa Rica, il renouvela son équipage; le *capim gordura* fut jeté, et ses graines le multiplièrent. Quoi qu'il en soit, il m'a été impossible de découvrir avec certitude de quel pays cette plante est originaire. Quelques mineurs prétendent qu'elle vient de la province de Rio Grande do Sul, mais je ne l'y ai point trouvée.

[1] Nous engagions M. le *guarda mór* INNOCENTIO de Catas Altas à préférer l'exploitation de ses mines de fer à celle de ses mines d'or. Il nous montra le pays environnant, et nous fit voir qu'il était dépourvu de bois. Cependant il est vraisemblable que ce canton était jadis couvert de forêts, puisqu'il est situé à l'orient de la grande chaîne. — Le mal qui devait inévitablement résulter de la destruction des forêts, dit Southey, d'après Vieira Couto, avait été prévu de bonne heure, et, vers 1736, le gouverneur Gomes Freyre s'était déjà efforcé de le prévenir. Il avait ordonné qu'une étendue de bois de deux cents palmes de largeur serait toujours conservée entre deux plantations; ces bois ne devaient point être

bent sans utilité sous la hache du cultivateur imprévoyant. Il est impossible de croire, qu'au milieu de ces incendies tant de fois répétés, une foule d'espèces utiles pour les arts et la médecine n'aient pas déjà disparu, et, dans quelques années, la *Flore* que je fais

coupés sans une permission spéciale, et l'on devait toujours réserver les arbres d'une très-grande dimension. Il n'était permis de brûler aucun arbre propre à faire des sébiles de mineurs ou qui eût plus de dix palmes de circonférence; et les troncs capables d'être creusés pour former des pirogues ne devaient point être employés à d'autres usages, s'ils se trouvaient dans un espace de terrain qui ne fût pas éloigné de plus d'une portée de fusil des bords d'une rivière. Les propriétaires de bois vierges étaient obligés d'en laisser intacte la dixième partie, et la moitié de cette portion devait, si le terrain l'admettait, être conservée sur le bord des ruisseaux ou des rivières. (South., *Hist. of Braz.*, III, p. 825 à 826.) On ne saurait donner trop d'éloges aux intentions bienfaisantes de Gomes Freyre; mais on doit sentir que de tels réglemens étaient inexécutables dans un pays où la population est si faible, et où le colon peut si aisément échapper à la surveillance de ses supérieurs. Au reste, comme l'observe très-bien Southey, l'on a à gémir aujourd'hui de ce que les sages réglemens que j'ai cités plus haut n'ont point été observés; et cependant les habitans actuels de Minas Geraes, tout aussi imprévoyans que leurs aïeux et plus coupables encore, puisqu'ils ressentent déjà les résultats du mal, les habitans actuels de Minas Geraes, dis-je, continuent à détruire follement leurs bois, et ils laisseront à leurs enfans des motifs de regrets plus graves encore que ceux qu'ils éprouvent eux-mêmes.

paraître dans ce moment [1], ne sera déjà plus, pour certains cantons, qu'un monument historique.

Par une ignorance facile à concevoir, quand on connaît les rapports du gouvernement portugais avec ses colonies, le ministère lui-même, qui devait s'opposer de tous ses efforts à la destruction des bois, a aussi contribué à l'accélérer. Les plus belles forêts existaient encore intactes sur les frontières de la province qui sont habitées par les Indiens sauvages. A l'arrivée du roi à Rio de Janeiro, le comte de Linhares fit rendre un décret qui exemptait d'impôts, pendant dix ans, les colons qui iraient s'établir au milieu de ces bois. Une telle loi pouvait sans doute être utile si elle avait été rendue en faveur de colons étrangers, qui eussent augmenté la population, et enseigné un mode de culture plus raisonnable; mais elle ne devait point être faite pour inviter les Brésiliens eux-mêmes, qui ont déjà détruit tant de bois, à aller détruire ceux qui restent encore.

Les chances aventureuses de la recherche de l'or et des pierreries ont exalté chez les Mineiros cet esprit d'inquiétude naturel à tous les hommes; comme les joueurs, ils saisissent la moindre lueur d'espérance, et sont toujours prêts à sacrifier ce qu'il y a de plus réel aux chimères de leur imagination.

Bien des Mineiros, abandonnant les lieux qui les ont vus naître, ont plusieurs fois transporté çà et là leur famille, leur fortune et leurs esclaves; et, au seul

---

[1] *Flora Brasiliæ meridionalis*, avec fig.

récit que je faisais à un propriétaire des environs de Villa Rica de la fertilité des rives du Jiquitinhonha, je l'ai vu disposé à quitter l'habitation où il avait reçu le jour, à traverser un pays immense, et à s'enfoncer dans les forêts peuplées par les Botocudos. On sent avec quel empressement des hommes animés d'un tel esprit ont dû saisir l'appât qui leur était offert par le gouvernement lui-même. On s'éloigne du centre de la province; des villages jadis florissans sont abandonnés, et l'on se précipite vers les frontières. La destruction des bois n'est pas le seul résultat fâcheux d'un tel système. Une faible population, en se disséminant sur une immense étendue, devient plus difficile à conduire : vivant à de grandes distances les uns des autres, les cultivateurs perdent peu à peu les idées qu'inspire la civilisation ; le criminel échappe plus aisément à la rigueur des lois ; l'État doit avoir plus de peine à recouvrer ses deniers ; et, en cas de besoin, le pays ne pourrait, qu'après un long espace de temps, réunir tous ses défenseurs.

Un changement dans le système d'agriculture admis jusqu'à ce jour remédierait à tant de maux. Que les Mineiros adoptent l'usage de la charrue et des engrais, ils n'auront plus besoin de détruire leurs bois, et ces terres, qu'ils disent être perdues sans retour, leur donneront tous les ans d'abondantes récoltes; le fils mourra près des lieux où reposent les cendres de ses pères, et la population ne s'étendra plus qu'à mesure qu'elle augmentera.

Je sais très-bien qu'il est des côtes trop rapides pour

qu'on les laboure; mais combien de vallées fertiles peuvent être cultivées avec la charrue! Les racines des arbres seraient certainement un obstacle dans les cantons où les bois auraient été brûlés récemment; mais, dans bien des lieux, elles sont déjà détruites; et, en général, avant qu'elles le soient, il ne se passe certainement pas autant d'années que le prétendent les Mineiros, quand ils veulent défendre le mode de culture auquel ils sont malheureusement accoutumés.

J'ai souvent eu occasion de citer aux cultivateurs des environs de Villa Rica un exemple dont ils avaient été témoins comme moi, et qui leur prouve combien leurs terres couvertes de *capim gordura* sont loin d'être perdues pour jamais. Un habitant des îles Açores était venu s'établir à peu de distance de la capitale des Mines, près du village de *Santa Barbara,* et possédait un troupeau de sept cents bêtes à cornes. Au lieu d'abattre et d'incendier des forêts, il réunissait chaque soir ses bestiaux dans un parc; il faisait enclore d'une haie sèche un champ de *capim gordura,* et y mettait le feu. Sans bêcher son champ, sans le labourer, il y faisait creuser des trous; des nègres déposaient dans chacun de ces trous un peu de fumier pris dans les parcs où les bestiaux avaient été enfermés, et ensuite on y mettait des grains de maïs. J'ai vu ces champs à l'époque de la floraison du maïs; les tiges étaient pour le moins aussi belles que celles qui viennent au milieu des cendres des bois vierges, et le vert gai de leurs feuilles contrastait d'une manière agréable avec la couleur grisâtre du *capim gordura* qui avait poussé avec elles. Si des procédés qui rappellent autant l'enfance de l'art ont pu produire des résultats aussi heureux, que ne serait-on pas en droit d'espérer d'une culture régulière ?

Il est très-vrai que lorsqu'on a soin d'éloigner les bestiaux d'un terrain où croît le *capim gordura*, et que ce terrain est par lui-même d'une nature excellente, l'ambitieuse graminée finit par se détruire d'elle-même; les vieilles tiges forment au bout d'un certain temps une couche épaisse qui ne permet pas aux semences de lever; des rejets d'arbres et d'arbrisseaux se montrent peu à peu, et lorsqu'ils commencent à donner de l'ombre, ils font périr entièrement le *capim gordura*. Mais il ne faut pas moins de dix ans pour qu'un tel changement s'opère dans les meilleurs terrains; et combien n'est-il pas difficile d'ailleurs d'empêcher les bestiaux d'approcher d'un champ, lorsqu'ils n'ont point de pasteurs !

Ce n'est pas seulement, au reste, dans les parties du Brésil où croît le *capim gordura* que le système d'agriculture en usage parmi les Brésiliens a les inconvéniens les plus graves. Il est d'immenses pays où cette graminée n'a pas encore pénétré, et d'autres où elle ne pénètrera probablement jamais, parce qu'elle ne se plaît bien que dans les terrains argileux; mais dans ces pays mêmes, les cultures répétées qui suivent l'incendie des bois épuisent également le sol. Ainsi les terres de *Piedade*, dans le *termo* de *Minas Novas*, où l'on ne voit point de *capim gordura*, commencent à se fatiguer, et cependant ce canton n'est peuplé que depuis quatre-vingts ans. Il n'y a pas trente-cinq ans que l'on cultive les environs de *S. Domingos*, et déjà les colons se plaignent du peu d'abondance de leurs récoltes. Peut-être est-il quelques cantons heureusement favorisés, tels que les environs de *Salgado*, sur les bords du Rio de S. Francisco, où on laisse à peine reposer la terre, et où elle produit toujours avec une égale fécondité; mais ces cantons sont du nombre des exceptions, et il est mieux de n'en citer aucune dans une esquisse qui ne doit présenter que quelques traits principaux.

S'il fallait actuellement indiquer un moyen de décider les Mineiros à renoncer à leurs pratiques erronées d'agriculture, cette tâche ne serait assurément pas difficile. Le gouvernement brésilien exempte de dix années d'impôts, ceux qui se transportent sur les frontières de la province des Mines : qu'il n'ajoute point à ce sacrifice, qu'il en change seulement la direction. Au lieu de récompenser des hommes qui détruisent les forêts, que l'on accorde la même prime à ceux qui laboureront les terres couvertes de *capim gordura*, et l'on verra, j'ose le dire, une heureuse révolution s'opérer bientôt dans la province de Minas Geraes.

Une des causes de la ruine de cette province fut, comme je l'ai annoncé, la prétendue conspiration connue sous le nom d'*inconfidencia das Minas*. Voici en quoi elle consista. Vers le commencement de la révolution française, il paraît qu'un individu qui avait voyagé en Europe, tenait souvent des propos très-imprudens et très-dangereux. Dans un grand dîner où il était invité, il se laissa aller plus loin peut-être qu'il n'avait encore fait jusqu'alors ; d'autres convives suivirent son exemple, les têtes s'échauffèrent, et l'on but à la liberté de l'Amérique. Ce qui s'était passé fut présenté au gouverneur, le vicomte de Barbacena, sous les couleurs les plus noires ; c'était un homme timide et à vues étroites ; il fut effrayé du rapport qu'on lui avait fait, et il le communiqua au vice-roi de Rio de Janeiro. Celui-ci écrivit à la cour, et peignit ce qui était arrivé à Villa Rica comme l'acte de rebellion le plus criminel et le plus dangereux.

Le gouvernement portugais choisit des hommes sévères et en forma une cour qu'il envoya au Brésil. On instruisit le procès des prétendus conjurés, et la persécution fut générale. Tous les hommes qui avaient quelques connaissances devinrent suspects ; on ne découvrit aucune preuve de la conspiration ; on ne trouva ni armes ni correspondance ; mais les paroles les plus innocentes furent considérées comme des crimes. Le chef supposé de la conspiration, appelé JOAQUIM JOZÉ DA SILVA XAVIER, et plus connu sous le nom de TIRADENTES, fut mis à mort ; on rasa sa maison ; on éleva une colonne tronquée à la place qu'elle occupait [1] ; et sur le piédestal de cette colonne, on grava une inscription destinée à rappeler le prétendu crime et le châtiment qui le suivit. Les exécutions se bornèrent heureusement à un seul individu ; mais un grand nombre fut condamné à l'exil, et l'on

[1] J'ai vu la colonne à Villa Rica dans la rue S. Jozé.

confisqua les biens des bannis. Beaucoup de gens, craignant le même sort, prirent la fuite, et la province perdit ses habitans les plus distingués. Une victime célèbre de cette prétendue conspiration fut le poète THOMAZ ANTONIO GONZAGA DA COSTA, *ouvidor* de S. João del Rey [1]. En vain ses talens plaidaient en sa faveur, il fut exilé sur la côte d'Afrique; mais ses chants sont devenus populaires, et bien long-temps encore ils charmeront le voyageur jusque sous l'humble *rancho* et dans les lieux les plus solitaires [2].

J'ai dit que l'administration (*fazenda real*), par le système qu'elle avait adopté pour la vente des biens saisis par elle, avait encore contribué à la décadence de la province des Mines. L'impossibilité où ont été beaucoup trop souvent les fermiers de la dîme (*dizimeiros*) de remplir leurs engagemens, a successivement entraîné la saisie d'un grand nombre de propriétés rurales. On les vendait à l'enchère, et l'on accordait à l'acquéreur de longues années pour effectuer ses paiemens. Beaucoup de gens achetaient des biens sans argent et sans espoir d'en posséder jamais; ils jouissaient des revenus pendant l'intervalle de crédit qu'on

[1] C'est du moins le titre que lui donnent Spix et Martius.
[2] Southey raconte l'*inconfidencia* d'une manière bien différente; mais, d'après ses citations, il paraît n'avoir eu sous les yeux d'autres documens que la sentence même des condamnés. La citation du manuscrit intitulé *Noticias*, qui se trouve au commencement du récit de l'historien anglais, semble relative aux causes de la conspiration, et non à la conspiration elle-même.

leur laissait; mais ils ne prenaient aucun soin d'une propriété dont ils étaient sûrs d'être évincés, et les plus belles habitations, ainsi vendues et revendues plusieurs fois, finissaient par se détériorer entièrement.

L'air de décadence qu'ont en général, dans l'intérieur de la province des Mines, les villages et les habitations isolées, tient aussi en grande partie, il faut l'avouer, à ce que les bâtimens, toujours construits en terre, se dégradent très-facilement, surtout à l'extérieur. Les maisons des pauvres sont si faciles à construire, que chacun est sans peine son propre architecte; et, comme on va le voir, ces maisons doivent nécessairement se détruire avec une promptitude extrême. Pour faire les murailles, on enfonce dans la terre, à peu de distance les uns des autres, des morceaux de bois bruts qui ont à peu près la grosseur du bras. A l'aide de quelques lianes, on attache à ceux-ci des perches transversales très-rapprochées, et lorsqu'on a ainsi formé une espèce de cage, on remplit les intervalles avec de la terre. Quant aux toits, on les couvre avec les tiges et les feuilles d'une graminée qui appartient au genre *saccharum,* et qui porte dans le pays le nom de *sapé.* A l'intérieur, ces chétives chaumières sont ordinairement divisées par de minces cloisons, et elles présentent une suite de petits réduits obscurs qui communiquent les uns dans les autres, sans être fermés par des portes. On conçoit facilement qu'on ne peut pas attacher une grande importance à de pareilles habitations, et on les quitte sans peine, parce qu'on est sûr de pouvoir trouver ailleurs les matériaux nécessaires pour en construire de semblables. Sans cesse on rencontre dans l'intérieur du Brésil des maisons de ce genre ainsi abandonnées et à demi détruites, et l'on a même un mot particulier pour désigner toutes les demeures qui tombent en ruine, celui de *tapera*.

CHAPITRE X.

SÉJOUR A ITAJURÚ. — USAGES DES MINEIROS ET EN PARTICULIER DE CEUX QUI HABITENT LA CAMPAGNE. — EXCURSION A L'ERMITAGE DE NOSSA SENHORA MAI DOS HOMENS. — DÉTAILS SUR L'AGRICULTURE DANS LES PARTIES DE LA PROVINCE VOISINES DE LA CAPITALE.

Départ de Catas Altas. — Arrivée à *Itajurú*. — Différence entre les *fazendas* et les *sitios*. — Des *fazendeiros*; intérieur de leurs maisons; leurs meubles. *Sala. Varanda.* Cuisines et jardins réservés pour les femmes. — Alimens; haricots; laitron; farine de maïs; *quiabos*; confitures; *cangica*; eau. — Manière de manger et de terminer les repas. — Bénédiction des pères. — Lavement des pieds. — Description de la *fazenda* d'*Itajurú*; marque de confiance; jardin. — Excursion à la *Serra da Caraça*. — Village de *Santa Barbara*. — Fazenda de *Santa Quiteria*; argenterie; fruits. — Village de *Brumado*. — Ermitage de *Nossa Senhora Mai dos Homens*; monastère; église. Histoire du frère Lourenço. — Végétation d'un des sommets de la *Serra da Caraça*. — Retour à Itajurú; départ de MM. Langsdorff et Ildefonso. — Trait de générosité. — Portrait de M. Antonio Gomes de Abreu. — Cérémonies de la messe; procession. — Village de *S. Miguel de Mato dentro*; sa position; sa population. — Culture des haricots. — Culture du maïs; *batedor*; *fubá*; *farinha*. — Culture du riz. — Culture de la canne à sucre.

Notre ami, M. Antonio Ildefonso Gomes, vint nous rejoindre au village de Catas Altas. Là nous quittâmes la grande route qui mène de Villa Rica au District des Diamans, et nous prîmes des chemins de traverse. Nous éloignant de la chaîne occidentale, nous parcourûmes un pays moins élevé que celui où nous avions voyagé la veille, et dont la végétation vigoureuse ressemble beaucoup à celle de Rio de Janeiro. De loin en loin, nous découvrions des habitations et quelques champs cultivés; mais, dans les lieux où les forêts avaient été coupées depuis un certain nombre d'années, nous n'apercevions plus que des *pteris* et du *capim gordura*.

Sur le soir, nous arrivâmes à *Itajurú*, la demeure du père de M. Ildefonso, qui nous reçut avec la cordialité la plus aimable.

L'habitation de M. le capitaine *Antonio Gomes de Abreu* est une de celles qu'on appelle *fazendas*, nom qui est réservé aux propriétés rurales dont l'exploitation a quelque importance et auxquelles sont attachés un certain nombre d'esclaves. Quant aux habitations des gens peu aisés, on les nomme assez généralement *sitios*.

Parmi les Mineiros, les hommes les plus recommandables sont certainement ceux qui habitent la campagne, et surtout les *fazendeiros* (propriétaires de *fazendas*) des cantons aurifères du centre de la province. Ces propriétaires, et en particulier ceux qui exploitent des mines[1], sont généralement supérieurs par leur politesse et par la pureté de leur langage, non-seulement

---

[1] C'est à eux qu'on donne proprement le nom de *mineiros*, et l'on appelle *roceiros*, du mot *roça*, les campagnards qui se bornent à cultiver.

AU BRÉSIL.

à nos simples paysans, mais encore à nos plus riches fermiers; et, comme j'ai déjà eu occasion de le dire, il en est même plusieurs qui ont fait quelques études. Presque tous sont des hommes blancs; ils ne travaillent point, et se contentent de surveiller leurs esclaves.

Leurs maisons présentent peu de commodités et n'ont en général d'autre ornement que la blancheur de leurs murailles [1]. Comme il serait trop cher de faire venir des carreaux de vitre à dos de mulet de la côte jusque dans l'intérieur, on laisse les fenêtres entièrement ouvertes pendant le jour, et la nuit on les ferme avec des volets. On ne connaît dans les maisons des *fazendeiros* aucun de ces meubles que nous accumulons dans nos appartemens; on serre ses habits dans des malles, ou bien on les suspend sur des cordes, afin de les garantir de l'humidité et des insectes. Les chaises sont rares, et l'on s'assied sur des bancs, des tabourets de bois et des escabelles. Chez les particuliers riches, les lits sont les meubles que l'on soigne le plus; les rideaux et les couvre-pieds sont souvent de damas, et les draps, d'une toile de coton très-fine, ont des garnitures de dentelles. Quant à la couche, elle se compose simplement d'un matelas de paille de maïs séparée en lanières étroites; mais, dans un pays aussi chaud, on dormirait moins bien sur la laine ou sur la plume.

Dans les maisons des pauvres, comme dans celles des

---

[1] Il faut ici admettre des exceptions, comme on le verra plus bas.

riches, il existe toujours une pièce appellée *sala*, qui donne sur le dehors. C'est là que l'on reçoit les étrangers, et que l'on prend ses repas, assis sur des bancs de bois autour d'une table longue. Les gens aisés ont soin de ménager sur le devant de leur demeure une galerie ou *varanda,* formée par le toit qui se prolonge au-delà des murailles, et qui est supporté par des poteaux. On se tient ordinairement dans ces galeries, et, par tous les temps, l'on y respire un air frais, également garanti de la pluie et de l'ardeur du soleil. L'intérieur des maisons, réservé pour les femmes, est un sanctuaire où l'étranger ne pénètre jamais, et les personnes qui me montraient le plus de confiance n'ont jamais permis que mon domestique entrât dans leur cuisine pour y sécher le papier nécessaire à la conservation de mes plantes ; il était obligé de faire du feu dehors, dans les cases à nègres ou sous quelque hangar. Les jardins, toujours placés derrière les maisons, sont pour les femmes un faible dédommagement de leur captivité, et, comme les cuisines, on les interdit scrupuleusement aux étrangers.

Les habitans du Brésil, qui font généralement trois repas par jour, ont coutume de dîner à midi. Les poules et le cochon sont les viandes que l'on sert le plus ordinairement chez les *fazendeiros* de la province des Mines. Des haricots noirs forment un plat indispensable sur la table du riche, et ce légume fait presque la seule nourriture du pauvre. Si à ce mets grossier celui-ci en joint encore quelque autre, c'est ou du riz, ou des choux, ou d'autres herbes hachées, et la plante préférée le plus souvent n'est autre chose que notre laitron (*sonchus oleraceus*, L.), qui s'est naturalisé au Brésil, et qui, par une singularité inexplicable, se montre souvent avec abondance dans les terrains où l'on a récemment brûlé des forêts vierges. Comme on ne sait point faire le beurre, on y substitue la graisse qui s'échappe du lard que l'on fait frire. Le pain est un objet de luxe; on le remplace par la farine de maïs, et on sert celle-ci tantôt dans de petites corbeilles ou des assiettes, et tantôt sur la nappe même, disposée en monceaux symétriques. Chacun, dans son assiette, saupoudre avec de la farine ses haricots ou les autres alimens auxquels on joint de la sauce, et il en forme ainsi une espèce de pâte; mais, quand on mange de la viande rôtie, on prend, à chaque bouchée, une cuillerée de farine, et, avec une dextérité inimitable, on la lance dans sa bouche sans laisser tomber un seul grain. Un des plats favoris des Mineiros, c'est une poule cuite avec des fruits de *quiabo* (*hibiscus esculentus*)[1], d'où s'échappe un mucilage épais semblable à de la colle; mais on ne mangerait point les *quiabos* avec plaisir s'ils n'étaient accompagnés d'*angú*, espèce de polenta sans saveur dont je parlerai plus bas. Nulle part peut-être on ne consomme autant de confitures que dans la province des Mines; on met en confitures une foule de choses différentes; mais le plus souvent on ne distingue le goût d'aucune, tant le sucre y est pro-

---

[1] On l'appelle *quingombo* à Rio de Janeiro et *gombo* dans les colonies françaises.

digué. Ce n'est pourtant pas là le genre de dessert auquel on accorde la préférence ; ce qui fait les délices des Mineiros, c'est le plat de *cangica,* nom qu'ils donnent au maïs dépouillé de ses enveloppes et simplement cuit dans de l'eau. Rien n'égale la fadeur d'un tel mets, et pourtant on s'étonne de ce que l'étranger a assez mauvais goût pour y joindre du sucre. Il est bien rare de trouver du vin chez les *fazendeiros ;* l'eau est leur boisson ordinaire, et, pendant la durée des repas comme dans le reste du jour, on la sert dans un verre immense porté sur un plateau d'argent, et qui est toujours le même pour tout le monde. Chez les gens qui ne jouissent pas d'une grande aisance, on trouve, dans la pièce appelée *sala,* une énorme dame-jeanne avec un coco emmanché d'un bâton, et chacun va se désaltérer à son tour. Il n'est peut-être pas au monde d'eau plus délicieuse que celle des parties montagneuses de la province des Mines ; la chaleur excite à en boire avec une extrême abondance, et je n'ai jamais ouï dire que personne en eût été incommodé.

Les gens de la dernière classe, tels que les toucheurs de bœufs et de mulets, sont les seuls qui pétrissent et mangent avec leurs doigts la farine et les haricots noirs. D'ailleurs il faut qu'un homme établi soit bien pauvre, pour n'avoir pas quelques couverts d'argent ; mais ces couverts sont généralement d'une petitesse extrême. Partout l'on fait usage de nappes, mais on ne donne point de serviettes aux convives. L'esclave qui sert à table a toujours les pieds nus, quelque bien vêtu qu'il soit d'ailleurs, et il porte sur son épaule une longue serviette de toile de coton bordée d'une garniture à grands plis. Les Mineiros n'ont point l'habitude de causer en mangeant. Ils engloutissent les alimens avec une promptitude qui, je l'avoue, a souvent fait mon désespoir, et celui qui se contenterait de les voir manger, les prendrait pour le peuple de la terre le plus avare de son temps.

Après le repas, on se lève, on applique ses deux mains l'une contre l'autre, on s'incline, on rend grâces, on fait le signe de la croix, et ensuite l'on se salue réciproquement. Cet usage est respectable sans doute; mais l'on est choqué de voir l'esclave qui a servi se joindre aux convives, et remercier Dieu pour un repas dont il n'a point pris sa part.

Le soir, après les grâces, les enfans ont coutume de s'approcher de leur père; ils lui demandent sa bénédiction, et ils la reçoivent.

Tout le monde, avant de se coucher, se lave les pieds avec de l'eau chaude. Dans les maisons riches, un nègre, sa serviette sur l'épaule, apporte de l'eau à l'étranger dans un grand bassin de cuivre; mais les pauvres se contentent d'une gamelle de bois. Souvent, chez les hommes de couleur, le maître de la maison vient lui-même, comme aux temps anciens, laver les pieds du voyageur qu'il a accueilli avec l'hospitalité la plus aimable.

J'ai déjà dit qu'on avait généralement soin de bâtir les habitations dans les vallées. Celle de M. Gomes est située dans un fond qui, de tous les côtés, est borné par des hauteurs couvertes de bois vierges, de *capoei-*

ras et de pâturages. A environ vingt ou trente pas de l'habitation coule le *Percicaba*[1], rivière assez large qui, après avoir reçu les ruisseaux de *Catas Altas*, d'*Inficionado*, etc., va se réunir au *Rio Doce*, et dont les eaux, souillées par les travaux des mineurs, coulent avec rapidité. Les montagnes qui s'élèvent au-delà de la rivière, et qui font face à l'entrée de la maison, sont couvertes de forêts ; mais celles qui s'étendent sur le côté des premières, ne présentent que des broussailles. Au milieu de celles-ci, on voit un grand rocher grisâtre, et c'est à ce rocher que tout le canton doit le nom d'*Itajurú*, qui, dans la langue des Indiens, signifie bouche de pierre[2].

Faire connaître la *fazenda* d'Itajurú, ce sera donner une idée d'un grand nombre d'autres habitations. Les bâtimens sont disposés autour d'une grande cour qui a la figure d'un carré long. L'un des côtés est formé par les cases à nègres, à la suite desquelles vient un moulin à sucre dont le toit est supporté par des poteaux très-élevés. Du côté opposé est le logement du maître, qui n'a qu'un étage et est aussi soutenu par des poteaux. A la suite de ce bâtiment, est un mur qui sépare

---

[1] Le Percicaba ou Piracicaba a sa source dans la *Serra da Lapa* (Casal), partie de la chaîne occidentale située au midi de Tijuco. *Pirá cy cabá* me paraît signifier, dans la langue guarani, poisson luisant et noir.

[2] *Ita*, pierre ; *jurú*, bouche (*ling. ger.*). Comme il existe un autre *Itajurú* sur la paroisse de Santa Barbara, on doit distinguer celui dont je parle ici par le nom d'*Itajurú de S. Miguel de Mato dentro*, du nom de la paroisse sur laquelle il est situé.

la cour du jardin. Des granges et des magasins forment un des petits côtés de la cour, et, en face, est un mur contre lequel on a appuyé en dehors un petit hangar où l'on fait les fromages.

M. Gomes nous donna une marque de confiance et d'amitié extrêmement flatteuse, en nous conduisant dans son jardin, qui peut avoir environ un arpent. Ce jardin est traversé par un ruisseau limpide, qui non-seulement est d'une grande utilité pour les arrosemens, mais dont les eaux, détournées dans de petites rigoles, servent à garantir du ravage des grandes fourmis une partie des carrés où l'on plante des fleurs et des légumes. Nous trouvâmes dans le jardin de M. Gomes des orangers, quelques pêchers, une treille et des figuiers chargés de fruits beaucoup meilleurs que tous ceux de cette espèce que j'ai mangés en France. Les fleurs étaient celles qui ornent nos parterres, des œillets, des pieds-d'alouette, des scabieuses, des soucis, des *dianthus barbatus*, des *silene armeria*, du romarin et du basilic. Quant aux légumes, nous n'en vîmes guère d'autres que des choux et quelques cucurbitacées.

Nous profitâmes de notre séjour à Itajurú pour aller, M. Langsdorff et moi, visiter un ermitage célèbre, celui de *Nossa Senhora Mai dos Homens* (Notre-Dame mère des hommes), qui est situé dans la *Serra da Caraça* à environ neuf lieues de l'habitation de M. Gomes.

Après avoir fait environ cinq lieues dans un pays inculte et désert, nous arrivâmes au village de *Santa*

Barbara[1], situé sur le ruisseau du même nom. Ce village dépend de la justice de Caeté et de la *comarca* du Rio das Velhas, et est le chef-lieu d'une paroisse qui comprend six succursales et environ 12,000 habitans. Il est facile de voir que Santa Barbara eut autrefois une très-grande importance; mais cette bourgade est aujourd'hui tellement abandonnée, qu'un propriétaire qui y possède plusieurs maisons m'assura que personne ne voulait les habiter, même pour rien.

A environ une demi-lieue de Santa Barbara, nous arrivâmes à *S. Quiteria*, habitation qui appartient au colonel Antonio Thomaz de Figueredo Neves, oncle de notre compagnon de voyage, M. Ildefonso. Comme quelques autres *fazendas* qui ont été bâties à l'époque où les Mineurs étaient encore opulens, l'habitation de S. Quiteria ressemble bien plus à nos châteaux qu'à une de nos fermes. Elle est située auprès du ruisseau de *Santa Barbara*, entre des mornes qui n'ont pas une grande élévation. A l'exception d'un petit jardin qui tient à l'habitation même, on ne découvre autour d'elle aucune trace de culture; de tous les côtés, la terre a été déchirée et bouleversée par les chercheurs d'or. Les appartemens de l'habitation n'ont aucune tenture; mais les lambris, le tour des portes et les portes elles-mêmes sont peints en façon de marbre; les plafonds, qui sont en planches, sont égale-

---

[1] Santa Barbara, ou *S. Antonio do Ribeirão de Santa Barbara*, est situé à 9 lieues de Marianna et 89 de Rio de Janeiro, par 20° lat. et 333° 59′ long. (Piz.)

ment peints, mais d'une manière grossière, et représentent de grandes figures et des arabesques. On retrouve le même genre de décoration dans les *fazendas* que je comparais tout à l'heure à nos châteaux, et qui, comme je l'ai dit, datent de l'époque où la province était encore riche et florissante.

Nous vîmes, chez le colonel Antonio Thomaz, de la vaisselle d'argent parfaitement travaillée, et, entre autres, des aiguières d'une forme très-élégante. Cette argenterie attira surtout notre attention, quand nous sûmes qu'elle avait été faite, il y avait déjà un assez grand nombre d'années, dans le village de Catas Altas. On verra, au reste, que j'ai eu encore bien d'autres occasions d'admirer l'habileté des ouvriers de la province des Mines.

Ce qui prouve combien les parties élevées de cette province sont favorables aux fruits de l'Europe, c'est qu'on nous servit tout à la fois, chez le colonel Antonio Thomaz, d'excellentes figues, des pommes d'un goût agréable et des raisins noirs. Ces derniers, comme tous ceux que l'on recueille dans la saison des pluies, étaient assez bons, mais infiniment plus aqueux et moins sucrés que les nôtres [1]. Nous mangeâmes aussi à Santa Quiteria d'excellent pain fait avec du froment qui avait été recueilli à quelques lieues de cette habitation.

Le lendemain, après avoir pris congé du colonel An-

---

[1] On trouvera ailleurs des détails sur la végétation de la vigne dans la province des Mines.

tonio Thomaz, qui nous avait parfaitement accueillis; nous nous remîmes en route. Nous suivîmes le ruisseau de Santa Barbara, qui perd bientôt son nom pour prendre successivement ceux du hameau de *Barra* et du village de *Brumado*, auprès desquels il coule. *Brumado* ou *Santa Anna do Brumado* est une des succursales de Santa Barbara, et n'annonce plus, comme cette bourgade, que l'abandon et la décadence.

A peu de distance de Brumado, nous commençâmes à monter des mornes couverts de *capim gordura* qui appartiennent déjà à la *Serra da Caraça*[1]. A mesure que nous nous élevions, l'horizon s'agrandissait à nos yeux; mais nulle part nous n'apercevions ni habitations ni culture. Montant toujours, nous rencontrâmes des bouquets de bois, et les eaux rougeâtres de quelques ruisseaux nous prouvèrent qu'on venait chercher de l'or jusque dans ces lieux déserts. Le chemin, qui n'est qu'un sentier, doit paraître très-raide à quelqu'un qui n'est accoutumé qu'à ceux de l'Europe, et cependant, pour le rendre plus praticable, on a eu soin de le paver dans plusieurs endroits. A peu de distance de la chapelle de Nossa Senhora Mai dos Homens, nous commençâmes à trouver, au milieu des rochers, de fort belles plantes que nous ne connais-

---

[1] Ce mot est à la fois portugais et guarani. *Caraça* en portugais signifie vilaine figure. En guarani, *cara* et *haça* ou *caa raçapaba*, ou même simplement *caraça*, veut dire défilé.

sions pas encore, entre autres des orchidées à longs épis de fleurs d'un rouge vermillon, et une mélastomée arborescente, dont les feuilles glauques et rapprochées sont disposées sur quatre rangs, et dont les fleurs bleues à huit pétales et à étamines indéterminées sont presque aussi grandes que celles de la rose trémière.

Après avoir marché pendant environ deux heures depuis Santa Quiteria, nous arrivâmes enfin à l'espèce de plaine où se trouve situé l'ermitage de Nossa Senhora Mai dos Homens. Cette plaine, presque circulaire et un peu inégale, est arrosée par un grand nombre de ruisseaux et couverte de pâturages parsemés de quelques bouquets de bois. Quoique fort élevée au-dessus du bassin où coule le ruisseau de Brumado, elle-même se trouve entourée par de hautes montagnes, qui ne laissent d'ouverture entre elles que du côté par lequel on arrive, quand on vient de Santa Barbara. Dans la partie la plus basse, ces montagnes présentent quelques bois épars; mais leur cime ne montre que des rochers nus entremêlés d'une végétation peu abondante.

C'est tout-à-fait à l'entrée de la plaine que je viens de décrire, et du seul côté où elle est ouverte, qu'a été bâti l'ermitage de Nossa Senhora Mai dos Homens. On est frappé d'apercevoir tout à coup un édifice aussi vaste à une telle hauteur et aussi loin de toutes les habitations. En arrivant, on se trouve sur une plate-forme, devant laquelle on a planté un rang de palmiers qui confondent leur élégant feuillage

Sur cette plate-forme s'élèvent les bâtimens de l'ermitage, séparés en deux parties, qui font face l'une à l'autre. Un perron, placé entre ces deux portions de l'édifice, conduit à une terrasse de plain-pied avec leur premier étage, et de plus avec l'église, qui, construite sur un plan moins avancé, forme en quelque sorte un corps de logis dont les deux bâtimens seraient les ailes.

Toute la façade de l'édifice, depuis l'extrémité d'une des ailes jusqu'à celle de l'autre, a environ vingt-trois pas, et chaque aile présente, au premier étage, six croisées assez écartées les unes des autres. Le perron a dix-huit marches : après les quatre premières, on trouve un large repos, et les quatorze marches qui viennent ensuite, plus étroites que les autres, sont bordées de chaque côté par une rampe en pierre d'un assez bon goût. Tout autour de la terrasse règne une balustrade semblable à la rampe de l'escalier.

Devant la porte de l'église est une espèce de porche formé par deux piliers qui soutiennent la tribune où l'on a placé l'orgue. L'église est étroite, mais fort ornée, et elle possède une très-belle argenterie, entre autres, de grands candélabres de vermeil irrégulièrement contournés comme ceux de tous les autres temples. Autour de l'église règne un corridor en fer à cheval qui ne communique point avec elle; on y entre par deux portes extérieures, et l'on y voit des chapelles placées de distance à autre. Sur l'autel de chacune est une statue en bois peint, qui représente le Christ dans quelqu'une des attitudes de sa passion.

Ces statues sont loin d'être des chefs-d'œuvre; cependant elles ont assez d'expression pour qu'on reconnaisse aisément l'intention de l'artiste, et l'on ne peut s'empêcher de les admirer, lorsqu'on sait qu'elles ont été sculptées par un homme qui n'avait jamais eu aucun modèle sous les yeux, et vivait dans la solitude sur les frontières du pays des Botocudos. Les deux chapelles les plus remarquables et les plus richement ornées se trouvent hors du corridor que je viens de décrire; elles sont placées vis-à-vis l'une de l'autre, au fond des bâtimens même de l'ermitage, et sont de niveau avec l'espèce de porche qui fait partie de l'église. Sur l'autel de la chapelle qui est à droite, sont plusieurs figures en bois qui représentent quelque circonstance de la passion. Dans la chapelle de la gauche, on voit un corps en cire, richement habillé, qui renferme des reliques que l'on a reçues de Rome.

Le rez-de-chaussée du bâtiment de l'ermitage a été employé à faire des magasins et des logemens pour les nègres. Le premier étage est divisé en cellules destinées aux ermites et aux voyageurs que la dévotion ou la curiosité amène dans ces montagnes.

Tel est l'ermitage de *Nossa Senhora Mai dos Homens*. Cet établissement ne date que de quarante et quelques années. Le fondateur vivait encore à l'époque de notre voyage et avait quatre-vingt-douze ans. Cet homme, né en Portugal, s'était d'abord retiré dans les montagnes de *Nossa Senhora da Piedade*, près Sabara; il fit un voyage dans celle de Nossa

Senhora Maï dos Homens, et, frappé de la singularité du site, il résolut d'y bâtir une église. Il avait alors plus de quarante ans. Les huit mille crusades qu'il possédait ne pouvaient suffire pour l'exécution de son dessein; mais il sut communiquer son enthousiasme aux habitans de la contrée, et bientôt les aumônes furent assez abondantes pour permettre de construire les bâtimens dont j'ai donné la description. L'établissement acquit des nègres et des bestiaux; l'église s'orna et l'on y ajouta un orgue; l'ermitage fut pourvu de tout ce qui est nécessaire pour recevoir les voyageurs, et l'argenterie même ne fut pas oubliée. Le fondateur Lourenço se soumit à la règle du tiers ordre de Saint-François, et dix frères se joignirent à lui. Cependant la splendeur de cette espèce de monastère a été de courte durée : le frère Lourenço n'avait pas assez songé à l'avenir. A l'exception de deux, tous les ermites sont morts, et il ne s'est présenté personne pour les remplacer. Aucun souvenir antique ne se rattachait à l'ermitage; la dévotion des habitans de la contrée s'est refroidie, lorsque l'âge ne permettait plus au frère Lourenço de la ranimer; les pélerinages sont devenus plus rares; les aumônes ont cessé, et ces grands bâtimens si modernes laissent voir partout des traces de vétusté. Ils ont suivi la destinée du fondateur; ils ont décliné à mesure que les années s'appesantissaient sur sa tête. Ce vieillard erre comme une ombre dans ces corridors que son zèle peuplait jadis d'ermites et de pélerins; sa tête s'est affaiblie, sa voix se fait entendre à peine; bientôt il ne sera plus, et l'on ne sait pas même ce qu'alors deviendra l'établissement qu'il a formé [1]. Il y a quelque chose de mystérieux dans la vie du frère Lourenço; un des gouverneurs de la province sous lequel il a vécu, lui témoignait beaucoup de considération, et l'on soupçonne qu'il appartenait à une famille condamnée, sous le ministère du marquis de Pombal, pour crime de haute trahison. Je contemplais ce vieillard appuyé contre la balustrade de la terrasse de son monastère; un palmier lui prêtait son ombrage; sa tête était courbée vers sa poitrine, mais ses yeux trahissaient encore le feu qui les anima jadis; un bâton de jacaranda, plus noir que l'ébène, l'aidait à soutenir le poids de son corps; il semblait plongé dans de graves réflexions, et peut-être accusait-il en lui-même bien moins la rapidité du temps que l'inconstance des hommes. Le nom du personnage extraordinaire qui régna sur la France était parvenu jusqu'aux oreilles du frère Lourenço, et il sortit de son accablement pour nous demander ce qu'était devenu Napoléon, depuis qu'il s'était remis entre les mains des Anglais. Les bienfaiteurs de l'humanité vivent inconnus; mais la crainte n'est point discrète comme la reconnaissance; la renommée des conquérans se répand dans les lieux les plus ignorés : c'est

---

[1] Frère Lourenço l'a légué au roi, et on y a établi des missionnaires de Saint-Vincent-de-Paul qui se chargent d'élever la jeunesse. Il me semble qu'aucun local ne pouvait être mieux choisi pour former une maison d'éducation.

le bruit du tonnerre qui se fait entendre au loin et qui partout répand la terreur.

Le lendemain de notre arrivée, j'allai voir une fontaine d'eau ferrugineuse dont on pourrait tirer un parti avantageux ; je passai la journée presque entière à herboriser dans les alentours de l'ermitage, et, d'après la nature de la végétation, je soupçonnai que la plaine où il est situé peut avoir la même hauteur que Villa Rica.

Le surlendemain, nous gravîmes une des hautes montagnes qui entourent cette plaine. A mesure que nous montions, la végétation devenait moins vigoureuse et plus variée, et nous la vîmes changer successivement à différentes hauteurs. Je trouvai, entre autres, quelques plantes de la famille des éricacées ; plusieurs ombellifères à feuilles simples ; un grand nombre d'*eriocaulon;* deux ou trois espèces de *vellozia;* une étonnante variété de mélastomées à petites feuilles ; une superbe *utriculaire* à fleurs roses presque aussi grandes que celles de l'*anthirrhinum majus* [1] ; une apocinée dont les corolles sont aussi larges que celles du *nerium oleander;* un *drosera* à feuilles linéaires, qui croît dans un endroit très-sec tout-à-fait à la cime de la montagne (*drosera graminifolia,* Aug. de Saint-Hil.) ; enfin je dus à M. Langsdorff un *sauvagesia* dont les tiges sont ligneuses, les feuilles semblables à celles des bruyères, et dont les rameaux délicats sont termi-

[1] *Utricularia reniformis* N. U., *foliis reniformibus; floribus magnis.*

nés par un petit bouquet de fleurs roses (*lavradria ericoïdes*, Aug. de Saint-Hil.). Parvenus au sommet du pic, qui paraît être élevé de près de 6,000 pieds au-dessus du niveau de la mer, nous découvrîmes une de ces vues immenses qui frappent beaucoup plus par leur étendue qu'elles ne plaisent par leur beauté ; nous dominions une longue suite de mornes sans habitations et sans culture, et notre œil cherchait vainement quelque point où il pût se reposer. Je revins à l'ermitage avec soixante-dix espèces de plantes que je ne possédais point encore, et je passai la nuit à décrire les parties les plus délicates d'un grand nombre d'entre elles, éclairé par la lueur rougeâtre d'une lampe obscure. Au commencement d'un tel voyage, le zèle ne connaît point de bornes ; mais il vient un moment où il faut nécessairement gémir de n'avoir pas eu assez de prudence pour le modérer.

Nous retournâmes à Itajurú, en passant encore par Santa Quiteria, et nous y fûmes reçus aussi bien que la première fois.

Cependant le congé que M. Langsdorff avait obtenu pour voyager, approchait de son terme, et M. Ildefonso se voyait obligé d'aller reprendre le cours de ses études. En partant de Rio de Janeiro avec ces excellens amis, j'avais formé le projet de les accompagner aussi à leur retour ; mais la province des Mines m'offrait tant de richesses végétales, que je pris la résolution de la parcourir presque tout entière. Ce fut encore un moment pénible pour moi que celui où je me séparai de MM. Langsdorff et Ildefonso ; mais je trouvai les plus douces consolations dans l'amitié de M. Antonio Gomes. Une grande conformité de goûts et de sentimens nous avait déjà liés de la manière la plus intime, et notre attachement réciproque s'accrut encore pendant le long séjour que je continuai à faire à Itajurú.

Le père de M. Gomes avait été l'un des plus riches mineurs de la province, et j'ai vu moi-même à Santa Quiteria une excavation (*cata*) qui l'avait rendu possesseur de trois millions de cruzades. Croyant sa mine inépuisable, M. *** prodiguait son or à mesure qu'il le tirait de la terre ; s'il était parrain d'un enfant, il faisait à sa commère un présent de dix mille cruzades ; il donnait des fêtes, et ne songeait point à l'avenir. Cependant il perdit en peu de temps cinq cents esclaves ; sa mine s'épuisa ; sa brillante fortune s'évanouit, et M. Antonio Gomes a été obligé de se livrer au commerce pour racheter l'héritage de son père. Cette histoire est celle d'un grand nombre de mineurs brésiliens ; mais il est bien peu d'hommes dont on puisse citer un trait semblable à celui qui honora la vie de M.***.

Il avait été chargé d'observer la conduite de l'administrateur d'une habitation. Celui-ci, pour se débarrasser d'une surveillance importune, le dénonça comme ayant tué un homme qui effectivement avait disparu. A force de recherches, M. *** découvrit que l'individu dont on l'accusait d'être le meurtrier, s'était retiré au fond de la province de Goyaz, et il le fit venir à grands frais. Convaincu de calomnie, le dénonciateur perdit son emploi, et tomba dans une profonde misère. Mais il connaissait le caractère généreux de celui qu'il avait voulu perdre; ce fut à lui-même qu'il eut recours, et M. *** le soutint d'une manière honorable jusqu'au dernier moment de sa vie.

Si M. Antonio Gomes n'a point succédé à la fortune de son père, il a hérité de ses vertus. C'est certainement un des hommes les plus respectables que j'aie rencontrés dans ma vie. Il est impossible d'être meilleur père, d'aimer davantage la paix et la justice, d'avoir une âme plus pure, une piété plus sincère. Il a fait ses études au séminaire de Marianna; il entend bien le latin, l'italien et le français, et sa conversation est également piquante et spirituelle. Il m'écoutait avec intérêt, quand je lui parlais de la France et de ma famille, et il se plaisait à son tour à m'enseigner sa langue et à m'instruire des usages de son pays.

Chaque jour, je faisais quelque promenade; et, le dimanche, nous allions entendre la messe paroissiale au village de S. Miguel, qui est situé à environ une lieue d'Itajurú.

Les cérémonies de la messe sont, au Brésil, absolument semblables à celles qui s'observent en France; mais quand le prêtre descend de l'autel, les assistans se saluent réciproquement.

Dans la plupart des paroisses de la province des Mines, on fait, avant la messe, une procession hors de l'église pour le rachat des âmes du purgatoire, dont on s'occupe, dans ce pays, plus peut-être que partout ailleurs. Non-seulement on prie pour elles, mais encore on les invoque afin d'obtenir des grâces par leur intercession. Il n'est pas sans doute de dévotion plus touchante que celle qui, sans cesse, rend présens à notre esprit les objets que nous pleurons, et qui établit entre eux et nous une communication réciproque de prières et de secours. Mais dans la province des Mines, et peut-être dans les autres provinces du Brésil, cette dévotion a souvent dégénéré en abus. On voit, dans toutes les tavernes, un tronc où sont peintes des figures entourées de flammes, et qui est destiné à recevoir les aumônes qu'on veut faire aux âmes du purgatoire : on parie au profit des *âmes*[1], et on leur fait des vœux, afin de retrouver les choses qu'on a perdues.

Le village de S. Miguel de Mato dentro ou *da Percicaba* est situé à douze lieues S. O. de Marianna et à quatre-vingt-douze de Rio de Janeiro. Il dépend[2] de la justice ou *termo* de *Caeté*, et est le chef-lieu d'une paroisse qui, dans une étendue de vingt lieues de longueur et six de largeur, terme moyen, comprend cinq succursales et près de onze mille habitans. Dans ce village, comme cela a lieu probablement partout dans la province des Mines, le nombre des naissances l'emporte régulièrement sur celui des morts.

S. Miguel est bâti au pied d'une suite de mornes sur les deux bords du Percicaba. Cette rivière serpente au loin dans la vallée qui lui sert de bassin ; un pont de bois qui la traverse, établit une communication entre

---

[1] On désigne les âmes du purgatoire simplement sous le nom d'*as almas*, les âmes.

[2] Voyez *Memorias historicas*, vol. VIII, part. 2da, p. 112.

les habitans des deux rives ; cinq églises s'élèvent çà et là entre les maisons du village, et les groupes de bananiers, qui sont épars de tous côtés, contribuent à rendre le paysage extrêmement pittoresque.

Les tableaux de la population de la paroisse de S. Miguel pour l'année 1816, furent faits par un homme intelligent et très-exact[1]. J'en extrairai quelques détails de statistique d'autant plus intéressans que le mouvement de la population et la proportion des individus de chaque race sont probablement à peu près les mêmes dans la plupart des paroisses qui comprennent les pays boisés et aurifères de la province.

POPULATION DE LA PAROISSE DE S. MIGUEL (1816).

	S. masculin.	S. féminin.	Des deux sexes.
Blancs.	992	950	1942
Indiens.	7	11	18
Mulâtres libres.	1536	1474	3010
— esclaves.	166	215	381
Nègres libres.	534	578	1112
— esclaves.	2589	1897	4486
	5824	5125	10949

MAXIMUM DE LA POPULATION.

	S. masculin.		S. féminin.	
Pour les blancs de	30 à 35 ans	114.	30 à 35 ans	106.
	15 — 20 —	100.	25 — 30 —	103.
			15 — 20 —	102.
Mulâtres libres de	20 à 25 ans	186.	20 à 25 ans	120.
	15 — 20 —	160.	30 — 35 —	112.
	30 — 35 —	122.	15 — 20 —	106.
Mulâtres esclaves de	10 à 15 ans	19.	20 à 25 ans	26.
	6 mois	18.	10 — 15 —	24.
	5 à 10 ans	12.	6 mois	21.
	25 — 30 —	12.		

[1] M. le *guarda mór* Lothario.

	S. masculin.	S. féminin.
Nègres libres de {25 à 30 ans	58.	25 à 30 ans ... 63.
{10 — 15 —	56.	30 — 35 — ... 63.
{15 — 20 —	50.	25 — 30 — ... 58.

Nègres esclaves de {45 à 50 ans	266.	30 à 35 ans ... 228.
{40 — 45 —	260.	25 — 30 — ... 226.
{30 — 35 —	236.	25 — 40 — ... 220.

SUR CETTE POPULATION, IL Y AVAIT :

		S. masculin.	S. féminin.
De 70 à 75 ...	Blancs.	6.	15.
	Mulâtres libres.	51.	56.
	Nègres libres.	1.	4.
	— esclaves.	76.	20.
De 75 à 80 ...	Blancs.	6.	10.
	Mulâtres libres.	41.	46.
	Nègres libres.	1.	4.
	— esclaves.	76.	20.
De 80 à 85 ...	Blancs.	3.	6.
	Mulâtres libres.	21.	19.
	Nègres libres.	2.	6.
	— esclaves.	28.	16.
De 85 à 90 ...	Blancs.	0.	3.
	Mulâtres libres.	12.	20.
	— esclaves.	1.	0.
	Nègres libres.	0.	2.
	— esclaves.	4.	3.
De 90 à 95 ...	Blancs.	0.	1.
	Mulâtres libres.	3.	6.
De 95 à 100 ...	Mulâtres libres.	0.	1.
Au-dessus de 100	Mulâtres libres.	1.	0.

MAXIMUM TOTAL DE LA POPULATION.

De 30 à 35 ans . . . . 1043.
— 20 — 25 — . . . . 1015.
— 15 — 20 — . . . . 928.

AU BRÉSIL.

NAISSANCES.

	S. masculin.	S. féminin.	Des deux sexes.
Blancs.	32	33	65
Mulâtres libres.	40	28	68
— esclaves.	30	29	59
Nègres libres.	27	26	53
— esclaves.	40	38	78
	169	154	323

55 de ces enfans sont morts avant l'âge d'un an.

DÉCÈS.

		S. masculin.	S. féminin.	Des deux sexes.
A 6 mois	Blancs.	6	2	8
	Mulâtres libres.	20	3	23
	— esclaves.	0	2	2
	Nègres libres.	1	2	3
	— esclaves.	12	7	19
A 1 an	Blancs.	4	6	10
	Mulâtres libres.	4	7	11
	— esclaves.	1	0	1
	Nègres libres.	1	1	2
	— esclaves.	3	4	7
		52	34	86

		S. masculin.	S. féminin.	Des deux sexes.
De tout âge	Blancs.	21	14	35
	Mulâtres libres.	45	26	71
	— esclaves.	7	3	10
	Nègres libres.	17	18	35
	— esclaves.	67	30	97
		157	91	248

MAXIMUM DE LA MORTALITÉ.

	S. masculin.	S. féminin.
Blancs âgés de.	6 mois.	1 an.
Mulâtres libres âgés de 6 mois.		1 an.
—	1 an.	55 à 60 ans.
—	50 à 55 ans. . . . 4.	
Nègres libres âgés de 1 à 5 ans. . . . 4.		40 à 45 ans.

	S. masculin.	S. féminin.
Nègres esclaves âgés de	6 mois.	6 mois.
—	50 à 55 ans.	1 an.
—	55 à 60 } ans . . . 6.	
—	70 à 75 }	

NATURE DES MALADIES QUI ONT OCCASIONÉ LA MORT.

Différentes fièvres. . . . . 31 individus.
Hydropisie. . . . . 25 —
Fièvres intermittentes. . . . . . . 22 —
Morts subites. . . . . 22 —

L'année 1815, il était mort 229 individus.

Je profitai de mon séjour à Itajurú pour m'instruire de la manière dont travaillent les mineurs, et je pris aussi des renseignemens sur la culture des terres.

J'ai déjà fait connaître le système d'agriculture adopté dans l'intérieur du Brésil, et en particulier dans la province des Mines. En parlant des diverses parties de cette province, je donnerai des détails sur les différens genres de culture que j'y ai successivement observés. Avant de terminer ce chapitre, je dirai seulement quelques mots du maïs, des haricots, de la canne à sucre et du riz : si je me contente ici de parler de ces plantes, c'est parce qu'elles sont généralement cultivées dans toute la province, et spécialement dans le voisinage de sa capitale.

Tous les agriculteurs plantent du maïs, non-seulement parce que sa farine remplace le pain, mais encore parce qu'il est, pour les bêtes de somme, ce qu'est chez nous l'avoine, et qu'on l'emploie aussi pour engraisser la volaille, et surtout les pourceaux.

Si les haricots sont cultivés plus universellement

encore, c'est que rien ne les remplace nulle part, tandis que dans le désert du Rio de S. Francisco (*Sertão*) on fait usage de la farine du manioc au lieu de celle du maïs.

On sent qu'il doit s'être introduit quelques modifications dans la culture de ces plantes suivant les cantons, la nature du sol et les différences de climat résultant de celles des hauteurs. Voici les pratiques qui sont le plus généralement en usage dans les parties de la province les moins éloignées de sa capitale.

Tout le talent du cultivateur consiste à brûler ses bois et à ensemencer en temps convenable [1]. Au mois de septembre, c'est-à-dire vers la fin de la sécheresse, on fait, dans la terre couverte de cendres, des trous éloignés de trois ou quatre pieds, et l'on jette dans chacun quelques grains de maïs. Quand le terrain est de première qualité, et que les bois qui le couvraient ont été bien brûlés, il n'y pousse point d'herbes, et l'on n'a d'autres nettoyages à faire que de couper les rejets qui reparaissent. Mais le plus souvent il n'en est pas ainsi, et, un mois après les semailles, on enlève les mauvaises herbes avec une sorte de marre ou de houe (*enchada*), sans pourtant creuser la terre de plus de deux pouces et demi à trois pouces (*capinar*). Vers la fin de janvier, un peu après la fécondation du maïs, on plante ordinairement des haricots entre les tiges de cette graminée; on nettoie encore une fois la terre depuis la plantation des haricots jus-

[1] Voyez Eschwege., *Journ.*, I, p. 8.

qu'à la récolte, et, vers le mois d'avril, on recueille à la fois, ou à peu de jours d'intervalle, les haricots et le maïs[1]. Les haricots rendent souvent, dans de très-bonnes terres, jusqu'à quarante pour un. Le maïs, semé dans un sol ingrat, ne donne guère que quatre-vingts ; mais on assure qu'il a quelquefois produit jusqu'à quatre cents pour un dans certaines terres de première qualité. Le taux le plus ordinaire, dans un bon terrain, est deux cents pour un ; mais si un champ a produit cette quantité de grains immédiatement après l'incendie du bois vierge qui le couvrait, il ne donne déjà plus que cent cinquante pour un dans les cendres du taillis qui a succédé aux forêts.

Très-souvent on égraine le maïs avec la main ; mais, dans les habitations un peu considérables, on le bat sur une machine qu'on appelle *batedor*, et qui est construite comme je vais l'expliquer en peu de mots. Entre quatre grands poteaux d'environ six pieds, on établit, à la hauteur de trois à quatre pieds, quatre pièces de bois transversales et très-fortes, qui forment un carré de quatre à cinq pieds. Sur deux de ces pièces de bois, on place parallèlement des bâtons arrondis de la grosseur du bras, en ne laissant entre eux qu'un intervalle de cinq à six lignes, et on garnit d'une natte verticale trois des côtés de la machine qui ne reste ouverte que par devant. Quand on veut battre

---

[1] Ne prétendant point donner ici un traité complet de l'agriculture brésilienne, je ne m'étendrai pas sur les différentes manières de cultiver les haricots.

du maïs, on entasse des épis jusqu'à la hauteur d'un demi-pied, sur l'espèce de table ou de claie formée par les bâtons transversaux du *batedor*; et des nègres frappent sur ces épis avec de longs bâtons. La natte verticale retient les épis qui pourraient s'écarter; les grains, détachés de leur axe, passent à travers les barreaux de la claie, et ils tombent sur un cuir qui est placé au-dessous.

Pour faire servir le maïs à la nourriture ordinaire des hommes, on le prépare de deux manières différentes.

Sa farine simplement moulue et séparée du son, à l'aide d'un tamis de bambou, prend le nom de *fubá*. C'est en faisant bouillir le fubá dans de l'eau, sans y ajouter de sel, que l'on fait cette espèce de polenta grossière qu'on appelle, comme je l'ai dit, *angú*, et qui forme le principal aliment des esclaves.

La farine dont se nourrissent généralement les hommes libres, exige quelques préparations de plus. On sépare le maïs de ses enveloppes à l'aide de la machine que j'ai déjà décrite (*voyez* p. 106), et qu'on nomme *manjola*. A cet effet, on met le grain dans l'auge où tombe la lourde dent de la machine; cette dent dépouille le grain sans le broyer, et un peu d'eau qu'on a eu soin de verser dans l'auge, en facilitant la séparation des enveloppes, empêche encore les grains de sauter et de se perdre. Quand le maïs est ainsi nettoyé, on le fait tremper dans d'autres auges dont on tâche que l'eau se renouvelle sans cesse; on l'y laisse pendant deux ou trois jours, et même davantage, jusqu'au moment où la fermentation va commencer; alors on le reporte bien imbibé dans la *manjola,* et, par le moyen de cette machine, on le réduit en une espèce de bouillie[1]. On passe cette dernière à travers un tamis au-dessus d'une chaudière peu profonde, sous laquelle on a allumé du feu; la pâte ou bouillie se sèche; elle se réduit en une poudre grossière, et c'est là ce qui forme cette farine (*farinha*) dont on saupoudre, comme je l'ai dit, les alimens, et qui, sans aucun doute, est plus savoureuse et plus nourrissante que celle du manioc.

On fait aussi avec la farine de maïs des gâteaux, des espèces de biscuits, et même de petits pains d'un goût agréable, mais dont la mie est très-compacte. Quelquefois on mélange cette même farine avec celle du riz, du seigle ou du froment, et il en résulte un pain beaucoup moins mat.

Dans la partie boisée et orientale de la province des Mines, on cultive deux sortes de riz barbu, l'un blanc et l'autre rouge, qui, tous deux, présentent l'extrême avantage de n'avoir pas besoin de terrains inondés. Le riz se plante souvent dans le même champ que le maïs; mais alors on donne d'avance une façon à la terre, et des deux espèces de grains, c'est le riz que l'on sème le premier.

La canne à sucre, qui, assure-t-on, épuise beau-

---

[1] Quand on n'a pu faire tremper son maïs dans une eau courante, on a soin de le bien laver, avant de le réduire en farine.

coup la terre, réussit mal sur le penchant des mornes; elle se plaît surtout dans les terrains plats et un peu humides; et l'on a observé qu'elle était moins douce, quand elle succédait immédiatement à un bois vierge, que lorsqu'on la plantait dans les *capoeiras*. Avant de faire une plantation de canne à sucre, on creuse de longues rigoles d'environ une palme et demie de profondeur, et on laisse entre elles une distance de deux ou trois palmes. Dans ces rigoles, on met, à environ deux palmes et demie les unes des autres, des morceaux de canne qui ont deux ou trois nœuds ou davantage, et ensuite on recouvre ces boutures avec de la terre. Au bout de quinze à dix-huit mois, la canne est déjà bonne à récolter; mais il faut que, dans l'intervalle, la terre ait été sarclée quatre à cinq fois. Dans les pays voisins de *Villa Rica*, *Villa do Principe*, etc., la canne ne produit généralement que deux fois, et en quelques endroits même, elle ne produit qu'une fois [1]. On la coupe le plus près possible du pied; ensuite on enlève ses feuilles et on la transporte au moulin.

Ces détails suffiront, j'espère, pour donner une idée de la culture des plantes les plus généralement répandues; je vais passer actuellement à ce qui concerne le travail des mineurs.

[1] Dans les provinces plus chaudes, la canne dure plusieurs années. Eschw., *Journ.*, I.

CHAPITRE XI.

EXPLOITATION DES MINES D'OR.

Du mode d'acquisition des terres. *Sesmarias. Juiz das sesmarias.* Prix de la *sesmaria*. — De la concession des terrains aurifères. *Data. Guarda mór geral. Guarda mór substituto.* — Réglemens sur les eaux des lavages. — Exploitation des Mines. *Lavras*; leurs diverses espèces. *Minération*; ses divers modes. — Du lavage en général et de ses divers temps. — Description de quelques *lavras*. — Résidu des lavages. — *Faiscadores.* — Description d'une cascade près Villa Rica.

Les terres qui n'ont point encore de propriétaire sont censées appartenir au roi : le gouvernement en concède à tous ceux qui en demandent ; mais, dans la province de Minas Geraes, il n'accorde à la fois qu'une étendue d'une demi-lieue de longueur, qui porte le nom de *sesmaria*[1]. Lorsqu'un homme veut devenir possesseur d'un terrain libre (*terra devoluta*), il adresse une requête au général de la capitainerie, et celui-ci renvoie la demande à la municipalité (*camara*) du district, afin qu'il soit fait une enquête pour savoir si réellement le terrain sollicité est sans propriétaire. Si l'enquête est favorable au demandeur, le général donne ordre au magistrat appelé juge des *sesmarias* (*juiz das sesmarias*) de concéder le terrain

---

[1] De *sesmar*, partager.

sollicité[1]. Celui-ci le mesure, y pose des limites, et délivre au concessionnaire le titre de possession (*carta de sesmaria*), que ce dernier est obligé de faire confirmer par le roi. Les frais à payer, pour obtenir une *sesmaria*, peuvent s'élever à 100,000 reis (625 fr.)[2]. On pense bien que les terres mesurées par des hommes étrangers à la géométrie le sont souvent fort mal : aussi naît-il souvent entre les voisins des procès interminables[3].

Si, dans l'espace d'une année, le nouveau propriétaire d'une *sesmaria* n'a pas commencé à la cultiver, elle retourne au gouvernement. Cependant, on a quelquefois éludé cette loi sage, en établissant sur le terrain nouvellement concédé un esclave que l'âge ou les infirmités ont rendu inutile, et qui ne peut guère constater que par sa présence la propriété de son maître.

Il ne faut pas croire que la possession d'une *sesmaria* donne d'autre droit que celui de la cultiver. Un titre particulier est nécessaire pour pouvoir tirer l'or de la terre, et ce titre est délivré par l'officier auquel on donne le nom de *guarda mór*. On peut obtenir le droit de chercher de l'or dans un terrain

[1] Un écrivain d'ailleurs exact a confondu le juge des *sesmarias* avec le *guarda mór*, dont les fonctions, comme on va le voir tout à l'heure, sont entièrement différentes.

[2] Dans le cours de cet ouvrage, je calcule le franc sur le pied de 160 reis ; mais cette évaluation ne convient que pour une époque où les valeurs métalliques circulaient généralement au Brésil.

[3] Eschw., *Journ.*, I, p. 6.

cultivé par un autre, mais sous l'obligation d'accorder une indemnité au cultivateur. Il est facile de sentir qu'une telle coutume doit avoir les plus graves inconvéniens, et être une source de disputes et de haines.

L'étendue de terrain que le *guarda mór* peut accorder à la fois, porte le nom de *data*. Il la concède sur une simple requête, mais il a soin de s'assurer auparavant que la concession du terrain demandé n'a pas déjà été faite; ce n'est qu'après avoir mesuré ce dernier, qu'il délivre le titre sollicité, et ce titre n'a pas besoin d'être confirmé par le gouvernement. Le *guarda mór* reçoit 3,000 reis (18 fr. 75 c.) par jour de celui qui l'emploie, et en outre il lui est alloué six testons (un peu moins de 4 fr.) pour chaque titre qu'il délivre.

Il arrive souvent que l'on sollicite la permission de chercher de l'or dans un terrain, sans avoir l'intention d'en profiter pour le moment; c'est seulement une espèce de droit que l'on espère se ménager dans l'avenir. On se borne alors à une première demande, et l'on ne fait aucune des dépenses qu'exigerait la délivrance du titre.

Il n'en est pas des eaux employées pour les lavages comme des terrains aurifères. D'après d'anciens réglemens, le roi s'en réservait la propriété. Il n'en concédait que l'usage, et lorsqu'un mineur cessait de se servir d'un ruisseau, un autre mineur pouvait le demander au *guarda mór*. On avait eu la sagesse de défendre de couper les bois autour des lieux où prennent leur source les eaux qui servent au lavage.

La place de *guarda mór général* (*guarda mór geral*) est héréditaire dans la famille d'un riche particulier de la province de Saint-Paul[1], qui avait fait ouvrir à ses frais la route de Rio de Janeiro à Villa Rica.

Le *guarda mór général* a le droit de délivrer lui-même le titre de *minération* (*mineração*)[2]; mais comme il n'habite pas ordinairement la province des Mines, sa place se réduit à un titre, et des *guardas móres* substituts (*guarda mór substituto*) en remplissent les fonctions. Quand le *guarda mór* général se trouve dans la capitainerie, c'est lui qui nomme les substituts; en son absence ce droit appartient au général. Depuis quelques années, on a singulièrement multiplié les *guardas móres substitutos*, que, dans l'usage habituel, on désigne simplement sous le nom de *guardas móres*.

Après avoir dit comment on devient possesseur des terrains aurifères, je ferai connaître de quelle manière on les exploite. Je n'entrerai dans aucun détail scientifique; je me bornerai à signaler les divers travaux de ceux qui se livrent à l'extraction de l'or.

Ce que les Mineiros entendent le mieux, c'est la

---

[1] C'était Garcia Rodrigues Paes, fils de cet illustre Fernando Dias Paes Leme dont j'ai parlé ailleurs, et qui découvrit le pays des Mines. Garcia Rodrigues fut nommé guarda mór le 4 décembre 1702, et ce fut ensuite, à ce qu'il paraît, qu'il ouvrit la route de Rio de Janeiro. (V. *Hist. of Braz.*, v. III, p. 54.)

[2] J'ai cru pouvoir traduire le mot *mineração*, dont l'équivalent manque dans notre langue.

manière d'amener l'eau dans les lieux où le lavage de l'or la rend nécessaire. D'ailleurs, l'art d'exploiter les mines n'est chez eux qu'une routine imparfaite et aveugle, et il n'existe dans leur pays aucune école où ils puissent acquérir les connaissances qui leur seraient si nécessaires. Sans prévoyance pour l'avenir, ils jettent dans les vallées la terre des montagnes; ils recouvrent avec les débris des lavages, des terrains qui n'ont point encore été exploités, et qui eux-mêmes contiennent une grande quantité d'or; ils encombrent le lit des rivières de sable et de cailloux, et souvent ils compromettent l'existence de leurs esclaves.

On distingue en général, au Brésil, deux modes principaux de *minérations*, mot qui indique l'exploitation des mines d'or, considérée d'après la nature de leur gisement. Ces deux modes sont : la minération de montagne (*mineração de morro*), et la minération de *cascalho* (*mineração de cascalho*). Toute minière en exploitation se désigne sous le nom de *lavra*, et l'on peut distinguer les *lavras* d'après leur mode de minération.

Quand il s'agit de la minération de montagne, c'est-à-dire lorsque l'or n'est pas encore sorti de son gisement naturel (Eschw.), les mineurs, dans leur langage, reconnaissent deux sortes de formations, celle de sable (*formação de area*), et celle de pierre (*formação de pedra*), suivant que le métal précieux se trouve renfermé dans des matières divisées ou compactes, quelle que soit d'ailleurs la nature de ces matières.

L'or se rencontre, soit à la surface, soit dans l'intérieur des mornes, tantôt en poudre, en grains ou en paillettes, tantôt en lames peu épaisses, et plus ou moins grandes, très-rarement en morceaux d'un volume considérable. L'or est, ou disséminé dans sa matrice, ou disposé en veines ou filons. Cette matrice est très-ordinairement du fer, et la poudre fine à laquelle celui-ci se trouve souvent réduit porte le nom d'*esmeril*[1]. Les veines ou filons reposent sur un lit appelé *piçarra*, qui quelquefois contient lui-même une poudre d'or extrêmement fine, aisément emportée par l'eau.

Deux méthodes sont mises en usage pour extraire des montagnes les substances aurifères : l'une, qu'on appelle la minération de *talho aberto*[2] (travail à ciel ouvert), consiste à couper les mornes perpendiculairement au sol, jusqu'à ce que l'on arrive à l'or qu'ils contiennent dans leur sein. Ouvrir des galeries, afin de suivre les filons dans l'intérieur des montagnes, constitue la seconde méthode appelée *mineração de mina*. On pourra être tenté de faire aux mineurs brésiliens un reproche d'employer le travail à ciel ouvert; mais on doit considérer que, dans certaines localités, le manque de bois ne leur permet pas de creuser des voûtes souterraines, qu'il faudrait, pour la sûreté des travailleurs, soutenir avec des étais.

Lorsque les matières compactes qui renferment de l'or ont été extraites de la minière, il est nécessaire

---

[1] *Eisenglantz*, Spix et Mart.
[2] Et non *talha aberta*, comme on l'a écrit.

de les briser, avant d'exécuter l'opération du lavage. J'ai vu employer à cet effet deux procédés différens, dont l'un consiste à faire écraser le minerai par des esclaves armés de masses de fer, et l'autre à le soumettre à des bocards analogues à ceux qui sont en usage chez les Européens.

Dans la minière de la montagne d'*Itabira de Mato dentro*, on brisait, avec des masses de fer, les matières compactes qui renfermaient l'or. On recueillait ensuite les fragmens qu'on avait obtenus, et on les mettait dans une grande sébile carrée, où l'on versait de l'eau. Deux nègres étaient assis par terre, et chacun avait entre les jambes une partie de la sébile. Dans celle-ci étaient deux gros morceaux de fer immobiles : chaque nègre en tenait un autre, et entre ce dernier et celui des deux morceaux immobiles qui était devant lui, il usait les fragmens mouillés de minerai, jusqu'à ce qu'il les eût réduits en une espèce de pâte destinée à être soumise à l'opération du lavage.

Les mineurs se servent de trois outils principaux, l'*alavanca*, le *cavadeira* et l'*almocafre*. L'*alavanca* est une barre de fer d'environ trois à quatre pieds de longueur, terminée d'un côté par un coin, et de l'autre par un pic en pyramide quadrangulaire : l'extrémité en forme de coin sert à détacher le minerai lorsqu'il est tendre, et l'autre s'emploie quand il est dur. Le *cavadeira* est une langue de fer droite, tranchante à l'extrémité, et d'environ trois ou quatre pouces de large : on en fait usage pour creuser la terre à la partie supérieure des galeries et la préparer à recevoir les revêtemens à mesure qu'on avance dans la mine. Enfin, on désigne sous le nom d'*almocafre* une pioche aplatie et courbée, dont la largeur diminue de la base à l'extrémité qui est arrondie : les mineurs s'en servent pour rassembler le minerai et le mettre dans les sébiles (*carumbé*) destinées à le transporter. On ne connaît point la pelle, avec laquelle on se donnerait moins de peine en perdant moins de temps.

Le *carumbé* [1] est une sébile d'environ deux pieds de diamètre qui a la forme d'un cône tronqué et renversé. Nous verrons plus tard qu'on se sert pour terminer l'opération du lavage, d'une autre espèce de sébile, qu'on distingue sous le nom de *batea* [2], et qui ne diffère du *carumbé* que parce qu'un homme a de la peine à l'embrasser. L'une et l'autre se font le plus ordinairement avec le bois rouge et odorant appelé *cedro* (*cedrela*).

Sous le nom de *cascalho*, les mineurs désignent un mélange de cailloux et de sable qui renferme des parcelles d'or [3]. Disposé en couche, ce mélange repose, comme les filons des montagnes, sur un lit de *piçarra*.

[1]. Ce mot, dans le langage des Indiens, signifie *écaille de tortue*.

[2]. C'est à tort que des savans allemands ont constamment écrit *patea*. Il ne faut non plus ni *garombé*, ni *almocafes*; ni *mulinete* pour *bolinete*.

[3]. Ce mot *cascalho*, en portugais, signifie proprement cailloux mêlés de sable. Les mineurs l'appliquent encore aux cailloux qui ont été lavés.

Le *cascalho* ne se trouve jamais au sommet des montagnes, ni dans leur intérieur, et doit être considéré comme un dépôt d'alluvion [1]. Il existe à une certaine profondeur, au pied des mornes, dans les endroits plats et sur le bord des rivières; enfin on le trouve dans le lit même de ces dernières.

Le *cascalho* du lit des rivières, auquel on donne le nom de *cascalho de veio de rio*, a été le plus souvent enfoui sous des terres meubles, qui quelquefois peut-être ont été amenées par des causes naturelles, mais qui bien plus ordinairement ne sont que le résidu des lavages. Ainsi, à Villa Rica, où les travaux des mineurs ont été si multipliés, le *cascalho* du Rio d'Ouro Preto ne se trouve pas à moins de cinquante palmes de profondeur, et souvent cette précieuse couche a été tellement recouverte qu'on ne peut guère espérer de rentrer dans les frais qu'il faudrait faire pour arriver jusqu'à elle.

On appelle *cascalho* de tablette (*cascalho de taboleiro*) celui qui se trouve dans les terrains plats et sur le bord des rivières. Son nom rappelle le peu d'épaisseur de sa couche et sa position horizontale. La profondeur à laquelle on le rencontre varie de trois à cinquante palmes.

---

[1] Un homme instruit, auquel j'aurai l'occasion de donner de justes éloges, a distingué le *cascalho* de montagne et le *cascalho* de rivière. Comme il décrit son *cascalho* de montagne, tel qu'est réellement le *gurgulho* des *gupiaras* (V. plus bas, p. 252), il est assez clair qu'il n'avait pas, lorsqu'il a écrit, cette idée nette des objets qu'il a dû acquérir depuis.

La troisième espèce de *cascalho*, qui, comme nous l'avons dit, se trouve au pied des mornes, y forme des couches inclinées plus larges au sommet qu'à la base. On désigne ce *cascalho* par le mot de *gupiara*, à cause de la ressemblance qu'offrent la forme et la position de sa couche avec les véritables *gupiaras*, petits toits triangulaires qui s'avancent au-dessus du pignon des maisons [1].

Des trois diverses positions qu'affecte le *cascalho* doivent naturellement résulter des nuances dans le mode de minération. Le simple amoncellement des sables aurifères constitue la minération du *cascalho de veyo de rio*. Celle de *taboleiro* consiste à enlever la terre qui recouvre la couche aurifère pour extraire ensuite les sables caillouteux dont elle est formée. Dans la minération de *gupiara*, on se borne à mettre à nu la surface de la terre aurifère, en la disposant de manière à pouvoir opérer en place une partie du layage [2].

Le lavage est la seule méthode que les Brésiliens mettent en usage pour séparer l'or des matières avec

---

[1] Voyez ce qui est dit p. 252 sur le *gurgulho* des *gupiaras*.

[2] Les premiers mineurs ne connurent que le travail des rivières et des terrains qui les avoisinent. Ils faisaient des excavations carrées auxquelles ils donnaient le nom de *catas*, mot qui signifie proprement *recherche*, et ils creusaient jusqu'à ce qu'ils fussent arrivés au *cascalho*; ils enlevaient celui-ci avec l'*alavanca* et l'*almocafre*, et le lavaient dans des *bateas*. (V. South., *Hist. of Braz.*, III, p. 53; et Piz., *Mem.*, vol. VIII, p. 2da, p. 251.)

lesquelles il se trouve mêlé, quelle que soit d'ailleurs la nature de ces matières. Leurs procédés, peu nombreux, fondés sur la pesanteur spécifique de l'or et sa ténuité habituelle, consistent, comme on le verra, à faire entraîner par l'eau les substances qui accompagnent le précieux métal, toutes moins pesantes ou plus volumineuses que lui.

On peut distinguer trois temps dans l'opération du lavage. 1° On sépare l'or des substances les plus grossières par l'action d'un courant d'eau, et on parvient à ce résultat par diverses nuances de procédés, que nous ferons connaître avec quelque détail, en offrant la description particulière de chaque espèce de *lavra*. 2° Lorsque le produit de cette première opération est en assez grande quantité, on l'enlève des canaux dans lesquels il se trouve placé, après l'avoir lavé de nouveau par le même courant d'eau; c'est là ce qu'on appelle *apurar as canoas*. 3° Enfin, on place dans une *batea* ce qui reste des opérations précédentes, et là, par un dernier lavage, on débarrasse l'or de toutes les substances qui lui sont étrangères.

Les seuls esclaves sont employés dans les grandes exploitations; les hommes libres n'y ont d'autres fonctions que celles de surveiller les esclaves.

Jusqu'ici j'ai exposé d'une manière générale tout ce qui se rapporte aux travaux des mineurs. J'achèverai de les faire connaître en présentant le tableau particulier des différens *lavras*.

Lorsque j'étais à Itajurú, j'allai avec M. Langsdorff visiter les *lavras* de M. ***, qui sont de l'espèce de ceux dits de *veyo de rio* et de *taboleiro*. Ces exploitations étaient établies sur la rive droite du Percicaba. De tous les côtés la terre, dépouillée de verdure, présentait des excavations profondes. Des cases à nègres, étroites, basses et couvertes de chaume, étaient dispersées au milieu des fouilles. Plus loin était un aqueduc en bois, élevé de quarante à cinquante pieds, qui, des montagnes de la rive gauche, amenait sur la rive droite l'eau nécessaire pour l'opération du lavage. Cet aqueduc, comme tous ceux du même genre que j'ai eu occasion d'observer dans ce pays, n'était autre chose qu'un conduit en bois, soutenu par de longues perches, et celles-ci servaient en même temps à appuyer un pont qui traversait la rivière. Dans cette localité, et probablement dans beaucoup d'autres, quand les eaux sont basses, on se livre à l'extraction du *cascalho*, et on l'amoncelle pour le laver ensuite dans la saison où les eaux deviennent abondantes. C'est à ce dernier travail que l'on était occupé lorsque nous arrivâmes. Des nègres allaient à la suite les uns des autres prendre avec leur *carumbé* le sable destiné à être lavé, et ils le portaient sur leur tête à peu de distance du courant d'eau où se commençait le lavage. Il se faisait ici par un procédé généralement en usage dans tous les *lavras* où le premier temps de l'opération ne s'exécute pas sur le terrain même.

Dans ces *lavras*, on dirige un courant d'eau sur des conduits ouverts (*canoas*), dont la longueur totale est de trente à quarante pieds et la largeur de deux. Non-seulement on donne à ces conduits une grande inclinaison; mais encore, pour augmenter la rapidité de l'eau, on les divise en trois ou quatre portions (*bolinetes*), formées par trois planches, dont l'une fait le fond et les deux autres les côtés. Ces *bolinetes*, placées sur trois ou quatre plans différens, à deux palmes ou deux palmes et demie les unes au-dessous des autres, produisent trois ou quatre petites chutes d'eau. On jette le *cascalho* à l'origine des conduits; des nègres le remuent avec la main ou avec l'*almocafre*, en le repoussant toujours vers la partie supérieure des *bolinetes*, et en même temps ils ôtent les cailloux qui encombreraient ces dernières. Les eaux entraînent le sable et les parties hétérogènes mêlées avec l'or. Celui-ci s'amoncelle à l'origine des *bolinetes*, encore mélangé avec du sable fin; et les parcelles d'or qui s'échappent sont retenues par des cuirs de bœuf de deux pieds en carré, couverts de leurs poils et placés à l'extrémité de la dernière *bolinete*. Quand les cuirs sont suffisamment parsemés d'or, on les enlève, et un nègre, debout dans une citerne où il a de l'eau jusqu'à la ceinture, lave chacun d'eux dans une *batea*. Il sépare à l'instant même l'or du sable qui y est encore mêlé, et les parcelles de métal qui s'échappent de la *batea* se retrouvent au fond de la citerne.

L'or amoncelé à l'origine des conduits se lave d'abord sur place. Cette opération, appelée *apuration* (*apuração*), ne se fait pas à mesure que l'or se ramasse; elle n'a lieu qu'à des époques déterminées. Dans quelques endroits où l'or est fort abondant, l'apuration se fait tous les jours; dans d'autres, elle ne se fait que toutes les semaines, et c'est ordinairement le samedi que l'on consacre à ce travail. Au moment de l'apuration, on ne porte plus de *cascalho* dans les conduits; on remue celui qui s'y trouve encore, jusqu'à ce que l'eau l'ait réduit à la quantité qui peut remplir deux *carumbés*, et l'on fait alors le lavage à la *batea*. Dans l'intervalle qui s'écoule d'une apuration à l'autre, on a soin de faire garder les conduits pour empêcher les vols.

Il est clair que les procédés qui viennent d'être détaillés sont susceptibles de perfectionnemens faciles. D'abord, au lieu d'employer un grand nombre de nègres à transporter sur leur tête une quantité de terre extrêmement petite, on pourrait se servir de brouettes, machine dont l'usage est presque totalement inconnu dans ce pays[1]. Nous communiquâmes cette observation au propriétaire du *lavra* que nous visitions près Itajurú, et il nous objecta la coutume. Nous lui fîmes aussi observer que, par l'extrême rapidité avec laquelle l'eau s'écoule sur le *cascalho*, elle devait entraîner beaucoup d'or au-delà des cuirs, et nous lui proposâmes de vérifier ce que nous avancions, en faisant laver un *carumbé* de sable pris au bas du conduit. M. *** se rejeta encore sur la coutume, et refusa de faire l'expérience proposée.

Quelque imparfait que puisse être le mode de lavage employé aujourd'hui dans l'intérieur du Brésil, je ne sache pas qu'aucune autre personne que le baron

---

[1] Je les ai vues en usage uniquement à Itabira.

d'Eschwege ait tenté de le perfectionner. Chez lui, on déposait d'abord les terres aurifères sur une sorte de claie disposée en pente et formée de petites planches parallèles qui, retenant les cailloux et le gros sable, laissaient assez d'intervalle entre elles pour que les parcelles d'or pussent s'échapper avec l'eau qu'on amenait sur la claie. Cette eau, chargée de terre et de parcelles d'or, s'écoulait dans une cuve où elle était agitée par des spatules en fer suspendues à une roue horizontale qu'un courant d'eau faisait mouvoir. Les parties terreuses se délayaient dans l'eau, et l'or se déposait au fond de la cuve. On faisait écouler cette eau par une ouverture latérale, et on la dirigeait sur un plan incliné revêtu d'une étoffe de laine, sur laquelle s'arrêtait le peu d'or qui pouvait avoir échappé à l'opération précédente.

Les différences qui existent entre les *lavras de veyo de rio*, dont nous avons parlé plus haut, et ceux de *gupiara*, seront rendues plus sensibles par une description de ces derniers. Étant au *Rancho* de *Marsal*, près S. João del Rey, j'allai avec mon hôte visiter la minière de *gupiara* qu'il faisait exploiter. Elle s'étendait en pente très-douce à peu de distance de l'habitation. Les parcelles d'or étaient éparses çà et là presque à la surface de la terre, et le *cascalho* qui se trouvait à huit ou dix palmes de profondeur contenait souvent moins d'or que les couches supérieures [1].

[1] Les débris de roche encore anguleux, au milieu desquels on trouve l'or dans les *lavras* dits de *gupiara*, portent, en portugais, le nom de *gurgulho*.

Pour exploiter ces terrains, quelle que soit d'ailleurs leur inclinaison ou leur position, on commence par enlever le gazon dans un espace déterminé, en creusant des rigoles parallèles de trois ou quatre palmes de largeur ou davantage, suivant la quantité d'eau dont on peut disposer. A mesure que l'on creuse ces rigoles, on y fait tomber, de la partie supérieure du sol, un courant d'eau qui délaie la terre et l'entraîne, tandis que les parcelles d'or, plus pesantes, restent au fond de la rigole. Quand le même courant d'eau a ainsi passé successivement par toutes les rigoles, on revient à la première; on la creuse plus profondément, on abat la partie supérieure des bords qui l'encaissent, et on y ramène le courant d'eau. On fait la même opération pour la seconde rigole, et ainsi de suite pour toutes les autres. Enfin on recommence à creuser de la même manière une troisième et une quatrième fois toutes les rigoles, et, lorsqu'on juge qu'il s'est amassé une quantité d'or suffisante, on fait l'*apuration*. A cet effet, on dirige le courant d'eau vers une des rigoles que l'on a creusée de manière à former deux plans différens, et l'on obtient ainsi une petite chute. On porte au-dessous de l'eau, dans la *batea*, les terres qui se trouvent au fond des diverses rigoles, et on les lave à la manière ordinaire jusqu'à ce qu'on les ait réduites à ne plus être que de l'*esmeril*. Alors on vide la *batea* dans un petit réservoir; et c'est là que se termine l'opération du lavage.

Ce qui précède suffira, je l'espère, pour donner une idée des *lavras de cascalho*. Je vais à présent entrer dans quelques détails sur ceux de montagne.

Le colonel Antonio Thomas de Figueredo Neves, chez lequel je m'étais arrêté à Santa Quiteria, possédait une exploitation à ciel ouvert. Un morne assez élevé avait été coupé à pic dans le milieu de son épaisseur, et, par l'effet de ce travail, un intervalle d'une dizaine de pieds restait entre les deux parties séparées. Des nègres, pour ainsi dire suspendus à mi-côte sur une des deux faces coupées du morne, abattaient les terres qui se trouvaient immédiatement au-dessus de la portion de filon qu'on allait exploiter. Dans l'espèce de sentier qui se trouvait entre les deux parties séparées, des négresses brisaient, avec des masses de fer, la terre quartzeuse aurifère. Le même sentier servait de lit à l'eau destinée au lavage; mais cette eau, qui s'échappait d'un réservoir placé au-dessus du morne, pouvait être retenue lorsqu'on interrompait le travail. Le sentier où était l'or, mêlé avec la terre qui lui servait de matrice, était disposé en pente très-oblique, et, pour augmenter la rapidité du courant, on avait pratiqué, de distance en distance, des degrés qui forçaient l'eau à se précipiter. Celle-ci délayait et entraînait les terres aurifères. A l'extrémité du courant était une espèce de claie étroite, placée sur un terrain plus bas, et qui était formée par des barres de bois transversales, arrangées à peu près à la manière de nos jalousies. Les cailloux restaient sur cette claie, ou même étaient rejetés plus loin par la force de l'eau; un nègre enlevait avec la main les pierres que le courant n'avait point précipitées, et l'eau passait à travers la claie avec l'or et d'autres parties assez fines pour suivre le métal. Un canal oblique conduisait cette eau dans un réservoir, et au-dessous de celui-ci se trouvait un autre canal en bois qui pouvait avoir deux pieds de large, et était placé sur un plan très-incliné. On couvrait le fond de ce dernier canal de morceaux de peau de bœuf carrés, garnis de leurs poils, et faciles à transporter. L'eau du réservoir coulait sur ces peaux, et l'or était retenu par leurs poils avec des matières sablonneuses. On enlevait ensuite ces mêmes peaux, et on les lavait dans une citerne qui fermait à clef[1]. Lorsqu'on voulait retirer l'or de la citerne, on prenait avec des *carumbés* tout ce qui se trouvait au fond; on mettait sur un plan légèrement incliné un canal de bois (*bolinete*), beaucoup plus court et plus étroit que ceux dans lesquels on lave le *cascalho*; on avait soin que l'eau n'y arrivât qu'en petite quantité, et l'on n'exposait à son action qu'une faible portion du sable aurifère. Un nègre remuait celui-ci en le repoussant sans cesse vers la tête du canal, comme cela se pratique dans les *lavras* de *cascalho*, et l'or, qui s'accumulait ainsi à l'origine du conduit, se lavait ensuite avec la *batea*. A l'extrémité du canal, on avait ménagé une petite chute d'eau, au bas de laquelle on avait placé, sur un plan très-légèrement incliné, des morceaux d'étoffe de laine grossière qui arrêtaient les parcelles d'or légères (*ouro palme*) entraînées par l'eau,

[1] Je n'ai pas vu l'opération jusqu'à la fin; je rapporte ici les détails qui m'ont été communiqués.

et, quand les pièces d'étoffe paraissaient dorées, on les plongeait dans une *batea* où elles étaient lavées. Enfin l'opération se terminait par le lavage à la *batea*.

Dans l'exploitation dont je viens d'offrir le tableau, on pouvait profiter d'un courant qui, passant dans la minière, commençait sur le terrain même de l'opération du lavage; mais on sent qu'on ne jouit pas toujours d'un aussi grand avantage. C'est ce qui avait lieu dans les mines de *Morro Grande*, près Sabará. Dans cette exploitation, l'or était disposé en filons qui se dirigeaient du nord-est au sud-ouest. Le fer, qui servait de matrice à ce précieux métal, se présentait sous la forme d'une poussière très-fine (*jacutinga*). L'eau était amenée de la distance de plus d'une lieue à l'endroit où s'opérait le lavage; des nègres remplissaient leurs *carumbés* de sable aurifère; ils le portaient sur leur tête dans des conduits (*canoas*) semblables à ceux que nous avons décrits en parlant des *lavras de cascalho*, et le lavage s'opérait comme dans ces exploitations.

Il me reste encore à parler du travail souterrain (*lavra de mina*). Si ce genre de travail n'a pas été partout bien entendu, on verra du moins, par la description que je donnerai un peu plus tard du village d'Itabira, que la manière dont on y creusait les galeries et dont on y exécutait le boisage, différait peu de la méthode suivie par les Européens.

Quels que soient le mode de minération et les nuances de procédés employés pour les lavages, le sable et les autres matières qui sont entraînés par l'eau, vont, comme je l'ai dit, recouvrir le *cascalho* des rivières, et ont encore l'inconvénient grave d'encombrer leur lit, au point de causer quelquefois des inondations fâcheuses. Les résidus des lavages, connus sous le nom de *lavagems* ou *desmontes*, renferment une assez grande abondance de parcelles d'or, et sont encore lavés et relavés mille fois par des hommes trop pauvres pour se livrer à de plus grands travaux. Ceux qui s'adonnent à cette espèce d'industrie sont appelés *faiscadores*, probablement du mot *faisca*, qui signifie étincelle.

Le premier chercheur d'or que j'eus l'occasion de voir, était un *faiscador*. Ce fut dans une promenade que je fis auprès de Villa Rica, avec M. Langsdorff et le baron d'Eschwege. Nous avions côtoyé le lit du Rio d'Ouro Preto, et plusieurs fois nous avions été obligés de traverser ce ruisseau, parce que les mornes, souvent taillés à pic, ne nous laissaient aucun passage. La ville était restée à notre gauche, et, de tous côtés, nous n'apercevions plus que des hauteurs stériles. Après avoir attaché nos mulets dans une maison qui tombait en ruines, nous descendîmes pendant quelques minutes, et nous passâmes sur un petit pont rustique. Il était formé de trois morceaux de fougères en arbre, dont l'écorce brune, marquée de l'empreinte des feuilles, ressemblait un peu à la peau d'un serpent. Au-delà de ce pont, nous nous trouvâmes dans une espèce de salle à peu près arrondie et entourée de rochers. Ceux que nous avions devant nous, taillés à pic, n'offraient qu'une végétation rare, et, à des pierres plus avancées, étaient suspendus des nids de guêpes à peu près semblables à des œufs d'autruche. D'un lit assez profond qu'elle s'était creusé au sommet de ces rochers, se précipitait une cascade qui pouvait avoir cinquante à soixante pieds, et, à l'endroit même où elle tombait, on avait placé au-dessous d'elle un petit pont qui produisait, dans le paysage, un effet pittoresque. Après sa chute, l'eau, d'un jaune roussâtre, fuyait avec rapidité et formait un ruisseau. Au pied de la cascade, un vieux mulâtre, dans l'eau jusqu'aux genoux, lavait le sable pour en tirer de l'or. L'occupation à laquelle il se livrait et la misère dont il offrait l'image, présentaient un contraste bizarre. Quelques haillons, rassemblés avec des ficelles, couvraient sa poitrine et ses épaules; il avait les jambes et les cuisses nues, et, à sa ceinture, était attaché un petit sac de cuir très-épais. Une grande sébile lui servait d'abord à écarter les pierres qui étaient au fond de l'eau; après cela, il la remplissait de sable à peu près jusqu'à moitié, et, avec la main, il jetait les cailloux mêlés avec le sable. Tourné ensuite dans le sens du courant, il inclinait sa sébile vers la surface de l'eau, et il la balançait avec beaucoup d'adresse et de légèreté. A chaque balancement, il y laissait entrer un peu d'eau qui entraînait le sable; la poudre d'or restait au fond du vase, et il la faisait glisser dans son petit sac de cuir. Deux enfans de ce mulâtre, à peu près aussi bien vêtus que lui, lavaient à ses côtés le sable aurifère dans des sébiles beaucoup plus petites que la sienne [1].

[1] Ce genre de travail s'appelle *mergulhar*, plonger. (Voy. Eschwege, *Journ.*, I, p. 31.)

On peut penser aisément que les *faiscadores* ne suivent pas toujours les mêmes procédés, et que les différences de localités et de circonstances les obligent à admettre des modifications dans leur travail. En me rendant à Antonio Pereira, j'eus occasion de voir un jeune mulâtre qui s'occupait à chercher de l'or dans un ruisseau, et dont le costume annonçait aussi peu la richesse que celui du *faiscador* de la cascade. Comme le lit du ruisseau n'était point pierreux, le jeune homme prenait simplement la terre dans sa sébile, et la portait au-dessous d'un filet d'eau qui tombait d'environ deux pieds. Là il versait peu à peu la terre sur un morceau d'étoffe de laine, et l'eau emportait les parties les plus légères, tandis que l'or restait sur le morceau d'étoffe.

Ce qui a été dit jusqu'ici des *faiscadores*, est peu fait pour donner une idée favorable de l'industrie à laquelle ils se livrent. Malgré le froid de l'eau dont se plaignait le vieux mulâtre de la cascade, et les douleurs de poitrine que lui causait sa position inclinée, il se félicitait encore de gagner environ cinq *vintêis* d'or par jour (environ un franc vingt-cinq centimes, et il ajoutait que quelquefois il ne gagnait pas même la moitié de cette faible somme. On m'a assuré, il est vrai, que les *faiscadores* ont grand soin de taire une partie de leurs profits; mais il est douteux que ce métier ait jamais enrichi personne.

CHAPITRE XII.

DÉPART D'ITAJURÚ; ITABIRA DE MATO DENTRO.

Départ d'Itajurú. — Composition de ma caravane et manière de voyager. — Idée générale du pays qui s'étend d'Itajurú à Itabira. — Paysages. — *Jacuhy*; ses habitans. — Blancs laveurs d'or. — Effet de la gelée. — *As Bicas*. — Qualité excellente des eaux. — Aspect remarquable dû aux bambous. — Vue d'Itabira. — M. DA SILVA PIRES. — Description générale de la chaîne de l'Itabira. — Histoire des mines de cette contrée. — Histoire du village d'Itabira; description de ce village; sa prospérité; forges; églises; maladies. — Fontaine d'eau sainte. — Montagne et mines de la *Conception*; montagne de *Piriquito* et d'*Itabiraçu*; vols commis par les esclaves. *Capoeiras. Strix flammea*, oiseau cosmopolite. — Montagne et mines de l'Itabira. — Éclairs singuliers. — Habitans d'Itabira.

JE quittai Itajurú le 21 février, après y avoir passé un mois. Pendant tout ce temps, la bonté de mes hôtes ne se démentit jamais. Je ne laissais pas apercevoir un désir qu'on ne s'empressât de le satisfaire. En me laissant la plus entière liberté, on avait pour moi mille attentions, et l'on me comblait sans cesse de marques d'amitié, de cette amitié franche qui vient du fond du cœur. Les deux fils aînés du capitaine, João et Gomes, jeunes gens d'un excellent naturel, m'avaient montré la plus aimable complaisance, et partagèrent avec leur père des regrets qui ne pouvaient être adoucis que par l'espérance de revoir, à mon retour, ces excellens amis.

Ma petite caravane se composait de trois personnes : le sieur Manoel da Silva, muletier (*arriero*), que m'avait procuré le capitaine Gomes ; un jeune mulâtre, dont la fonction principale était de toucher les mulets quand nous étions en route (*tocador*) ; enfin, Yves Prégent, mon domestique français, jeune homme gai et intelligent, que ses sentimens d'honneur et de délicatesse mettaient infiniment au-dessus de sa condition. Je donnais au toucheur de mulets la modique somme de 1200 reis (7 fr. 50 c.) par mois, et au muletier en chef celle de 4000 reis (25 fr.). Ce dernier était un homme vigoureux de cinquante à soixante ans ; sa taille était élevée ; sa couleur, d'un noir légèrement jaunâtre, trahissait à peine quelques gouttes de sang européen qui coulait dans ses veines ; ses yeux étaient gros, son nez épaté, et un énorme goître descendait sur sa poitrine ; sa chevelure, parfaitement blanche, aurait fait avec son teint le plus singulier contraste ; mais il avait grand soin de la tenir cachée sous une calotte de drap d'une couleur foncée. Quand il riait, les muscles de son nez se fronçaient d'un côté d'une manière remarquable, et cette singulière grimace ajoutait encore à sa laideur. D'ailleurs, le *senhor* Silva possédait tous les talens nécessaires à sa profession ; il savait ferrer les mulets, égaliser leur charge avec beaucoup d'adresse, et raccommoder leurs bâts. Le jeu de sa physionomie annonçait souvent une finesse et une intelligence qu'il ne démentait pas. Il était d'un caractère insinuant, et je crois que ses discours ont contribué plus d'une fois à me procurer dans le cours de mon voyage une réception favorable.

Après mon départ d'Itajurú, je commençai à mettre plus d'ordre et de régularité dans mes marches et dans mes travaux. Lorsque j'étais en route, les mulets chargés cheminaient en avant, conduits par le jeune mulâtre, qui, toujours à pied, les faisait avancer et les empêchait de s'écarter du chemin. Manoel da Silva, qui avait la haute inspection sur la petite troupe, marchait après elle, monté sur son cheval, et ombragé par un énorme parasol de toile de coton jaune. Je le suivais avec mon domestique. Quand j'apercevais quelque insecte ou quelque plante, je m'arrêtais; je préparais sur le lieu même les échantillons que je voulais conserver; je remontais ensuite sur mon mulet, et je regagnais au trot les mulets chargés. Quand nous étions arrivés près du lieu où je devais faire halte, Manoel da Silva, dépêché en avant, allait demander l'hospitalité qui m'était ordinairement accordée de la manière la plus aimable, et mes hôtes m'invitaient même très-souvent à partager leur repas. Lorsque nous étions obligés de faire notre cuisine, le *tocador*, comme le plus jeune et surtout le moins important de la petite caravane, allait chercher l'eau et le feu. Quelques tasses de thé prises avec du biscuit, que je tenais précieusement en réserve, m'aidaient à attendre le souper. La farine de maïs et les haricots noirs fricassés avec du lard formaient notre principale nourriture ; l'eau était presque toujours notre unique boisson. Une de mes malles me servait le plus souvent de siége ; une autre devenait mon bureau. A peine installé, je me mettais à étudier les végétaux que j'avais recueillis ; les insectes étaient piqués, les plantes changées de papier, étiquetées et mises en presse. Mon domestique m'aidait puissamment dans la partie manuelle de mon travail, et dépouillait les oiseaux qu'il avait tués pendant la route. S'il me restait encore du temps avant la nuit, j'allais faire une nouvelle herborisation ; je causais avec mes hôtes et tâchais de tirer d'eux les renseignemens qui m'étaient nécessaires ; j'écrivais mon journal, et à dix heures je me couchais dans mon hamac. Le lendemain je me levais avec le jour ; les plantes les plus fraîches étaient changées de papier. J'achevais les analyses des espèces recueillies la veille ; nous mangions le reste de nos haricots ; les malles étaient arrangées et chargées, et nous nous remettions en route.

En quittant Itajurú, je suivis un chemin de traverse, qui conduit au village alors très-florissant d'Itabira de Mato dentro, d'où je devais aller rejoindre à celui d'*Itambé* la grande route de Villa Rica à Tijuco.

D'après l'idée succincte que j'ai déjà donnée de l'ensemble de la province des Mines, on peut juger qu'étant situé à l'orient de la grande chaîne intérieure, le pays qui s'étend dans un espace de dix à douze lieues, depuis Itajurú jusqu'à Itabira, fut autrefois couvert de forêts vierges, et qu'il est coupé de montagnes et de vallées. Dans plusieurs endroits les forêts subsistent encore; ailleurs elles ont fait place, comme cela a lieu ordinairement, aux *capoeiros* et aux *campos* de *capim gordura*. Comparé avec notre pays, ce canton pourrait passer pour désert; mais nous ne devons point le considérer comme tel relativement à tant d'autres parties de la province des Mines. Le coton est une des plantes à la culture desquelles se livrent les habitans de cette contrée. On y trouve des terrains aurifères; mais je n'y ai vu aucune exploitation de mine tant soit peu importante.

En quittant Itajurú, je retrouvai encore les tristes résultats des lavages; mais après avoir passé un hameau situé dans une vallée à une demi-lieue de l'habitation du capitaine Gomes, je cessai de voir des minières. Au-delà de l'endroit appelé *Talho Aberto*, le chemin n'est qu'un sentier généralement plus bas que le sol, et presque toujours bordé par des masses de végétaux serrées, que lorsque deux mulets vont en tellement sens contraire, ils ont beaucoup de peine à passer. Quoique les miens fussent peu chargés, nous mîmes près de six heures à faire les deux lieues que l'on compte d'Itajurú à *Jacuhy*[1], petite habitation (*sitio*) où je passai la nuit. Cette demeure, tout-à-fait isolée, est située dans une gorge étroite où coule un ruisseau; les mornes élevés qui l'entourent sont couverts à leur pied de *capoeiras*, et au-dessus de ceux-ci s'élèvent des bois vierges parmi lesquels des rochers nus se montrent çà et là.

[1] **Des mots indiens** *jacu*, *penelope*, **et** *y'g*, **eau.**

Ce lieu sauvage était habité par un homme pauvre, mais intelligent et industrieux, qui avait profité d'une chute d'eau pour établir une petite machine destinée à filer le coton qu'il recueillait sur ses terres. A l'axe d'une roue hydraulique, extérieure et verticale, se rattachait, dans l'intérieur du bâtiment, une autre roue qui mettait en mouvement des fuseaux, un tour à pointe et la petite machine à dépouiller le coton que j'aurai occasion de décrire ailleurs. La femme du propriétaire de Jacuhy faisait de la toile avec le fil qu'il fabriquait. Ainsi, le coton que récoltait cet homme était séparé de ses graines, cardé, filé, tissé, sans sortir de sa maison. Un moulin à eau, qu'il avait imaginé et qui était destiné à écraser le maïs, complétait cette petite exploitation.

La terre des environs de Jacuhy contient un peu d'or; mais, comme on le voit, le propriétaire préférait à la minération l'agriculture, qui offre des chances moins incertaines; exemple qui devrait être suivi, peut-être, par tous les habitans de la province des Mines, par ceux surtout qui n'ont pas une fortune très-considérable.

Peu de temps après avoir quitté Jacuhy, je vis dans un ravin profond quelques hommes blancs occupés à la recherche de l'or. La seule pauvreté avait pu sans doute leur faire braver le préjugé qui, surtout dans cette partie de la province des Mines, condamne à l'oisiveté les hommes de notre race.

Bientôt je me trouvai au-dessus d'une vallée fort large dont l'aspect me frappa. Les mornes qui la bordaient étaient couverts de *capim gordura* : une seule plante lui disputait le terrain ; c'était ce *saccharum*, appelée *sapé*, dont la couleur jaunâtre, mêlée au vert obscur et plus cendré du *capim gordura*, produisait une teinte générale d'une douceur que rien ne saurait rendre. Au milieu de ces immenses gazons étaient épars de grands arbres à demi brûlés, restes des bois vierges qui jadis couvraient ces montagnes. Les rameaux avaient été consumés ; mais les troncs avaient résisté à l'effort des flammes, et dépouillés d'écorce, ils contrastaient d'une manière singulière, par leur couleur noire et cendrée, avec le vert tendre des humbles végétaux qui croissaient à leur pied. Les mornes dont je viens de peindre l'aspect étaient encore revêtus, il y avait quatre ans, de *capoeiras*, et l'on y récoltait d'excellens grains. Une cause fort remarquable, la gelée, avait fait périr les taillis, et les graminées dont j'ai parlé plus haut s'étaient bientôt emparées du terrain [1].

A l'extrémité de la vallée que je viens de décrire, je traversai le ruisseau de Santa Barbara, dont les eaux sales et rougeâtres attestaient les travaux des

---

[1] « Dans les lieux élevés de 250 à 300 toises, dit d'Esch-
« wege (*Journ.*, I, p. 214), il fait, tous les ans, des
« gelées blanches pendant les mois de juin et de juillet......
« En 1814, il gela, dans ces régions, tellement fort, pen-
« dant huit jours, que l'eau était couverte d'une glace épaisse
« d'un doigt qui, à l'ombre, ne fondait pas même durant le
« jour....... Dans la plupart des rivières, ... les poissons

mineurs. A l'endroit où je passai ce ruisseau, je jouis du plaisir de contempler un de ces paysages qui, sérieux sans être sombres, agrestes sans être sauvages, présentent un heureux mélange de couleurs brillantes et obscures, et respirent une sorte de calme inconnu ailleurs que dans ces contrées. Le ruisseau était traversé par un pont rustique que soutenaient de longues perches grisâtres beaucoup plus hautes que le plancher du pont. A l'une des extrémités de celui-ci, on voyait une petite habitation basse, que des bananiers ombrageaient, et autour de laquelle la terre était cultivée. Un peu au-delà de cette demeure, le ruisseau faisait un détour et semblait arrêté par un morne presque à pic, couvert de bois vierges très-serrés, dont la verdure foncée tranchait avec la teinte grisâtre du *capim gordura* qui croissait sur les autres mornes. Enfin, vis-à-vis la petite habitation, et de l'autre côté de la rivière, étaient des mornes escarpés revêtus de pâturages, au milieu desquels s'élevaient des arbrisseaux, restes d'anciennes *capoeiras*.

Ce fut en traversant des mornes d'une végétation analogue à celle dont je viens de faire le tableau, que j'arrivai au lieu appelé *As Bicas*[1], où je passai la

« mouraient par milliers. » Je n'ai pas besoin de dire que l'assertion par laquelle commence le paragraphe que je viens de citer, doit admettre des modifications d'après les distances où les lieux sont de l'équateur, et diverses circonstances accessoires.

[1] Ce mot signifie *conduit d'eau*.

nuit. Entre As Bicas et Itabira, qui en est éloigné de 4 lieues, le chemin côtoie des vallées arrosées par des ruisseaux d'une eau excellente. Dans les pays de bois vierges, en général, les eaux sont également abondantes et pures, et le voyageur fatigué par une chaleur extrême peut sans cesse se désaltérer dans des courans d'une fraîcheur délicieuse.

En avançant vers Itabira, on aperçoit de loin en loin, dans les vallées, des habitations solitaires, et, auprès de chacune d'elles, l'on voit un jardin planté de caféyers, d'orangers, de bananiers, de choux et d'*arum esculentum*. Les pays de bois vierges me fournissaient en général moins de plantes que les *campos*; jamais cependant je n'avais trouvé si peu d'espèces en fleurs. Les papillons étaient nombreux; mais les autres insectes commençaient à disparaître.

J'eus occasion de revoir ce jour-là un de ces jolis effets que les bambous produisent dans les paysages. Sur le flanc d'un morne escarpé, couvert de bois vierges, les tiges longues et menues de ces immenses bambous s'inclinaient sur la cime des arbres, qui se trouvaient immédiatement au-dessous d'elles, et elles retombaient sur d'autres arbres placés plus bas encore, de manière que d'un morne opposé on pouvait les découvrir tout entières. Les petits rameaux qui, garnis de grandes feuilles, naissaient en verticille autour de ces tiges, en faisaient des espèces de guirlandes que le moindre vent balançait avec grâce.

Parvenu à l'extrémité d'un grand bois, je découvris tout à coup le morne aride et conique sur lequel est situé le village d'Itabira. Derrière ce morne s'élève une montagne qui domine toutes les hauteurs voisines, et dont la cime, vue du chemin, paraît être la continuation du premier morne. Cette montagne porte le nom d'*Itabira,* qu'elle a donné au village. Descendant au fond d'un vallon, je me trouvai près d'un ruisseau, qui coule au pied du morne sur lequel est bâti Itabira. Les bords de ce ruisseau ont été creusés en tous sens par les mineurs, et au milieu de ces terrains bouleversés, se trouvent des chaumières et des hangars qui servent aux hommes employés à la recherche de l'or. Sur un plan moins rapproché, j'apercevais devant moi des maisons entremêlées de touffes de bananiers, et toute la partie du morne qui n'est point bâtie, ne m'offrait qu'un gazon ras et d'un vert grisâtre.

Je fus reçu à Itabira [1] par le capitaine Manoel Jozé da Silva Pires, pour lequel le colonel Antonio Thomaz m'avait donné une lettre de recommandation. Le capitaine m'accueillit avec cette politesse aimable que j'avais jusqu'alors trouvée chez tous les Mineiros. C'était

---

[1] Il ne faut pas confondre l'*Itabira* dont il est ici question, et qui est une succursale de la paroisse de Santa Barbara (Piz.), *termo* de Cacté, *comarca* de Sabará, avec un autre *Itabira*, chef-lieu de paroisse, situé dans le *termo* de Villa Rica, et à 7 lieues N.-E. de cette ville (Piz.). Ce doit être de ce dernier village que M. d'Eschwege a tiré le nom d'*Itabirite*. Quant à celui dont je donne ici l'histoire, on devrait toujours, pour éviter toute confusion, l'appeler *Itabira de Mato dentro*.

un homme instruit et spirituel qui savait le latin et le français; il avait beaucoup étudié *Delius*, et il possédait sur la métallurgie des connaissances plus étendues que n'en ont en général les mineurs brésiliens.

La chaîne particulière des montagnes d'Itabira, qui doit nécessairement se rattacher à la grande chaîne intérieure, présente des pentes douces vers l'orient et d'autres plus rapides du côté occidental. Elle s'étend du nord au sud, et au sud-ouest, dans un espace d'environ deux lieues, depuis le *Ribeirão* (torrent) *de Santa Anna* jusqu'au *Rio do Peixe*. Les mornes dont elle se compose sont croisés par huit vallées principales, qui la partagent de l'est à l'ouest en autant de zones alongées. Deux pics très-élevés, l'un conique et l'autre pyramidal, font découvrir les deux extrémités de la chaîne à dix lieues et même davantage. Celui du nord porte le nom d'*Itabira*[1], et sous le nom d'*Itabirassú*[2] on désigne le pic le plus méridional. Les sommets de la chaîne, et tous les mornes isolés, n'offrent qu'une végétation maigre; mais ses côtés sont revêtus d'une bonne terre végétale, où croissent des bois de construction et plusieurs végétaux intéressans, tels que le *copaïba* (*copaïfera*), les *jaboticabeiras* à fruits noirs et jaunes (myrtées); le

---

[1] Des mots indiens *yta bera*, pierre qui brille. *Itabira* ne veut pas dire, par conséquent, comme on l'a avancé, pierre haute et aiguë.

[2] Grande pierre qui brille.

maté (*ilex paraguariensis*, Aug. S. Hil.); les *japecanga* (*smilax*), le *butua* (*cocculus*)[1], l'*ipémirim*, le *cinco folhas* (bignonées), etc., etc.

Vers l'année 1720, Francisco de Faria Ilbernaz, et ses frères, Paulistes d'un esprit entreprenant, déjà établis dans les mines d'Itambé, au nord de l'Itabira, traversèrent dix lieues de forêts sans autre boussole que le sommet pyramidal de cette montagne. En côtoyant la chaîne, ils arrivèrent, par la gorge de *Piçarraõ*, au pied du morne sur lequel est aujourd'hui bâti le village d'Itabira. Ayant fait à peu près le tour du morne, ils trouvèrent dans une fontaine, qu'ils appelèrent *Fonte da Prata*, une grande quantité d'or d'une couleur argentine, et ils bâtirent dans cet endroit une maison et une petite chapelle couverte en chaume. Telle fut l'origine du village d'Itabira.

D'autres colons accoururent bientôt, et firent de nouvelles recherches. Pendant ce temps, les premiers aventuriers avaient exploité les minières les plus faciles à travailler; ils vendirent aux derniers venus les vastes possessions qu'ils avaient acquises par le droit du premier occupant, et ils se retirèrent dans la province de Goyaz et à Saint-Paul, leur patrie. Cependant les nouveaux habitans d'Itabira continuèrent leurs recherches, et les mines du ruisseau de la *Conception*, de la vallée de l'Itabira, de la montagne de la *Conception*, du ruisseau d'Itabira, de la partie occiden-

---

[1] Voyez le *Flora Brasiliæ meridionalis*, vol. I, p. 59, et les *Plantes usuelles*, n° 42.

tale de l'Itabira, furent successivement découvertes. Des compagnies de mineurs se formèrent; et, vers le commencement du siècle actuel, les trois exploitations de la Conception, de l'Itabira et de Santa Anna, sont devenues très-florissantes. Aussi, la population du ressort (*aplicação*) de la succursale (*capella*) d'Itabira, qui, au commencement de ce siècle, n'allait pas au-delà de trois mille âmes, s'élevait, en 1816, à plus de six mille.

La Conception fut exploitée par une compagnie qui réunit plusieurs centaines d'ouvriers, et, en peu de mois, un hameau s'est élevé sur la plus affreuse montagne. A l'époque de la découverte de la mine, on avait déjà trouvé, dans une tranchée, un gros fil d'or d'une demi-toise de longueur, qui adhérait au minerai de fer pierreux; et, plus récemment, une seule *batea* a fourni vingt-huit marcs d'or. Ce métal se présente ici en lames fragiles plus ou moins grandes; on le trouve aussi en grains ou en poudre d'une couleur variable. Jusqu'à présent on a reconnu à la Conception deux épaisses couches minérales séparées par un lit d'une toise, et le long des mêmes couches divers filons qui, comme elles, s'étendent dans la direction du N. E. au S. O. Dans un intervalle de seize ans, les propriétaires ont retiré de la mine plus de vingt mille marcs d'or, et l'on peut calculer un quart en sus pour les vols, qui sont extrêmement communs.

L'exploitation de l'Itabira est plus importante encore que celle de la Conception. Le minerai y est plus proche de la surface de la montagne, et, pour creuser les galeries qui vont obliquement, on n'est pas obligé de traverser des bancs de roche. Aucun *batea* n'a fourni jusqu'ici plus de quatre onces d'or[1]; mais en même temps on n'a pas trouvé une couche plus continue ni qui fournisse un métal plus pur. Malgré la vigilance des intéressés, le pillage des ouvriers est si considérable, que les trois quarts de l'or qui circule dans les cabarets du pays, sortent de cette exploitation.

Pendant cinq ans, lorsque le minerai était voisin de la surface du sol, la mine de Santa Anna avait été plus florissante que toutes les autres. L'or qu'elle fournit d'abord était d'une belle couleur jaune et au titre de 23 k., 3; mais celui que l'on trouva plus tard avait une couleur obscure. Au reste, ce que l'on perdit par la couleur on le regagna par la quantité, et, dans l'espace de deux mois, on retira de cette mine trois cent quarante-trois marcs. Cependant ces résultats heureux cessèrent quand le minerai ne se trouva plus qu'à une certaine profondeur; alors il eût fallu prendre d'autres moyens pour pouvoir l'extraire avec avantage; mais on ne voulut pas, ou l'on ne sut pas les em-

[1] A l'époque où les fouilles du côté occidental de l'Itabira furent commencées, un des mineurs, mécontent du résultat de ses travaux, allait abandonner ses recherches, lorsque la chute d'un peu de terre lui fit découvrir une veine d'or si abondante, qu'en six jours, il obtint 64 marcs d'or avec douze ouvriers. Rien de semblable ne paraît avoir lieu aujourd'hui dans l'intérieur de la montagne.

ployer, et la mine, toute riche qu'elle est, est devenue inutile.

L'histoire des mines de l'Itabira est aussi celle du village qui porte ce nom. Depuis 1720 jusqu'en 1740, il augmenta lentement, et ne fit que se soutenir jusqu'à l'exploitation des trois mines dont nous avons fait une mention particulière. Cette exploitation devint pour le pays une source de richesses : les largesses des propriétaires de mines, et les vols des ouvriers, firent circuler l'or avec abondance, et les *faiscadores* eux-mêmes participèrent à cette prospérité momentanée; car ils recueillaient, dans les nombreux débris des lavages, depuis une drachme jusqu'à deux onces d'or par jour. Cependant des troupes de fainéans et de bandits accouraient de tous côtés ; ils devenaient un fardeau pesant pour les propriétaires, et la faible autorité du commandant ne pouvait arrêter les crimes qui se commettaient.

Telle était la situation des choses, lorsque la permission d'exploiter les mines de fer, accordée par le gouvernement, produisit, dans le pays, une heureuse révolution. DOMINGOS BARBOSA fut le premier qui, après avoir vu travailler le fer près de Marianna, fit l'essai de celui d'Itabira, et son exemple fut bientôt suivi par les hommes riches et par les maréchaux du village. MANOEL FERNANDES NUNES, homme très-industrieux, fit construire des fourneaux, et créa une manufacture de fusils. Ses forges furent le modèle de douze autres qu'on a établies depuis dans le pays. Des gens, qui autrefois passaient leur vie à mendier, travaillent aujourd'hui dans ces fabriques, et ils y trouvent un asile contre l'oisiveté, le vice et la misère[1].

Le morne aride sur lequel on a bâti le village d'Itabira, se rattache aux mornes voisins par une espèce de chaussée naturelle qui s'étend du côté du nord-est. D'ailleurs, il est séparé de tous les autres par deux vallées profondes qui se joignent, en se courbant circulairement autour de lui, et qui ont été bouleversées par les mineurs. Dans l'une, passe le ruisseau de *Penha*, et dans l'autre, celui de Piçarrão. Les hauteurs, qui ceignent ces vallées, sont couronnées par des forêts; mais leur base est généralement dépourvue de végétation.

C'est du côté oriental et à la partie inférieure du morne dont nous venons de parler, que le village d'Itabira est situé presque tout entier. Quelques maisons sont éparses sur les autres côtés du morne; un petit nombre s'étend vers l'est, sur les hauteurs voisines. La principale église s'élève au-dessus du village sur le sommet de la montagne.

Malgré la diminution qui pouvait avoir eu lieu dans les produits des mines, ce canton était encore, lors de mon voyage, un de ceux qui fournissaient le plus d'or; aussi le village d'Itabira se trouvait-il dans un

[1] Les détails que nous venons de donner sur la chaîne de l'Itabira, l'histoire des mines de cette chaîne, et celle du village du même nom, sont extraits d'un mémoire inédit, écrit en français par M. Manoel Jozé Pires da Silva, et qu'il a bien voulu me communiquer. J'en ai retranché beaucoup de choses, mais je n'y ai presque rien ajouté.

état de splendeur remarquable. Rien n'y rappelait cet air de décadence qui afflige le voyageur lorsqu'il parcourt les environs de Villa Rica, ou même lorsqu'il traverse les villages d'Inficionado, Camargos et Catas Altas. On y voyait beaucoup de jolies maisons à un étage, et on en bâtissait encore d'autres, malgré les frais très-considérables qu'il fallait faire pour tirer le bois des mornes voisins. Presque toutes étaient construites en *braúna*, bois qui se conserve si bien qu'il est réputé incorruptible; les pièces qui formaient la carcasse des maisons étaient appuyées sur des fondemens en pierre; les toits avançaient peut-être un peu moins qu'à Villa Rica, et les croisées n'étaient point les unes sur les autres, comme à Rio de Janeiro. Si trois exploitations, avec trois cents ouvriers, ont ainsi métamorphosé un misérable hameau en un village considérable, que sera-ce quand on exploitera les montagnes du *Rio do Peixe*, du *Piçarrão*, du *Piriquito* et du *Doze Vintéis*, qui, selon tous les indices, sont très-abondantes en or![1]

Cependant ces mines, actuellement si riches, s'épuiseront probablement comme celles de Villa Rica, de Catas Altas, etc.; et si l'exploitation du fer, qui abonde dans le pays, ne devient pas une source plus durable de richesse, rien ne pourra retenir des habitans sur un morne aride dont les environs, dépouillés de terre végétale par les mineurs, seraient peu propres à l'agriculture. En attendant, les mineurs d'Itabira, se reposant sur un avenir incertain, dépensent leur or à mesure

---

[1] Cette phrase appartient à M. Manoel Jozé Pires da Silva.

qu'ils le tirent de la terre. Plus d'une fois le produit de leurs mines a été insuffisant pour leurs besoins et leurs fantaisies, et, avant l'établissement des forges, plusieurs d'entre eux avaient déjà fait banqueroute.

Les grains et le bétail, qui se consomment à Itabira, viennent des *fazendas* voisines.

Ce village ressort de la justice de *Villa Nova da Rainha* ou *Caeté*, qui en est éloigné de quatorze lieues, et il est situé à dix-sept lieues de l'intendance de la *comarca*. Ces distances ne sont pas sans doute très-considérables pour le Brésil; cependant elles le sont encore assez pour que le défaut de police se fasse sentir ici comme dans tant d'autres villages.

Les églises d'Itabira sont trop petites pour la population. Je dois faire mention de celle du *Rosario*, où j'entendis un orgue qui a été fait dans le pays même.

Les médecins, chirurgiens et pharmaciens, manquent entièrement dans ce village. Le catarrhe, les pleurésies, la péripneumonie sont les maladies qu'on y observe le plus communément, et elles attaquent surtout les ouvriers des mines, souvent exposés à des alternatives de froid et de chaud. C'est principalement à l'époque du passage des temps secs à celui des pluies, et des pluies au temps sec, que ces maladies sont le plus ordinaires. Dans le petit été de janvier (*veranico*) règnent aussi des fièvres intermittentes et malignes, ainsi que des dysenteries souvent très-funestes [1].

[1] Ces quatre derniers alinéas sont encore extraits du mémoire de M. Manoel Jozé Pires da Silva.

Pendant mon séjour à Itabira, je parcourus les environs de ce village, et je citerai successivement ce que je vis de plus remarquable.

Le capitaine Pires m'avait parlé d'une fontaine à laquelle on donne le nom d'*Eau sainte*, à cause de la propriété qu'on lui attribue de guérir les rhumatismes. J'allai la visiter avec mon hôte. Après avoir passé à côté du morne opposé au village d'Itabira, nous arrivâmes à une grotte qui s'étend obliquement sous la terre. Son entrée est presque fermée par des lianes; des fougères et d'autres cryptogames croissent autour d'elle. C'est du fond de cette grotte que sort la fontaine d'Eau sainte qui tombe sur des rochers en formant une très-petite cascade. Auprès de cette cascade en est une seconde qui mêle ses eaux à celles de la première. Je ne trouvai aucun goût ni aux unes ni aux autres, et elles ne me parurent différer des eaux ordinaires, que par une élévation de température, qui d'ailleurs n'est pas la même dans les deux sources; car la fontaine d'Eau sainte est plus chaude que la cascade qui se réunit à elle.

Dans une autre promenade, nous allâmes visiter les mines de la Conception. Après avoir passé la vallée où coule le Piçarrão, nous entrâmes dans un bois, et, montant toujours dans la direction du midi, nous arrivâmes à la montagne du *Piriquito*. Là on se trouve entre l'Itabira et l'Itabiraçu, et on découvre très-bien leurs sommets. Continuant à marcher, nous parvînmes à la montagne de la Conception, qui se rattache immédiatement à celle de l'Itabiraçu, sans en être séparée par aucun vallon. De la première de ces montagnes, on découvre tous les mornes voisins couverts de bois, mais aucune habitation ne se montre dans le lointain.

La Conception présente l'aspect de la plus grande aridité. Le sol est entièrement ferrugineux et d'un rouge noirâtre. Des arbrisseaux rabougris, la *composée* appelée dans le pays *mata pasto*, une espèce de *vellozia*, une rubiacée à feuilles de bruyères, et d'autres espèces qui appartiennent aux terrains ferrugineux, croissent éparses sur cette montagne ; et les intervalles que ces végétaux laissent entre eux, sont couverts d'une petite graminée à deux étamines, qui me paraît devoir entrer dans le même genre que le *briza eragrostis*. La sécheresse, dont on se plaignait depuis long-temps, donnait aux plantes une teinte jaune et noire qui ajoutait encore à l'aspect aride de la montagne. Son large sommet est partagé par une gorge peu profonde, au milieu de laquelle passe le chemin. De droite et de gauche sont éparses les maisons des nègres qui travaillent à la mine, et celles de leurs surveillans. Ce sont de petites chaumières à peu près carrées, et presque toutes en mauvais état.

Il n'y avait, dans la montagne, que deux mines en exploitation : nous les visitâmes l'une après l'autre, en commençant par la moins élevée. La galerie de cette dernière avait alors plus de six cents pas, et elle était, dans toute sa longueur, à peu près de niveau avec son entrée. Elle avait été commencée depuis environ quatre ans, et quatre-vingt-dix nègres continuaient à la creuser. Elle traversait une mine de fer presque toujours en poudre, et pouvait avoir six à sept pieds de large et environ six pieds de haut. Dans les endroits où le fer est pulvérulent, on soutenait la galerie par des étais. A mesure que l'on creusait, on enfonçait transversalement, à la partie supérieure de la galerie, des morceaux de bois brut, que l'on avait soin de serrer les uns contre les autres. Les côtés étaient revêtus de la même manière, et l'on soutenait ces revêtemens par de grosses pièces de bois non-équarries. On composait une espèce de ferme de trois de ces grosses pièces, dont deux un peu obliques soutenaient les côtés de la galerie, tandis que la troisième, appuyée sur les deux autres, supportait le plancher supérieur. Ces fermes se plaçaient d'abord à une distance de quelques pieds les unes des autres ; mais, à mesure que la galerie devenait plus ancienne, on ajoutait de nouvelles fermes entre les premières, et, de cette façon, les unes et les autres finissaient par se toucher. Les bois qui soutenaient ainsi les galeries se tiraient des mornes voisins ; des nègres traînaient les grosses pièces sur des voitures et portaient les petites sur leurs épaules. C'est principalement le *braúna* que l'on emploie pour le boisage, et, malgré son excessive dureté, il ne se conserve pas plus de six ans; quant aux autres espèces de bois, on est obligé de les renouveler tous les ans ou tous les deux ans. On tirait de la galerie, à l'aide de brouettes, les matières qui la remplissaient; le minerai le plus riche se lavait sur-le-champ dans une citerne ; quant à celui qui l'était le moins, on l'amoncelait, et, pour le laver, on attendait le temps des pluies. C'était la disette d'eau qui contrariait le plus les mineurs de la Conception; car il n'existe, dans cette montagne, qu'un faible ruisseau qui suffit à peine pour les travailleurs. Comme il n'avait pas plu depuis long-temps, le minerai, lors de mon voyage, se trouvait accumulé en monceaux qui grossissaient tous les jours. Les lavages se faisaient, sous des hangars, par des procédés que j'ai décrits en parlant des *lavras de cascalho*.

La mine la plus élevée, que nous visitâmes à son tour, avait été ouverte il y avait déjà seize ans. Elle avait deux puits de ventilation fort bien entendus. Ses galeries s'étendaient en différens sens et étaient de hauteur inégale. L'une d'elles se dirigeait de bas en haut et était fort difficile à monter, à cause du fer en poudre qui s'échappait sous les pieds; il y faisait une excessive chaleur.

Il paraît que les employés et les esclaves commettaient, dans ces mines, des larcins continuels. Pour recouvrer une partie de ce qui leur était dérobé, les propriétaires avaient établi, sur la montagne même, des *vendas* qui étaient tenues à leur compte, et où les nègres rapportaient une portion de ce qu'ils avaient volé. Sûrs de pouvoir voler encore, ils imitaient la prodigalité de leurs maîtres, et dissipaient le fruit de leurs larcins. On les nourrissait avec de l'*angú* et des haricots, auxquels on ajoutait quelquefois du lard.

Je ne dois pas oublier de dire que je fus très-bien reçu à la Conception par M. Lage, directeur de la mine supérieure, qui me donna plusieurs échantillons de minéraux. Les employés eurent aussi pour moi toutes sortes de complaisances. L'un d'eux m'apporta plusieurs plantes usuelles, entre autres diverses salsepareilles (*salsas* des Brésiliens), et une espèce appelée dans le pays *angelica*. Cette dernière est une *gentianée* dont les fleurs assez grandes et en entonnoir, sont d'un rouge vermillon, et dont la racine fort amère pourrait probablement très-bien remplacer la gentiane jaune.

En revenant de la mine de la Conception, j'entendis le chant de cette gallinacée que l'on appelle *capoeiras* (*tinamus Brasiliensis*, ex New.), et dont la chair est d'un goût agréable. Ce chant annonce la sécheresse; il imite le coassement de certaines grenouilles, et semble formé de la répétition rapide des syllabes dont on a fait le nom de l'oiseau lui-même.

On me donna, à la Conception, une effraie (*stryx flammea*) que l'on venait de tuer dans une grotte. J'ai fait voir ailleurs que, si certaines plantes sont limitées à d'étroites localités, d'autres se retrouvent sous des climats et dans des pays entièrement différens [1]. On peut dire la même chose des oiseaux. Les espèces qui vivent dans les bois vierges ne sont pas celles qui habitent les *campos*, et, dans la province des Mines, le *soffré* (*oriolus aurantius*) ne s'éloigne point du désert du Rio de S. Francisco. Au contraire, j'ai vu le *stryx flammea* dans un pays de bois vierges voisin du Parahyba, je l'ai vu sur les montagnes d'Ita-

[1] Voyez l'*Histoire des Plantes les plus remarquables*.

bira ainsi que dans les *campos* de la province de Goyaz, et la même espèce se retrouve, sans aucune différence, en France et dans les Indes orientales.

Deux excursions que je fis encore accompagné par le capitaine Pires me firent connaître avec détail la montagne d'Itabira. Parvenus à une certaine hauteur, nous nous trouvâmes sur une espèce de plaine qui s'étend, par une pente douce, au-dessous du sommet de la montagne, et qu'on appelle le *Campestre*. Je présume, par la ressemblance de la végétation, que cette plaine peut avoir la même hauteur que la ville de Villa Rica et l'ermitage de Nossa Senhora Mai dos Homens, dans la Serra da Caraça. C'étaient encore des mélastomées à petites feuilles, quelques myrtées velues, des rubiacées à feuilles de bruyères, le *cinchona* à fleurs rousses et odorantes [1]; cependant, au milieu de ces plantes, j'en trouvai quelques-unes que je n'avais point recueillies jusqu'alors. Le capitaine Pires me montra un grand nombre d'espèces que les habitans du pays emploient comme médicinales; il me fit voir les bignonées appelées vulgairement *ipé mirim* et *cinco folhas,* que l'on regarde comme sudorifiques et anti-vénériennes; un purgatif d'une odeur désagréable qu'on nomme *fedorenta;* enfin le *ligadeira,* arbre dont on m'avait beaucoup parlé, et auquel on attribue les propriétés les plus merveilleuses pour la guérison des blessures récentes : malheureusement cette dernière plante n'avait point de fleurs.

[1] Voyez les *Plantes usuelles des Brésiliens*, n° 11.

En revenant de cette course, nous passâmes de l'autre côté du morne sur lequel est bâti le village d'Itabira. Je vis la gorge par laquelle arrivèrent les aventuriers Paulistes qui, les premiers, ont exploité les mines de ces environs; je vis le terrain qu'ils creusèrent, du côté de l'ouest, après avoir fait le tour du morne, en se dirigeant d'abord du côté du midi. Quelques vestiges de la première maison qu'ils bâtirent existaient encore. Comme je l'ai déjà dit, les vallées qui entourent le morne ont été déchirées en tous sens, et, dans certains endroits, il a fallu enlever plus de soixante pieds de terre pour arriver au *cascalho*.

Dans ma seconde promenade à la montagne d'Itabira, nous entrâmes, après avoir passé le Campestre, dans une gorge assez profonde qui s'étend au-dessous du sommet de la montagne. Il existait, dans cette gorge, cinq à six mines d'or qui appartenaient à différens propriétaires. On voyait de droite et de gauche des excavations qui furent faites à l'époque où l'or se trouvait encore à la surface du sol; et, au milieu de ces excavations, le terrain, couvert des débris du minerai de fer dont se compose la masse de la montagne, ne produisait que des arbrisseaux rabougris, des lichens et quelques plantes herbacées écartées les unes des autres. Je trouvai là plusieurs des espèces que j'avais déjà recueillies dans la Serra da Caraça, entre autres une ombellifère à feuilles entières qui rappelle l'odeur du ginseng; mais je n'aperçus aucun *eriocaulon*. Ce sont les melastomées qui abondent le plus dans cet endroit, principalement une espèce, haute d'environ quatre pieds, à fleurs blanches et à feuilles couvertes en dessous d'un duvet épais également blanc, dont la couleur contraste d'une manière peu agréable avec celle du terrain qui est d'un brun foncé, ou presque noir. Je vis aussi, sur l'Itabira, quelques pieds d'une espèce charmante de *rhexia* haute d'environ cinq pouces, couverte de fleurs innombrables, dont les pétales, de couleur capucine, portent à leur base une tache jaune en forme de cœur. La grande espèce de *vellozia* (*canella d'ema*) est extrêmement commune sur cette montagne aride, et, comme on n'y trouve pas d'argile, on s'est servi, dans plusieurs cases à nègres, des tiges de ce même *vellozia* pour remplir les intervalles que laissent entre eux les bâtons horizontaux et transversaux qui forment la carcasse des maisons. Au milieu des pieds de la belle espèce dont je viens de parler, il en croît une autre du même genre qui mérite aussi d'être citée : sa tige, haute d'un pied, droite, épaisse, couverte des anciennes feuilles desséchées, se termine par plusieurs touffes de feuilles raides, et, du centre de ces dernières, partent de grandes fleurs visqueuses, blanches en dedans et jaunâtres à l'extérieur.

De la montagne d'Itabira, on découvre une vue plus étendue encore que celle dont on jouit à la Conception. On distingue parfaitement le *Morro Agudo*, voisin de S. Miguel, et la Serra da Caraça éloignée de quatorze lieues.

Les galeries des mines de l'Itabira étaient étayées de la même manière que celles de la Conception. On n'y avait pas encore construit de puits ventilateurs; mais on avait en quelque sorte suppléé à ce mode de renouveler l'air, en établissant des communications d'une galerie dans une autre. Dans cette montagne, comme à la Conception, l'or se trouve dans le fer magnétique sablonneux [1], mais aussi on le rencontre dans des masses compactes. Il varie singulièrement pour la couleur; on m'en montra plusieurs lingots qui présentaient une suite de nuances depuis la teinte du plomb jusqu'au plus beau jaune.

A la montagne d'Itabira, comme à celle de la Conception, un filet d'eau très-faible suffit à peine aux besoins des travailleurs, et, pour pouvoir laver l'or, on est obligé d'attendre la saison des pluies. Avant cette époque, le minerai reste exposé à des vols faciles: j'en ai vu des monceaux énormes réduits en poudre et dont la couleur était d'un gris cendré.

Il faisait nuit lorsque je revins de la montagne d'Itabira. Le tonnerre grondait dans le lointain; les éclairs brillaient dans l'atmosphère, et je remarquai qu'ils différaient beaucoup de ceux que l'on voit en Europe. Ils formaient à l'horizon une immense lumière d'une couleur argentée; au milieu d'elle s'élevait un jet plus brillant à peu près semblable à une fusée volante, et ce jet disparaissait avec la lumière elle-même.

Pendant mon séjour à Itabira, je reçus la visite de la plupart des habitants. Je vis, entre autres, le chapelain, qui entendait très-bien le français, et qui m'é-

[1] M. Pires.

tonna par la connaissance qu'il avait de notre littérature. En général, dans tout ce canton, je trouvai beaucoup de gens qui comprenaient bien notre langue, malgré le peu de moyens qu'ils avaient eus pour l'apprendre; ce qui contribue à prouver quelle est la facilité que les habitans des Mines ont pour l'étude. On pourrait encore citer, comme un exemple de l'intelligence naturelle des Mineiros, la création de la fabrique de fusils qui avait été établie dans le vallon de la Penha, près Itabira. Le fondateur de cette fabrique forgeait le fer en poudre, et faisait le charbon qu'il employait; il avait imaginé et fait construire des machines hydrauliques pour souffler le feu et battre le fer; et lui-même avait formé les nègres et les mulâtres qui travaillaient les différentes parties de ses fusils. Nous devons dire, à la louange du gouvernement, qu'il avait cherché à soutenir cet homme industrieux, en lui avançant quelques fonds pour le mettre en état de fabriquer des fusils de munition dont on lui avait fait la commande.

CHAPITRE XIII.

ROUTE D'ITABIRA A VILLA DO PRINCIPE. — MINES DE FER. FORGES DU MORRO DE GASPAR SOARES.

Départ d'Itabira. — Forges de *Girão*. Histoire de l'exploitation des mines de fer au Brésil. — *Fazenda* d'*Escadinha*; ses habitans. — Végétation avant *Itambé*. — Village d'Itambé; ses environs. — Aspect du pays entre Itambé et *Villa do Principe*. — Végétation remarquable des terrains sablonneux. *Venda* de *Ponte Alta*. — *Rio Preto*, *Picão*, rivières. — Village du *Morro de Gaspar Soares*; sa description; son histoire; ses forges; leur produit. — *Venda* de *Sumidouro*. — *Cascavel*, espèce de serpent à sonnettes. — Village de la *Conception*. — *Venda* de *Bandeirinha*. — Le fournier, oiseau appelé dans le pays *joão de barro*. — *Rancho* de *Toporoca*. — Village de *Tapanhuacanga*. — Mœurs des habitans des villages de la province des Mines. — *Lantana pseudo-thea*, thé de piëton. — *Serra da Candonga*; sa végétation; ses pâturages; troupeaux qui y paissent. — *Capoeirão* ou grande *capoeira*. — *Rio das Pedras*. — *Riberão dos Porcos*. — *Rio do Peixe*. — *Rancho* d'*Ouro Fino*, où je tombe malade. — Mon arrivée chez le curé de *Villa do Principe*. — *Carapatos*.

Après avoir passé huit jours à Itabira, je quittai ce riche village, pénétré de reconnaissance pour l'accueil parfait que j'avais reçu des habitans. Chacun s'était empressé de faire quelque chose qui me fût agréable, et toujours sans aucune gêne, sans aucune affectation, avec cette politesse inspirée par le désir d'obliger, qui touchera toujours l'homme honnête qui en sera l'objet.

Dans la province des Mines, les dames, comme on le verra plus tard, n'ont point l'usage de se montrer aux hommes; cependant, au moment de mon départ, le capitaine Pires me présenta à sa femme qui me reçut sans aucun embarras et avec beaucoup d'amabilité.

Mon excellent hôte voulut m'accompagner jusqu'à une certaine distance, et le capitaine Paulo, propriétaire des forges de *Girao*[1] où nous devions nous arrêter, se joignit à nous. Comme partout ailleurs, j'avais été, à mon arrivée à Itabira, l'objet de la curiosité générale, et, lors de mon départ, tous les habitans se mirent aux portes et aux croisées pour me voir passer.

Après avoir fait une lieue, en traversant d'abord la mine de Santa Anna et ensuite de grands bois, nous arrivâmes aux forges de Girao. Elles sont situées dans un fond sur le bord d'un ruisseau et entourées de toutes parts de mornes couverts d'immenses forêts. Un bâtiment sert de logement aux ouvriers; dans un autre, situé plus bas, sont placées les forges, et un troisième, que l'on construisait alors, était destiné à recevoir les esclaves.

Le fer des montagnes de Minas Geraes peut en quelque sorte être considéré comme inépuisable. Il n'est pas

---

[1] Comme on le verra plus tard, on appelle *girao*, dans les Mines, une sorte de lit rustique.

nécessaire d'aller le chercher à grands frais dans les entrailles de la terre : on le trouve à sa surface, et le minerai a donné jusqu'à quatre-vingt-cinq pour cent et davantage¹. Cependant, lorsque le Brésil gémissait encore sous le système colonial, il était défendu à ses habitans de fondre la moindre parcelle de fer, et ceux qui, à chaque pas, foulaient ce métal sous leurs pieds, étaient obligés de recevoir, des négocians de Lisbonne, les instrumens d'agriculture et les outils avec lesquels ils cherchaient l'or dans le fer lui-même. A l'arrivée du roi Jean VI, tout changea de face à cet égard, il fut permis aux Brésiliens de profiter des trésors que la nature leur a prodigués ; l'on vit des forges s'établir dans la province des Mines, et de simples particuliers construisirent, dans leurs maisons, des

---

¹ « *Sans parler de l'or*, à peu près tous les métaux, disent
« Spix et Martius, se rencontrent dans la province des
« Mines. Presque partout il existe du fer qui rend 90 pour
« cent et qui compose l'ensemble de longues chaînes de mon-
« tagnes. On trouve du plomb à *Abaité*, de l'autre côté du
« Rio de S. Francisco ; du cuivre à *Villa do Fanado*, capi-
« tale de Minas Novas ; du chrôme et du manganèse à *Pa-
« raopeba* ; du platine à *Gaspar Soares* et ailleurs ; du mer-
« cure, de l'arsenic, du bismuth, de l'antimoine, de la mine
« de plomb aux alentours de Villa Rica ; des diamans à
« Tijuco, Abaité, etc. ; enfin, à Minas Novas, des topazes
« jaunes, bleues et blanches, des aigues-marines d'un vert
« naissant et d'un vert bleu, des tourmalines rouges et
« vertes, des chrysolithes, des grenats et des améthystes. »
Reis., I, p. 339.)

fourneaux à la catalane, où ils se mirent à fondre le fer pour leur usage.

Ainsi, j'avais vu, à Santa Quiteria, une petite forge de ce genre où l'on fondait à la fois vingt-cinq à trente livres de fer.

Les forges de Girao se composaient de huit fourneaux, construits comme celui du colonel Antonio Thomas, et dans lesquels on pouvait fondre à la fois un arobe de métal (32 liv.). Le feu était entretenu dans les fourneaux par des soufflets pour la plupart mis en mouvement par l'eau. Comme le minerai se trouve à Girao en masses très-compactes, on commençait par le broyer à l'aide d'un bocard, dont le moteur était une roue hydraulique. Une autre roue du même genre faisait mouvoir le marteau destiné à battre le fer. La forge de Girao entretenait environ vingt-cinq ouvriers, dont la moitié se composait d'esclaves. Les autres, libres, et presque tous blancs, étaient nourris et recevaient une valeur d'environ vingt sous par jour. Cette forge, comme on va le voir, présentait tous les élémens de la prospérité; le gouvernement avait concédé au propriétaire, pour la fabrication du charbon, quatre *sesmarias* de forêts; le fer se trouve, de tous les côtés, aux alentours de la forge, et une eau abondante donne les moyens de faire mouvoir les rouages de la fabrique; enfin les terres du voisinage, rouges et argileuses, paraissent être fertiles, et peuvent fournir des vivres aux ouvriers. L'établissement de Girao est encore un de ceux qui attestent l'industrie des Mineiros. Le capitaine Paulo, son propriétaire, n'en avait jamais vû de semblable, et il n'eut d'autres guides dans ses constructions qu'un petit nombre de dessins, laissés aux habitans du pays par le voyageur Mawe.

Le capitaine Pires m'accompagna encore pendant un quart de lieue au-delà des forges. Je ne pouvais être trop reconnaissant de la réception qu'il m'avait faite, et de ses complaisances sans nombre. Il m'avait servi de guide dans toutes mes courses, il m'avait donné des explications intéressantes, et je lui devais des renseignemens précieux sur les mines de son pays. Nous étions, l'un et l'autre, touchés jusqu'aux larmes quand nous nous séparâmes ; il me promit d'aller, à mon retour, me rendre visite à Itajurú, et, comme on le verra, il me donna une nouvelle preuve d'amitié en se montrant fidèle à sa promesse.

Entre Girao et *Escadinha*, petite *fazenda* où je passai la nuit, j'observai une végétation semblable à celle des environs d'Itajurú.

La *fazenda* d'Escadinha est située dans un vallon sur le bord d'un ruisseau, et a une cour entourée de palissades. Elle appartenait à un homme pauvre qui comptait vingt-cinq petits-enfans qu'il avait eus de ses filles. Suivant l'usage assez général dans le pays, la maison du maître est bâtie sur des poteaux, et n'a qu'un étage. On monte au logement par un petit escalier extérieur. Au milieu de la maison est une grande pièce placée immédiatement au-dessous du toit et entièrement ouverte du côté de la cour, ainsi que du côté opposé : à droite et à gauche sont de petites chambres. Une table et quelques bancs formaient tout l'ameublement de cette espèce de salle, au centre de laquelle s'élevait un foyer carré et en pierre. Il faisait nuit lorsque j'arrivai, et, comme la fraîcheur était assez sensible, toute la famille s'était réunie autour du feu. Je remarquai que les enfans avaient la peau très-blanche, et étaient presque tous blonds; des haillons couvraient la plupart d'entre eux, mais ces haillons étaient propres. Mon hôte venait de perdre une de ses filles; il parlait de ce malheur avec résignation, mais avec une douleur profonde; il trouvait toute sa consolation dans la piété de sa fille et dans la soumission qu'elle avait montrée au milieu des souffrances. Ce brave homme se plaignait beaucoup des fermiers de la dîme (*dizimeiros*), qui la laissent perdre dans les *fazendas*, et qui, réclamant sa valeur au bout de deux ou trois ans, frappent ainsi le cultivateur d'un double impôt. Ailleurs, je m'étendrai davantage sur le sujet de ces plaintes, presque générales dans la province des Mines.

Le lendemain, mon hôte m'accompagna jusqu'à une lieue de chez lui, et ne voulut rien accepter pour la dépense que j'avais faite dans sa maison. Je pourrais citer continuellement des preuves semblables d'hospitalité.

Un peu avant *Itambé*, la terre, qui jusque-là avait été argileuse, rouge et compacte, présente tout à coup un mélange de sable blanc et noir entremêlé de rochers; et la végétation change brusquement comme la nature du sol. Dans la terre argileuse croissent de grands bois; dans la terre sablonneuse, ce n'est plus qu'une végétation rare et rabougrie, mais en même temps fort variée; et, ce qu'il y a d'assez remarquable, c'est que cette végétation est presque celle de la partie moyenne de la montagne élevée où j'avais herborisé dans la Serra da Caraça, montagne dont le sol est également formé d'un sable blanc et noir. Près Itambé, comme dans la Serra da Caraça, j'observai des *vellozia*, des mélastomées à petites feuilles, des *eriocaulon* rameux, genre dont les espèces ne croissent guère dans les terrains purement ferrugineux, l'ombellifère à tige droite et à feuilles simples, etc.; et quand l'intervalle sablonneux fut passé, je retrouvai des bois. Enfin, immédiatement avant Itambé, le terrain redevient sablonneux, et la végétation change de face pour la quatrième fois, mais toujours avec quelque différence dans les détails. Tout ceci tend à prouver qu'en certains cas du moins, l'état particulier du sol influe autant sur la végétation qu'une différence considérable dans les hauteurs du terrain. J'en retrouvai une preuve nouvelle pendant mon voyage au Rio Doce; car, dans des terrains formés d'un sable blanc, comme ceux que je viens de décrire, j'observai, à très-peu de distance de la mer, une végétation très-analogue à celle qui s'était présentée à moi bien loin de l'Océan, dans les cantons élevés de la province des Mines.

Le village d'*Itambé*[1], succursale de la paroisse de

---

[1] Des mots indiens *yta aymbe*, pierre à aiguiser. (Voyez *Tesoro de la lengoa*, etc., p. 179.)

la *Conception*[1], est situé, dans une position charmante, sur le bord d'un ruisseau qui porte le même
nom que lui, et qui coule dans un large vallon. Des
mornes s'étendent, par une pente douce, au-dessus
du village, et sont en partie couverts de bois et en
partie revêtus de gazons entremêlés de rochers. Au-
delà de ces mornes s'élèvent des montagnes, où
je n'apercevais alors qu'une herbe jaunâtre, au milieu de laquelle des rochers se montraient épars. Ces
montagnes, situées à une lieue d'Itambé, du côté
de l'ouest, portent le nom d'*Itacolumi* ou *Sete Pec-
cados Mortaes*, à cause de leurs sept sommets : elles
étaient, il y a peu d'années, couvertes de forêts ;
mais, à la suite d'une longue sécheresse, celles-ci
furent réduites en cendres par un incendie qui dura
un mois.

Les bords et le lit de la rivière d'Itambé ont été autrefois exploités par des mineurs, et à l'or qu'ils y trouvèrent est due probablement l'origine du village. Cependant la modicité des produits a fait abandonner ce
genre de travail. L'agriculture ne pouvait guère lui être
substituée, du moins dans les environs ; car ils sont d'une

[1] Par décret du 13 avril 1818, Itambé, ou *Nossa Senhora
da Oliveira de Itambé*, est devenu une succursale de la nouvelle paroisse de *Nossa Senhora do Pilar do Morro de Gaspar Soares*. (Voyez *Mem. hist.*, vol. VIII, p. 2da, p. 140.)
L'Itambé, dont il s'agit ici, ne doit pas être confondu avec
S. Antonio de Itambé, situé à 4 lieues de Villa do Principe
(Piz.). Pour éviter toute erreur, il faudrait appeler ce dernier
endroit *Itambé da Serra*, et l'autre *Itambé de Mato dentro*.

extrême stérilité, et, si l'on excepte un petit nombre de bananiers et d'orangers, plantés auprès des maisons, on ne voit, autour d'Itambé, aucune trace de culture. Ce village est dans un état de décadence dont aucun autre n'offre l'image, et il ne se compose que d'une église et d'environ cent maisons qui, toutes, tombent en ruine; aussi est-ce bien avec raison que l'on répète, dans le pays, ce proverbe déjà cité par un autre voyageur : *A miseriis Itambé, libera nos, Domine;* proverbe que l'on rend de la manière suivante aux environs de Caeté :

> Itabira, Itambé,
> Samambaia et sapé [1],
> Meirinhos de Caeté [2],
> Libera nos, Domine.

On ne doit pas s'étonner si je m'étends aussi longuement sur de simples villages. On sent qu'ils doivent avoir de l'importance dans une contrée où l'on peut voyager bien des jours sans en rencontrer un seul, et des mois sans apercevoir la plus petite ville.

Pour me rendre d'*Itambé* à *Villa do Principe,* je suivis la route royale (*estrada real*) qui va de Villa Rica à Tijuco ; mais, malgré le nom pompeux qu'on lui donne, cette route, bien moins fréquentée que

---

[1] La grande fougère et le *saccharum* qui s'emparent des terrains jadis en culture.

[2] Huissiers de Caeté.

celle de Rio de Janeiro à Villa Rica, n'est, dans certains endroits, qu'un sentier si peu large, que l'on a quelquefois de la peine à en suivre la trace.

Situé à l'ouest de la grande chaîne, et à peu de distance d'elle, tout le pays qui s'étend jusqu'à *Villa do Principe* est encore montueux, et les forêts, qui le couvraient jadis, ont fait place, dans beaucoup d'endroits, à d'immenses pâturages de *capim gordura*. On n'aperçoit, pour ainsi dire, aucune trace de culture ; partout on a sous les yeux l'aspect de la solitude, et trop souvent celui de l'abandon.

Entre Itabira et Itambé, j'étais sorti de la *comarca* de Sabará ou du Rio das Velhas, pour entrer dans celle du Serro do Frio. Sauf de très-courts intervalles, je voyageai neuf mois dans cette immense *comarca*, aujourd'hui la plus grande de toutes, et je n'en sortis, pour n'y plus rentrer, que vers la fin du mois de novembre.

A peine eus-je quitté Itambé, que je commençai à monter au milieu des rochers. Les intervalles que ceux-ci laissent entre eux sont encore remplis par un sable blanc mêlé d'une terre végétale noire. Ensuite viennent des bois ; puis j'arrivai sur un vaste plateau sablonneux et découvert qui termine un morne élevé. Là n'ont jamais existé de forêts : de petits arbrisseaux croissent au milieu des gazons, et la vue s'étend au loin sur des mornes arides entremêlés de bois. On a déjà vu combien les terrains où le sable domine me fournissaient de plantes ; le plateau dont je viens de parler est surtout d'une richesse remarquable. J'y trouvai une foule de mélastomées de deux pieds à deux pieds et demi de hauteur, deux sauvagesiées, une scrophularinée à tiges de deux à trois pieds et à corolles couleur de chair, une élégante *cassia* dont les rameaux peu nombreux se recourbent à la manière de ceux du saule pleureur (*cassia demissa*, N.), une foule d'*eriocaulon*, etc. Cette journée me procura plus de trente espèces que je n'avais point encore, et cependant j'avais déjà visité bien des lieux à peu près analogues.

Dans quelques endroits où les rochers étaient assez multipliés, je rencontrai une petite espèce de palmier rabougri qui croit également dans la Serra da Caraça. A une demi-lieue de *Ponte Alta*, je revis aussi, dans un fond où le terrain était meilleur, l'élégant palmier appelé *andaia* que j'avais aperçu pour la première fois sur la route du Parahyba à Barbacena, et que je n'avais depuis retrouvé qu'à Santa Barbara.

Entre la *venda* de *Ponte Alta*, où je m'arrêtai, et le village de *Morro de Gaspar Soares*, on n'aperçoit que d'immenses pâturages de *capim gordura* entremêlés de quelques bouquets de bois. Au milieu de ces pâturages, on voit, de côté et d'autre, quelques *andaias*, dont les larges feuilles sont agitées par le moindre vent. Ce canton ne présente aucune trace de lavage, et, d'après ce que l'on m'a dit, il a été autrefois cultivé; mais l'apparition du *capim gordura* a décidé les propriétaires à chercher ailleurs des bois qu'ils pussent encore détruire. Dans un pays où tant de terrains sont libres et incultes, l'homme peut s'abandonner à toute son inconstance naturelle, et poursuivre ce mieux idéal qui sans cesse tourmente son imagination.

Il serait facile de profiter des vastes pâturages dont je viens de parler pour y faire de nombreux élèves de bestiaux; mais à peine aperçoit-on quelque vache de loin en loin.

A quelque distance de Gaspar Soares, je traversai le *Rio Preto* (la rivière noire), qui doit son nom à la couleur que ses eaux, parfaitement limpides, empruntent du lit sur lequel elles coulent. Un peu plus loin, je passai plusieurs fois le *Picão*, qui, comme le Rio Preto, se jette dans le *Rio de S. Antonio*, dont les eaux vont se réunir au Rio Doce.

Le village de *Morro de Gaspar Soares*, situé à environ cinq lieues d'Itambé, n'est qu'une succursale de la paroisse de la Conception [1], et doit son nom au gérant d'une des plus anciennes minières qui aient été exploitées dans le pays. On avait voulu le faire appeler *Morro de Nossa Senhora do Pilar,* parce que son église a été bâtie sous l'invocation de Notre-Dame du

---

[1] Par décret du 13 avril 1818, ce village est devenu, depuis mon voyage, le chef-lieu d'une paroisse qui comprend cinq succursales, savoir, *N. S. da Oliveira de Itambé* dont j'ai déjà parlé plus haut, *S. Antonio do Rio Abaixo, N. S. do Rosario, Santa Anna dos Ferros* et *Joanninha.* Cette nouvelle paroisse comprend 6,420 à 7,000 âmes. Gaspar Soares est éloigné de 27 lieues de Marianna, et de 107 de Rio de Janeiro. (Voyez *Memorias historicas*, vol. VIII, p. 2da, p. 140.)

Pilier; mais le nom le plus ancien a toujours prévalu.

Ce village doit probablement son origine à des lavages importans qui y existèrent autrefois, et qui sont actuellement abandonnés. Quoiqu'on trouve encore aujourd'hui de l'or dans le lit du Rio Preto et à la surface des mornes, ce métal n'est pas l'objet d'une exploitation régulière et habituelle. Seulement quand les propriétaires d'esclaves n'ont point d'occupation à leur donner, ils les envoient chercher de l'or. Chaque esclave est tenu d'en apporter à son maître une certaine quantité, et il est châtié quand il ne fournit pas ce qui est exigé de lui.

Entre des mornes qui renferment un espace à peu près circulaire, est une colline allongée beaucoup moins élevée qu'eux, et qui ressemble à une espèce de chaussée. C'est sur la crête de cette colline qu'est construit le village de *Morro de Gaspar Soares*. Les montagnes qui l'entourent du côté de la droite, quand on se rend à Villa do Principe, ont leurs flancs couverts de gazons et leurs sommets couronnés de bois vierges. Sur celle de la gauche est une maison très-grande et bien bâtie qui appartient au *capitão mór*, et un peu plus loin, mais sur un plan un peu inférieur, s'élèvent en amphithéâtre les bâtimens des forges royales, auxquels aboutissent des chemins fort larges et bien ménagés qui circulent sur le penchant de la montagne.

Le village de Gaspar Soares se compose d'un petit nombre de maisons qui, comme celles de tant d'autres bourgades, n'annoncent que la décadence. Presque aucune n'est blanchie, et la terre rouge, qui a servi à les bâtir, se montre de toutes parts.

Je traversai ce misérable village pour me rendre aux forges royales, et j'allai remettre, au maître fondeur Schœnwolff, une lettre de recommandation que j'avais pour lui. Ce bon Allemand fut charmé d'avoir l'occasion de parler sa langue qu'il avait beaucoup oubliée, et il me montra tout l'établissement avec une extrême complaisance.

Après l'émancipation du Brésil, l'intendant des Diamans, M. Manoel Ferreira da Camara Bethancourt e Sa choisit le Morro de Gaspar Soares pour y établir des forges [1] où l'on fondit le fer dont on avait besoin dans l'exploitation des diamans. On pouvait regretter sans doute que Gaspar Soares ne fût pas plus rapproché de Tijuco, chef-lieu du District des Diamans, où l'intendant faisait sa résidence ; on pouvait regretter encore que l'eau fût aussi peu abondante dans cet endroit ; mais du moins, on devait le reconnaître, le fer s'y trouve en prodigieuse quantité, et le minerai y est si riche qu'il donne quatre-vingt-cinq pour cent [2].

« Pour donner plus d'étendue aux forges, disent

[1] L'établissement des forges de Gaspar Soares date, suivant Spix et Martius, de l'année 1812.

[2] « Quelques voix se sont élevées contre le choix de ce « lieu, indiquant, comme des inconvéniens graves, sa po- « sition élevée et le peu d'eau que l'on y trouve ; mais l'in- « tendant des Diamans a su affaiblir ces reproches, en « offrant au gouvernement de prendre pour son compte l'é-

« MM. Spix et Martius (*Reis. in Bras.*, I, 426);
« Da Camara, ami des grandes entreprises, a formé le
« projet de réunir le Rio de S. Antonio avec le Rio
« Doce, afin de pouvoir expédier par eau le fer
« de Gaspar Soares, et de recevoir ensuite, par la
« même voie, le sel et les marchandises étrangères[1].
« C'est ce projet qui a principalement décidé l'inten-
« dant des Diamans à établir les forges royales à Gas-
« par Soares. »

On construisit d'abord un haut fourneau sur le plan de ceux d'Allemagne, qui sont le mieux entendus, et l'on fit venir un fondeur allemand pour diriger les opérations. Ce fourneau a vingt-huit pieds de profondeur; son ouverture supérieure en a trois de diamètre, et l'on

« tablissement tout entier, et de payer les frais. » (Spix et Mart., *Reis in Bras.*, I, p. 426.)

[1] Dans les neuf provinces que j'ai parcourues, je ne crois pas qu'il existe d'autres canaux que celui dont je parlerai tout à l'heure, et qui mérite plutôt le nom de fossé, et un second très-peu étendu creusé par les jésuites dans la province du Saint-Esprit. Ceux qui connaissent le Brésil doivent savoir, au reste, que le temps n'est pas encore venu où l'on pourra, dans ce pays comme en Europe, ouvrir des canaux et rendre des rivières navigables. Mais il n'est pas moins vrai que le plan, dont il est question plus haut, a été heureusement conçu et serait très-probablement d'une exécution peu difficile. Je dois faire observer cependant qu'il ne s'agirait pas de réunir le Rio de S. Antonio au Rio Doce, puisque ce fleuve reçoit naturellement les eaux du S. Antonio.

y pouvait fondre trente quintaux de minerai à la fois. Comme il ne se trouve dans le voisinage de la forge aucune chute d'eau naturelle, on creusa, à un quart de lieue de l'établissement, un grand réservoir d'où s'échappe l'eau destinée à mettre en mouvement les marteaux et les soufflets. Ce réservoir, disposé comme nos étangs, est d'une forme allongée, et sa chaussée, construite dans la largeur, à quatre cents et tant de palmes (360 pieds). L'eau en sort par deux ouvertures que l'on ouvre et que l'on ferme à volonté. Au-dessous de ce réservoir en est un autre moins grand dans lequel passe l'eau du premier, et qui n'a qu'une ouverture.

Le bâtiment où est renfermé le haut fourneau n'a que vingt-huit pas (environ 84 pieds) de longueur ; à son peu d'étendue se joint une élévation fort médiocre, et l'air n'y pénètre que par deux portes et quelques œils-de-bœuf ouverts dans les murailles. Il est facile de sentir combien, sous les tropiques, la chaleur devait être insupportable aux ouvriers dans un local aussi resserré. Mais un inconvénient bien plus grave encore, ne tarda pas à se faire sentir. On n'avait pas forgé plus de deux mille quintaux de fer que l'on fut obligé d'interrompre le travail ; non-seulement parce que l'eau manquait, mais aussi parce qu'on s'aperçut que les pierres du pays ne pouvaient résister à la force du feu. Ainsi ce haut fourneau, construit à grands frais, devint inutile.

Cependant on ne se découragea point. L'intendant demanda au gouvernement la permission de faire venir d'Angleterre des pierres capables de résister au feu ; et en attendant, il ordonna que sur une plate-forme qui s'étend au-dessous des anciennes forges, on en construisît d'autres. On était occupé à les bâtir, lorsque je passai pour la première fois au Morro de Gaspar Soares; mais, à mon retour, qui eut lieu au bout d'un an, je les trouvai achevées. Elles se composent de trois fourneaux à la catalane; mais depuis que ces fourneaux existaient, la disette d'eau avait empêché de travailler plus de deux ou trois fois par semaine. On n'avait donc pas entièrement tort quand on se plaignait dans le pays de ce que les forges avaient été établies dans un lieu où l'eau était insuffisante; cependant il faut dire aussi qu'il avait plu très-peu dans le courant de l'année, et que les étangs n'avaient pu se remplir.

Au reste, l'intendant toujours actif, luttant toujours contre les obstacles, voulut triompher encore de celui qu'opposait le peu d'abondance de l'eau. Plus bas que les secondes forges dont j'ai déjà parlé, on construisait par ses ordres, lors de mon retour, un bâtiment destiné encore à de nouveaux fourneaux qui ne devaient point être mis en activité par l'eau des étangs. Au-dessous du village coule le ruisseau appelé Picão, dont j'ai eu l'occasion de dire un mot, et qui a sa source dans les montagnes voisines. L'intendant eut l'idée extrêmement heureuse de faire un canal qui, large de dix palmes (environ 7 pieds 6 pouces), doit avoir une demi-lieue de longueur, et qui, prenant les eaux du ruisseau à leur naissance, pourra dans toutes les saisons mettre les forges en mouvement. Dans la partie la plus voisine de ces dernières, il a fallu que ce canal, déjà commencé à l'époque de mon voyage, traversât le morne dans une longueur de trois cents palmes (225 pieds environ), et la voûte que l'on a pratiquée à cet effet a été revêtue intérieurement de pièces de bois. Presque partout où le canal avait été creusé, il traversait la mine de fer; le minerai avait été brisé, et il devait être fondu dans les forges, après avoir été amené sur le canal même dans de petites pirogues. Enfin, comme celui-ci devait passer par de grands bois avant d'arriver au Morro, on avait le projet de faire sur ses bords du charbon que l'on devait embarquer comme le minerai.

Pour compléter la description de l'établissement du Morro, je dirai que, fort au-dessous des nouvelles forges, on construit, à peu près sur le modèle d'une des figures de l'architecture hydraulique de Belidor, un moulin qui est mis en mouvement par les mêmes eaux qui ont servi pour les forges.

Deux évaluations entièrement différentes portaient les dépenses qui avaient été faites pour l'établissement du Morro de Gaspar Soares, l'une à cent trente mille cruzades (325,000 fr.), et l'autre à deux cent quarante mille (600,000 fr.). Nous n'examinerons point laquelle de ces deux évaluations est véritable, ou si l'une et l'autre manquent également d'exactitude. Nous dirons seulement, d'après le témoignage d'un homme qui avait pu voir les choses de très-près, que ce qui a beaucoup contribué à augmenter les frais de l'établissement, c'est la quantité de bâtimens et de charpentes que l'on a élevés et détruits tour à tour. On n'a jamais remis de plan aux maîtres ouvriers; on a toujours suivi dès à peu près, et quand un bâtiment se trouvait trop élevé, on l'abaissait, ou, si on le jugeait trop petit, on le faisait abattre pour en construire un autre plus grand. De tels tâtonnemens seraient sans doute inexcusables en Europe; mais ils l'étaient beaucoup moins dans un pays où l'on n'avait encore aucun modèle à imiter, et où des souvenirs et des livres trop souvent inexacts et incomplets pouvaient seuls servir de guides.

Jusqu'au commencement de 1818, le fer fondu au Morro de Gaspar Soares avait été envoyé à Tijuco, si on en excepte pourtant quelques quantités peu considérables, que l'on avait cédées aux hommes employés dans les forges, et dont on avait déduit la valeur sur leurs appointemens. On avait essayé de faire le transport sur des chariots attelés de bœufs; mais ensuite on ne s'était plus servi que de mulets. Le fer arrivait en barres dans le District des Diamans; on faisait travailler dans les différens *services*[1] les quantités dont on avait besoin, et l'on vendait le reste.

Sous l'intendant, un administrateur est chargé de diriger les forges de Gaspar Soares, et reçoit quatre cent mille reis (2,500 francs) d'appointemens. Cent et quelques ouvriers sont employés dans l'établissement, et payés à la journée, en raison de ce qu'ils sont capables de faire : le prix moyen est d'environ six *vintēis* d'or (1 fr. 40 c.). Les esclaves que l'on loue à leur maître sont payés sur le pied de trois *vintēis* (70 c.), et nourris comme ceux du District des Diamans.

[1] Comme on le verra par la suite, chaque exploitation de diamans porte le nom de *service* (*serviço*).

Quand l'intendant est au Morro, il anime les travailleurs par son activité; mais à peine est-il parti, que tout devient languissant. Dans un pays où la chaleur invite à la paresse, où l'homme a peu de besoins, où le travail, en quelque sorte entaché de honte, semble devoir être le partage des esclaves, rien n'est plus difficile que de fixer les ouvriers libres; aussi l'administrateur calculait-il que tous les mois il y avait en général un millier de journées de manque.

Chaque maître ouvrier, fondeur, charpentier, serrurier, etc., a la liste de ses ouvriers, et doit pointer ceux qui ne se présentent pas; mais le roi, m'a-t-on dit, a souvent payé les journées d'hommes qui étaient fort loin des forges, ou dont les employés se servaient pour tout autre chose que pour le service de l'établissement.

S'il est un pays où le gouvernement ne doive point former de manufactures pour son compte, c'est surtout le Brésil. La paresse, et peut-être une indulgence naturelle portée à l'excès, doivent rendre peu active une surveillance qui n'a point pour mobile un intérêt personnel immédiat. D'ailleurs, il faut l'avouer, le relâchement des liens sociaux, causé par le système colonial, par l'admission de l'esclavage, par l'espèce de dégradation où était tombée la métropole, enfin par les mauvais exemples des Européens, avait dû rendre la probité plus rare encore chez les Brésiliens que chez beaucoup d'autres peuples, et par conséquent le gouvernement était un de ceux qui couraient le plus de chances d'être trompé.

Je couchai à Gaspar Soares dans une auberge qui

avait été autrefois très-commode pour les voyageurs, mais que le propriétaire négligeait entièrement. Ce n'était plus qu'une masure qui tombait en ruine de tous les côtés, que l'on ne nettoyait jamais, où les pourceaux entraient en toute liberté, et qui servait de repaire aux chauves-souris.

Le pays qui s'étend au-delà de Gaspar Soares présente de bonnes terres. Il a été cultivé autrefois; mais malgré les ressources qu'il pourrait offrir encore, les habitans l'ont abandonné pour se retirer près des *Botocudos*, dans le canton appelé *Os Ferros* (les fers).

Le botaniste a peu de plantes à espérer entre Gaspar Soares et la *venda* de *Sumidouro* (gouffre), où je passai la nuit. Les bois me parurent offrir dans leur ensemble une végétation à peu près semblable à celle des forêts de Rio de Janeiro; cependant les arbres ont en général moins de vigueur, et l'on ne voit au milieu d'eux aucune de ces lianes immenses qui étonnent par les effets bizarres qu'elles produisent.

Près de *Sumidouro*, j'eus le plaisir de joindre à mes collections un individu de l'espèce de serpent à sonnettes du pays (*cascavel*), espèce si dangereuse, que sa morsure peut faire périr au bout de vingt-quatre heures. L'animal était au milieu du chemin lorsque mes mulets passèrent; il se retira tranquillement sur la lisière du bois qui bordait la route, et mon muletier put lui tirer un coup de pistolet presque à bout portant, ce qui prouve combien cette sorte de reptile a peu de vivacité.

La *venda* de *Sumidouro* est située dans un fond sur

le bord du Rio de S. Antonio dont j'ai déjà parlé, et qui, outre les eaux du Picão et du Rio Preto, reçoit encore celles du *Rio d'Itambé*, et enfin du *Rio Mata Cavallos*, que l'on passe à quelque distance de Gaspar Soares. On trouve de l'or dans le voisinage de Sumidouro; mais ce métal n'est pas ici assez abondant pour mériter qu'on forme pour l'extraire des établissemens un peu considérables [1]. On m'a aussi assuré que l'ipécacuanha (*cephaëlis ipecacuanha*) [2] croissait communément dans ce canton : les nègres qui vont le recueillir le vendent six cents reis (3 fr. 75 c.) la livre.

Entre Sumidouro et la Conception, sur le sommet d'un morne très-haut d'où l'on découvre tout le pays d'alentour, et même les montagnes d'Itabira, je trouvai quelques jolies mélastomées au milieu du *capim gordura*. Cette exception est fort remarquable, sans doute; mais il paraît qu'elle se reproduit en général dans les lieux élevés, et que, si le *capim gordura* parvient à s'y introduire, il ne s'y empare pas aussi exclusivement du terrain; c'est du moins ce que j'observai encore à mon retour, dans la grande chaîne occidentale de *Congonhas*, et ce que je vis aussi à l'endroit appelé *Mato Grosso*, au-delà de la Conception. Avant d'arriver à ce village, c'est un *saccharum* à tige droite, à feuilles roides et horizontales, que l'on voit dominer

---

[1] C'est à peu de distance de Sumidouro que se trouve le platine, signalé il y a déjà long-temps par M. Mawe (*Travels in the interior of Brazil*, p. 209).

[2] Voyez les *Plantes usuelles des Brésiliens*, n° VI.

dans les pâturages. Cette espèce est commune dans plusieurs parties de la province des Mines.

Le village de la Conception (*Nossa Senhora da Conceição de Mato dentro*) est le chef-lieu d'une paroisse dont la longueur est de quarante lieues, mais où l'on comprend sans doute des forêts inhabitées qui doivent s'étendre vers l'est [1]. Ce village est situé dans un fond, sur le bord d'un ruisseau qui porte le même nom que lui. De tous les côtés il est entouré par des collines arides et découvertes, qui ne sont nullement propres à la culture. Sur quelques-unes cependant croît encore du *capim gordura*; sur d'autres, on trouve avec des malvacées le *saccharum* dont j'ai parlé tout à l'heure; celles enfin que l'on descend avant d'arriver au village présentent en abondance une singulière espèce de composée à tige arborescente et noirâtre et à feuilles blanches, que l'on connaît dans le pays sous le nom de *candeia* (*lychnophora Mart.*), et qui paraît naturelle aux terrains ferrugineux. La Conception peut avoir environ deux cents maisons

[1] Cette étendue ne peut plus être la même aujourd'hui, puisque, comme on l'a vu plus haut dans une note, la paroisse de N. S. da Conceição de Mato dentro a été divisée par décret du 13 avril 1811. Elle comprend encore pour succursales (*conta por suas filiaes as Capellas ou Ermidas*) *N. S. da Apparecida dos Corregos, S. Antonio da Tapera, Santa Anna das Congonhas, S. Francisco da Paraúna, S. Domingos do Rio do Peixe*, enfin *N. S. do Porto de Guanhaens*. N. S. da Conceição est situé par le 19° deg. de lat. et 339 deg. 18′ long. (Voyez *Mem. hist.*, vol. VIII, p. 2da, p. 139.)

qui forment deux rues parallèles. Si j'excepte Itambé, de tous les villages que j'avais vus jusqu'alors, il n'en est aucun qui présente comme celui-ci l'aspect de la décadence et de la misère. Ce village n'a jamais été sans doute ce que furent jadis Inficionado et Catas Altas ; cependant la construction des maisons prouve que leurs premiers habitans étaient dans l'aisance. A cette époque, l'or se tirait sans peine des terrains qui avoisinent le village ; mais les mines se sont appauvries, et les propriétaires actuels ne sont pas assez riches pour les faire exploiter. Ils s'éloignent successivement d'un pays qui ne fournit plus d'or et qui n'est point propre à l'agriculture ; l'herbe qui croît dans les rues de la Conception cache presque entièrement les pierres dont elles sont pavées ; un grand nombre de maisons a déjà été abandonné, et les autres tombent en ruine.

J'allai faire halte à un quart de lieue de la Conception, dans une misérable auberge appelée *Bandeirinha*. Devant la maison était une croix sur laquelle plusieurs individus d'une espèce de *furnarius*, Vieill. avaient construit leurs nids. Je fis enlever l'un d'eux, et je pus l'examiner avec soin. Il était construit avec de la terre glaise, mêlée de crins et de brins d'herbes, et sa dureté était extrême. Sa forme était celle d'un four, et il pouvait avoir neuf pouces de diamètre, y compris la croûte qui était épaisse d'environ un pouce à un pouce et demi. L'entrée était ovale, un peu oblique, et avait à peu près trois pouces de hauteur. L'intérieur répondait à l'extérieur, et était également arrondi comme un four [1]. A chaque ponte l'oiseau construit un nouveau nid; mais l'ancien dure plusieurs années, et quelquefois il sert de base à celui qui lui succède. Ce nid singulier a valu à l'oiseau qui en est l'architecte le nom de *joão do barro* ou *jean de la terre glaise*, qu'il porte dans le pays. Le *joão do barro* n'a, du reste, rien dans son plumage qui attire l'attention; mais il est du nombre de ces espèces qui semblent amies de l'homme, et se plaisent dans le voisinage de nos habitations.

Avant de quitter Bandeirinha, mon muletier ayant été blessé en plusieurs endroits de la jambe par un de mes mulets, appliqua du coton sur les blessures, et y mit le feu. Il m'assura que c'était le moyen curatif que l'on employait généralement en pareille circonstance; mais il est difficile de voir dans ce remède autre chose qu'une augmentation de mal.

En sortant de Bandeirinha, je suivis un chemin plus court que la route anciennement tracée, et qui va la rejoindre à environ une lieue de *Tocoropa*: ce chemin porte le nom de *Caminho Novo*. Je trouvai d'abord des collines arides semblables à celles qui entourent le village de la Conception; mais bientôt les mornes sont plus élevés, la terre devient meilleure, et elle se couvre

[1] J'avais déjà observé des nids semblables sur des branches d'arbres près de Queluz; mais ces derniers étaient divisés en deux cellules par une cloison, comme ceux qui ont été décrits par les auteurs. Y aurait-il ici deux espèces, ou bien la cloison des nids observés à Bandeirinha avait-elle été détruite?

d'un épais *capim gordura*. Un peu avant d'arriver à cet endroit, je comptai, dans un espace de cinq à six arpens, plusieurs centaines de bêtes à cornes : c'était la réunion la plus considérable de bestiaux que j'eusse observée depuis que j'étais dans la province des Mines, où l'on pourrait en élever un si grand nombre.

Après avoir perdu de vue la vallée aride où est bâtie le village de la Conception, je côtoyai pendant quelque temps la rivière de S. Antonio, dont les eaux troubles et d'un jaune rougeâtre attestaient les travaux des mineurs. Le pays est en général très-bien arrosé, comme toute la partie de la province des Mines que j'avais parcourue jusqu'alors. Dans les fonds, sur le bord des ruisseaux, j'apercevais de loin en loin des chaumières à demi ruinées, habitées par des hommes de couleur, et quelques-unes de ces misérables demeures m'étaient annoncées d'avance par le bruit monotone de la *manjola*. A environ une lieue de Bandeirinha, je commençai à découvrir une montagne élevée qui domine toutes les autres, et la même vue se représenta à moi toutes les fois que je me trouvai sur des hauteurs; je parvins enfin au pied de la montagne, qui se termine par deux sommets égaux comme une mître d'évêque, et bientôt j'arrivai au misérable *rancho* de *Toporoca*[1], où je passai la nuit.

Les terres des environs de *Toporoca* sont bonnes, mais il n'y a point de bras pour les cultiver. Dans ce

---

[1] Ce nom vient peut-être des mots indiens qui signifient des *yeux affligés*.

canton, on trouve de l'or d'une couleur rougeâtre, mais seulement en petite quantité.

Aussitôt après avoir quitté Toporoca, je montai sur une montagne où, de tous les côtés, les rochers se montrent à nu au milieu d'un terrain sablonneux. Cette nature de sol que j'avais déjà observée, comme on l'a vu, dans la Serra da Caraça et près d'Itambé, ne produit à la vérité qu'une végétation naine; mais cette végétation est aussi variée qu'intéressante. Sur la montagne dont je viens de parler, je trouvai, entre autres, un *vellozia,* que je n'avais point encore recueilli, un sous-arbrisseau appartenant à la famille des laurinées, une charmante mélastomée à fleurs jaunes, deux gentianées, plantes d'une famille qui, dans la partie orientale de la province des Mines, se rencontre uniquement dans les lieux élevés, etc.

Le village de *Tapanhuacanga* [1], où j'allai passer la nuit, est situé dans une vallée, à environ huit ou dix lieues de la Conception, et peut avoir une centaine de maisons qui bordent les deux côtés de la route. Il est entouré de montagnes qui s'élèvent sur des plans inégaux; mais beaucoup plus rapproché de celles qu'on découvre vers le couchant, il domine lui-même un

[1] Tapanhuacanga ou *S. Jozé de Tapanhuacanga,* succursale de Villa do Principe, est situé à 4 l. de cette ville, et non à 7 l., comme le dit Pizarro. Le mot *tapanhuacanga* vient évidemment des deux mots de la *lingoa geral, tapanhúna,* noire, et *acanga,* tête. Ces deux mots présentent un sens complet, et écrire *Itapanhuacanga,* avec l'auteur des *Memorias,* c'est s'écarter de la prononciation usitée dans le pays. Je

AU BRÉSIL. 315

vallon où coule un petit ruisseau. Les hauteurs qui, comme je viens de le dire, environnent le village, présentent une grande variété, non-seulement dans leur élévation, mais encore dans leur aspect. Les plus rapprochées sont couvertes de pâturages, au milieu desquels on voit quelques arbres et de nombreuses habitations de termites ; plus loin, d'autres montagnes présentent de sombres bois vierges ; d'autres enfin laissent apercevoir de grands rochers nus au milieu d'une herbe dont la couleur, d'un vert jaunâtre, fait paraître encore plus obscures les teintes des forêts voisines. L'église de Tapanhuacanga est bâtie sur une petite plate-forme, vers le milieu de la longueur de la rue, et domine les maisons du village. Celles-ci sont petites et basses : elles n'ont en général qu'un rez-de-chaussée, mais toutes sont couvertes en tuiles, et l'on voit qu'autrefois elles ont été blanchies ; enfin derrière chacune d'elles sont plantés, suivant la coutume, quelques pieds épars d'orangers, de caféyers, de bananiers. L'ensemble que je viens de décrire produit un effet très-agréable, et l'on ne peut s'empêcher de déplorer l'état d'abandon où est actuellement ce village, qui avait dû à ses mines d'or sa fondation et

n'ai pas besoin de rappeler que l'on ne dit point *Tapinhacanga*, ainsi que l'a fait un certain voyageur. Casal indique comme imaginaire le lieu que le même voyageur appelle *Corvos*, et que celui-ci place entre la Conception et Tapanhuacanga. Je devine qu'on aura fait Corvos de *N. S. da Apparecida dos Corregos*, lieu qui, suivant l'auteur des *Memorias*, est situé à 3 l. de la Conception.

sa prospérité éphémère. Aujourd'hui, presque toutes les maisons tombent en ruine, et plus de la moitié d'entre elles reste sans habitans. Vers le milieu du village en est une fort belle; elle avait été bâtie avec soin; les plafonds sont peints et en dôme, et l'on voit aux croisées, des jalousies très-bien faites; cependant elle est déserte, comme tant d'autres.

Il existe toujours de l'or dans le lit du ruisseau d'*Arraial de baixo*, qui coule au-dessous du village; mais on n'a pour l'extraire ni esclaves ni argent, et on l'abandonne à quelques *faiscadores* auxquels il fournit leur subsistance journalière.

L'histoire des villages qui doivent leur origine à la présence de l'or est toujours la même. Ils ont été florissans tant que les mines ont été riches ou faciles à exploiter; quand elles se sont épuisées, les habitans se sont retirés ailleurs. Les mineurs n'auraient dû former qu'une population nomade; mais ils s'aveuglèrent sur la nature de leurs richesses, et ils précipitèrent leur ruine en fondant des établissemens fixes qu'il fallut bientôt abandonner. L'or qu'ils avaient tiré de la terre n'a servi qu'à la prospérité des étrangers, et leurs descendans sont restés pauvres [1].

Ayant déjà décrit la situation et l'état actuel d'un assez grand nombre de villages, je crois devoir dire un

[1] Les premiers établissemens des mineurs n'étaient réellement que des espèces de camps où l'on construisait des huttes semblables à celles des Bohémiens (*Ciganos*). Voyez South., *Hist. of Braz.*, vol. III, p. 55. Le nom d'*arraial*, que portent encore aujourd'hui les villages des Mines, ne signi-

mot de leurs habitans. Dans les cantons aurifères, comme dans les pays purement agricoles, les cultivateurs ne viennent guère au village que pour assister à la messe du dimanche et des fêtes, et leurs maisons restent fermées pendant les jours ouvrables. La population habituelle des villages est, en général, composée presque tout entière de gens de couleur, cabaretiers et ouvriers. Ces hommes, naturellement sobres et étrangers à cette foule de besoins que nous imposent nos climats froids, peuvent, sans aucun inconvénient, se livrer à cette nonchalance, si naturelle dans les contrées situées entre les tropiques. Quand ils ont de la farine pour la journée, quelques haricots et un morceau de citrouille, ce serait souvent en vain qu'on leur offrirait de l'argent pour les faire travailler ; et, dans le cours de mes voyages, j'ai presque toujours eu besoin de protecteurs pour obtenir des ouvriers les objets qui m'étaient nécessaires. La gaîté qui anime nos paysans est étrangère aux habitans des villages de la province des Mines. A l'exception des tournois (*cavalhadas*) qui se célèbrent quelquefois à l'époque de la Pentecôte, ils ne connaissent d'autre divertissement qu'une danse que la décence permet à peine de citer, et qui pourtant est devenue presque nationale (le *batuque*).

fie pas autre chose que camp. Mais les mineurs étaient pressés de jouir, et les *arraiaes* se métamorphosèrent bientôt en bourgs et en villes. Ainsi, Marianna, qui, en 1700, époque de la découverte de son territoire, ne fut d'abord qu'un lieu de campement, était déjà devenu une ville en 1711.

Leur bonheur, c'est de ne rien faire; leurs plaisirs sont de la débauche. Triste fruit de l'esclavage, des mulâtresses prostituées se trouvent dans tous les villages [1], et doivent nécessairement y entretenir cette dépravation de mœurs à laquelle n'excitent déjà que trop la chaleur du climat, l'ennui et l'oisiveté.

Je ne quittai point Tapanhuacanga sans aller herboriser dans les montagnes appelées *Serra da Candonga* qui dominent le village du côté de l'ouest. Après avoir traversé le vallon où coule le ruisseau d'Arraial de Baixo, je franchis une *capoeira* très-serrée, puis j'entrai dans un bois vierge, et j'arrivai à des montagnes où de grands rochers quartzeux se montrent à découvert. J'y trouvai des mélastomées et plusieurs utriculaires sans feuilles; mais la plante qui méritait le plus mon attention est un *lantana* (*lantana pseudo-thea*, N.) [2], qu'on connaît dans le pays sous le nom de *capitão do mato* (capitaine des bois) ou *chá de pedreste* (thé de piéton). Cette espèce, très-aromatique, a des feuilles visqueuses; on fait sécher celles-ci, et leur décoction fournit une boisson extrêmement agréable que je préférais au thé, et qui, avec une saveur beaucoup plus prononcée, n'aurait pas sans doute les mêmes inconvéniens. D'ailleurs, la Serra da Candonga ne me fournit point autant de

---

[1] S'il est des exceptions, je crois qu'elles sont bien rares.
[2] Je dois avertir que je la nomme *lantana* sans en avoir vu les fruits. Cette espèce se retrouve dans le District des Diamans.

plantes que je l'avais espéré, parce que les cimes les plus hautes, quand elles n'offrent pas de rochers, sont presque entièrement couvertes d'une graminée à feuilles roulées et menues qui laisse peu de place aux autres végétaux. Parvenu sur un des sommets les plus élevés, je découvris une immense étendue de montagnes presque toutes boisées et de différentes hauteurs, parmi lesquelles le village de Tapanhuacanga, que l'on apercevait dans un fond, répandait un peu de variété.

Je vis, dans la Serra da Candonga, quelques bêtes à cornes; elles errent la nuit et le jour dans ces vastes solitudes; elles y perdent l'habitude d'entendre la voix de l'homme, et, quand on veut les ramener au village, soit pour en vendre ou en tuer quelques-unes, soit pour leur donner du sel, ce que l'on fait rarement, on les chasse avec des chiens. Cependant les propriétaires de ces bestiaux en perdent très-souvent : quelques-uns sont mangés par les bêtes sauvages, et d'autres sont tués par les nègres fugitifs, qui en font sécher la chair dans les lieux les moins accessibles.

En quittant Tapanhuacanga, je passai par un de ces grands bois qui ne sont point vierges et qu'on appelle *capoeirão* (grande *capoeira*). Lorsqu'on est long-temps sans couper des *capoeiras*, et que les bestiaux n'y pénètrent point, de grands arbres finissent par prendre la place des *baccharis* et autres arbrisseaux qui composent les *capoeiras*. Ces bois ne sont pas communs, parce que les circonstances qui les font naître se rencontrent rarement; au premier aspect, on les prendrait pour des forêts vierges; cependant on peut les distinguer de celles-ci, parce qu'ils n'ont pas une aussi grande vigueur, que la verdure y est moins sombre, et que les arbres et les arbrisseaux y sont généralement moins serrés les uns contre les autres.

A quelque distance de Tapanhuacanga, le chemin traverse un ruisseau appelé *Rio das Pedras*. Un pont en bois a été construit sur ce ruisseau; mais il était en si mauvais état, que les mulets ne pouvaient le passer sans danger, et cependant deux ou trois journées de travail auraient suffi pour le réparer. J'aurais pu déjà citer, depuis le commencement de mon voyage, une foule d'exemples d'une négligence semblable.

Après avoir passé le *Riberão dos Porcos*, et ensuite le *Rio do Peixe*, j'arrivai au *rancho* d'*Ouro Fino*, qui était tenu par des nègres, et, comme il était tard, je me décidai à y passer la nuit, quoique nous ne fussions plus qu'à une lieue de Villa do Principe.

Avant de quitter Tapanhuacanga, je m'étais déjà senti très-fatigué; mais j'espérai que cette indisposition n'aurait pas de suite, et je me mis en route. Cependant je souffris beaucoup dans le chemin, et, toutes les fois que je descendais de mon mulet pour recueillir quelque plante, j'éprouvais des étourdissemens et j'avais de la peine à remonter. A mon arrivée à *Ouro Fino*, la fièvre se déclara. Tout manquait dans le misérable *rancho* où je m'étais arrêté; mais ce que j'y trouvais de plus désagréable, c'était le bruit qui s'y faisait continuellement entendre, principalement le soir. Le moment de la prière était cruel pour moi. Aux personnes de la maison se joignait Manoel da Silva et les nègres d'une caravane qui était depuis plusieurs jours à Ouro Fino. Ces bonnes gens chantaient d'une voix assez juste, mais criaient si fort qu'ils faisaient hurler tous les chiens du voisinage. Après la prière, il fallait entendre une guitare, sur laquelle le plus opiniâtre des musiciens répétait, pendant des heures entières, trois ou quatre notes éternellement les mêmes. Pendant la nuit, les nègres dansaient en battant des mains et en frappant la terre de leurs pieds; enfin, lorsque tout ce vacarme avait cessé, et que chacun commençait à dormir, un bœuf affamé de sel venait lécher sans relâche le volet de ma chambre, et produisait le bruit le plus monotone. J'avais une lettre de recommandation de M. João Rodrigues Pereira de Almeida pour son parent le curé de Villa do Principe. Je me décidai à envoyer cette lettre; le curé, homme excellent, eut l'honnêteté d'emprunter pour moi une litière, et, après avoir passé quelques jours malade à Ouro Fino, je fus transporté à Villa do Principe. Ce fut le curé lui-même qui voulut bien me recevoir, et je trouvai chez lui tous les soins de la maison paternelle.

Lorsque je commençai à sortir, j'allai me promener sur les mornes qui font face à la ville. Toute la nuit j'éprouvai des démangeaisons cuisantes qui m'empêchèrent de dormir, et je commençais à croire que j'allais être attaqué de quelque maladie cutanée, lorsque le jour me montra que j'étais couvert d'une multitude d'insectes, dont les parties ne pouvaient se distinguer qu'à la loupe, et qui avaient enfoncé leur tête dans ma peau. J'employai beaucoup de temps à me débarrasser de ces animaux odieux; il me vint des boutons aux endroits où ils m'avaient mordu, et toute la journée je ressentis des démangeaisons cruelles. Les insectes qui m'avaient ainsi maltraité portent dans le pays le nom de *carapatos miudos*, et appartiennent au genre *ricinus*. On n'en est guère incommodé que pendant trois ou quatre mois; peu à peu ils prennent de l'accroissement; ils finissent même par atteindre, sur le corps des mulets, la grosseur d'une aveline, et alors on les appelle *carapatos grandes*. A l'époque où ils commencent à grandir, leur piqûre n'est plus aussi cuisante, et ils sont moins nombreux. Quoi qu'il en soit, tant que les *carapatos* conservent leur petitesse, il est difficile de n'être pas bientôt couvert de ces insectes, quand on va dans les broussailles voisines des habitations et dans les pâturages fréquentés des bêtes de somme. Les *carapatos miudos* se laissent, à ce qu'il paraît, tomber sur les vêtemens par petits pelotons, et se disséminent en un instant. Pour m'en débarrasser, j'employai, dans la suite, un moyen que je conseille aux voyageurs. Quand je me promenais, j'avais toujours à la main une baguette garnie de feuilles; j'en donnais des coups sur mes habits aussitôt que j'y voyais des *carapatos*, et ceux-ci avaient bientôt disparu. Lorsque ces insectes parviennent jusqu'à la peau, on peut, pour les enlever, employer avec succès une boulette de cire à laquelle ils restent attachés.

CHAPITRE XIV.

SÉJOUR A VILLA DO PRINCIPE. — CHASSE. — FONTE ET CIRCULATION DE L'OR. — FÊTE DU COURONNEMENT.

Villa do Principe. Sa fondation. Ses mines. Sa position. Rues; maisons; églises; place; boutiques; prix des denrées. Les femmes de Villa do Principe. — Chasse aux cerfs. Chiens *veadeiros*. Cinq espèces de cerfs; l'espèce appelée *catingueiro*. — Droit du cinquième, dû au gouvernement, sur l'or en poudre. — Histoire de la magistrature chargée de tout ce qui concerne l'or. — Circulation de l'or en poudre alternativement permise et défendue. Maisons de change; billets de *permuta*. — Manière de compter l'argent. — *Casa da fundição*; manière de fondre l'or en lingots. Salaire des employés de la *casa da fundição*. — Bénéfice que fait le gouvernement sur l'or. Avantages qu'ont les contrebandiers. — *Procissão das almas*. Procession des pénitens de Saint-François. — Le jeudi et le vendredi saints. — Fête du couronnement. Costume des magistrats. — Portrait du curé de Villa do Principe.

VILLA DO PRINCIPE est la capitale de la *comarca* de *Serro do Frio* [1], qui se divise en deux *termos*, celui du *Serro do Frio* proprement dit, et celui de *Minas*

---

[1] Le Serro do Frio fut découvert par ANTONIO SOARES et par son compagnon ANTONIO RODRIGUES ARZÃO, descendant de cet aventurier du même nom qui, le premier, trouva de l'or dans la province de Minas Geraes (South., *Hist. of Braz.*, III.). On a prétendu que les mots *Serro do Frio* ou

Novas. C'est dire assez que le principal magistrat de la *comarca* (*ouvidor*) et les employés du gouvernement font leur résidence dans cette ville. Elle est encore le chef-lieu d'une paroisse qui a trente lieues de longueur, et qui comprend onze succursales et une population d'environ trente mille âmes. On trouvera sans doute cette population considérable pour l'intérieur du Brésil; mais il faut songer que celle de Tijuco en

---

Serro Frio (montagnes froides) étaient une simple traduction du nom d'*Yviturui*, donné par les Indiens au pays où est situé Villa do Principe; mais il me semble bien plus naturel de faire dériver *yviturui* d'*yvitú*, vent, et *tuy*, froid. — Les auteurs ont écrit *Serro do Frio* et *Scrro Frio* : j'ai préféré le premier de ces noms, parce que c'est lui qui est adopté dans le pays même, et d'ailleurs, comme on l'a vu, *Yviturui* ne signifie pas plus *Serro Frio* que *Serro do Frio*. — Quant au mot *serro*, il a été indiqué comme à peu près synonyme de *serra* (Mor., *Dic.*, II, 672-3); cependant au Brésil le mot *serra* signifie non-seulement une chaîne de montagnes ou une portion de chaîne, mais encore une montagne isolée, et je crois que le mot *serro* ne désigne jamais qu'une réunion de montagnes ou de collines. Au reste, ce mot est peu usité, et, dans toute la partie de l'empire brésilien où j'ai voyagé, je ne l'ai vu appliquer qu'au Serro do Frio et au *Serro de S. Miguel*, près *Santa Theresa*, à l'extrémité sud de la province de Rio Grande. — Quoi qu'il en soit, la *comarca* du Serro do Frio est bornée au nord par la province de Bahia, à l'est par celle de Porto Seguro (Cas. *Cor.*, I, 392); au sud par la *comarca* de Villa Rica, et à l'ouest par le Rio de S. Francisco, qui la sépare de la *comarca* de Paracatú.

AU BRÉSIL.

fait partie, et cette ville est la plus importante de la province après Villa Rica [1].

Le tableau statistique qui va suivre donnera au lecteur une idée exacte de la population de cette contrée.

POPULATION DE LA PAROISSE DE VILLA DO PRINCIPE EN 1816.

	S. masculin.	S. féminin.	Des deux sexes.
Blancs.	1559	1669	3228
Indiens.	11	3	14
Mulâtres libres.	3808	4156	7964
— esclaves.	770	829	1599
Nègres libres.	2011	2285	4296
— esclaves.	7184	4374	11558
TOTAL.	15343	13316	28659

SUR CETTE POPULATION, IL Y AVAIT :

		S. masculin.	S. féminin.	Des deux sexes.	
De 75 à 80 ans.	Blancs.	16	24	40	
	Mulâtres libres.	63	71	134	
	— esclaves.	5	7	12	467
	Nègres libres.	10	13	23	
	— esclaves.	142	116	258	
De 80 à 85.	Blancs.	9	15	24	
	Mulâtres libres.	27	34	61	
	— esclaves.	2	9	11	322
	Nègres libres.	12	17	29	
	— esclaves.	104	93	197	
De 85 à 90.	Blancs.	1	7	8	
	Mulâtres libres.	10	13	23	
	— esclaves.	»	»	»	106
	Nègres libres.	8	5	13	
	— esclaves.	49	13	62	
De 90 à 95.	Blancs.	2	4	6	
	Mulâtres libres.	5	7	12	
	— esclaves.	»	»	»	44
	Nègres libres.	4	2	6	
	— esclaves.	11	9	20	

[1] Par un ordre du roi Jean VI, daté du 6 septembre 1819

		S. masculin.	S. féminin.	Des deux sexes.	
De 95 à 100	Blancs............	4	1	5	
	Mulâtres libres....	3	»	3	
	— esclaves....	»	»	»	8
	Nègres libres......	»	»	»	
	— esclaves....	»	»	»	
Au-dessus de 100	Blancs............	2	»	2	
	Mulâtres libres....	»	2	2	
	— esclaves....	»	»	»	5
	Nègres libres......	1	»	1	
	— esclaves....	»	»	»	

MAXIMUM DE CETTE POPULATION.

	S. masculin.		S. féminin.	
Blancs de......	5 à 10 ans ..	191.	De 25 à 30 ans ..	194.
Mulâtres libres...	5 — 10 — ..	511.	— 15 — 20 — ..	504.
— esclaves..	5 — 10 — ..	125.	— 5 — 10 — ..	144.
Nègres libres....	20 — 25 — ..	215.	— 40 — 45 — ..	368.
— esclaves...	30 — 35 — ..	637.	— 10 — 15 — ..	443.

Après ce premier maximum, le plus grand nombre d'habitans se trouvait:

	S. masculin.		S. féminin.	
Pour les blancs de 20 à	25 ans ..	182.	De 35 à 40 ans ..	162.
Mulâtres libres... 10 —	15 — ..	414.	— 10 — 15 — ..	491.
— esclaves.. 1 —	5 — ..	78.	— » — » — ..	»
Nègres libres... { 1 —	5 — ..	214.	— 15 — 20 — ..	281.
{ 15 —	20 — ..	214.		
— esclaves.. { 15 —	20 — ..	618.	— 30 — 35 — ..	422.
{ 25 —	30 — ..	618.		

Maximum total de la population de... 15 à 20 ans .... 2721.
Plus grand nombre après le maximum de 10 — 15 — .... 2496.

ENFANS.

		S. masculin.	S. féminin.	Des deux sexes.
De 1 à 5 ans	Blancs.........	82.	96.	178.
	Mulâtres libres...	274.	321.	595.
	— esclaves..	78.	76.	154.
	Nègres libres....	214.	192.	406.
	— esclaves...	249.	184.	433.

(Piz.), Tijuco a été séparé de la paroisse de Villa do Principe, et est devenu le chef-lieu d'une paroisse nouvelle.

AU BRÉSIL.

NAISSANCES EN 1816.

	S. masculin.	S. féminin.	Des deux sexes.
Individus libres........	265	369	634
— esclaves........	249	282	531
Total........	514	651	1165

Enfans morts avant l'âge d'un an...... 115.

DÉCÈS EN 1816.

	S. masculin.	S. féminin.	Des deux sexes.
Blancs..............	40	47	87
Mulâtres libres.........	237	168	405
— esclaves.......	26	32	58
Nègres libres.........	185	136	321
— esclaves.......	183	102	285
Total.......	671	485	1156

MAXIMUM DE LA MORTALITÉ.

	S. masculin.	S. féminin.
Pour les blancs de...	30 à 35 ans .. 10.	1 an .. 7.
Plus grand nombre après le maximum.....	{ 1 — .. 4. { 55 à 60 — .. 4.	{ 6 mois . 5. { 45 à 50 ans .. 5.
Mulâtres libres.....	6 mois . 44.	{ 1 — 5 — .. 22. { 10 — 15 — .. 22.
Plus grand nombre après le maximum.....	{ 1 an à 5 .... 27.	{ 6 mois . 16. { 1 à 5 ans .. 15.
Mulâtres esclaves....	6 mois . 7.	55 — 60 — .. 9.
—	5 à 10 ans .. 6.	{ 1 — .. 6. { 55 — 60 — .. 6.
Nègres libres......	6 mois . 19.	5 — 10 — .. 24.
—	5 à 10 ans .. 18.	{ 1 — 5 — .. 16. { 15 — 20 — .. 16.
Nègres esclaves.....	45 — 50 — .. 19.	30 — 35 — .. 18.
—	30 — 35 — .. 16.	45 — 50 — .. 15.

L'hydropisie a fait périr le plus grand nombre de personnes. Elle a enlevé :

	S. masculin.	S. féminin.	Des deux sexes.
Blancs.	3	1	4
Mulâtres libres.	89	61	150
— esclaves.	4	5	9
Nègres libres.	41	54	95
— esclaves.	78	27	105
Total.	215	148	363

Les autres blancs sont morts de différentes espèces de fièvres.

La fondation de Villa do Principe date d'environ cent ans. L'or que renfermaient les mornes qui l'entourent, et celui que l'on trouvait dans le ruisseau de *Quatro Vintēis*, qui coule au-dessous de la ville, attirèrent ses premiers habitans [1]. Tout le monde raconte dans le pays que ce ruisseau fut ainsi nommé, parce que la première *batea* de sable qu'on tira de son lit fournit effectivement quatre *vintēis* d'or (env. 20 s.). Une négresse fut, à ce qu'il paraît, la première personne

---

[1] Un voyageur anglais, déjà justement critiqué par d'Eschwege et Casal, a appelé ce ruisseau *Corvinha de Quatro Vengtems*, écrivant probablement *corvinha* pour *corregos*, comme ailleurs il avait déjà écrit *corvos*, à la place du même mot *corregos*. S'il avait fallu relever toutes les erreurs de cet écrivain, la tâche eût été également longue et fastidieuse. J'aurais cependant essayé de la remplir, si par là j'avais cru pouvoir me rendre utile; mais l'ouvrage du voyageur dont il s'agit est aujourd'hui trop bien apprécié à sa juste valeur, pour que personne soit tenté d'y puiser des renseignemens géographiques.

qui s'établit où est actuellement Villa do Principe; elle eut le bonheur de s'enrichir, et fut bientôt suivie par d'autres [1].

[1] Villa do Principe fut érigée en ville, le 14 janvier 1714, sous le gouvernement de D. Braz Balthasar. Elle est située par le 14° 17′ lat. et le 333° 45′ long. au N.-E. de Villa Rica (Voy. *Mem. hist.*, vol. VIII, p. 2da), et elle est élevée de 3,200 pieds au-dessus du niveau de la mer (Spix et Mart.). Selon Casal (*Corog.*, I, p. 396), suivi par Spix et Martius, il n'y a que 106 l. de Villa do Principe à Rio de Janeiro; mais, d'après l'abbé Pizarro, il y en aurait 124, et ce dernier calcul s'accorde bien mieux avec le mien; car, admettant les distances indiquées par Pizarro de Rio à Villa Rica et de Villa Rica à Catas Altas, supposant ensuite qu'il faille compter 3 l. de Catas Altas à Cocaes, j'établis l'itinéraire de la manière suivante :

De Rio de Janeiro à Villa Rica	80 l.
—	Catas Altas	8
—	Cocaes	3
—	Ponte do Machado	2
—	Duas Pontes	3 ½
—	Itambé	4
—	Ponte Alta	3
—	Gaspar Soares	2 ½
—	Sumidouro	2 ½
—	Conceição	4
—	Toporoca	4
—	Tapanhuacanga	2
—	Villa do Principe	4
	Total	122 ½

On sent, au reste, que toutes ces indications ne sont que

Aujourd'hui les lavages ne rendent plus autant qu'autrefois ; cependant quand les mineurs sont heureux, ils peuvent encore être amplement dédommagés de leurs travaux. On m'a montré un morceau d'or qui avait été tiré de la terre auprès de Villa do Principe, et qui pesait quatre-vingt-dix *oitavas* (324 gram.) ; d'autres morceaux en ont pesé, m'a-t-on dit, jusqu'à deux cents (720 gram.), et il n'est pas très-rare de trouver des lames d'or du poids de 10, 12 et 14 *oitavas*, mais ces brillantes découvertes n'ont presque jamais de suite; c'est un appât qui séduit les mineurs, et qui les excite à faire des dépenses dont ils ont été trop souvent mal récompensés. Au reste, comme les habitans de Villa do Principe n'ont pas en général assez d'esclaves pour établir des lavages un peu considérables, les plus riches sont les seuls qui s'occupent de l'extraction de l'or ; les autres se livrent à l'agriculture, et ont des *fazendas* dans les environs de la ville.

L'or des alentours de Villa do Principe est d'une belle couleur. On le trouve quelquefois disposé en filons ; mais plus souvent il est épars dans la terre argileuse dont se composent les mornes environnans et celui sur lequel la ville est bâtie.

très-approximatives, et il est vraisemblable que de long-temps on n'en aura de parfaitement exactes. Quoi qu'il en soit, s'il est à peu près vrai qu'il y ait, comme le dit Pizarro, 42 l. de Marianna à Villa do Principe, il est bien clair que cet écrivain s'est trompé, quand il a indiqué Tijuco comme situé à 38 l. de Marianna ; car le chef-lieu du District des Diamans est plus éloigné de 10 l. que Villa do Principe.

Cette terre est d'un rouge foncé. La poussière qu'elle forme souille très-facilement l'intérieur des maisons, les habits et le linge, et, pour conserver quelque propreté, il faut des soins continuels.

Villa do Principe comprend environ 700 maisons et une population de 2,500 à 3,000 individus [1]. Cette ville est bâtie sur le penchant d'un morne allongé ; et ses maisons disposées en amphithéâtre, les jardins dont elles sont entremêlées, ses églises éparses çà et là, forment un ensemble qui paraît fort agréable, vu des hauteurs voisines.

La partie orientale de la ville est beaucoup mieux bâtie que la partie occidentale, et c'est là qu'on voit les principales églises, la *camara* (hôtel-de-ville) et l'intendance.

Les rues sont peu nombreuses, et, pour la plupart, elles sont pavées. Les principales s'étendent d'orient en occident, parallèlement à la base du morne ; et chacune d'elles se trouve ainsi tracée, dans toute sa longueur, sur un plan à peu près égal. Les rues transversales suivent seules la pente du morne ; mais elles ont peu d'étendue.

La plupart des maisons sont blanchies, et le tour de leurs portes et de leurs fenêtres est ordinairement peint en gris ou en façon de marbre. Les unes n'ont qu'un rez-de-chaussée, d'autres ont en outre un étage. Sur

---

[1] S'il est vrai, comme le dit M. Mawes (*Travels*, p. 214), qu'en 1809 la population de Villa do Principe montait à 5,000 âmes, cela prouverait combien, dans les derniers temps, les mines de ce pays se sont épuisées.

le devant, ces maisons sont de plain pied avec la rue; mais comme elles se trouvent placées sur un terrain en pente, il a souvent fallu chercher quelque moyen pour conserver leur niveau, et l'on n'a rien imaginé de mieux que de les appuyer par-derrière sur des poteaux très-élevés. Ainsi que dans tout le reste de la province, les tuiles des toits sont creuses, et ceux-ci avancent moins sur la rue qu'à Villa Rica. Les fenêtres ne sont pas aussi rapprochées qu'à Rio de Janeiro : quelques-unes ont des carreaux de vitres; d'autres, en plus grand nombre, sont simplement fermées par des volets ou par des jalousies. Les maisons à un étage ont de petits balcons en bois; mais nulle part je n'ai vu de véritables *varandas* ou galeries. Chaque maison possède un petit jardin où sont plantés, sans ordre, des bananiers, quelques papayers, des orangers, des caféyers, et où l'on cultive en outre des choux et quelques espèces de cucurbitacées. Des fenêtres qui ouvrent sur la campagne, on jouit d'une vue fort agréable : on découvre les maisons voisines entremêlées de masses épaisses de verdure formées par les arbres des jardins; au-delà on plonge sur la vallée étroite qui s'étend au pied de la ville et au fond de laquelle coule le ruisseau de Quatro Vintēis; de l'autre côté de la vallée, l'œil se repose sur des hauteurs couvertes presque partout du plus beau gazon; enfin, sur des plans moins rapprochés, quelques bouquets de bois s'aperçoivent entre les mornes.

Obligé de rendre les nombreuses visites que j'avais reçues, j'eus l'occasion de voir l'intérieur des principales maisons, et je trouvai qu'il était loin d'offrir l'image de la magnificence. Quelquefois les lambris et le tour des plafonds sont peints en façon de marbre; mais d'ailleurs les murailles, simplement blanchies, n'offrent d'autre ornement que de petites glaces et quelques gravures mal encadrées. L'ameublement des pièces où l'on reçoit consiste uniquement en chaises antiques de jacarandá, dont le dos est fort élevé et dont le siége n'est qu'une planche recouverte d'un cuir. D'ailleurs on ne voit nulle part, ni secrétaires, ni commodes, ni armoires, et la maison de mon hôte pouvait être, à cet égard, citée comme la seule exception.

L'intendance est un bâtiment fort insignifiant, situé hors de la ville, au pied d'un des mornes qui font face à celle-ci. L'hôtel-de-ville est moins remarquable que plusieurs maisons particulières.

Il n'existe à Villa do Principe aucun établissement de charité; mais, en revanche, on n'a point oublié d'y construire des temples; car, outre l'église paroissiale, on en compte quatre autres qui doivent leur fondation à la dévotion des fidèles. La première est certainement une des plus grandes et des plus belles que j'eusse vues jusqu'alors dans la province des Mines. Sa carcasse est simplement en bois; mais les intervalles que les poutres laissent entre elles sont remplies de ces épaisses briques qui forment des parallélipipèdes, et que j'avais déjà observées à Barbacena (*adobes*). On ne trouve point dans cette église d'ornemens d'un goût décidément mauvais; cependant il faut excepter deux espèces d'anges en bois, qui servent de chandeliers à l'entrée du sanctuaire, et qui sont vêtus comme des guerriers. Au-dessus de la porte de l'église est une tribune, et sur le maître-autel s'élève, suivant la coutume, une longue suite de gradins destinés à recevoir des chandeliers et des bouquets. La sacristie est très-propre, bien éclairée et fort grande; ce qui est d'autant plus nécessaire dans ce pays, que les hommes les plus connus se réunissent dans les sacristies en attendant que le prêtre commence la messe.

Outre l'église paroissiale, on peut citer encore celles de *S. Francisco* et de *N. S. do Carmo*, qui sont jolies et bien aérées. La dernière est bâtie sur une petite place, et l'on y monte par un perron assez élevé. L'intérieur est fort clair et orné de dorures et de peintures; celles-ci sont bien loin sans doute d'être des chefs-d'œuvre; mais il faut avouer qu'un grand nombre de nos temples n'en présentent pas de meilleures.

La petite place dont je viens de parler, et sur laquelle est bâtie l'église do Carmo, n'est pavée qu'en partie; cependant elle est gaie et régulière; les maisons dont elle se trouve entourée sont propres et bien construites; et enfin elle est embellie par la verdure des mornes qui la dominent de tous les côtés.

Il n'existe à Villa do Principe aucune fontaine, et les habitans sont obligés d'aller chercher dans la vallée l'eau dont ils ont besoin.

On compte, dans cette ville, deux auberges (*estalagems*), et l'on y voit douze à quinze boutiques, les unes de comestibles, les autres de clincaillerie, de poterie, d'étoffes presque toutes anglaises, etc. Souvent, comme cela a également lieu dans beaucoup d'autres endroits, le même marchand vend tout à la fois des boissons et des tissus; mais alors la boutique est divisée par une cloison où est pratiquée une porte de communication, et, de cette manière, les marchandises sèches ne se trouvent point mêlées avec les liquides.

La plupart des comestibles se vendent à très-bon marché dans la capitale du Serro do Frio. Au détail, l'alqueire de farine ne vaut que 375 reis (env. 2 fr. 30 c.), celui de haricots 680 reis, de maïs 300 reis; la viande 18 r. (env. 12 c. la livre). Une forte paire de souliers ne coûte pas plus de 750 reis (environ 4 fr. 70 c.); et le loyer d'une jolie maison ne va guère au-delà de 2,000 reis par mois (12 fr. 50 c.). Cependant les employés qui, comme on le verra plus bas, reçoivent des appointemens considérables, ne sont point à leur aise. Ils ne peuvent se dispenser d'être mis proprement, et leurs femmes achèvent, dit-on, d'épuiser leur bourse par l'amour qu'elles ont pour la toilette.

Les femmes se montrent, à Villa do Principe, plus que partout où j'avais été jusqu'alors. Dans presque toutes les maisons où je fis des visites, l'on me présenta aux dames, et il me fut permis de causer avec elles; mais je ne saurais vanter leur beauté autant que leur politesse.

Il n'existe, dans la capitale du Serro do Frio, aucun de ces établissemens où les citoyens des villes d'Europe vont chercher des délassemens honnêtes. On ne trouve ici ni cabinets littéraires, ni cafés, ni bibliothèques, ni promenades publiques.

La chasse au cerf est, à ce qu'il paraît, un des principaux amusemens des habitans de Villa do Principe, et en général de ceux de toute la province des Mines. Elle se fait toujours à cheval [1]. On a, pour chasser le cerf, des chiens appelés *veadeiros* [2], dont la race paraît mélangée comme celle de tous les chiens du Brésil, et qui semblent participer du lévrier et du grand chien courant. Leur poil est ordinairement fauve; ils ont le corps long et étroit, le museau allongé, les oreilles courtes et un peu pendantes, la queue longue et pointue. On ne les enferme point dans des chenils comme ceux d'Europe; mais on les laisse aller et venir dans les maisons, ordinairement attachés deux à deux avec une chaîne de fer, et on les nourrit avec de l'*angú* ou de la *cangica*. Arrivé au bois où l'on se propose de chasser, on sépare ses chiens; ils se dispersent, et donnent de la voix, quand ils sentent un cerf. Les chasseurs se tiennent en dehors du bois, en formant le demi-cercle; l'animal poursuivi, cherche à gagner la campagne, et tombe entre les mains de ses ennemis. Lorsque l'on reconnaît, à la voix des chiens, que le cerf va sortir de la forêt par un autre côté que celui où l'on s'était rangé, on court au galop gagner la lisière du bois par laquelle on pense que la bête doit passer, et l'on tâche ainsi de la gagner de vitesse.

---

[1] Il en est au moins ainsi de celle que je vais décrire. Je parlerai ailleurs d'une autre espèce de chasse.

[2] Du mot *veado*, cerf.

De très-grands chasseurs m'ont assuré qu'il y avait, dans les environs de Villa do Principe, cinq espèces de cerfs qui, toutes, perdent leurs cornes chaque année. L'une d'elles, appelée *catingueiro* (du mot *catinga,* puanteur), doit son nom à l'odeur désagréable qu'elle exhale et qui la fait reconnaître par les chiens. Cette odeur est due à une matière d'un vert noirâtre qui remplit une cavité profonde que l'on trouve entre les deux sabots des pieds de derrière. Les *catingueiros* sont une petite espèce haute, m'a-t-on dit, tout au plus de trois pieds. Dans leur jeunesse, ils sont tachetés de blanc, et, en vieillissant, ils deviennent entièrement fauves. Leurs cornes, que j'ai mesurées, ont de deux pouces et demi à trois pouces et demi de longueur; elles ne sont point rameuses; avec trois faces, elles ont autant d'angles mousses; elles sont presque droites, et vont en diminuant de grosseur de la base à leur sommet qui se termine en pointe; leur couleur est d'un blanc sale ou grisâtre avec quelques lignes brunes [1].

Il m'était bien facile d'obtenir, dans la capitale du Serro do Frio, des renseignemens certains sur tout ce qui concerne la chasse; car mon hôte en faisait son délassement principal [2]. Je passai près d'un mois chez lui, et il ne cessa de me prodiguer les marques les plus touchantes de bienveillance et d'amitié. Il était impossible

---

[1] Le *catingueiro* est le *cervus simplicicornis*, Ill.

[2] On a déjà vu que les ecclésiastiques brésiliens ne s'interdisent point la chasse.

d'être meilleur que feu M. le curé Francisco Rodrigues Ribeiro de Avellar. C'était ainsi que s'appelait mon hôte. Sa maison était ouverte à tout le monde; le pauvre était toujours sûr d'y trouver du secours, et jamais un des paroissiens de ce digne pasteur ne fut tourmenté pour le paiement des droits curiaux. M. Francisco Rodrigues n'était pas un homme instruit, ce n'était pas non plus un homme très-spirituel; cependant on avait du plaisir à être avec lui, parce que sa belle âme se montrait dans tout ce qu'il disait, qu'il était d'une gaîté douce et d'une parfaite égalité d'humeur.

Je profitai de mon séjour à Villa do Príncipe pour aller visiter la maison où se fond l'or en poudre (*casa da fundição*); mais avant d'entrer dans le détail des procédés qu'on suit à cet effet, je crois devoir dire quelque chose sur ce qui concerne la circulation de ce métal dans la province des Mines.

On a déjà vu que les particuliers pouvaient, à certaines conditions, extraire l'or de la terre; mais en même temps ils sont obligés de payer au gouvernement la cinquième partie du fruit de ce travail.

Des établissemens, consacrés à la fonte de l'or en poudre, ont été créés dans quatre des cinq chefs-lieux de *comarcas*, savoir, Villa Rica, S. João del Rey, Sabará, Villa do Príncipe [1], et dans chaque *comarca* des

[1] Pizarro dit, dans un endroit de son ouvrage, que l'ordre d'établir des hôtels pour la fonte de l'or fut donné en 1709, et, dans un autre endroit, il dit que ce fut en 1719. Southey indique la date de 1720. L'une de ces deux dernières dates est la plus vraisemblable.

magistrats sont chargés de tout ce qui est relatif à cette partie de l'administration. Cette fonction avait été originairement réunie à celle du premier magistrat de la *comarca* qui, comme on le verra par la suite, porte le nom d'*ouvidor;* et, à cette même époque, il n'y avait sous l'*ouvidor*, pour rendre la justice en première instance, que des *juizes ordinarios,* juges nommés par les citoyens. Depuis, on créa pour les trois *comarcas* de Villa Rica, S. João et Sabará, des fonctionnaires qui, avec le titre particulier d'intendant de l'or (*intendente d'ouro*), furent chargés de diriger les maisons où se fond l'or en poudre, et de connaître des délits relatifs à la contrebande de ce métal. Dans la seule *comarca* de Villa do Principe, qui produisait moins d'or que les autres[1], les *ouvidores* continuèrent à être intendans de l'or. Cependant, après

[1] En 1812 et 1813, la *comarca* de Villa Rica produisit, terme moyen, environ cinq fois plus d'or que celle du Serro do Frio (voy. Eschw., *Journ. von Bras.*, II): cette dernière, selon Pizarro, ne rend au trésor que 4 ou 5 arrobes dans les années ordinaires, et il est à ma connaissance que l'intendance de Sabará, infiniment moins productive qu'autrefois, donne cependant encore 2 arrobes par trimestre (1818). Ceci, au reste, ne doit pas étonner; car, dans les années 1812 à 1813, on comptait, suivant d'Eschwege, 193 lavages dans le ressort de l'intendance de Villa Rica; 184 dans celui de l'intendance de Sabará, 167 dans la *comarca* de S. João del Rey, et seulement 97 dans celle de Villa do Principe. La partie orientale du Serro do Frio est purement agricole; les habitans de la partie occidentale se

l'arrivée du roi au Brésil, il y eut encore un changement : des *juizes de fóra,* nommés par le gouvernement, furent substitués dans les diverses *comarcas* aux *juizes ordinarios,* et on leur confia l'intendance de l'or[1]. Enfin, plus récemment, on a remplacé le titre d'intendant par celui d'*inspecteur de l'or,* et, en cette qualité, les *juizes de fóra* reçoivent 400,000 reis d'appointemens. Je ne crois pas avoir besoin de dire que la *comarca* de Paracatú, créée en 1815, n'a pu éprouver les changemens dont je viens de parler. On n'y a institué que des *juizes ordinarios,* et c'est au principal magistrat que l'on a confié les fonctions d'intendant de l'or.

Il existait autrefois à Villa Rica un hôtel de monnaie où se frappaient des pièces d'or. De faux monnayeurs

livrent entièrement à l'éducation des bestiaux; enfin, dans les Minas Novas proprement dites, où il n'y avait déjà, de 1812 à 1813, que 11 lavages (Eschw.), on a substitué à la minération la culture du maïs, du sucre, etc., surtout celle des cotonniers, et le peu d'or que l'on y tire encore de la terre, passant presque entièrement à Bahia par le moyen de la contrebande, ne paraît point à l'hôtel de la fonte de Villa do Principe.

[1] La place des intendans de l'or proprement dits fut supprimée, suivant Pizarro, par décret du 6 décembre 1811; cependant il paraît, d'après ce que dit le même auteur, qu'il y eut exception pour l'intendance de Villa do Principe, et que, dans cette ville, les *ouvidores* restèrent intendans jusqu'au 20 juillet 1815. (*Mem. hist.*, vol. VIII, p. 2da, p. 90 et 136.)

s'établirent dans quelques parties de la province, principalement du côté de Catas Altas. Les pièces qu'ils fabriquaient avaient la valeur qu'elles devaient offrir; mais ils évitaient de payer le cinquième dû au roi, et profitaient du bénéfice du gouvernement sur la fabrication de la monnaie. Pour parer à cet inconvénient, on prohiba entièrement l'usage des pièces d'or dans la province des Mines[1], et il ne fut plus permis que de faire circuler l'or en poudre. Lorsqu'on achetait quelque chose, on pesait la quantité d'or nécessaire pour en payer la valeur, et le voyageur se voyait obligé de porter toujours avec lui de petites balances.

Cependant la circulation de l'or en poudre avait les inconvéniens les plus graves. Afin d'augmenter le poids de l'or, on y mêlait de la terre ou du sable, et l'on se servait principalement, pour cette falsification, d'une espèce de sable brillant appelé *ogó* qui se trouve du côté de Sabará.

A l'arrivée du prince, la circulation de l'or en poudre fut totalement défendue, et les seuls cabaretiers conservèrent la permission d'en recevoir en paiement jusqu'à la valeur de 4 *oitavas* (30 fr.). Il fut établi des maisons de change (*casas de permuta*), où ceux qui ont de petites quantités d'or en poudre vont les porter, et reçoivent en retour des billets appelés *de permuta* d'un *vintem* d'or à un demi *oitava*. Ces billets circulent comme l'argent dans toute la province, et,

---

[1] L'hôtel des monnaies de Villa Rica fut supprimé au mois de juillet 1735. (V. *Mem. hist.*, vol. VIII, p. 2da.)

lorsqu'on en a entre les mains une certaine quantité, on peut les porter aux intendances de l'or et les échanger contre des lingots; cependant, lors de mon voyage, on commençait à mettre moins de fidélité dans les échanges, et l'on avait déjà répondu à des porteurs de billets que l'on n'avait point d'argent. Quoi qu'il en soit, ceux qui tiennent les maisons de change ne reçoivent pour cela aucune rétribution, quoiqu'ils soient responsables; mais ils sont dédommagés de leurs peines par certains priviléges. Le gouvernement, ayant essuyé des pertes considérables sur la mauvaise qualité de l'or fourni par les maisons de change, a ordonné qu'en sus du cinquième qui lui est dû, il serait fait, pour le déchet, une retenue de tant pour cent, suivant les lieux où l'or a été recueilli, et, à cet égard, il ne saurait y avoir beaucoup de difficulté, car l'habitude suffit pour faire reconnaître de quelle localité le métal a été extrait.[1].

L'or en poudre se prend dans les maisons de change jusqu'à la valeur de quatre *oitavas* : au-dessus de cette quantité, on est obligé de le porter aux intendances. Les employés du gouvernement prélèvent le cinquième

---

[1] L'or de Villa do Principe est, comme je l'ai dit plus haut, d'une belle couleur; celui de Minas Novas, et en particulier de l'*Arassuahy*, est d'un jaune superbe; enfin on trouve à Itabira de Mato dentro de l'or de toutes les nuances, depuis le beau jaune jusqu'à la teinte du plomb. L'or de *Cocaes* et d'Inficionado, disent Spix et Martius, est d'une pureté remarquable, mais en même temps sa teinte

qui lui est dû; ils fondent le reste pour le remettre au propriétaire, et chaque lingot est fait avec l'or même qui a été fourni.

Lorsqu'un homme veut porter de l'or en poudre à une intendance, il se fait donner, dans la maison de change du lieu qu'il habite, une espèce de passe-port (*guia* ou *carta de guia*) qui indique la quantité d'or dont il est chargé, et ce passe-port est pour le porteur une sauvegarde qui l'empêche d'être inquiété par les soldats préposés à la recherche des contrebandiers.

De l'ancien usage de faire circuler l'or en poudre dans la province des Mines et de le peser sans cesse, est résulté celui de compter encore en *vintéis* d'or et *oitavas*, qui ne sont que des représentans en valeur des poids du même nom. Le *vintem* d'or vaut 37 reis et demi, tandis que le *vintem* du Portugal, de Rio de Janeiro et des provinces non aurifères, ne contient que 20 reis. Quant à l'*oitava*, considéré comme monnaie de compte, il équivaut à 1,200 reis, et c'est également pour cette somme que l'on prend, dans les maisons de change, le poids d'un *oitava*; mais il n'en est

n'est pas d'un très-beau jaune; souvent même elle est pâle et se rapproche de celle du cuivre. Le titre de l'or varie également suivant les localités; l'or de Minas Novas est généralement à 24 karats; celui des environs de Sabará est de 22 à 23 k., terme moyen; de *Congonhas*, de *Sabará* en particulier, de 18 à 19 k. (Sp. et Mart.); de Villa Rica, de 20 à 23 (Spix et Mart.); de Santa Anna, près Itabira, à 23 k. 3, etc.

pas moins vrai que sa valeur intrinsèque est souvent beaucoup plus forte.

Ainsi que je l'ai déjà dit, j'allai voir, étant à Villa do Principe, l'établissement où se fond l'or en poudre; je fus parfaitement reçu par les employés, et ils répondirent à toutes mes questions avec une extrême complaisance.

La moindre quantité d'or en poudre que l'on puisse apporter aux intendances, pour la faire mettre en lingots, doit être de huit *oitavas*. La première opération qui se fait, est de peser le métal destiné à être fondu. C'est le trésorier qui est chargé de cette opération. Il inscrit, sur un papier volant, le nom de l'individu qui apporte l'or et le poids qui a été trouvé; il prélève ensuite le cinquième dû au roi; il indique sur le même papier le poids de ce cinquième, et fait la déduction. L'or qui reste pour le propriétaire est, après cela, remis entre les mains du fondeur, et un des *commis-écrivains* de l'intendance doit assister à la fonte. On met la poudre d'or dans un creuset, en y mêlant un peu de limaille de fer. Le creuset placé sur le feu est entouré et recouvert de charbon; au bout de quelques minutes, on écarte le charbon qui recouvre le creuset, et, avec une pince, on jette dans ce dernier du sublimé corrosif. On retire ensuite le creuset du fourneau, et l'on verse l'or fondu dans un moule découvert, graissé avec de l'huile. Quand le lingot est formé, on le tire du moule, et on le plonge dans l'eau. Toute cette opération dure environ dix minutes. Le lingot refroidi est remis entre les mains de l'*essayeur en second* (*ajudante ensaiador*), qui grave à une des extrémités les armes du Portugal, et à l'autre une sphère armillaire. Le même employé indique ensuite sur le lingot en quelle année on a fondu celui-ci; il y grave le numéro d'ordre, et le livre à l'*essayeur en chef*. Ce dernier en cherche le titre, opération qui peut exiger environ une demi-heure. Quand le titre est trouvé, l'essayeur en second l'indique sur le lingot à l'aide d'un poinçon; il y met le chiffre de l'essayeur, et, sur le côté du lingot, à l'endroit où l'on a retranché un petit morceau pour en reconnaître le titre, il grave la lettre R. Le lingot est ensuite porté au trésorier qui le pèse, et inscrit son titre et son poids sur la feuille volante dont j'ai déjà parlé. Le poids du lingot est gravé dessus par l'essayeur en second. Enfin le premier écrivain fait un certificat appelé *guia*, qui, signé de lui et de l'intendant ou inspecteur, doit accompagner le lingot dans la circulation. Ce certificat désigne le poids de l'or en poudre apporté à l'intendance, la valeur du cinquième prélevé par le gouvernement, le poids du lingot, son titre et sa valeur en numéraire. Quant aux feuilles volantes qui servent pour ainsi dire de matrice aux *guias*, elles sont réunies en liasses et gardées à l'intendance. Les *guias* sont imprimées, et l'écrivain n'a qu'à remplir les indications variables. Quand celui qui a apporté l'or en poudre reçoit le lingot, il signe, sur un registre, une reconnaissance qui porte les mêmes indications que la *guia*. Ces reconnaissances sont imprimées comme les *guias* elles-mêmes, et il n'y a plus également qu'à y remplir les blancs. Les principaux employés de la *casa da fundição*, tels que le trésorier, le premier fondeur, l'essayeur en chef, reçoivent chacun 800,000 reis (5,000 f.); les autres employés ont des appointemens moins considérables.

Ce n'est pas seulement 20 pour cent que le gouvernement gagne sur l'or. Il a un bénéfice de 18 pour cent dans l'opération du monnayage, et les particuliers perdent encore 2 pour cent par la manière irrégulière dont se fait l'*essayage*. On voit donc qu'il y a un très-grand avantage à faire la contrebande de l'or en poudre ; aussi chaque année, malgré la vigilance de l'administration, on soustrait aux droits des valeurs très-considérables. Comme beaucoup de Mineiros paient avec de l'or en poudre les marchandises qu'ils achètent à Rio de Janeiro, on ne s'étonnera pas si, s'étant assuré un bénéfice de 40 pour cent, ils revendent, dans leur pays, ces mêmes marchandises à des prix qui diffèrent peu de ceux de la capitale, quoiqu'il ait fallu payer les droits de douane et les frais de transport. C'est ainsi qu'à *Cuyaba*, pays pourtant si éloigné, la contrebande des diamans procure aux habitans l'avantage d'acheter les objets dont ils ont besoin, à des prix aussi modérés que ceux des ports.

Je me trouvai à Villa do Principe pendant le carême. Trois fois par semaine, j'entendais passer dans la rue une de ces processions qu'on appelle *procissão das almas*, et qui ont pour objet d'obtenir du ciel la délivrance des âmes du purgatoire. Une crécelle les précède ordinairement; aucun prêtre ne les accompagne, et elles sont uniquement formées par ceux des habitans du pays qui ont la voix la plus agréable [1].

Le dimanche des Rameaux, après le coucher du soleil, il y eut aussi une procession de pénitens de la confrérie de Saint-François. Ils étaient revêtus d'une espèce d'aube blanche qui leur couvrait le derrière de la tête, et ils s'avançaient lentement sur deux files en chantant d'une voix peu élevée. Chacun d'eux portait au bout d'un bâton une bougie entourée d'une espèce de lanterne de papier en cône renversé, ouverte par le haut. A la suite des deux files de pénitens, qui, pour la plupart, étaient des mulâtres et des nègres libres, venait un dais soutenu par quatre personnes, et sur lequel était une figure de grandeur naturelle représentant Jésus-Christ chargé de sa croix. Derrière ce dais, marchait un prêtre qui tenait le Saint-Sacrement, et une grande foule de peuple suivait pêle-mêle.

Le jeudi saint est considéré dans ce pays comme une des plus grandes fêtes de l'année : ce jour-là on ne travaille point, et il fut célébré, dans l'église paroissiale de Villa do Principe, une messe en musique, à laquelle assistèrent en grande toilette les personnes les plus distinguées de la ville. Les musiciens, tous habitans du pays, étaient placés dans une tribune, et le peuple ne prit aucune part aux chants. La musique

[1] J'ai vu de ces processions telles que je viens de les décrire à Itabira comme à Villa do Principe.

convenait à la sainteté du lieu ainsi qu'à la solennité de la fête, et fut parfaitement exécutée. Plusieurs des chanteurs avaient une voix charmante, et je doute que, dans aucune ville du nord de la France, d'une population semblable, on exécutât une messe en musique aussi bien que le fut celle-ci. Les curés n'étant point obligés de chanter de grandes messes, reçoivent une rétribution toutes les fois qu'ils en célèbrent quelqu'une. Ce furent les confrères du Saint-Sacrement qui firent, à Villa do Principe, les frais de celle du jeudi saint; le curé reçut 4,000 reis (25 fr.), et les vicaires, qui avaient servi de diacre et de sous-diacre, furent payés dans la même proportion. Comme la confrérie n'était pas riche alors, on ne célébra aucune des cérémonies usitées à la même époque dans nos églises, parce qu'il aurait fallu payer ces cérémonies au curé. Le Saint-Sacrement resta simplement exposé sur le maître-autel, et l'on ne fit point de ces chapelles que l'on nomme chez nous paradis, reposoirs ou monumens.

Le vendredi saint, les gens réguliers travaillèrent aussi peu que la veille; mais l'indigence des confréries ne permit de célébrer aucun office.

On avait annoncé, depuis long-temps, dans toute la province, que le couronnement du roi de Portugal et du Brésil se ferait à Rio de Janeiro le 6 d'avril (1817), qui était le jour de Pâques. On voulut aussi célébrer, à Villa do Principe, cet événement remarquable; en conséquence, la veille on tira des pétards pendant toute la journée; le soir du même jour les maisons furent illuminées ; les principaux habitans se promenèrent dans les rues accompagnés par des musiciens, et, quand la troupe arriva au coin de la place où demeurait le curé, un des employés de la trésorerie lut une petite pièce de vers en l'honneur du roi ; enfin les nègres dansèrent toute la nuit.

Le lendemain, jour de la fête, vers les dix heures, les membres de la municipalité (*camaristas*), l'*ouvidor* à leur tête, se rendirent à l'église en habit de gala. L'*ouvidor* portait un manteau de soie noire plissé à petits plis sur le dos, et à grands plis au-dessus des bras ; il avait sur la tête un chapeau rond extrêmement bas, et tenait à la main le long bâton blanc, marque de sa dignité. Les membres de la *camara* portaient des souliers à boucle, des bas de soie blancs, un habit et une culotte noirs et une veste de satin blanc ; ils avaient un long rabat de tulle ou de dentelle qui descendait du haut du col jusque sur l'estomac ; et, par-dessus leur habit, flottait un manteau de soie noire, dont le collet était de satin blanc, et qui était bordé d'une large bande de même étoffe. Un chapeau à la Henri IV bordé de poils blancs et surmonté d'une plume blanche couvrait leur tête ; le bouton de ces chapeaux était fort riche, et généralement orné d'un grand nombre de chrysolithes. Comme l'*ouvidor*, les mêmes fonctionnaires tenaient à la main un bâton d'environ six pieds ; mais, au lieu d'être blanc, ce bâton était doré, et, à son extrémité supérieure, on voyait les armes de Portugal.

Les *camaristas* et l'*ouvidor* entendirent la messe, disposés sur deux rangs dans le milieu de la nef, immédiatement au-dessous de l'entrée du chœur. Comme la messe n'était point payée, on la dit à voix basse. Quand elle fut achevée, les *camaristas*, l'*ouvidor* et les principaux citoyens entrèrent à l'hôtel de ville (*casa da camara*). Là on lut une formule de serment que chacun signa à son tour, pendant qu'un détachement de la milice, rassemblé à la porte de l'église paroissiale, tirait des coups de fusil. L'*ouvidor*, durant la signature du serment, m'avait fait asseoir auprès de lui ; mais, en ma qualité de Français, je me contentai d'être spectateur. Après le serment, on retourna à l'église, et l'on y chanta un *Te Deum* en musique qui fut très-bien exécuté. Cette fois-ci la *camara* et l'*ouvidor* s'étaient placés dans le chœur; on donna un cierge à chaque *camarista*, ainsi qu'à quelques-uns des principaux citoyens, et l'on voulut bien me faire le même honneur. Vers la fin du *Te Deum*, un prêtre, qui faisait les fonctions de sous-diacre, présenta l'encens à l'*ouvidor* et aux membres de la *camara*.

Lorsque le *Te Deum* fut achevé, les deux *almotacéis* (espèces de commissaires de police), et le *juiz do povo* (juge du peuple), montèrent à cheval. Ils étaient suivis des principaux citoyens, après lesquels venaient les *camaristas* et l'*ouvidor*. Le *juiz do povo* tenait un étendard aux armes du Portugal, et marchait entre les deux *almotacéis*. A tous les coins de rues et les carrefours, les trois cavaliers s'arrêtaient, et le *juiz do povo* criait : *Vive le roi des royaumes unis du Portugal, du Brésil et des Algarves.* Le peuple se découvrait, et répondait *viva.* Quand le cortége eut parcouru toute la ville, on revint à la porte de la maison de ville, et l'on se sépara.

Dans l'après-dînée, des masques, presque tous armés de sabres, se répandirent dans la ville. Mais ce n'est point en l'honneur du couronnement qu'eut lieu cette mascarade : chaque année, m'assura-t-on, elle se répète le jour de Pâques dans les diverses parties de la province. Les masques qui passaient devant la maison du curé le saluaient, et il leur rendait leur salut. Une troupe d'entre eux, parmi lesquels étaient beaucoup d'hommes déguisés en femmes, s'arrêta sur la place où je demeurais, et se mit à danser le *batuque;* un assez grand nombre de femmes étaient aux croisées, et je remarquai qu'aucune ne se retira pendant cette danse obscène.

Quand la nuit fut venue, on illumina comme la veille. Les nègres, créoles et Africains, se promenèrent dans les rues ; ceux-ci en faisant entendre leur musique monotone et ennuyeuse, et les premiers en chantant, sur un ton moins uniforme, des couplets en l'honneur du souverain. Cependant une partie des principaux habitans parcouraient la ville à cheval et déguisés. A mesure qu'ils marchaient, on lançait derrière eux des fusées et des pétards ; ils s'arrêtaient au coin des rues principales, et deux d'entre eux récitaient à retour des vers où l'on répétait les louanges du prince. Quand le cortége arriva devant la maison du curé, on lui adressa un petit compliment. La fête se termina par les danses des nègres qui se prolongèrent fort avant dans la nuit : elle avait été célébrée d'une manière aussi brillante que pouvait le permettre une population si peu considérable.

CHAPITRE XV.

DE L'ORDRE JUDICIAIRE ET ADMINISTRATIF DANS LE BRÉSIL EN GÉNÉRAL, ET EN PARTICULIER DANS LA PROVINCE DE MINAS GERAES. — DES MILICES ET DU RÉGIMENT DES MINES.

Divisions du Brésil. — Celles de la province des Mines. — Capitaines généraux. Leur despotisme. Exemples de tyrannie. Idées d'un capitaine général sur le peuple qu'il avait à gouverner. Changement opéré par l'arrivée du roi Jean VI, au Brésil. Fait historique. D. MANOEL DE CASTRO E PORTUGAL. Obstacles que trouvaient les capitaines généraux les mieux intentionnés : idées de M. J. C. A. D'OYENHAUSEN. — De l'administration de la justice. Des diverses instances. *Ouvidor. Juiz ordinario et juiz de fóra*; différence qu'il y a entre ces magistrats. Nomination des *juizes ordinarios*. Assesseurs. Greffiers des *ouvidores*. Tabellions; *distribuidor*. Offices vendus et donnés. — La justice rendue à huis-clos. Législation portugaise. — Lenteur de la justice; moyen employé par un capitaine général pour faire payer les débiteurs. — De la justice criminelle. *Juiz da vintena.* — *Junta do crime*. Du nombre de meurtres commis annuellement dans la province des Mines. Prisons; prisonniers. — Emplois cumulés par les *ouvidores*. Leurs appointemens. Réflexions sur le cumul. — Diverses places occupées par les *juizes de fóra*; leurs appointemens. — Des *camaras*; les membres qui les composent; *propinas*. Attribution des *camaras*. Leur principale dépense est l'éducation des enfans trouvés. Leurs revenus. — *Almotaceis.* — *Juiz do povo.* — Commandans. — Registres de l'état civil. — Des milices. Leur bonne tenue et leur subordination. Leurs colonels; ceux-ci nomment les officiers de leur régiment. — Loi des trente esclaves. — Des testamens. Tribunal des absens. — Du régiment de Minas. Sa composition. Sa résidence. Fonctions des soldats. Leur solde. Officiers agrégés. — Résumé [1].

Lorsque je quittai Villa do Principe, il y avait déjà quatre mois que j'habitais les Mines; j'avais vécu avec

[1] Je n'ai pas besoin de dire que, dans ce chapitre, j'ai

TOME I. 23

des hommes éclairés, et j'avais pris des renseignemens sur l'administration du pays. Sans cesse obligé d'indiquer, dans le cours de cette relation, les noms des diverses magistratures, je crois ne devoir pas tarder davantage à faire connaître l'organisation judiciaire et administrative de la province de Minas Geraes.

Plusieurs parties de cette administration sont les mêmes dans tout le Brésil; cependant comme, sous le système colonial, chaque capitainerie formait en quelque sorte un état distinct, il était difficile qu'il n'existât pas des différences plus ou moins sensibles dans l'administration des diverses provinces: je ferai par la suite connaître ces différences, autant du moins qu'il me sera possible.

Avant la révolution qui a changé de face l'empire du Brésil, cette contrée était divisée en vastes portions de territoire dont la plupart portaient le nom de capitaineries (*capitania*) et quelques-unes celui de provinces (*provincia*).

La capitainerie de Minas Geraes, celle qui nous occupe en ce moment, comprenait, comme je l'ai déjà dit, cinq *comarcas*, celles du Rio das Mortes, de Villa Rica, du Serro do Frio, de Sabará et de Paracatú.

Chaque *comarca* se subdivisait à son tour en *termos*, et les chefs-lieux de *termos*, comme ceux de *comarcas*, portaient le nom de *villas*[1].

seulement voulu peindre ce qui existait à l'époque de mon voyage, c'est-à-dire à peu près jusqu'en 1822.

[1] Il est peut-être des provinces où ce mot de *termo*, celui même de *comarca* sont inconnus.

Les capitaineries avaient à leur tête des capitaines généraux (*capitão general*), dont l'autorité, presque sans bornes, était à la fois civile et militaire. On choisissait toujours de très-grands seigneurs que l'on voulait favoriser, ou quelquefois peut-être éloigner de leur pays. Dégagés de toute surveillance, regrettant les plaisirs d'une grande capitale, pleins de mépris pour le pays qu'ils gouvernaient, dévorés d'ennui, ne connaissant plus d'égaux, entourés d'adulateurs et d'esclaves, ces capitaines généraux s'abandonnaient trop souvent à tous les caprices du despotisme; et la voix du peuple opprimé ne pouvait parvenir jusqu'aux oreilles d'un souverain qui résidait au-delà des mers. Si quelque homme, sensible à l'injustice, faisait, pour se plaindre, le voyage de Lisbonne, il trouvait le trône entouré des amis et des parens de son persécuteur, et, après avoir dépensé des sommes considérables, il revenait dans sa patrie dévoré de regrets.

Quelques faits qui se sont passés à Villa Rica donneront une idée des actes de tyrannie auxquels se portaient quelquefois les capitaines généraux.

Un gouverneur avait exigé que l'on portât des cheveux coupés. Des croisées de son palais il aperçut un mulâtre qui avait les cheveux longs; il l'envoya chercher par des gardes, et, quoique ce fût un homme libre, il le fit mettre au pilori.

Un capitaine et l'un de ses soldats avaient tous les deux envie d'une maison qu'on devait vendre à l'enchère. Le soldat, ayant inutilement conjuré son chef de ne pas mettre au-dessus de lui, alla prier le général de s'intéresser en sa faveur. Celui-ci fit inviter le capitaine à renoncer à la maison; mais ce dernier répondit que cette affaire ne regardait nullement le général, que la maison lui convenait, et qu'il en ferait l'acquisition. Pour cette réponse, le général fit prendre l'officier, et le laissa en prison pendant plusieurs mois.

On était sur le point d'exécuter un criminel qui avait été condamné à mort. Le général se met en tête de le sauver. Il envoie au juge un sergent et quelques soldats avec ordre de réclamer le coupable, et de passer au fil de l'épée tous les gens de justice, dans le cas où ils refuseraient de se rendre à la demande qui lui était faite. Le juge ne voulait pas d'abord laisser aller le criminel; mais il devint plus traitable, lorsque le sergent lui eut fait connaître l'ordre entier du général.

Moi-même j'ai, pour ainsi dire, eu sous les yeux de tristes exemples de la manière tyrannique dont certains capitaines généraux en usaient envers leurs inférieurs. J'ai voyagé, pendant quelque temps, sur les traces d'un homme qui, ayant été nommé capitaine général, venait de se rendre à son gouvernement. Avant son départ de Rio de Janeiro, il s'était attaché un ramas de vils aventuriers, et cette troupe, s'avançant comme en pays conquis, s'était livrée aux plus monstrueux excès, et avait partout répandu la terreur.

Le despotisme paraissait si naturel aux administrateurs, qu'un capitaine général, recommandable cependant par sa douceur et sa modération, soutenait devant moi que, pour être respectés, les capitaines généraux devaient se tenir à une grande distance de leurs administrés, et ne communiquer avec eux que pour traiter d'affaires. Voici à peu près comment il s'exprimait à cet égard : « Les premiers habitans du Brésil ont été, pour la plupart, des hommes d'une condition basse, accoutumés à une extrême sujétion; ils ont communiqué à leurs descendans leur esprit de servilité, et cet esprit est encore entretenu par ceux qui arrivent tous les jours du Portugal, et ne sont pas d'une classe plus élevée que leurs devanciers. Dans un supérieur qui descend jusqu'à eux, ils croient voir un homme qui se rend justice, et ils le méprisent. » Il y a sans doute quelque chose de vrai dans ces observations. Un peuple dégradé par un long esclavage ne peut, sans inconvéniens, être traité tout à coup comme celui qui a la noble habitude d'un gouvernement libre. Mais il est dans l'intérêt même des gouvernans de préparer peu à peu les peuples à une liberté sage. Si Jean VI, en arrivant à Rio de Janeiro, avait donné à ses sujets américains des institutions qui eussent été en harmonie avec le nouvel ordre de choses, s'il eût cherché davantage à cicatriser la plaie qu'avait faite le système colonial, l'empire du Brésil n'aurait probablement pas couru ces terribles dangers qui ont failli causer sa perte.

Pour être juste, il faut cependant convenir que l'établissement de la cour de Portugal au Brésil amena quelques heureuses modifications dans le déplorable état de choses que je viens de faire connaître. Il était plus facile d'être instruit à Rio de Janeiro qu'à Lisbonne de ce qui se passait à Bahia, à Minas ou à Saint-Paul. Le roi était d'un accès facile; on pouvait aisément lui adresser des plaintes, et les capitaines généraux sentirent enfin qu'il était un pouvoir supérieur à leur autorité. L'exemple suivant prouvera même que des employés coupables, usant sans doute des ressources de la faveur et de l'intrigue, ont pu parvenir à triompher de leur capitaine général. D. Manoel de Castro e Portugal, homme intègre qui gouvernait la province des Mines lorsque j'y passai, dénonça certaines malversations qui avaient été exercées par des employés puissans. Les coupables furent cependant conservés dans leurs fonctions, et le capitaine général eut le chagrin d'être obligé de vivre au milieu de gens qui ne pouvaient plus être que ses ennemis, dédommagé, au reste, par la reconnaissance du peuple dont il avait pris les intérêts.

Le fait que je viens de rapporter prouve, au reste, que si certains capitaines généraux abusèrent trop souvent de leur autorité, il en fut qui se conduisaient de manière à mériter des éloges. A l'époque où je parcourus le Brésil, on comptait des capitaines généraux très-honorables, et, outre celui de Minas Geraes que je viens de nommer, je puis citer encore ceux de Goyaz, Saint-Paul et Rio Grande. Cependant les capitaines généraux les mieux intentionnés n'opéraient pas toujours le bien qu'ils auraient désiré faire, parce que, dans la nature même des choses, ils trouvaient des obstacles invincibles.

M. João Carlos Augusto d'Oyenhausen, qui, après avoir gouverné, pendant plusieurs années, la province de *Mato Grosso*, avait été envoyé à Saint-Paul, disait qu'il y avait trois époques dans la vie administrative d'un capitaine général, la fièvre avec délire, la fièvre sans délire et l'abattement. Un général partait pour son gouvernement sans le connaître; mais il savait pourtant qu'on lui avait confié l'administration d'un pays où tout était nouveau, où tout était encore à faire. Il prétendait arracher une immense contrée à la barbarie, et s'illustrer en opérant de grandes choses. Il arrivait la tête farcie de plans de toutes les espèces; cependant, après avoir pris connaissance des localités, il s'apercevait que ses idées, enfantées en Europe ou à Rio de Janeiro, n'étaient point applicables à l'intérieur du Brésil. Bientôt il ne délirait plus; il réformait ses projets; il les appropriait davantage au pays, et se préparait à les exécuter; mais il n'avait point calculé les obstacles. Les hommes et les choses lui opposaient une force d'inertie plus difficile à vaincre que la résistance la plus vive. Il se dégoûtait et tombait lui-même dans cette apathie où étaient plongés tous ceux qui l'entouraient.

Les fonctions judiciaires, du moins pour ce qui regarde le civil, n'entraient point dans les attributions des capitaines généraux. La justice est rendue par tout le Brésil, en première instance, par les *juizes ordinarios* et les *juizes de fóra*, et en seconde instance par les *ouvidores*.

Des *ouvidores* on appelle au tribunal *da suppli-*

cação, établi à Rio de Janeiro et composé de magistrats nommés *desembargadores*, et, si on le juge convenable, on appelle directement à ce tribunal des jugemens des *juizes de fóra*[1]. Avant l'arrivée du prince, on pouvait aller de ce même tribunal, qui s'appelait alors *da relação*, à celui *da supplicação*, siégeant à Lisbonne; mais actuellement les *desembargadores* de Rio de Janeiro jugent en dernier ressort; et, certes, c'est encore un assez long voyage que celui de l'extrémité de la province de Goyaz, ou de celle des Mines, jusqu'à la capitale [2].

Il y a autant d'*ouvidores* que de *comarcas*; nommés par le roi ils sont payés par lui, et font leur résidence dans les chefs-lieux de *comarcas*.

Chaque *termo* a, suivant la volonté du roi, un *juiz de fóra* ou deux *juizes ordinarios*. Ces magistrats ont absolument les mêmes fonctions, et sont à peu près les derniers dans la hiérarchie judiciaire. Le *juiz de fóra*, nommé par le roi, n'appartient point au pays,

---

[1] Autrefois les Mineiros étaient obligés d'appeler au tribunal *da relação*, siégeant à Bahia ; mais comme ils représentèrent que l'extrême éloignement leur causait de graves préjudices, on établit à Rio de Janeiro, le 15 juillet 1751, un tribunal *da relação*, semblable à celui de Bahia, et on lui donna pour ressort l'immense étendue de pays comprise entre l'extrémité de la province du Saint-Esprit et la colonie du Saint-Sacrement, et, dans l'intérieur, tout le territoire qui s'étend jusqu'à Mato Grosso. (Piz., *Mem. hist.*, vol. VII, p. 179.)

[2] Voyez plus bas, p. 365.

d'où lui vient ce nom *juiz de fóra,* juge de dehors; il doit avoir fait une étude particulière des lois; il reste trois ans en place, et il est salarié par le gouvernement : au contraire, les *juizes ordinarios,* choisis par le peuple parmi les citoyens les plus recommandables, ne touchent pour ainsi dire aucun émolument, et se renouvellent chaque année.

Pour la nomination des *juizes ordinarios,* l'*ouvidor* se transporte dans chaque *termo* de sa *comarca.* Le peuple ne choisit pas immédiatement les juges ordinaires; mais il nomme six électeurs (*eleitores*) qui choisissent les juges. Chaque citoyen apte à voter donne son vote de vive voix à l'*ouvidor* qui inscrit les noms, et fait le dépouillement. Les électeurs nommés se séparent en trois sections (*pautas*) de deux électeurs, et chaque section émet son vote par écrit. L'*ouvidor* recueille une seconde fois les suffrages et proclame à son choix les personnes portées sur une des trois listes. On assure, au reste, que les suffrages s'achètent, et que presque toujours on sait d'avance quels sont ceux qui seront nommés.

Le mode d'élection que je viens de décrire se nomme *eleição de pellouros*[1]. Il en est un autre qu'on appelle *eleição de barrete;* et voici dans quel cas on l'emploie. Lorsqu'un homme a été nommé de la première manière, et qu'il donne des raisons légitimes pour ne point occuper la place, la *camara* ou municipalité se rassemble sans que l'*ouvidor* soit obligé de se trans-

[1] Le mot *pellouro* signifie proprement une balle. On ren-

porter sur les lieux. Elle reçoit les votes des citoyens, et la place se donne à celui qui réunit le plus grand nombre de suffrages.

Ainsi qu'on l'a vu plus haut, il n'y a par *termo* qu'un *juiz de fóra* ou deux *juizes ordinarios*. La raison de cette différence est facile à sentir. Les *juizes de fóra*, touchant des appointemens, sont dédommagés des sacrifices qu'exigent d'eux les devoirs de leur place. Les *juizes ordinarios*, au contraire, ne reçoivent que 100 reis par sentence, et l'on en nomme deux à la fois, pour que tour à tour ils puissent, pendant un mois, remplir leurs fonctions de juge, et aller vaquer à leurs affaires.

Comme les juges ordinaires, généralement tirés de la classe des propriétaires, sont étrangers à la jurisprudence, ils s'adjoignent un *assesseur* qui a étudié les lois, et qu'ils paient de leurs deniers. Quand le juge ordinaire rend une sentence en son propre nom, il peut, lorsque le temps de ses fonctions est écoulé, être attaqué pour cause d'injustice par celui qu'il a condamné; mais quand la sentence a été rendue au nom de l'assesseur, le juge est à l'abri de toute attaque.

Les *ouvidores* ont un greffier particulier auquel on donne le nom d'*escrivão da ouvidoria*. Quant aux

---

fermait dans une boule de cire l'écrit par lequel on élisait un juge ordinaire ou un membre de la *camara*, et de là est venu le nom d'*eleição de pellouros*. Je ne sais si cet usage se pratique encore quelque part.

juizes de fóra et aux *juizes ordinarios*, ce sont les tabellions qui leur servent de greffiers (*escrivão*). Chaque ville a deux tabellions, et les particuliers sont libres de s'adresser à l'un ou à l'autre pour les testamens et les autres actes ; mais il n'en est pas ainsi quand les tabellions remplissent le ministère de greffier. Les causes sont alors partagées entre eux par un magistrat, appelé *distribuidor*, qui doit faire cette distribution de manière que les tabellions retirent de leur charge un revenu égal. Quand le juge donne ses audiences, les deux tabellions doivent être présens, et non-seulement ils font près du magistrat les fonctions de greffiers, mais encore ils sont employés comme huissiers, lorsque le juge veut faire citer quelqu'un qui mérite des égards par le rang qu'il occupe dans la société.

Les offices (*officios*) de greffiers des *ouvidores*, de tabellions et plusieurs autres offices, se mettent à l'enchère tous les trois ans. Cette espèce d'encan se fait à Villa Rica par les soins de l'administration des finances (*junta da fazenda real*). C'est là un des revenus de la province ; mais ce revenu a beaucoup diminué depuis quelques années, parce que le roi, pour récompenser des serviteurs ou des favoris, a donné plusieurs offices. Ceux qui en ont été ainsi revêtus, au préjudice des intérêts de la province, restent à Rio de Janeiro ; ils cèdent une partie des appointemens à des hommes qui font le travail, et ils touchent le reste.

On a vu qu'au choix du roi, il y avait dans chaque *termo* deux *juizes ordinarios* ou un *juiz de fóra*.

Les justiciables ont à redouter l'ignorance dans les *juizes ordinarios*, et la vénalité dans les *juizes de fóra;* cependant il m'a semblé que l'on préférait encore ceux-ci aux premiers, par cette raison peut-être que l'on est porté à estimer davantage ce que l'on connaît moins [1].

Si les capitaines généraux déployaient beaucoup trop souvent un pouvoir despotique, les *juizes de fóra* et les *ouvidores* n'exerçaient pas dans leur sphère une autorité beaucoup moins absolue. Le fait que je vais rapporter en fournira un exemple. Un *juiz de fóra* avait chargé un de ses huissiers de me servir de guide. Celui-ci céda à la tentation d'aller voir une fête, et me quitta. De retour chez lui, il fut condamné par le juge à rester en prison jusqu'à ce que je revinsse. Je fus absent pendant plus d'un mois, et, à mon arrivée, je trouvai le pauvre huissier occupé à paver une rue avec des criminels.

On peut, comme je l'ai dit, appeler des jugemens du *juiz de fóra* à l'*ouvidor* de la *comarca*, et, de celui-ci, à la cour suprême de Rio de Janeiro; mais combien est-il de gens qui, dans l'espoir incertain de faire réformer dans la capitale une sentence inique, consentent à voyager pendant deux ou trois mois au sein d'un pays désert, et à augmenter, par des dépenses nouvelles et une longue absence, les préjudices qu'ils ont déjà soufferts! Les chefs-lieux de *termo* eux-mêmes sont

---

[1] Je ne saurais dire, au reste, jusqu'à quel point cette préférence est générale.

souvent éloignés de plusieurs journées de chemin des capitales de *comarca*. Le pauvre reste chez lui et souffre l'injustice. Tel est l'extrême inconvénient de la dispersion d'un peuple si peu nombreux sur une étendue de terrain aussi immense [1]. Quoique le pouvoir royal soit absolu, les autorités subalternes se sentent tellement fortes de leur éloignement, qu'elles peuvent mettre mille entraves à l'exécution des ordres du souverain, quand ces ordres contrarient quelqu'un de leurs intérêts. Ainsi, l'homme même qui a été se jeter aux pieds du prince et qui en a obtenu un décret favorable à ses droits, est loin d'avoir triomphé de tous les obstacles. Avant d'obtenir justice, il faut qu'il lutte long-temps encore contre les autorités inférieures qui lui sont contraires.

La justice se rend à huis-clos, et, tant en première qu'en seconde instance, un juge unique prononce, comme on l'a vu, sur les intérêts des citoyens. Ainsi, dans un pays où un long esclavage a, pour ainsi dire, fait de la corruption une sorte d'habitude, les magistrats, dégagés de toute espèce de surveillance, peuvent impunément céder aux tentations.

Tous ceux qui ont fait une étude de la législation portugaise conviennent qu'elle présente un amas incohérent de lois qui se contrarient. Le juge inique en

[1] Ceci confirme ce qui a été dit au chapitre IX, sur l'absurdité d'un décret qui tend à encourager cette dispersion.

trouve toujours quelqu'une pour justifier ses arrêts; le juge intègre oublie en quelque sorte les lois, et ne consulte que les lumières de sa conscience.

Dans aucun pays peut-être la justice n'est plus lente qu'au Brésil. Aussi les capitaines généraux bien intentionnés ont-ils plus d'une fois usé de leur autorité pour trancher les difficultés, et épargner aux justiciables les longueurs de la chicane, et les frais qu'elles occasionnent. Dans une des capitaineries que j'ai parcourues, les créanciers qui ne pouvaient se faire payer de leurs débiteurs, au lieu de suivre la marche embarrassée de la justice, avaient souvent recours au général. Celui-ci faisait venir le débiteur, et lui demandait dans combien de temps il pourrait payer. Le débiteur indiquait une époque quelconque; le général lui ordonnait de faire un billet pour cette époque, et gardait le billet. Il n'est pas permis d'emprisonner pour dettes; mais si, à l'échéance, l'obligation n'était point acquittée, le général envoyait le débiteur en prison pour lui avoir manqué à lui-même, et le créancier ne tardait pas à être satisfait.

En matière criminelle, ce sont les *juizes de fóra* qui font l'instruction du procès; ils reçoivent les témoignages, et déclarent si l'individu est coupable; mais ils ne prononcent aucune sentence.

Dans chaque village se trouve un officier de justice qui est subordonné au *juiz de fóra*, et qu'on appelle *juiz da vintena*[1]. Ce magistrat, qui est aidé d'un

---

[1] Le mot *vintena* signifie une vingtaine de ménages. (Mor

greffier (*escrivão*), dresse les procès-verbaux des délits criminels commis dans son ressort, et il les envoie à son supérieur.

Quant aux jugemens, ils sont rendus par la *junta* du crime (*junta do crime*), séante à Villa Rica. Cette junte se compose du capitaine général, qui en est le président, de l'*ouvidor* et du *juiz de fóra* de Villa Rica, de l'*ouvidor* de S. João d'El Rey et de celui de Sabará. Elle se rassemble quand le général le trouve convenable, et juge en dernier ressort.

On m'a assuré que, chaque année, il y avait environ soixante personnes condamnées pour meurtre, dans la province des Mines. Ce qu'il y a de certain, c'est que, lorsque je passai par Minas Novas, il se trouvait dans les seules prisons de ce *termo* onze esclaves coupables d'avoir assassiné leur maître. En général les meurtres, quoique moins multipliés peut-être à Minas Geraes que dans d'autres provinces, sont cependant encore très-fréquens parmi les Mineiros, et l'on m'a assuré que le nombre des condamnés ne formait pas la dixième partie des coupables. On sent que dans un pays où la population est aussi faible, et où des montagnes offrent tant d'asiles assurés, il doit être extrêmement facile de se soustraire à la justice, qui peut-être d'ailleurs s'exerce avec beaucoup trop de négligence. Un coupable se retire à quelques lieues de l'endroit où il a commis son crime;

Dic., I, p. 851); ainsi *juiz de vintena* veut dire proprement un juge chargé de la surveillance de vingt ménages.

et il est à l'abri de toute inquiétude. Plus d'une fois, dans le cours de mes voyages, j'ai rencontré de ces criminels fugitifs, et je n'ai pu m'empêcher d'être surpris de l'indifférence avec laquelle ils m'avouaient la cause de leur changement de domicile : ils prononçaient ces paroles, *eu sou criminoso*, à peu près comme ils auraient pu me dire, *je suis marchand* ou *laboureur*. Il ne faut pas croire au reste que ce soit pour voler que l'on assassine ; on le fait par jalousie, par haine ou par vengeance.

Il existe une prison dans chaque *villa* ou chef-lieu de *termo*. Le rez-de-chaussée des hôtels des *camaras* est partout réservé pour les prisonniers, et on les voit la tête à leurs barreaux, sollicitant la pitié des passans ou causant avec eux. Il était nécessaire au reste que les prisonniers fussent autant que possible rapprochés des citoyens, car ces derniers les font vivre par leurs aumônes. On ne saurait sans doute donner trop d'éloges à l'humanité des Mineiros ; mais il est facile d'oublier ceux qu'on ne voit pas, et l'on m'a assuré que des prisonniers avaient péri faute de nourriture.

Les *ouvidores* ne sont pas seulement juges ; ils exercent une autorité administrative, et cumulent plusieurs sortes de magistratures. Dans toutes les parties d'une *comarca* où il n'y a point de *juiz de fóra*, l'*ouvidor* préside le tribunal des absens, chargé de l'administration de leurs biens ; il surveille également celle des biens des confréries ; il est aussi *corregidor*, et en cette dernière qualité, il exerce une inspection sur la police et doit surveiller les notaires, les greffiers et les huissiers. Enfin l'*ouvidor* de Villa Rica préside le *tribunal da coroa* [1]; particulier à la province des Mines, où qui du moins n'a pas été établi dans toutes les provinces. Composé de l'ouvidor, de l'inspecteur de l'or et d'un jurisconsulte, ce tribunal est chargé de juger les différends qui, pour les droits ecclésiastiques, s'élèvent entre l'évêque et son clergé, entre les divers membres de ce corps et entre les prêtres et les laïques.

Les *ouvidores* ne reçoivent comme tels que la somme de 500,000 reis (3,125 fr.) [2]; mais ils touchent encore les appointemens des différentes places qu'ils occupent. Divers droits dont jouit en particulier l'*ouvidor* de Sabará peuvent s'élever à trois mille cruzades (7,500 fr.), et celui de Villa Rica retire environ dix mille cruzades (25,000 fr.) de tous ses emplois.

On ne saurait s'empêcher de regarder comme un très-grand mal pour les Brésiliens, l'accumulation de tant de places sur une même tête. En les séparant, on multiplierait les espérances; un plus grand nombre de jeunes gens s'appliqueraient à l'étude; l'émulation qui manque entièrement à la jeunesse du Brésil commen-

[1] Casal et Pizarro disent, de la manière la plus positive, que la juridiction de l'*ouvidor* de Villa Rica, comme *juiz da coroa*, embrasse toute la province. Cependant je dois faire observer qu'après avoir exprimé cette assertion (*Cor.*, I, p. 368), Casal dit un peu plus loin (p. 378) que l'*ouvidor* de S. João del Rey est aussi *juiz da coroa*.

[2] Il en est du moins ainsi pour les *ouvidores* de Villa Rica, Sabará, Villa do Principe, S. João del Rey.

cerait à renaître; il y aurait moins de talens enfouis et moins d'honnêtes gens condamnés à l'oisiveté; quand le souverain aurait quelque place à donner, il ne serait pas aussi étroitement limité dans son choix, et pourrait devenir plus difficile; les employés, étant plus multipliés, craindraient un plus grand nombre de surveillans et se respecteraient davantage; enfin comme les appointemens seraient moins considérables, les hommes en place ne pourraient plus donner l'exemple d'un luxe que l'on cherche toujours à imiter, et qui entraîne trop souvent la ruine des familles.

Les *juizes de fóra* cumulent divers emplois comme les *ouvidores*. En qualité de juges proprement dits, ils ne reçoivent que 400,000 reis; mais ainsi qu'on l'a vu, ils touchent une pareille somme pour remplir les fonctions d'inspecteur de l'or; enfin ils perçoivent encore des droits comme juges des absens, juges des orphelins, etc. Celui de Villa Rica en particulier touche 400,000 reis (2,500 fr.) pour une place qu'il remplit sous le titre d'*ouvidor da guerra* dans les conseils de guerre tenus dans cette ville; la totalité de ses appointemens s'élève pour le moins à huit mille cruzades (25,000 francs), et les revenus de la place de *juiz de fóra* de Sabará sont estimés dix mille cruzades.

Ce sont les *juizes de fóra* ou les *juizes ordinarios* qui président l'espèce de sénat ou de conseil municipal qui est établi dans chaque chef-lieu de *termo* sous le nom de *câmara*, et est chargé de tout ce qui peut être relatif au bien du pays.

Les membres de la *camara* (*camaristas*) sont élus par les citoyens de la même manière que les *juizes ordinarios*. Trois d'entre eux portent le nom de *vereadores* [1], et le quatrième, qui est trésorier, est appelé *procurador*. La *camara* doit s'assembler deux fois par semaine ; elle délibère, elle décide ; mais le pouvoir exécutif appartient au président, c'est-à-dire au *juiz de fóra* ou au *juiz ordinario*.

Les *camaristas* sont censés remplir leurs fonctions gratuitement ; mais sous le nom de *propina*, on leur accorde une gratification qui est prise sur les revenus de la *camara*, et qui varie suivant les *termos*. Ainsi, par exemple, les *camaristas* de Villa do Principe reçoivent 40,000 reis (250 fr.); ceux de Caeté environ 60,000 reis (375 fr.), etc. Chaque *camara* a un greffier, qui touche des appointemens et n'a point de voix dans le conseil. Cet office est un de ceux qui, tous les trois ans, se mettent à l'enchère à Villa Rica.

Les *camaras* sont obligées de surveiller les réparations des chemins, de faire construire et réparer les ponts sur les routes royales (*estradas reaes*), de faire entretenir les bâtimens où elles tiennent leurs séances, paver les rues des villes, etc.

Une de leurs plus grandes dépenses, c'est l'éducation des enfans abandonnés. Rien n'est si commun, dans ce pays, que la bâtardise. On a coutume d'exposer les enfans naturels à la porte des personnes que l'on croit assez charitables pour en prendre soin ;

---

[1] Du vieux mot *verear*, gouverner.

mais lorsque quelqu'un ne veut pas se charger d'un enfant ainsi exposé, il va le remettre à la *camara*. Celle-ci fait chercher une personne qui consente à élever l'enfant moyennant un salaire de 24 *oitavas* (180 fr.) que l'on paie annuellement pendant sept ans. Alors la rétribution cesse ; l'institutrice est obligée de continuer à prendre soin de l'enfant, de l'habiller, de l'envoyer à l'école, et lorsqu'il devient grand, il est en droit d'exiger le paiement des services qu'il a commencé à rendre, depuis qu'il a atteint sa huitième année [1].

Pour mettre les *camaras* en état de subvenir aux dépenses dont elles sont chargées, le gouvernement leur accorde le produit de différens droits, qui en général varient suivant les localités, et tombent ordinairement sur les denrées que le pays produit avec le plus d'abondance. Il est cependant certains droits qui font partie des revenus de toutes les *camaras*, tels que ceux qu'on appelle *direito d'affiliação* et *direito de foro*. Le premier consiste en une somme de 6,000 reis (37 fr. 50 c.) que paie chaque marchand qui vient de s'établir. Quant au droit de *foro*, voici ce qui le constitue. Lorsqu'un village est érigé en *villa*, on lui mesure un territoire d'une demi-lieue carrée qu'on appelle *sesmaria da villa*, et toutes les maisons que l'on bâtit dans l'étendue de ce territoire,

---

[1] Tout ce que je rapporte ici avait lieu à Villa Rica; mais il est possible qu'on prît des arrangemens un peu différens dans d'autres localités.

depuis l'érection de la *villa*, paient aux *camaras* une certaine somme qui varie dans les différens cantons. Les *camaras* jouissent encore d'un revenu important, celui que produit le droit mis sur les boutiques et les tavernes, pour la vérification des poids et mesures. Cette vérification se fait deux fois dans l'année : à la première on paie 4,700 reis, et à la seconde 2,350 reis.

Dans chaque *termo*, deux magistrats appelés *almotaceis* (plur. d'*almotacel*) remplissent, sans recevoir d'appointemens, des fonctions à peu près analogues à celles de nos commissaires de police. Ils sont choisis tous les deux mois par les *camaras*, et peuvent être renommés plusieurs fois de suite. L'un d'eux est chargé de la police dans le chef-lieu du *termo*, et l'autre doit exercer une autorité semblable dans les villages qui font partie de la même justice; mais comme le ressort de chaque *villa* est extrêmement étendu, le dernier *almotacel* peut à peine surveiller quelques-unes des paroisses les moins éloignées.

Les *juizes do povo* (juges du peuple) sont des hommes pris dans la classe des ouvriers. Ils ont été ordinairement institués pour représenter le peuple auprès du prince, et ils avaient le privilége d'être admis à ses audiences, pour pouvoir lui faire connaître les besoins des classes inférieures. Je ne saurais dire jusqu'à quel point cette honorable magistrature a conservé dans la capitale ses attributions primitives; mais ce qu'il y a de certain, c'est que dans les provinces éloignées elle se trouve à peu près réduite à un simple titre. Cependant le *juiz do povo* y tient encore un rang dans les cérémonies publiques, et c'est lui qui est chargé d'y faire les publications et les proclamations d'usage [1].

J'ai parlé des divers magistrats qui résident dans les villes. Quant aux villages, ils ont à leur tête des *commandans* dont les fonctions ont quelque chose d'analogue à celles de nos maires. Ces commandans sont nommés par les *capitães móres*, hommes importans à la dignité desquels est attaché beaucoup de considération, mais peu de travail.

Ce ne sont ni les commandans ni d'autres magistrats qui sont chargés de la tenue des registres de l'état civil. Ces registres sont dans tout le Brésil entre les mains des curés, qui plus d'une fois ont fait désirer moins de négligence [2].

Il ne faut pas croire que l'autorité des commandans s'étende sur toute la population de leurs districts. Elle est bornée à ceux qui ne font point partie des gardes nationales ou milices (*milicias*).

Par tout le Brésil, les gardes nationales ont été organisées avec une régularité qu'on pourrait citer pour modèle. Elles sont divisées par districts, et comprennent les citoyens qui ont le plus d'intérêt au maintien de l'ordre public. On ne saurait donner trop d'éloges

---

[1] Voyez la relation que j'ai donnée de la fête du couronnement à Villa do Principe.

[2] Tout récemment les registres de l'état civil ont été confiés aux magistrats.

à la bonne tenue, et surtout à l'étonnante subordination de ces milices; à l'époque de mon voyage, celles des Mines étaient assez rarement occupées[1], mais dans d'autres provinces j'ai vu les miliciens quitter sans balancer leurs familles et leurs travaux, pour aller au loin faire un service pénible. Cependant, il faut l'avouer, cette obéissance, si rare ailleurs chez des hommes établis, était peut-être moins le résultat de l'amour du pays que celui d'une longue habitude de la servilité.

Les colonels de milice jouissent de la plus grande influence. Ce sont eux qui nomment les officiers de leur régiment; mais les brevets (*patentes*) de ces derniers, délivrés par le général, doivent être confirmés par le roi; et comme il faut que tout se paie, l'officier de milice est obligé de donner, pour cette confirmation, le quart de la solde que reçoit dans la troupe de ligne l'officier qui occupe un grade équivalent.

Si les miliciens (*milicianos*) sont exposés à beaucoup de vexations, ils ont aussi des privilèges qui ne tendent à rien moins qu'à les soustraire à l'autorité de leurs juges naturels et à embarrasser la marche de la justice. Pour faire assigner un individu qui appartient à un régiment de milice, il faut avoir la permission du colonel, si l'individu est un simple milicien ou un sous-officier; et s'il est officier, la permission du général.

---

[1] On aura cependant, dans cette première relation, deux exemples de l'obéissance aveugle dont je parle ici. Dans ma troisième relation, on en verra un grand nombre pour les provinces de Saint-Paul et de Sainte-Catherine.

devient nécessaire. Lors de mon voyage, il avait paru, depuis peu de temps, une ordonnance d'après laquelle les officiers de milice, depuis le grade de sergent inclusivement, doivent être jugés par des conseils de guerre, composés d'autres miliciens; et de ces conseils le coupable peut appeler au conseil suprême établi à Rio de Janeiro.

On sentira que si j'entrais dans des détails sur la législation portugaise, je sortirais entièrement de mon sujet. Je citerai cependant une loi absurde qui ne concerne que les mineurs, et je dirai quelques mots sur les testamens, ce qui me donnera l'occasion de faire connaître ce que c'est que le *tribunal des absens* dont j'ai déjà parlé plus haut.

Une loi veut qu'un *mineur qui a trente esclaves ne puisse être saisi que pour le tiers du revenu de ses mines*[1]. Cette loi a été rendue pour favoriser la *minération*, mais il est évident qu'elle ne tend à rien moins qu'à détruire toute espèce de crédit. D'ailleurs, le créancier peut être un mineur comme l'homme qui lui doit, et il n'est pas impossible qu'il soit ruiné par le non paiement de la créance, comme pourrait l'être le débiteur, s'il était permis de le saisir; et s'il faut opter entre la ruine du créancier et celle du débiteur, n'est-il pas clair que c'est au premier qu'est due principalement la protection de la loi? Au reste, cette loi

---

[1] Il paraît même que, par l'*alvará* du 17 novembre 1813, le privilége fut étendu à tous les mineurs sans exception! (V. Piz., *Mem. hist.*, vol. VIII, part. 2da, p. 258.)

absurde a souvent donné lieu à des incertitudes. Quelques juges ont pensé que l'exception n'avait été accordée que pour les mines proprement dites, et que les autres propriétés des mineurs pouvaient être saisies. Certains juges, au contraire, ont considéré les autres propriétés des mineurs, telles que sa maison, ses terres en culture, comme nécessairement dépendantes des mines, parce qu'il faut une habitation au mineur et des terres cultivées pour sa nourriture et pour celle de ses nègres [1].

Je passe actuellement à ce qui concerne les testamens. Quand un homme veut tester, il fait connaître

---

[1] Déjà, par un *alvará* du 8 août 1618, on avait accordé aux mineurs de l'ancienne capitainerie de Saint-Vincent le privilége de n'être point saisis. Ce fut par un décret du 19 février 1752, confirmé le 22 juin 1758, que ce privilége fut étendu aux Mineiros propriétaires de 30 esclaves. Pour dissiper les doutes qui s'élevèrent sur l'extension que l'on pouvait donner à cette loi, un *alvará* du 17 novembre 1813 désigna spécialement les objets qui devaient être à l'abri de la saisie. Cependant une expression du nouveau décret qui n'était pas assez précise fit encore naître des embarras. On chercha à les faire évanouir par des explications données dans une loi du 8 juillet 1819, et enfin un nouvel *alvará* du 28 septembre 1820 détermina dans quelles circonstances les mineurs devaient définitivement jouir du privilége accordé. (V. Piz., *Mem. hist.*, vol. VIII, part. 2da, p. 258.) Si, comme l'a dit un orateur américain, la législation brésilienne est supérieure à celle de l'Angleterre et de la France, tout ceci du moins n'en serait pas un exemple.

ses volontés dernières au tabellion qui les rédige, et donne ensuite connaissance de l'acte au testateur. Si celui-ci approuve le testament, le tabellion y met sa signature, et le fait signer aussi par des témoins. Le tabellion le cachette ensuite, et le remet entre les mains du testateur. A la mort de ce dernier, le testament est ouvert par l'*ouvidor*, si l'acte se trouve dans le lieu de sa résidence; il est ouvert par le curé en l'absence de l'*ouvidor*, ou dans les lieux qui sont hors de la résidence de ce magistrat; enfin, si le testateur meurt dans un endroit où il n'y ait ni *ouvidor* ni curé, c'est le desservant du lieu qui fait l'ouverture de l'acte. Le fonctionnaire qui a ouvert le testament en prend connaissance et certifie qu'il n'y trouve aucune irrégularité. La loi n'accorde rien aux *ouvidores* pour l'ouverture des testamens ; mais il est d'usage de leur payer 2,400 reis (15 fr.), lors même que l'acte a été ouvert par un autre. Si c'est le curé qui a fait l'ouverture, on lui donne 600 reis (environ 3 fr. 70 cent.). Après l'ouverture d'un testament, on le communique toujours au curé, ou au desservant dans les lieux où il n'y a pas de curé, afin que l'un ou l'autre surveille l'exécution des volontés du défunt relativement à sa sépulture. Le curé copie le testament sur les registres de la paroisse, et, à certaines époques, il communique au *juiz de fóra* la note des testamens qui lui ont été remis. Chacun peut écrire son testament de sa propre main; mais il est toujours nécessaire que cet acte soit approuvé et signé par le tabellion.

Dans chaque chef-lieu de *termo*, il existe, par tout

le Brésil, une espèce de cour appelée *tribunal des absens* (*tribunal dos ausentes*), composé du *juiz de fóra*, qui en est le président avec le titre de *juiz dos ausentes*, d'un greffier (*escrivão dos ausentes*) et d'un trésorier. Partout où il n'y a point de *juiz de fóra*, c'est l'*ouvidor* qui est président du tribunal, ce qui a lieu par conséquent dans les villes où il n'y a que des *juizes ordinarios*. Lorsqu'un homme meurt sans avoir laissé d'enfans, et sans avoir fait un testament par lequel il institue un exécuteur testamentaire, le tribunal s'empare de ses biens et met à l'enchère les meubles et les immeubles, soit que les héritiers se trouvent sur les lieux, soit qu'ils résident ailleurs. Le capital qui résulte de la vente est déposé dans la caisse des *ausentes*; il y reste tant que les héritiers n'ont pas justifié de leurs droits, et jusque-là le tribunal touche tous les trois mois tant pour cent de la somme. Quand un père n'a point fait de testament, ses enfans, s'ils sont présens, se mettent en possession de ses biens immédiatement après sa mort; mais, s'ils sont absens, le tribunal fait également vendre les biens : ainsi un fils qui, s'étant mis en voyage, a eu pendant ce temps le malheur de perdre son père, peut, à son retour, ne rien retrouver qui lui rappelle les jours de son enfance. Enfin lors même qu'un homme a fait un testament, le tribunal met ses biens en vente si ses héritiers sont en Portugal. Je m'abstiendrai de toute remarque sur l'institution que je viens de faire connaître. Si peut-être, dans son origine, elle fut bienfaisante, si elle eut pour objet d'empêcher le gaspillage de la fortune des héritiers absens, il n'est personne qui ne sente combien elle est odieuse aujourd'hui, et qui ne comprenne qu'elle était uniquement compatible avec le despotisme le plus absolu et l'obéissance passive la plus entière.

Après avoir donné sur l'ordre administratif, les milices et l'ordre judiciaire, des détails qui, pour la plupart, sont applicables non-seulement à la capitainerie des Mines, mais encore à tout le reste du Brésil, je crois devoir dire quelque chose de la force militaire de Minas Geraes.

Sous le système colonial, le Brésil ne présentait point un ensemble homogène. Chaque province, comme je l'ai déjà fait observer, formait en quelque sorte un état séparé qui avait sa petite armée, son petit trésor, et, après l'arrivée de Jean VI à Rio de Janeiro, on ne songea pas davantage à organiser une armée brésilienne.

La province des Mines possède donc un régiment de cavalerie, qui est payé sur son trésor, et dont le service est spécialement consacré à cette province, mais qui pourtant peut, en cas de besoin, être appelé ailleurs pour le service du souverain.

Ce régiment se compose de six cents hommes, y compris les officiers. Il devrait être entièrement formé de blancs; mais, par faveur, on y admet des mulâtres. Il est divisé en huit compagnies, pour chacune desquelles il y a trois officiers, savoir, un *alferes* ou sous-lieutenant, un lieutenant et un capitaine, ce qui fait vingt-quatre officiers, auxquels il faut ajouter un major, un lieutenant-colonel et le colonel.

La résidence proprement dite du régiment est à Villa Rica; cependant il ne se trouve habituellement dans cette ville que cent à cent cinquante hommes, parce qu'on envoie les autres dans les diverses parties de la province où leur service est nécessaire.

Les soldats du régiment des Mines sont grands, bien faits, et ont une belle tenue; mais c'est là le moindre éloge que l'on puisse faire d'eux. Dans aucun pays, je n'ai vu un corps de simples militaires aussi parfaitement composé. Bien différent des hommes si peu estimables qui forment les régimens de Rio de Janeiro, les soldats de Minas appartiennent généralement à des familles honnêtes; tous savent lire et écrire, et sont remarquables par leur politesse, leur intelligence, leur excellente conduite et leur probité.

Ils ne font pas seulement un service militaire. Ce sont eux qui sont postés sur les frontières de la province pour empêcher la contrebande de l'or et des diamans. Ils sont chargés spécialement de s'opposer au commerce et à l'extraction illicite de cette précieuse pierre dans le district qui la fournit. Chaque année quelques-uns d'entre eux portent à Rio de Janeiro les diamans qui ont été tirés de la terre pour le compte du roi. Ils transportent aux intendances l'or en poudre qu'ils vont chercher dans les maisons de change. Enfin, s'il arrive qu'il ne se présente personne pour prendre à bail les dîmes de quelque village éloigné, c'est un soldat du régiment que l'on envoie recevoir l'impôt directement pour le compte du roi. On voit combien de commissions délicates et importantes ou confie à ces militaires, et je n'ai jamais ouï dire qu'un seul eût rien détourné des dépôts qui lui étaient confiés.

Le régiment des Mines coûte chaque année quatre-vingts à quatre-vingt-dix *contos* de reis à cette province (env. 500 à 550,000 fr.). On fournit aux soldats, lorsqu'ils entrent au régiment, un uniforme et un équipement complets. La première année ils ne reçoivent que 150 reis (environ 90 cent.) de solde par jour, mais ensuite ils touchent 225 reis (environ 1 fr. 40 cent.), et ils sont obligés d'entretenir leur uniforme, l'équipement de leur cheval et leurs armes. Les chevaux appartiennent au gouvernement, mais il ne fournit du foin et du maïs que pour ceux qui sont à Villa Rica. Les soldats détachés dans les intendances, ou chargés d'aller chercher l'or dans les maisons de change, reçoivent en tout 11 *vintēis* de solde (env. 2 fr. 60 c.), sur lesquels ils sont obligés de nourrir leurs chevaux. Quant aux hommes qui sont en course, comme ils peuvent lâcher leurs chevaux dans les pâturages, ils ne touchent, outre la solde ordinaire de 225 reis, qu'un *vintem* et demi destiné pour le maïs. Ceux qui sont en détachement à Tijuco reçoivent, en sus de la solde ordinaire et du *vintem* et demi destiné au maïs, une indemnité de 4 *oitavas* par trimestre (30 fr.). Dans les détachemens autres que les intendances et Tijuco, il y a trois chevaux dont l'administration paie la nourriture, afin que, n'étant point lâchés dans les pacages, ils se trouvent toujours prêts en cas de besoin;

mais la plupart du temps le commandant, dit-on, reçoit l'argent, et les trois chevaux sont nourris comme les autres.

Outre les officiers dont j'ai déjà parlé, il y en a un nombre souvent égal qu'on appelle *agrégés* (*aggregados*). Ce sont des hommes que le roi veut favoriser, qui, la plupart du temps, n'appartiennent pas au régiment, ou qui même n'ont jamais servi [1]. Les agrégés touchent la même solde que les officiers en pied; ils montent leur garde comme eux, les remplacent en cas d'absence, et deviennent officiers proprement dits, par la mort ou la démission des véritables officiers du même grade. Ce superflu d'officiers est un surcroît de dépense qui excite de justes plaintes et condamne les soldats à n'avoir jamais d'avancement. Ils peuvent même en espérer d'autant moins qu'il y a également des agrégés pour les grades de sous-officiers.

Me proposant de parler, dans un autre volume, des impôts que l'on perçoit dans la province des Mines et de la manière dont les finances s'y administrent, je terminerai ici ce chapitre, qui a montré quelle confusion régnait, à l'époque de mon voyage, entre les différens pouvoirs. Je m'abstiendrai de toute réflexion à cet égard : un court résumé y suppléera suffisamment. L'autorité des capitaines généraux, quoique extrêmement étendue, n'avait pourtant pas de limites

[1] Lors de mon passage dans la province, on citait un individu que l'on avait nommé sous-lieutenant pour avoir donné un chien à l'un des deux jeunes princes.

bien déterminées; et, au gré de la cour, ils pouvaient être réprimandés pour avoir trop fait ou n'avoir point fait assez. Les *ouvidores* et les *juizes de fóra* étaient investis d'un pouvoir tout à la fois judiciaire et administratif. Des prêtres exerçaient une juridiction civile, et des laïques jugeaient les querelles du clergé pour les droits ecclésiastiques. Les notaires étaient tout à la fois greffiers et huissiers, et des militaires remplissaient les fonctions de douaniers et de percepteurs.

CHAPITRE XVI.

VOYAGE DE VILLA DO PRINCIPE A PASSANHA. — CULTURE DU FROMENT ET DU COTONNIER.

Idée générale du pays situé entre Villa do Principe et Passanha. — Départ de Villa do Principe. — *Fazenda* de *Guanhaens*. Portrait du *guarda mór* Antonio Feliciano. Manière de conserver la *cachaça*. — Culture du froment. Manière de le semer, de le moissonner et de le battre. *Fazenda* de *Temerão*. Son moulin à sucre. Habileté des ouvriers mineiros. — *Morro Pellado*; influence du sol sur la végétation. — *Turvo Pequeno*. Lits rustiques appelés *girãos*. Preuve de la rareté de l'argent. — Oiseaux. — Singes hurleurs. — Lianes. — Rivière de *Sussuby*. — *Fazenda* de *Cana Brava*. — *Fazenda* de l'*Aldea* de *S. Nicolao*; son histoire; sa situation. Deux espèces d'aroïdes comestibles. — Culture des cotonniers; leurs produits. Manière de séparer le coton de ses graines. Manière de carder. Serpens. — *Fazenda* de *Luiz da Mota*: ses propriétaires. Sirop. — Aras.

Lorsque j'étais à Itambé, on avait piqué ma curiosité en me parlant de *Passanha*, village près duquel on a réuni quelques restes de plusieurs peuplades indiennes, et qui est situé à l'extrémité orientale de la province, sur la limite des forêts habitées par les *Botocudos*. Passanha n'est pas éloigné de plus de vingt-cinq lieues portugaises de Villa do Principe, et ce fut là que je résolus de me rendre en quittant la capitale du Serro do Frio [1].

Le pays que l'on traverse entre Villa do Principe et Passanha est montueux et bien arrosé. Situé à l'est de la grande chaîne, comme celui que j'avais parcouru précédemment, il fut jadis également couvert de bois épais. Dans les parties les plus voisines de Villa do Principe, des pâturages ont pris la place des forêts; on trouve ensuite, sur le bord de la route, une alternative de *capoeiras* et de bois; et les premières deviennent d'autant moins nombreuses qu'on s'approche davantage de Passanha. Ce canton, quoique fertile, ne présente cependant encore qu'une population peu nombreuse et généralement pauvre. Les paysages ont cet aspect grave et austère que communique toujours le voisinage des forêts. Le chemin, très-peu fréquenté, est étroit, et, dans les parties boisées, le voyageur marche sous l'ombrage des immenses végétaux qui

---

[1] Itinéraire approximatif de Villa do Principe à Passanha.

De Villa do Principe à	Guanhaens..............	$4\frac{1}{2}$ l.
—	Temerão...............	$3\frac{1}{2}$
—	Turvo Pequeno............	$3\frac{1}{2}$
—	Turvo................	$3\frac{1}{2}$
—	Cana Brava............	$3\frac{1}{2}$
—	Aldea de S. Nicolão.........	$2\frac{1}{2}$
—	Fazenda de Luiz da Mota.......	$2\frac{1}{2}$
—	Quartel do Canto da Serra près Passanha (village), environ.....	3
	Total.........	$26\frac{1}{2}$ l.

l'environnent. Cette excursion qui, sous plusieurs rapports, fut pour moi très-intéressante, contribua faiblement à l'augmentation de mon herbier; je trouvai peu de plantes en fleurs, comme cela m'arrivait presque toujours dans les bois, et je ne fus pas plus heureux pour les insectes, dont la saison était déjà passée.

Déjà, entre Itambé et la capitale du Serro do Frio, j'avais vu beaucoup moins de *ranchos* que sur la route de Rio de Janeiro à Villa Rica. Depuis que je quittai Villa do Principe jusqu'à mon arrivée à Tijuco, dans un intervalle de cinq mois, je ne voyageai, pour ainsi dire, plus que dans des déserts, et l'on sent que, sur des chemins à peine fréquentés de loin en loin par quelques voyageurs, les *ranchos* seraient inutiles: j'étais donc obligé d'aller demander l'hospitalité aux colons eux-mêmes; mais presque partout, comme je l'ai déjà dit, je fus reçu par eux de la manière la plus aimable.

Avant mon départ de Villa do Principe, l'*ouvidor*, M. João Evangelista Faria Lobato, ajouta sur mon passe-port, qui déjà m'accordait les priviléges les plus étendus, une injonction expresse d'après laquelle toutes les autorités civiles et militaires de la *comarca* devaient, en cas de besoin, me prêter secours et assistance, me fournir des guides, etc. Ce magistrat me donna aussi plusieurs lettres de recommandation pour *Minas Novas*, et ne voulut pas que je me misse en route sans qu'il m'eût procuré un guide.

Je quittai Villa do Principe le 9 avril 1817, plein

de reconnaissance pour les soins que m'avait prodigués mon hôte, et pour les politesses que j'avais reçues des habitans de la ville. Quinze ou seize des principaux d'entre eux, l'*ouvidor* lui-même, et l'excellent curé, m'accompagnèrent pendant une demi-lieue, et j'avoue que je ne pus, sans attendrissement, me séparer de ces hommes généreux et hospitaliers.

Dans un espace d'environ une lieue, nous traversâmes de vastes pâturages dont la végétation est peu variée, où domine le *saccharum*, dont j'ai parlé ailleurs, et où des traces de lavages s'aperçoivent de temps en temps sur le bord des ruisseaux. Ce n'est pas seulement sur la route de Passanha, qu'en quittant Villa do Principe, l'on trouve des pâturages; cette ville en est environnée de tous les côtés; et, comme dans une foule d'autres lieux, ils ont succédé à d'immenses forêts que l'on a probablement détruites, afin de mettre le pays à découvert et de pouvoir en extraire l'or avec plus de facilité.

Après être sorti des pâturages, j'entrai dans des *capoeiras* assez mal garnies, et entremêlées de vastes espaces où naissent des fougères. Des habitations assez nombreuses sont éparses çà et là dans les vallées; mais, en général, ce ne sont, pour ainsi dire, que des chaumières.

Je fis halte à la *fazenda* de M. le *guarda mór* Antonio Feliciano, qui m'accueillit avec l'hospitalité la plus aimable. Cette habitation, qui diffère beaucoup de celles que j'avais vues auparavant, est située dans un fond, entre des mornes couverts de bois; et, au-dessous d'elle, coule la petite rivière de *Guanhaens* [1], qui lui donne son nom. La maison du maître est jolie et bien tenue, et tout autour sont construits, sur différens plans, des bâtimens d'exploitation, tels qu'un moulin pour le grain, une distillerie, un moulin à sucre, etc.

Le *guarda mór* Antonio Feliciano pouvait avoir une cinquantaine d'années. Sa physionomie annonçait la gaîté; il paraissait content de son sort, et partageait ses momens entre des exercices de piété et des occupations rurales. Il priait Dieu, donnait ses ordres, surveillait ses nègres, qu'il paraissait traiter avec beaucoup de douceur, et, le soir, il se désennuyait en causant avec les voyageurs qui s'arrêtaient sous son toit. Sa vie se passait ainsi, loin des dissensions politiques, sans qu'il eût d'inquiétude pour l'avenir, et il parlait des fermiers de la dîme, qui font la désolation des agriculteurs, avec une résignation que je n'avais encore vue chez aucun d'eux.

Mon hôte me montra sa distillerie, où il avait pris

[1] Ce mot se prononce comme s'il y avait en français *gouagnance*. J'avais écrit dans mes notes *guanhans*; j'y substitue *guanhaens*, parce que je trouve, dans Pizarro, la chapelle ou succursale de *Nossa Senhora do Porto de Guanhaens*, indiquée comme dépendant de la paroisse *Nossa Senhora da Conceição de Mato dentro*. Le mot dont il s'agit viendrait-il des mots indiens *caá ã́ñã́*, bois épais? Il a existé à Mato Grosso, dans la *Serra de Chaynez*, une peuplade du nom de *Guanans* (Cas. Cor., I, 295); ce pluriel *Guanhans* ou *Guanhaens* ne semblerait-il pas aussi indiquer une nation?

d'excellens moyens pour diminuer la main-d'œuvre, en établissant, avec beaucoup d'intelligence, des conduits destinés à l'écoulement des liquides.

En général, ceux qui, dans ce pays, cultivent la canne à sucre, trouvent moins d'avantage à faire de la cassonnade que de l'eau-de-vie (*cachaça*), à cause de la grande consommation que font de cette liqueur les nombreux nègres employés dans le district des Diamans, voisin de ce canton. Les propriétaires qui distillent de l'eau-de-vie ont coutume de la conserver dans d'énormes troncs creusés, que leur fournissent les bois vierges, et que l'on couvre d'une planche qui s'ôte et se remet à volonté. C'est là, comme l'on voit, l'enfance de l'un des arts les plus faciles.

Le propriétaire de Guanhaens cultivait tout à la fois le maïs, les haricots, le sucre, le café, le coton, le ricin et le froment. Les terres de cette *fazenda* sont d'une bonne qualité; le maïs y rend de cent cinquante à deux cents pour un, et le froment seize à dix-sept.

N'ayant point encore parlé de la culture de cette dernière plante, je vais en dire quelques mots. Comme sans doute elle s'accommoderait mal de l'excessive chaleur et des pluies si abondantes des mois de décembre, janvier et février, on la sème en avril, pour faire la récolte en septembre et en octobre. Il est bien clair, d'après cela, que tous les terrains ne sauraient lui convenir, et que, croissant pendant la saison de la sécheresse, elle ne réussirait pas dans les pays découverts et naturellement secs. Ce doivent donc être les bonnes terres des cantons un peu élevés, et où de sombres forêts vierges entretiennent la fraîcheur, qui lui sont le plus favorables. En général, la culture du froment est loin d'être commune dans la province des Mines, et les propriétaires dont les terrains pourraient être propices à cette culture, sont dégoûtés de s'y livrer, parce que trop souvent la rouille (*ferrugem*) attaque les moissons. Quoi qu'il en soit, le pays voisin de Passanha est un de ceux qui paraissent le mieux convenir au froment. Avant de semer ce grain, l'on prépare le sol de la même manière que pour toutes les autres plantes. Quand le bois qui couvrait la terre a été coupé et brûlé, on fait, dans le champ, des trous très-rapprochés [1] et beaucoup plus petits que pour le maïs; on laisse tomber dans ces trous quatre ou cinq grains de blé, et, depuis le moment des semailles, qui, comme je l'ai dit, ont lieu en avril, jusqu'à celui de la moisson, on nettoie une ou deux fois la terre. Quand on fait la récolte, on prend de la main gauche une poignée d'épis, et on les sépare de la paille avec un grand couteau (*faca*) qu'on tient de la main droite. La paille se trouve ainsi coupée immédiatement ou presque immédiatement au-dessous de l'épi, et l'on n'en fait aucun usage. Pour battre le blé, on se sert d'un *batedor*, à peu près semblable à

---

[1] Tous les cultivateurs ne mettent pas une égale distance entre les trous où ils sèment le blé. En certains endroits, on les fait très-près les uns des autres; tandis qu'ailleurs on met entre eux environ deux palmes. Dans les alentours de *Rio Vermelho* sur la limite de Minas Novas, il paraît qu'on ne sépare les trous que par un intervalle d'à peu près un palme.

celui qu'on emploie pour le maïs [1]; mais les barreaux en sont plus écartés, et l'on a soin de les couvrir d'une natte.

Si l'on recueille du froment entre Villa do Principe et Passanha, on en cultive aussi beaucoup dans les environs de la *Serra da Piedade,* près Sabará; il y rend communément vingt-quatre à vingt-six pour un, quelquefois trente ou même beaucoup davantage; et les propriétaires du pays trouvent le débit de leur récolte à Sabará, Villa Rica et Marianna. Dans le canton de Piedade, le battage se fait d'une manière bien plus grossière et plus défectueuse encore qu'aux environs de Villa do Principe. On met les épis au milieu de la cour des *fazendas;* on les frappe avec de longues baguettes; le blé saute nécessairement de tous côtés, et l'on est obligé de le ramasser avec des balais [2]. De cette manière, il se trouve mêlé avec de la terre et du sable; et, comme on reporte sans cesse ses idées sur les objets qu'on a souvent eus sous les yeux, les agriculteurs ont appliqué au nettoyage du froment les procédés que les mineurs mettent en usage pour le lavage de l'or. Après avoir vanné leur grain, ils le mettent dans des sébiles coniques semblables à celles dont on se sert pour l'or en poudre. On y lave le blé; la terre se délaie dans l'eau; on balance la sébile à peu près à la manière

---

[1] Voyez plus haut, p. 234.

[2] Comme on le verra ailleurs, ce sont également des baguettes qu'on emploie à Rio Vermelho. On verra aussi que j'avais soin de conseiller aux cultivateurs l'usage du fléau et l'opération du chaulage.

des mineurs ; on laisse sortir le grain, et le sable, plus pesant, reste au fond du vase.

Après avoir quitté Guanhaens, je ne trouvai guère, jusqu'à *Temerão*, dans un espace de trois lieues et demie, que des *capoeiras*, ce qui prouve que ce pays a commencé depuis long-temps à être cultivé. J'étais brûlé par le soleil, et ne trouvai d'ombrage que dans un *capoeirão* de trop peu d'étendue, où les tiges extrêmement nombreuses de l'espèce de bambou appelée *taquara poca*[1], formaient les berceaux les plus élégans et les plus touffus. L'existence de cette belle espèce dans un *capoeirão* prouve que les bambous ne sont pas, comme on me l'avait dit, particuliers aux forêts vierges.

Entre Guanhaens et Temerão, les maisons ne sont point rares dans les fonds ; mais toutes celles que je vis me parurent assez misérables. Je m'arrêtai devant l'une d'elles, qui n'annonçait que la pauvreté ; je demandai un verre d'eau, mais le propriétaire envoya chercher aussitôt, pour me les offrir, des racines de manioc doux (*aypi*)[2], cuites sous la cendre. De telles

---

[1] *Taquâra poca* signifie assez vraisemblablement, dans la langue guarani, bambou de la grosseur du doigt.

[2] Comme ce mot appartient à la langue guarani, je crois devoir suivre l'orthographe de cette langue (V. *Tes. de la leng. guar.*, 24 bis), et par conséquent je n'écris pas avec Moraes *aypyi* (*Dic.*, I), et encore moins *aïpim* ou *impim*. L'aypi est le *manihot aipi* de Pohl. Le nom originaire du *man. aipi* étant indien, il me paraît évident que l'Amérique est la véritable patrie de cette plante.

marques d'hospitalité ne doivent point, au reste, étonner de la part des Mineiros.

L'habitation de Temerão, où je fis halte, me parut très-importante. Elle est située dans un fond, comme le sont toutes les *fazendas*; de grands bois l'environnent, et les bâtimens d'exploitation s'étendent autour d'une vaste cour à peu près carrée. Le moulin à sucre tourne par le moyen de l'eau; je ne pus m'empêcher d'en admirer les roues qui, quoique très-grandes, sont en même temps d'une légèreté extrême, et ont été travaillées avec beaucoup de soin. Ce n'est pas, au reste, la seule fois que j'aie eu des preuves de l'habileté des ouvriers mineiros; s'ils mettent de la lenteur dans leur travail, du moins ils donnent beaucoup d'attention à leurs ouvrages, et je crois même qu'ils les finissent plus que ne feraient les ouvriers européens.

Ce fut après avoir quitté Temerão que je commençai à traverser, par intervalles, de grandes forêts vierges. Leur aspect diffère peu de celui des bois qui environnent Rio de Janeiro; et, si les lianes ne produisent point ici d'aussi beaux effets qu'autour de la capitale, en revanche, les bambous ne sauraient manquer d'exciter l'admiration. Les rameaux de quelques espèces, et leurs feuilles serrées les unes contre les autres, présentent, des deux côtés du chemin, des murailles impénétrables de verdure; tandis qu'ailleurs les tiges d'une autre espèce, après s'être élancées à de très-grandes hauteurs, s'inclinent et forment des berceaux épais, d'où pendent de longues guirlandes qui se croisent en tous sens. Il faut convenir cependant que ces immenses graminées ont les plus grands inconvéniens pour les voyageurs. Leurs tiges et leurs branches embarrassent les chemins, y entretiennent l'humidité par l'ombre qu'elles produisent, et gênent la marche des bêtes de somme.

A une distance peu considérable de Temerão, j'eus un nouvel exemple de l'influence de la nature du sol sur la végétation. Je passais sur un morne appelé *Morro Pellado* (montagne pelée), dont le sommet est fort sablonneux. Tout à coup, les grands bois disparurent à mes yeux, et la terre ne m'offrit plus que des arbrisseaux, tels que des *cassias* et des mélastomées. Cependant, après avoir fait environ cent pas, je vis la nature du terrain changer brusquement, et, sans aucune transition, les grands bois se montrèrent avec une nouvelle pompe.

Les habitations qui se trouvent au-delà de *Temerão*, sont plus pauvres encore que celles que j'avais vues précédemment. Je m'arrêtai, pour y passer la nuit, à celle de *Turvo Pequeno* (petit ruisseau d'eau trouble), ainsi appelée du nom d'un ruisseau qui coule dans le voisinage. Cette habitation, occupée par des mulâtresses, se composait d'un petit hangar où l'on faisait la cuisine, d'une cahutte qui n'était encore qu'un hangar revêtu de nattes, et enfin d'une petite chaumière, où le jour pénétrait de tous les côtés par les trous que la terre, en tombant, avait laissés dans les murailles. C'était dans cette dernière cabane que logaient mes hôtesses. Son intérieur était divisé en deux chambres, par une cloison formée simplement de perches serrées les unes contre les autres. Une table, un tabouret et plusieurs *giraos* [1] ou lits rustiques, appliqués contre les murs, formaient tout l'ameublement de cette chétive demeure.

On ne peut guère en supposer de plus misérables, et cependant on rencontre, dans l'intérieur du Brésil, une foule de chaumières aussi peu magnifiques. Ces *giraos*, par exemple, dont je viens de parler, et qui n'indiquent que trop une profonde indigence, remplacent généralement les lits dans les maisons des pauvres. Voici comment l'on compose ces tristes couches : on enfonce dans la terre, auprès de la muraille, quatre pieux que l'on dispose entre eux comme les quatre quenouilles d'un lit, et, sur chaque paire de pieux les plus rapprochés, on fixe, avec une écorce flexible et tenace, un morceau de bois transversal. Sur les deux morceaux de bois transversaux qui se font face l'un à l'autre, on range des perches que l'on couvre d'une natte ou d'un cuir écru, et c'est là que l'on dort adossé contre le mur, et enveloppé dans une couverture ou dans une capote.

Afin d'avoir quelques terres en culture, mes hôtesses de Turvo Pequeno louaient un nègre libre, qui travaillait pour elles moyennant la modique somme de 8,000 reis (50 fr.) par an. Je rapporte ce fait, parce qu'il tend à prouver combien l'argent est peu commun dans ce pays.

[1] Serait-il mieux d'écrire *geraos* ou *gyraos*?

Le canton que l'on traverse au-delà de Temerão porte le nom de *Turvo*, emprunté d'un ruisseau qui l'arrose et qui prend sa source au Morro Pellado. Mille oiseaux faisaient entendre leurs chants dans les bois sombres qui couvrent ce canton. La voix forte et désagréable des aras dominait toutes les autres; plusieurs sortes de perroquets, et surtout des troupes nombreuses de celle qu'on appelle, dans le pays, *tiriba* (*psittacus cruentatus*, Neuw.), frappaient l'air de leurs cris étourdissans, et le couroucou, ourroucouai (*capitão do mato* des Brésiliens, *trogon viridis*, L.), triste et solitaire, mais plus beau que toutes les autres espèces, répétait, par intervalles, son sifflement grave et interrompu. Fatigué du cri des perroquets, je le fus davantage encore par le chant babillard d'une espèce de moineau roussâtre [1]. J'observai une quantité prodigieuse de ces oiseaux dans les bois voisins de *Cana Brava* et de l'*Aldea de S. Nicolao*, et sans doute ils y avaient été attirés par les graines des bambous, parvenues à leur maturité.

Dans un endroit où le chemin passe à mi-côte au-dessus d'un vallon, mes oreilles furent frappées par un bruit que je pris pour celui des eaux. Je crus qu'un torrent coulait dans la vallée dont les arbres me cachaient le fond; mais, en approchant davantage, je reconnus les hurlemens de l'espèce de grands singes barbus que l'on appelle ici *guaribas*. Tout à coup ces hurlemens cessèrent, et il leur succéda un bruit à peu

---

[1] Serait-il identique avec notre moineau franc?

près semblable à celui que fait le bûcheron, quand il frappe les arbres de sa cognée. C'était ce même bruit que les singes produisaient encore, quand j'arrivai auprès d'eux; alors la plupart prirent la fuite; cependant j'eus encore le plaisir d'en voir gambader quelques-uns sur la cime des arbres les plus élevés. Ces forêts ne sont pas, au reste, les seules qu'habitent les *guaribas;* ils sont, par exemple, communs dans les grands bois qui avoisinent le Parahyba, et ce fut là que je les entendis pour la première fois. Leurs hurlemens réunis me parurent alors ressembler aux mugissemens du taureau; cependant je les trouvais moins éclatans, plus sourds et plus prolongés. Dans la province de Rio de Janeiro, on donne aux *guaribas* le nom de *macacos barbados*[1], à cause de leur barbe touffue, et à Saint-Paul, on les appelle *bujios.*

Vers Cana Brava, les arbres sont en général peu rapprochés; leur tronc n'est pas fort gros, mais ils s'élèvent parfaitement droits à de grandes hauteurs. Là, ce sont les bambous qui forment la masse de la végétation. J'eus, dans ces bois, le plaisir de retrouver de belles lianes; j'en observai une, entre autres, qui se contournait autour d'un arbre comme le serpentin d'un alambic, mais qui, par une singularité fort remarquable, laissait, de tous les côtés, une grande distance

---

[1] Peut-être, dans quelques parties de la province des Mines, donne-t-on à une autre espèce le nom de *guaribas*. Quoi qu'il en soit, celle dont il s'agit ne peut être que le *mycetes ursinus.*

entre l'arbre et elle. Précédemment j'avais revu une de ces grandes aroïdes parasites dont les longues racines produisent des effets si variés dans les forêts d'Ubá. Cette plante croît, à de très-grandes hauteurs, sur le tronc des arbres les plus élevés ; sa souche embrasse leur circonférence, et forme, autour d'eux, comme une sorte de couronne d'où s'élèvent des tiges nombreuses disposées circulairement [1]. Celles-ci, que je crois hautes d'environ trois pieds et grosses comme le bras, sont tortueuses. La marque des feuilles qui les couvrirent autrefois les fait ressembler à autant de serpens, et elles sont couronnées par des feuilles nouvelles, grandes, sagittées et d'un vert obscur; enfin, de la partie inférieure de la plante pendent d'im-

---

[1] Il serait probablement plus rigoureusement exact d'appeler cette souche une *tige* et les tiges des *rameaux;* en effet, je suis porté à croire que, dans la jeunesse de la plante, ce que je nomme ici *tige* n'existe pas encore, et que la *souche* porte des feuilles. Quoi qu'il en soit, l'aroïde parasite que je décris, ne saurait être qu'un *cipó d'imbé;* mais il n'est pas impossible que sous ce nom il existe plusieurs espèces botaniques. Les *cipós d'imbé* sont du nombre de ces plantes curieuses dont les naturalistes sédentaires doivent s'attacher à suivre tous les développemens. Comme on le verra dans ma seconde RELATION, on fait des chapeaux avec les racines du *cipó d'imbé,* et les Indiens se servent de l'écorce lisse, brune et luisante de ces racines pour attacher les plumes de leurs flèches. — Le mot *ymbé,* que je trouve uniquement dans des composés, veut dire, à ce qu'il paraît, chose réunie, chose en grappes, nom qui convient aux fruits des aroïdes. (*Tes. leng. guar.*)

menses fibres radicales plus droites qu'un fil à plomb. Dans l'individu que je vis près de Turvo, ces racines ne tombaient que d'un côté; elles étaient extrêmement rapprochées, et formaient, pour ainsi dire, un faisceau; parfaitement distinctes dans la plus grande partie de leur longueur, elles se soudaient cependant à environ quinze pieds de la terre; elles s'anastomosaient, et se séparaient ensuite pour se souder encore.

Entre Turvo Pequeno et *Cana Brava*, à environ douze ou quinze lieues portugaises de Villa do Principe, je trouvai une rivière d'une grandeur médiocre, et je la côtoyai pendant quelque temps. Cette rivière, qui prend sa source dans la *Serra d'Itambé* [1], porte d'abord le nom de *Rio Vermelho* (la rivière rouge), qu'elle quitte ensuite pour prendre celui de *Sussuhy* [2], et elle va se jeter dans le Rio Doce. Comme on le verra plus bas, elle pourra un jour devenir très-utile

---

[1] Cette *serra*, élevée de 5,590 p. français (Spix et Mart.) au-dessus du niveau de la mer, est probablement la plus haute de celles que l'on a mesurées dans la province des Mines; elle est, dit-on, très-difficile à monter, et donne son nom à un village situé à une demi-lieue de Villa do Principe. Ce village ne doit pas être confondu avec celui que j'ai décrit au XIIIe chapitre de ce volume.

[2] Casal a écrit *Sassuhy*, Pizarro *Sassuhy* et *Suassuhy*, Spix et Martius *Sussuhy*. Je préfère cette dernière orthographe, parce que je la crois conforme à la prononciation usitée dans le pays. D'ailleurs, Sussuhy me paraît venir des mots indiens *cuchu*, petit perroquet, et *ĭ*, eau (dans la *lingoa geral*, *y'g*), rivière des petits perroquets.

au pays, puisque le Rio Doce est susceptible d'être rendu navigable, et qu'il porte ses eaux à la mer. Celles du Sussuhy, dans la partie de son cours où je le côtoyai, sont troubles et d'une vilaine couleur; les bois vierges s'avancent jusque sur ses bords; de vieux troncs renversés se montrent çà et là dans son lit, et les rameaux élégans des bambous, tombant de la cime des plus grands arbres, viennent se balancer à sa surface.

La *fazenda* de Cana Brava (canne sauvage), où je fis halte, deux jours après avoir quitté Turvo Pequeno, doit son nom à un ruisseau qui se jette, près d'elle, dans le Sussuhy. Ce ruisseau traverse des marais au-dessus de Cana Brava, et il avait causé des maladies dangereuses dans cette habitation, quelques années avant mon voyage.

La *fazenda* où je couchai le jour que je quittai Cana Brava, porte le nom d'*Aldea de S. Nicolão*, parce qu'effectivement, il n'y a que peu d'années encore, il y avait, dans cet endroit, un *aldea* ou village d'Indiens. Environ deux cents individus déjà civilisés de la nation des *Monoxós*, étaient venus de *Cuyaté* s'établir dans ces bois; ils y construisirent un *rancho* qu'ils couvrirent d'écorces d'arbres; ils se mirent à cultiver la terre, et j'ai vu, dans la forêt, des bananiers qu'ils avaient plantés et qui aujourd'hui semblent être sauvages. Cependant, au bout de quatre ans, ces Monoxós brûlèrent leur *rancho*, et ils se retirèrent à Passanha, où on les réunit aux Indiens *Malali's*, afin de se servir des uns et des autres pour faire la guerre contre les Botocudos. Le propriétaire de la *fazenda*, qui a remplacé le *rancho* des Monoxós, acheta de leur capitaine, moyennant une modique valeur de 200,000 reis (1,250 fr.), le terrain qu'il possède aujourd'hui, et qui embrasse plus d'une demi-lieue; il construisit une chaumière pour lui et sa famille, et il y joignait quelques petits bâtimens d'exploitation.

Cette *fazenda* est située dans un fond, sur le bord d'un ruisseau qui se jette dans le Sussuhy. Ordinairement les mornes laissent peu d'espace entre eux et les habitations qu'ils entourent. Ici, au contraire, un vaste terrain plat s'étend devant la maison du maître, entre elle et les mornes qui lui font face; le propriétaire a mis ce terrain en culture, et, pour ainsi dire, sans sortir de chez lui, il peut surveiller ses esclaves.

Soit en allant à Passanha, soit en revenant de ce village, je fus reçu, à l'Aldea de S. Nicolao, avec l'hospitalité la plus aimable. La femme du propriétaire, M. le sous-lieutenant (*alferes*) MACHADO, ne prit point la fuite devant moi, et cependant elle était blanche. Dans cette maison, tout le monde était en activité, spectacle dont jouit trop rarement le voyageur qui parcourt le Brésil. Madame Machado cousait; quelques-unes de ses filles filaient du coton, et d'autres faisaient de la dentelle.

Je mangeai à S. Nicolao des tubercules produits par une aroïde appelée *mangareto branco* (mangareto blanc). C'est une espèce dont les feuilles, hastées et d'un vert agréable, naissent en petites touffes, mais dont je ne vis malheureusement point les fleurs.

Le tuberculé principal est jaune et environ de la grosseur d'une pomme ; tout autour de lui, en naissent d'autres, et ce sont ces derniers que l'on mange, quand ils ont atteint à peu près les dimensions d'une noix. Ils sont assez farineux, d'un goût agréable, mais ils n'ont pas la douceur de la patate (*convolvulus batatas*). M. Machado me fit aussi voir dans son jardin, une autre aroïde comestible connue sous le nom de *mangareto roxo* (mangareto violet). Je ne mangeai point de ces tubercules ; mais on me dit qu'à l'extérieur ils étaient violets, et qu'en dedans ils présentaient la même couleur avec un mélange de jaunâtre. D'ailleurs ils naissent comme ceux du *mangareto branco*. Les feuilles de l'espèce violette sont réniformes, allongées, fort obtuses, très-glauques en dessous et portées par des pétioles rougeâtres.

Avec un peu de soin l'on pourra élever à Rio Grande, Saint-Paul, et même dans les parties élevées de la province des Mines, tous les légumes des potagers d'Europe ; mais il est incontestable qu'ils doivent mal réussir dans les pays très-chauds où la rapidité de la végétation s'oppose à cet état d'amaigrissement, qui, pour ainsi dire, constitue toute la délicatesse de nos plantes potagères. Mais si une partie des Brésiliens ne peut guère espérer de pouvoir cultiver nos légumes, ce peuple trouve un dédommagement dans ses nombreuses racines comestibles, les patates, les *aypis* (*manihot aipi*, P.), les *caras* et les *caracatingas* (*dioscorea*), les *inhames* (*arum esculentum*), les deux *mangaretos* (aroïdes), etc. Je ferai remarquer, en passant, qu'il n'est pas au Brésil une racine comestible dans ces familles de végétaux qui, chez nous, produisent des racines potagères; et tandis qu'en Europe il n'existe point une espèce à racine comestible qui appartienne à la classe des monocotylédones [1], c'est au contraire à cette classe qu'il faut rapporter la plupart des racines comestibles des Brésiliens.

Le bon sous-lieutenant Machado me montra sa plantation de cotonniers, qui était immense. Elle n'avait qu'un an, et déjà les jeunes arbrisseaux atteignaient la hauteur d'un homme, et ils étaient couverts de capsules.

En général les cotonniers sont une des plantes que l'on cultive avec le plus de succès aux alentours de Passanha. Rien n'est moins coûteux dans ce pays que la culture du cotonnier, et rien ne produit davantage. Comme pour le maïs, on fait dans la terre, préparée à la manière ordinaire, des trous où l'on jette les semences. On met dix palmes de distance entre les différens pieds; mais d'ailleurs on observe dans les plantations aussi peu de régularité que dans celles de maïs et de café. Au bout de six mois, on nettoie la terre, et l'on répète ce travail tous les six mois; mais on se donne fort peu de peine pour ce nettoyage, car au lieu de remuer la surface du sol, comme on fait dans les champs de maïs et de froment, on se contente de couper les mauvaises herbes au pied. C'est à ce léger travail que se borne toute la culture des cotonniers, et un nègre chargé de soigner l'espace de

---

[1] Il est bien clair que je ne parle pas ici des bulbes.

terrain planté de cotonniers, qu'on ensemencerait avec un *alqueire* de maïs¹, peut en même temps cultiver une égale quantité de terre en maïs et en haricots. Une plantation de cotonniers dure ordinairement cinq à six années, et, en certains endroits, elle dure jusqu'à neuf ans. L'espace de terrain qu'on pourrait ensemencer avec un *alqueire* de maïs, rend à S. Nicolao et aux alentours, cent arrobes par récolte, et à Passanha même un égal espace rend jusqu'à cent cinquante arrobes. Dans les terrains peu favorables à ce genre de culture, les cotonniers ne produisent que la deuxième année ; mais aux environs de Passanha, comme à Minas Novas, le canton de la province le plus propice aux cotonniers², ces arbrisseaux rendent dès la première année ; cependant la seconde récolte est encore plus abondante que celle qui l'a précédée. Le coton de Passanha est, m'a-t-on dit, d'une qualité excellente ; et, dépouillé de ses semences, il rend jusqu'à huit livres et demie par chaque arrobe de trente-deux livres, garni de graines. Des marchands de Villa do Principe et d'ailleurs vont chercher le coton chez les cultivateurs du pays, et ils le paient comptant. Il se vend ordinairement avec la graine 900 reis l'arrobe (8 fr. 12 c.) ; mais quelquefois il va jusqu'à 1,000 ou

---

¹ L'*alqueire* n'est pas le même partout : M. Freycinet évalue celui de Rio de Janeiro à 40 litres.

² On trouvera, dans le deuxième volume de cet ouvrage, des détails étendus sur la culture des cotonniers dans les Minas Novas.

1,200 reis, et on ne l'a point encore vu descendre au-dessous de 600 reis.

Pour séparer le coton de ses grains, on se sert d'une petite machine portative qui se compose de deux montans sur lesquels sont appuyés autant de cylindres longs d'un pied environ, gros comme le doigt et très-rapprochés l'un de l'autre. On présente les paquets de coton d'un côté des cylindres, et on fait tourner ceux-ci en sens contraire à l'aide de manivelles placées en dehors des montans. Les cylindres pincent le coton, l'entraînent en tournant, le font passer de l'autre côté de la machine, et les semences restent du côté où le petit paquet avait été présenté. Ce procédé est, comme on voit, d'une extrême lenteur, et demanderait des perfectionnemens[1]. Déjà mon hôte de Jacuhy[2] et le sous-lieutenant Machado avaient gagné quelque chose du côté de la main-d'œuvre, car c'était à l'aide de l'eau qu'ils faisaient tourner les cylindres.

Pour carder le coton, on a un petit arc dont la corde peut être longue d'environ un pied et demi. On glisse cette corde dans un paquet de coton; on la pince avec légèreté; on répète sans cesse ce mouvement, et, à mesure qu'on le réitère d'une main, de l'autre, avec laquelle on tient l'arc, on promène celui-ci assez doucement en l'éloignant de soi. La corde

---

[1] Une machine semblable est encore en usage dans le Levant.

[2] Voyez le chapitre XII de ce volume.

pousse le coton, et par le mouvement saccadé qu'on donne à la première, elle écarte les poils. Cette méthode de carder est peut-être plus expéditive que celle des peignes; mais il est facile de sentir qu'elle ne saurait avoir la même perfection, et que les fils ne peuvent être aussi bien séparés que lorsque des dents de fer égales et très-fines ont passé entre eux.

Si les bois que je trouvai après l'Aldea de S. Nicolao n'ont point la majesté de ceux des environs de Rio de Janeiro, ils offrent pourtant aussi de très-grandes beautés. Sur le flanc de quelques montagnes qui laissent entre elles une de ces gorges étroites au fond desquelles coule un ruisseau, et où règnent sans interruption l'ombrage et la fraîcheur, je vis des *palmitos* [1] à la tige menue élever leur feuillage à environ cinquante pieds de hauteur [2]. A leur pied, une espèce de fougère en arbre à feuilles recourbées semblait vouloir imiter leurs formes. Tous les autres arbres avaient cédé la place aux deux monocotylédones, et les bambous seuls contrastaient avec ces végétaux parfaitement droits, par la courbure élégante de leurs tiges et par leurs rameaux qui, se croisant en différens sens, s'étendaient en guirlande des palmiers à la fougère.

Un assez grand nombre d'espèces de serpens se trouve dans les bois que je parcourais alors. On les

---

[1] Palmier appelé *euterpe oleracea* par M. Martius (*Palm.*, p. 29, t. 28, 29, 30). Son jeune bourgeon peut se manger, et rivalise même avec les légumes les plus délicats de l'Europe.

[2] Mesure très-approximative.

connaît sous les noms de *surucucú* (*bothrops surucucú*, Spix et Mart.), *jararaca, jararacassú* (*bothrops Neuwiedii*, Spix et Mart.), *surucucúcatinga*, *coral* (*coluber fulvius*, Lin. ex Neuw.), *cipó* (*coluber bicarinatus?*) *cainana de papo amarello, cainana de papo branco, cobra de duas cabeças* (serpent à deux têtes), et *cobra fria* (serpent froid). On conte, dans le pays, que cette dernière espèce se nourrit d'autres serpens, même des plus venimeux, tels que le *surucucú*, le *jararacassú*, etc. Quand elle en rencontre un, elle tourne, dit-on, autour de lui, et laisse échapper, dans sa marche, une bave gluante. L'autre serpent, comme enchanté dans cette espèce de cercle, et n'osant franchir la barrière empoisonnée que vient de former son ennemi, reste immobile, et se laisse dévorer. Ces faits ont sans doute besoin d'être confirmés par quelque observateur instruit; mais on sait que des fascinations de ce genre ne sont pas sans exemple.

Le jour où je quittai S. Nicolao, je m'arrêtai à la *fazenda* de *Luiz da Mota*, où la maison du maître n'est, comme tant d'autres, qu'une modeste chaumière bâtie avec de la terre, du bois et des bambous. Soit en allant à Passanha, soit à mon retour de ce village, je fus parfaitement accueilli à cette habitation.

Mes hôtes étaient deux hommes pauvres qui n'avaient point d'esclaves, et s'étaient associés pour faire valoir la *fazenda* de Luiz da Mota, dont les terres sont excellentes. L'un des deux avait couru le monde; il était né à Porto; il avait été à Angola, et probablement il aura fini ses jours dans ces bois. Une chose assez singulière, c'est que, proportion gardée, je trouvai entre Villa do Principe et Passanha beaucoup plus d'Européens que je n'en avais rencontré jusqu'alors. Il vient un moment où celui qui a erré sur la terre, jouet continuel de ses espérances, finit par avoir besoin de repos et de solitude; on lui parle de ces forêts où il possèdera de vastes terrains, et où il vivra tranquille à l'abri de la pauvreté; il renonce à ses ambitieux projets, et le dangereux aventurier, s'attachant au sol, devient un citoyen utile.

Mes hôtes, qui cultivaient la canne à sucre, avaient un petit moulin mis en mouvement par des bœufs. Ils me servirent du vesoul sortant de la canne, et réduit par l'évaporation à la consistance de la mélasse ordinaire. Cette espèce de sirop, dont j'ai encore mangé ailleurs, est d'un rouge doré un peu transparent. Chacun le mêle dans son assiette avec de la farine de maïs ou de manioc, et l'on en forme ainsi une pâte d'un goût assez agréable.

Dans les environs de Luiz da Mota, je vis sur un grand arbre une troupe nombreuse d'aras. Celles de leurs plumes qui sont vertes ou bleues se confondaient avec la couleur des feuilles; on ne distinguait que les autres, et, de loin, l'arbre semblait couvert de morceaux de velours du rouge le plus beau. Les aras s'approchèrent ensuite davantage, et j'eus le plaisir de contempler ces oiseaux avec leurs grâces naturelles et les riches couleurs dont ils sont ornés.

CHAPITRE XVII.

LES INDIENS DE PASSANHA.

Arrivée à Passanha. Situation de ce village. — Histoire de la colonie de Passanha. Les *Malali's*, *Monoxós*, *Copoxós*, *Panhames*, se joignent aux Portugais. Épidémie terrible. — Cultures propres aux environs de Passanha. Cannelle. *Jatoba*. Pauvreté des habitans de ce canton; leur goût pour l'eau-de-vie. Moyen de transporter à la mer les denrées de Passanha. — *Quartel do Canto da Serra de S. João.* — Le commandant Januario Vieira Braga. Sa maison. — Divisions militaires. — Curiosité. — *Aldea de S. Antonio;* chemin qui y conduit; réception qu'on nous y fit; les maisons qui le composent. — Les *Malali's*. Leurs traits, et en général ceux de la race indienne : exception. Couleur et position des yeux chez les Indiens. Couleur de leur peau. Prononciation des langues indiennes. Vocabulaire des idiomes malali' et monoxó. — Traditions historiques des Indiens de S. Antonio. — État de la religion chez ces Indiens. Le capitaine des Malali's. — Maison du conseil. Vêtemens des Indiens de S. Antonio; leurs occupations; leur caractère. — Ver du bambou. — *Quartel de S. Antonio.* Un Panhame. — Botocudos prisonniers. Manière de faire la guerre à ces sauvages. Absurdité de cette guerre. Idée que l'on a à Passanha des mœurs des Botocudos. Leur anthropophagie.

Je m'étais mis en route pour me rendre de Luiz da Mota à Passanha, lorsqu'à plus d'une lieue et demie du poste militaire où je devais m'arrêter, je rencontrai deux hommes à cheval qui, lorsqu'ils m'aperçurent, mirent pied à terre, et m'annoncèrent qu'ils venaient au devant de moi de la part du commandant du poste, pour me faire ses complimens et prendre mes ordres. L'un de ces deux hommes était l'adjudant du commandant (*ajudante*), M. Francisco da Silva de Oliveira, et l'autre un des militaires du poste. Je remerciai beaucoup ces messieurs, et, pendant tout le chemin, la conversation roula sur le pays et sur les Botocudos.

Immédiatement avant d'arriver au village de Passanha, nous ne trouvâmes plus que des *capoeiras*, ce qui est le résultat naturel des établissemens formés par les hommes de notre race. Après avoir monté par une pente douce, pendant environ un quart d'heure, un morne assez haut, nous arrivâmes à une plate-forme d'où l'on découvre une très-grande étendue de montagnes et de vallées toutes couvertes de bois, et au-delà desquelles l'horizon est borné par des monts très-élevés qui font sans doute partie de la grande chaîne occidentale. C'est à l'entrée de la plate-forme, et surtout un peu au-dessous d'elle, qu'est bâti le village de Passanha. Les maisons qui le composent sont peu nombreuses, éparses çà et là, couvertes les unes en tuiles, les autres en chaume; aucune n'est blanchie, et elles n'annoncent que l'indigence. Il n'y a que quelques maisons à l'entrée de la plate-forme : elle est découverte dans le reste de son étendue; mais, sur la partie la plus reculée, s'élèvent solitaires l'église paroissiale et la maison du pasteur, beaucoup plus jolie que toutes celles du village. Derrière ces deux bâtimens se développe en demi-cercle un morne presque à pic, couvert de bois vierges, qui borne la plate-forme.

Tout cet ensemble présente un aspect sauvage dans lequel il y a en même temps quelque chose de grave et de solennel.

Le village de Passanha [1] n'a pas plus de cinquante à soixante ans d'ancienneté (en 1817). Les premiers habitans ne songeaient qu'à chercher de l'or, et furent assez heureux dans leurs découvertes ; mais les Botocudos les inquiétèrent tellement que presque tous se retirèrent. Cependant, au mois de février 1807, le gouvernement envoya dans le pays une garde de quatre-vingts hommes que l'on établit d'abord dans une position très-saine, sur la crête d'un morne élevé, à une lieue du village, et qu'ensuite on transporta à huit lieues plus loin, sur les bords de la rivière de Sussuhy. Un homme intrépide, appelé Januario Vieira Braga, commandait cette troupe, et était stimulé, dans l'accomplissement de ses devoirs, par l'espérance trompeuse de prendre quelque sauvage qui lui indiquât des mines riches et jusqu'alors inconnues aux Portugais. Les Botocudos furent poursuivis dans leurs forêts, et l'on en tua plusieurs. Quand on prenait quel-

---

[1] L'on a écrit *Pessanha*, *Paçainha* et *Passanha*: j'ai préféré cette dernière orthographe, parce qu'elle est conforme à la prononciation généralement usitée dans le pays même. M. le Prince de Neuwied écrit très-bien *Passanha*; mais on l'a induit en erreur, comme on va le voir, quand on lui a dit que les Malali's vivaient le long du *Rio Doce supérieur* sous la protection du *quartel* de Passanha. —Passanha viendrait-il des mots guaranis *paye*, sorcier, et *cãnã*, chose qui se remue ?

ques hommes de cette nation, on tâchait de les conduire au poste (*quartel*); mais comme ils résistaient toujours, on les faisait périr : quant aux femmes et aux enfans, on les emmenait, et on les distribuait parmi les habitans, chez lesquels ils s'accoutumaient à la vie civilisée. Bientôt les attaques des Botocudos devinrent moins fréquentes; les succès de la garde inspirèrent de la confiance, et de nouveaux habitans vinrent s'établir à Passanha; mais n'étant pas assez riches pour fouiller la terre et y chercher de l'or, ils ne s'occupèrent que de l'agriculture.

A l'époque où les premiers Portugais arrivèrent dans le pays, il était habité par une nation indienne appelée les *Malali's*, beaucoup plus douce que les Botocudos. Il paraît que des nègres fugitifs étaient déjà venus s'établir au milieu de ces peuples, et j'ai vu sur des cartes manuscrites Passanha indiqué comme un lieu nouvellement découvert où des Indiens étaient dirigés par une négresse. Quoi qu'il en soit, à l'approche des Portugais, les Malali's prirent d'abord la fuite; mais ayant été poursuivis par les Botocudos, leurs ennemis, ils vinrent chercher un asile auprès des nouveaux habitans, avec lesquels ils s'étaient peu à peu familiarisés. On leur laissa cultiver la terre; il en est qui se louèrent pour travailler chez les Portugais, et plusieurs, admis dans la garde, devinrent très-utiles par la connaissance qu'ils avaient des habitudes de leurs ennemis; enfin ils furent baptisés, et se civilisèrent autant du moins que le permettaient leur naturel et les circonstances où ils se trouvaient. Aux Malali's se joignirent quatre autres peuplades ou des portions de peuplades qui fuyaient aussi les poursuites des Botocudos, ou qui seulement cherchaient à améliorer leur sort, les *Panhames*, les *Copoxós*, quelques *Macuni's*, et les *Monoxós*[1], dont j'ai parlé ailleurs. Ces peuplades, réunies au poste portugais, formèrent, sur les bords du Sussuhy, un seul village auquel on donna le nom de *Porto de Santa Cruz* (port de Sainte-Croix), et cette petite colonie devenait chaque jour plus florissante, lorsqu'en 1814 une maladie épidémique enleva une grande partie de sa population.

Cette maladie paraît devoir être attribuée aux miasmes pestilentiels qui, à la suite d'une sécheresse, s'exhalèrent des vastes marais que traverse le Sussuhy avant d'arriver au lieu où le village était situé. Une fièvre brûlante, un tremblement violent, une douleur qui affectait la partie supérieure de la tête, et le délire, tels étaient les symptômes qui se manifestaient. La plupart des malades périssaient presque tout de suite; d'autres souffraient pendant quelques mois; il en est enfin qui ne moururent qu'après avoir traîné pendant deux ans une vie languissante. Une foule d'Indiens prit la fuite; mais la fatigue développait bientôt le germe de la maladie que ces infortunés por-

---

[1] Je crois que l'on a eu tort d'écrire *Malalizes*, *Monachos*, *Copoches*, peut-être même *Capochos*. Il faut aussi *Botocudos* et non *Botecudos*, *Botocoudys* ou *Bootocudies*. On a imprimé *Pinhames* et *Panhamis*, et les habitants de Passanha m'ont paru prononcer *Pinhamis*; cependant, après bien des hésitations, j'ai cru devoir, avec Casal, adopter le mot *Panhames*.

taient en eux; ils tombaient épuisés, et mouraient misérablement dans les bois, isolés et loin de toute consolation. Le lieutenant Machado et sa femme firent une visite au Porto de Santa Cruz lorsque la maladie y régnait. Alors deux Indiens seuls n'avaient point encore été atteints par l'épidémie; tous les autres étaient malades, et ils succombaient successivement sans recevoir de secours. Un seul remède obtint du succès : ce fut l'application des vésicatoires. Les Portugais furent plus épargnés que les indigènes; ces derniers sont à présent réduits à peu près à une centaine, et il ne reste plus que cinq Panhames et un Copoxó. S'il s'est conservé un plus grand nombre de Malâli's, c'est que leur capitaine, ayant déjà perdu beaucoup de monde, déclara au commandant portugais Januario qu'il voulait se retirer; et en effet, lorsqu'il en était encore temps, il alla chercher un autre asile. Quant à Januario, attaché à la discipline avec un respect idolâtre, il prétendit qu'il devait rester au poste que le roi lui avait assigné, et ce fut seulement à la dernière extrémité qu'il quitta le lieu dont l'air empesté avait causé tant de maux. La nuit même où l'ancien poste fut abandonné, les Botocudos vinrent y mettre le feu, et plantèrent une flèche au milieu de l'emplacement qu'il avait occupé. Le poste fut transporté sur le haut du morne où il avait été placé primitivement, et où il est encore aujourd'hui : on lui donne le nom de *Quartel do Canto da Serra de S. João* (poste du coin de la Serra de Saint-Jean).

Quant au village de Passanha, situé sur une hauteur où un air pur circule librement, il n'avait point souffert de la cruelle épidémie qui avait fait périr tant d'Indiens.

La paroisse [1] dont ce village est le chef-lieu, bornée par celle de Villa do Principe, celle de *Rio Vermelho*, et le pays des Botocudos, comprend une très-grande étendue de pays; mais sa population ne s'étend pas au-delà de 1,200 individus. Les terres de cette paroisse sont d'une excellente qualité. Dans ce canton le maïs rend deux cents pour un; le froment, qu'on y cultive beaucoup, rend plus de trente-huit pour un; les haricots quarante, et même davantage. C'est pour Villa do Principe et Tijuco qu'on enlève le froment; il se vend, suivant les circonstances, de 1,200 à 3,000 reis l'*alqueire,* et il est d'une qualité si bonne que quelques personnes riches de Villa Rica qui veulent avoir de belle farine, font venir leur grain de Passanha. Les habitans de ce village ne se contentent pas de cultiver leurs terres, ils élèvent aussi un grand nombre de pourceaux qui se vendent encore pour la consommation de Villa do Principe et celle de Tijuco. Le beurre de Passanha est d'une qualité excellente; mais on ne le paie pas moins d'une pataque (2 f.), prix qui diffère peu de celui auquel se débite la même denrée dans les *vendas* de Rio de Janeiro [2].

[1] Pizarro ne donne à cette paroisse que le titre de *curato;* mais il ajoute que le pasteur reçoit des appointemens du gouvernement.

[2] Le beurre qui se consomme dans la capitale du Brésil vient d'Europe.

AU BRÉSIL.

On trouve aux environs de Passanha une écorce roussâtre dont le goût est beaucoup plus faible que celui de la cannelle des Indes, et qui cependant pourrait la remplacer. L'analogie me porte à croire que cette écorce est celle de quelque laurier. On me donna aussi, dans le pays, un gros morceau d'une résine jaunâtre, transparente, qui ne se fond point dans la bouche, et qui brûle sans beaucoup de peine, en répandant une odeur faible, mais assez agréable. Cette substance est produite par les racines d'un grand arbre qu'on appelle *jatoba* (*hymenœa courbaril*, L. et Mart.)[1]. Les habitans de ce canton font un grand cas de la résine du jatoba pour les maladies de poitrine, dans lesquelles ils l'administrent réduite en poudre.

Malgré l'extrême fertilité de ce pays, ses habitans restent pauvres. Leur église suffirait même pour trahir leur indigence; car, au lieu de la planchéier comme tous les autres temples, l'on s'est contenté d'y étendre des nattes. Ce ne sont guère des gens riches qui voudraient s'enfoncer dans de sombres forêts, habitées par des hommes que l'on regarde comme des anthropophages. Les colons de Penha se sont établis sans capitaux; les esclaves leur manquent, et, s'ils peuvent vivre, ils ne sauraient acquérir de l'aisance.

Le goût de l'eau-de-vie est presque général dans tout ce canton; les femmes n'en sont guère plus exemptes

---

[1] On trouve *jatauba* dans un savant auteur; mais c'est peut-être une faute d'impression.

que les hommes, et les blancs s'y livrent à peu près autant que les gens de couleur. Il est à croire que l'ennui et le désœuvrement sont les causes qui ont rendu si commune une des passions les plus ignobles.

Quoi qu'il en soit, la position de Passanha pourra devenir, avec le temps, extrêmement avantageuse pour l'exportation des denrées, et principalement pour celle du coton. De cet endroit à la mer, on ne compte que pour neuf journées de voyage. On avait fait, à travers les bois vierges, un chemin long de quinze lieues, qui aboutissait de Passanha à l'endroit appelé *Porto Alegre* (le port joyeux), situé sur les bords du Sussuhy. A une lieue plus loin, le Sussuhy se jette dans le *Rio Doce;* et de là à l'océan, il n'y a que pour quatre à cinq jours de navigation. Déjà l'on avait commencé à suivre cette route, lorsque la garde fut réduite à trente hommes; alors il n'était plus possible de faire des patrouilles jusqu'à Porto Alegre, et la crainte des Botocudos fit abandonner le chemin qui conduisait au Sussuhy. A la vérité, il y a entre Porto Alegre et la mer trois endroits où la navigation est gênée; d'abord une *cachoeira*[1] dans le Sussuhy, un peu avant son embouchure; ensuite, dans le Rico Doce, un courant très-rapide qu'on nomme *Uemi;* et enfin, dans la même rivière, une

---

[1] Les Brésiliens entendent, par le mot *cachoeira*, tantôt une cascade et tantôt un de ces intervalles où le cours des rivières est simplement embarrassé par des rochers qui s'élèvent plus ou moins dans leur lit. N'ayant pas été sur les lieux, j'ignore de quelle nature de *cachoeira* il s'agit ici, et c'est pour cela que je conserve ce mot.

autre *cachoeira*, appelée *Escadinhas* (petits escaliers). Il paraît qu'il faudrait nécessairement décharger les marchandises à la *cachoeira* du Sussuhy; mais, avec un peu d'adresse, on éviterait facilement les dangers du courant de l'Uemi, et une petite quantité de poudre suffirait pour rendre navigable la *cachoeira* d'Escadinhas. Tous les habitans de Passanha ont le plus grand désir de voir rouvrir la route de Porto Alegre; mais, comme on le verra dans la suite de cet ouvrage, la navigation du Rio Doce est encore gênée par de très-grands obstacles, malgré les dépenses considérables que le gouvernement a faites pour les diminuer [1].

Je ne m'arrêtai point à Passanha; j'allai au Quartel do Canto da Serra de S. João demander l'hospitalité au commandant Januario Vieira Braga. Depuis l'âge de quatorze ans, ce vieillard avait toujours vécu dans les bois, occupé, tantôt à chercher de l'or et des pierreries, tantôt à combattre les Botocudos. Un tel genre de guerre était extrêmement fatigant; car il fallait sans cesse parcourir de sombres forêts, déchiré par les épines, exposé à la faim et au risque continuel d'être percé d'une flèche par une main invisible. Tant de fatigues n'avaient cependant point altéré la santé de Januario; il était âgé, lors de mon voyage, de plus de soixante-dix ans, et il avait encore assez de force pour abattre lui-même les arbres de la forêt. Son hu-

[1] Dans ma seconde Relation, je reviendrai avec détail sur la navigation du Rio Doce et sur les affluens de ce fleuve.

meur était toujours gaie, et sa physionomie respirait le calme et la bienveillance. Ce vieillard m'accueillit avec une politesse extrême, et ne cessa de chercher à me rendre agréable le séjour que je fis chez lui. Cependant, au milieu des efforts que le bon commandant faisait pour me bien recevoir, j'éprouvais une sorte de chagrin en voyant qu'il possédait à peine ce que, dans nos villes, on appellerait le strict nécessaire. Sa maison ne méritait pas d'autre nom que celui de chaumière ; on n'avait pas même pris soin d'en blanchir les murailles, et pour tous meubles l'on n'y voyait qu'un *girao*, une table et quelques bancs.

C'est sur la crête d'un morne, entre deux vallées profondes, qu'a été établi le poste du Canto da Serra de S. João. De là on découvre de tous les côtés des hauteurs revêtues de forêts ; cependant les moins éloignées présentent quelques masses de rochers disposées par couches horizontales. Le quartier (*quartel*) consiste simplement en un petit nombre de maisons, toutes en assez mauvais état, et qui, comme celle du commandant, ne sont réellement que des chaumières.

Le poste de Passanha et les différens postes militaires placés sur la frontière du pays des Botocudos, ou même de celui des autres Indiens, portent le nom de *division*, et de chaque division dépend une certaine étendue de territoire. Dans le ressort de leur division, les commandans jouissent d'une très-grande autorité. Ils y sont juges des *sesmarias;* ils peuvent envoyer les habitans travailler aux chemins, et ils ont, en cas de besoin, le droit de les requérir pour le service du prince. J'ai déjà dit (chap. IX) que tout individu qui, dans la circonscription d'une division militaire, s'établit, avec les formes prescrites, sur un terrain vacant, était exempt d'impôts pendant l'espace de dix années; j'ai fait sentir les graves inconvéniens d'une telle loi, et par conséquent je crois inutile de revenir sur cet article. Je me contenterai de citer un fait qui montrera combien il y avait peu d'ordre dans les finances de la province des Mines. Lorsque j'étais à Passanha, la solde des militaires des divisions était en arrière de deux années, et cependant c'est sur cette solde qu'ils doivent se nourrir et se vêtir. Il est bien peu de pays où des soldats ainsi négligés, voulussent encore rester à leur poste. Les militaires des divisions cultivent la terre, et par là seulement ils se mettent à l'abri de la faim et de la nudité [1].

J'étais logé, au Quartel do Canto da Serra de S. João, dans une petite chambre qui fait partie d'un bâtiment où couchaient aussi les soldats, et qui ressemblait à une grange. Presque partout, j'avais par mon travail attiré autour de moi un grand nombre de spectateurs; mais, au Canto da Serra, les curieux étaient réellement insupportables. Il m'était impossible d'être seul un instant, et à peine faisait-il jour, que ma petite chambre se remplissait de Portugais, de mu-

[1] La division de Passanha était la cinquième. Les soldats des divisions ne font point partie du régiment de cavalerie de la province, et sont, sous beaucoup de rapports, fort inférieurs à ceux de ce régiment.

lâtres et d'Indiens, qui passaient une partie de la journée à me regarder écrire et à voir mon domestique Pregent dépouiller des oiseaux. Il n'est pas étonnant que, dans un pays désert où l'on n'avait jamais vu d'étrangers, nous excitassions ainsi la curiosité; mais il faut avouer en même temps que la persévérance avec laquelle on nous considérait prouve un désœuvrement dont on a heureusement chez nous bien peu d'exemples.

Du Quartel do Canto da Serra de S. João, j'allai visiter l'*Aldea de S. Antonio*, qui en est à une lieue et demie, et où sont réunis les Indiens. Après avoir suivi, dans des bois vierges impénétrables aux rayons du soleil, un sentier étroit, embarrassé par des troncs renversés et des rameaux de bambous, je me trouvai dans un fond entouré de tous les côtés par des mornes élevés. C'est là qu'est située l'aldea. Un peu avant d'y parvenir, je fus obligé de descendre de cheval; il n'y avait plus de sentier, et je marchais sur des branchages et des troncs d'arbres. Les Indiens ont sans doute pris la précaution de ne pas prolonger le chemin jusqu'à leurs demeures, pour pouvoir les garantir de l'attaque subite de Botocudos. L'adjudant du commandant m'accompagnait; c'était un homme excellent; les Indiens paraissaient le regarder comme leur père, et il était le parrain de presque tous leurs enfans. Ces bonnes gens le virent au milieu d'eux avec le plus grand plaisir, et ils nous reçurent de leur mieux. A notre arrivée, une vieille femme nous apporta des *aypis* cuits sous la cendre, et d'autres Indiens voulurent nous faire accepter des graines et des plumes.

L'aldea de S. Antonio n'avait pas, en 1817, plus de trois ans d'ancienneté : ce fut quand l'épidémie de 1814 eut cessé ses ravages, que les restes de la colonie indienne choisirent ce lieu pour s'y établir et pour y cultiver la terre. Les habitans de l'aldea ont ensemencé en maïs le penchant de tous les mornes qui entourent leur hameau ; et, plus près de leurs demeures, ils ont planté des *aypis*, des haricots, des *jacatupé*, plante papillonacée, dont la racine tubéreuse se mange cuite dans l'eau ou sous la cendre, et peut fournir un excellent amidon. Les maisons des Indiens sont bâties sans ordre, dans l'intervalle étroit que les mornes laissent entre eux, et qui est arrosé par un ruisseau d'une eau pure. Ces maisons, lors de mon voyage, n'étaient pas au nombre de plus de dix, entre lesquelles on en bâtissait trois ou quatre autres. Chacune d'elles est construite avec des pièces de bois enfoncées dans la terre, écartées les unes des autres, et revêtues de nattes de bambous. Les toits sont couverts avec une espèce de graminée à feuilles jaunes, larges et fort longues, ou avec des morceaux d'écorce d'arbre absolument arrangés comme nos tuiles creuses. L'intérieur de ces chétives demeures est assez propre : on peut dire même que les nattes qui les tapissent sont plus agréables à la vue que la couleur foncée de la terre avec laquelle sont bâties dans ce canton les maisons des Portugais. Les cloisons sont faites comme les murailles elles-mêmes. Quant au mobilier, les Indiens de S. Antonio n'en possèdent pas d'autre que des lits semblables à celui de Turvo Pequeno (*giraos*, voyez le chapitre précédent), et des pots ronds de différente grandeur, faits par les femmes avec une terre noire assez fine.

Les Indiens que je vis à l'aldea étaient des Malalís, et je reconnus chez eux absolument les mêmes traits que j'avais observés chez les Coroados d'Ubá, c'est-à-dire tous ceux qui me paraissent caractériser le plus généralement la race américaine [1]. La taille des Malalís est petite; leur poitrine et leurs épaules sont larges, leurs cuisses et leurs jambes menues; ils ont le cou peu alongé, la tête grosse et ronde, les cheveux noirs, plats et touffus, de grands yeux, l'os des joues proéminent, le nez épaté, la bouche grande, les mâchoires avancées.

J'observai cependant chez quelques-uns de ces Indiens des différences individuelles qui me frappèrent. Un d'entre eux, que je vis au Quartel do Canto da Serra de S. João, avait le bas du visage sensiblement plus étroit que le haut, la figure beaucoup plus alongée que celle des Coroados, la tête moins grosse et le nez moins épaté; enfin il ressemblait beaucoup à deux *Coyapós* ou *Cayapós* de la province de Goyaz, que j'avais eu occasion de voir à Ubá. Avec le Malalí dont je viens de parler, se trouvaient deux jeunes gens de quatorze à quinze ans, qui, par leur figure, ne diffé-

---

[1] Je ne connais d'autres Américains indigènes que ceux du Brésil; mais je crois qu'il n'y a entre eux et les Indiens des États-Unis, du Pérou, du Haut-Paraguay, que les différences qui peuvent exister entre les diverses nations d'une même race.

raient pas moins que lui des autres habitans de S. Antonio. Ces deux jeunes gens, qui étaient fils du capitaine des Malalis, ne me parurent avoir rien dans leur physionomie qui appartînt à la race américaine; mais je leur trouvai plutôt quelque chose des traits et du teint des mulâtres. Cette ressemblance, au reste, s'explique assez bien par les rapports que les Malalis eurent jadis avec des nègres fugitifs; je dois ajouter aussi que la grand'mère du capitaine des Malalis était une négresse, et peut-être celle qui autrefois, dit-on, gouverna la peuplade.

Un caractère que je crois absolument sans exception chez les Indiens du Brésil méridional et des Missions de l'Uruguay, c'est la couleur des yeux, que j'ai constamment trouvée noire. La position des organes de la vue fournit encore un autre caractère. Chez les Indiens, en général, les yeux sont un peu bridés; ils sont obliques, et leur angle extérieur se trouve plus élevé que l'intérieur. Cependant ces caractères de position et de forme ne sont pas sans exception.

Quant à la couleur des Indiens, je partage l'opinion du baron d'Eschwege, qui croit que la teinte cuivrée qu'on leur a attribuée, et qui se rencontre réellement chez plusieurs d'entre eux, ne leur est pas naturelle [1]. Parmi les Indiens que je vis à Passanha, je n'observai la couleur cuivrée que chez deux individus qui ne portaient point de chemise. Les autres, qui étaient vêtus, avaient la peau simplement basanée, et même

---

[1] Voyez *Journ. von Brasilien*, I, p. 84.

d'un jaune beaucoup moins obscur que celle des mulâtres. Sur les bords du Jiquitinhonha, il existe des Botocudos presque blancs, et je vis à Passanha un jeune homme de cette nation qui non-seulement n'était point cuivré, mais dont les joues étaient embellies par le rose le plus agréable. Les Botocudos que les soldats de Passanha prennent dans les bois, perdent peu à peu la couleur cuivrée quand on leur a donné des vêtemens, et ils ne conservent qu'une teinte jaunâtre plus pâle que celle des mulâtres et un peu plus obscure que celle des blancs attaqués de la jaunisse, teinte qui même est à peine sensible chez certains individus plus blancs que quelques-uns de nos paysans français. La couleur cuivrée des Indiens qui restent nus n'est donc véritablement que le résultat de leur malpropreté, et celui de l'ardeur du soleil et de toutes les intempéries auxquelles ils sont continuellement exposés. Voici encore un fait qui tend à confirmer ce que j'avance ici. Lorsque j'étais dans les Minas Novas, je vis un jeune mulâtre qui, avec les cheveux crépus des nègres, avait une figure fort agréable et tous les traits des Européens. Dans le moment où j'arrivai à la chétive demeure qu'il occupait, il ne portait qu'un simple caleçon de toile de coton, et il paraît que c'était là son vêtement ordinaire. Sa peau, qui restait exposée à l'ardeur du soleil et à une poussière très-abondante, était d'une teinte aussi cuivrée que celle des Indiens qui ont la couleur la plus obscure ; et certainement ce jeune homme n'appartenait nullement à la race américaine.

S'il existe des traits de physionomie à peu près communs à toutes les peuplades indiennes, il y a aussi dans la prononciation de toutes, malgré la variété de leur langage, certains caractères qui me paraissent appartenir à la race. Tandis que les Espagnols, Portugais, Italiens, Français, Allemands, Hollandais, Danois, et probablement toutes les nations d'origine caucasique, parlent de la bouche, les Indiens, au contraire, tirent du gosier les sons qu'ils font entendre, serrent ordinairement les dents, écartent très-peu les lèvres, et remuent à peine la langue. Il est cependant facile de sentir qu'au milieu de ces caractères généraux, il doit y avoir, dans la prononciation des différens idiomes, des nuances particulières. Ainsi les Malalís ont beaucoup de sons qui viennent du nez, ce que je n'avais point observé dans la langue des Coroados. La langue des Monoxós a une prononciation encore plus sourde que celle des Malalís; et il est, dans la première de ces deux langues, des mots qui peuvent à peine se représenter avec nos lettres, tant les consonnes y sont affaiblies, et tant les voyelles y sont gutturales. Par exemple, ce n'est qu'à force de faire répéter le mot monoxó qui équivaut à notre mot *miel,* qu'il m'a été possible de sentir que ce même mot monoxó pouvait être représenté par les lettres suivantes, *paug,* sur lesquelles il faut glisser, presque sans remuer la langue et les lèvres, en poussant l'air hors du gosier. Au reste, s'il est vrai, comme le prétendent les Malalís, qu'ils aient avec les Monoxós une origine commune, il est bien extraordinaire que leurs langues diffèrent autant entre elles. On pourra en juger par le vocabulaire suivant [1] : Dieu : Malalí, *Tupán;* Monoxó, *id.* — Église : Mal., *Tupánhué;* Mon., *id.* — Feu : Mal., *coiá;* Mon., la prononciation française du mot *keu.* — Eau : Mal., *cheché;* Mon., la prononciation française du mot *tiaíne.* — Chemise : Mal., *camisán ;* Mon., *topitchaiti.* — Coignée : Mal., *pi;* Mon., *pihim* (*h* aspiré). — Père : Mal., *manaiamcá;* Mon., *tatán.* — Mère : Mal., *itá;* Mon., *hahaim* (ce mot se prononce entièrement de la gorge et du nez). — Enfant : Mal., *iopnán;* Mon., *totjó.* — Homme : Mal., *niopsá;* Mon., *etpím.* — Femme : Mal., *nioptánpitecnán;* Mon., *atichum.* — Allons manger, allons boire, allons dormir : Mal., *ia nasit, ia mococcioc, ia mihocno* (dans ce dernier mot l'*h* est aspiré, et la syllabe *hoc* se prononce du nez) : Mon., *nham atchin, nham atcham* (prononcez comme on prononcerait en français un mot ainsi écrit : *atchame*), *nham monón.* — Puce pénétrante : Mal., *amhai* (*h* aspiré) ; Mon., *toctao.* — Serpent : Mal., *háhim;* Mon., *nhan.* — Miel : Mal., *tón;* Mon., *paug* (ce mot se prononce dans la gorge, presque sans ouvrir la bouche). — Tête : Mal., *cai;* Mon., *toi.* — OEil : Mal., *achetó;* Mon., *inguá.* — Nez : Mal., *cegi;* Mon., *nitchicoi.* — Bouche : Mal., *iataco;* Mon., *nicoi.* — Dent :

[1] Je suis ici l'orthographe portugaise, qui se rapproche mieux que la nôtre de la manière dont on prononce, et qui peut peindre des sons nasaux à peu près semblables à ceux des langues indiennes. L'*i* est long.

Mal., *ajo ;* Mon., *tchooi.* — Langue : Mal., *nhocnho ;* Mon., *tchapetan.* — Gorge : Mal., *aon ;* Mon., *ictacai.* — Bras : Mon., *nhímnoi* (dans ce mot l'*o* doit être prononcé fortement du nez). — Doigt : Mal., *anhemeó ;* Mon., *nhímatón.* — Cuisses : Mon., *ennhé.* — Jambes, *ennhíotá.* — Pieds : Mon., *impata.* — Ongles, *nhmïatchái.*

J'ai dit tout à l'heure que les Malalís croyaient avoir avec les Monoxós une origine commune. Les Indiens de S. Antonio ont en effet conservé quelques traditions historiques. Ils prétendent que les Panhames, les Malalís, les Pendis ou Pindis, les Monoxós, les Coroados, etc., descendent du même père ; qu'ils formaient autrefois une seule nation ; mais que la discorde s'étant introduite au milieu d'eux, ils se séparèrent et formèrent plusieurs peuplades différentes. Cependant ces Indiens se considèrent en quelque sorte comme les enfans d'une même famille, et c'est pour cette raison sans doute qu'ils se mêlèrent si facilement lorsqu'ils se rapprochèrent des Portugais. Suivant eux, les Monoxós, originairement appelés *Munuchús*, commencèrent la guerre qui s'est toujours faite depuis entre les Botocudos et les différentes nations dont l'origine est commune. Les femmes des Monoxós ne mettaient au monde que des enfans mâles. Pour empêcher leur peuplade de s'éteindre, ces sauvages enlevèrent les femmes des Botocudos, et telle est la source de la haine qui a toujours existé depuis entre ces derniers et les Monoxós, les Malalís, etc.

Tous les Indiens de S. Antonio ont été baptisés ;

presque tous ont été mariés par le curé de Passanha; ils prient, ils vont à confesse; cependant je crois qu'ils ont des idées très-peu exactes de la religion chrétienne; et comment pourraient-ils en avoir de justes, vivant si loin de la paroisse, et ne recevant d'instruction de qui que ce soit? Nous demandâmes à l'un d'eux comment se disait Dieu dans sa langue; il répondit *Tupán*. Nous lui demandâmes ensuite comment ils appelaient saint Antoine, le patron de leur village, et il répondit encore *Tupán*. Ces Indiens, d'ailleurs, croient aux maléfices, et quand ils tombent malades, ils s'imaginent souvent qu'ils ont été ensorcelés.

L'un des Malalís porte le nom de capitaine; mais comme la peuplade est aujourd'hui entièrement soumise aux Portugais, le capitaine n'a guère d'autre autorité que celle que lui donne sur ses compatriotes la supériorité naturelle de son esprit. Il est fort aimé et fort considéré des Portugais, principalement du commandant, et c'est par son canal que les autres Malalís sollicitent les grâces qu'ils veulent obtenir.

Parmi les maisons de l'aldea, il en est une qui n'est habitée par personne: c'est la *maison du conseil*, qui appartient à la communauté. Les hommes les plus anciens et les plus considérés s'y rassemblent, et ils y délibèrent sur ce que l'on doit faire dans les circonstances importantes, sur les chasses que l'on doit entreprendre, etc. Cette espèce de conseil est un reste d'une ancienne institution qu'avaient ces Indiens avant de renoncer à la vie errante des forêts. Alors les plus vaillans formaient une réunion que l'on appelait le *conseil des braves*, et c'était ce conseil qui décidait de toutes les entreprises.

Entre eux, les Malalís ne parlent pas d'autre langue que la leur; mais presque tous savent le portugais, et s'expriment dans cet idiome d'une manière assez intelligible.

Ils portent tous un caleçon de toile de coton blanche, et la plupart ont une chemise dont les pans, au lieu d'être cachés dans le caleçon, sont passés par-dessus. Ce costume leur est commun, au reste, avec beaucoup de Portugais pauvres qui se servent ainsi de leurs chemises comme d'une espèce de blouse, afin de garantir leurs cuisses de la piqûre des épines. Quant aux femmes malalís, elles ont une jupe de toile et une simple chemise qui leur vient au-dessus du sein.

Les occupations des Indiens de S. Antonio sont l'agriculture et la chasse. Ils n'ont encore, pour atteindre le gibier, que des arcs et des flèches.

Ces bonnes gens sont timides, d'une extrême douceur, et pour obtenir d'eux ce que l'on désire, il suffit de les caresser comme de petits enfans. Ce goût des caresses n'est pas, au reste, particulier à cette peuplade, et doit être considéré, de la part de ceux qui l'éprouvent, comme un aveu tacite de leur infériorité. Quoi qu'il en soit, les Portugais blancs ou mulâtres m'ont paru traiter les Indiens avec beaucoup de douceur, et vivre avec eux dans la meilleure intelligence.

Les Indiens de Passanha sont très-portés à l'amour. Il arrive même assez souvent qu'épuisés par la volupté, ils renoncent à la vie, et qu'ils se suspendent à quelque arbre dans la forêt.

L'un des mets favoris de ces Indiens est un gros ver blanc qui se trouve dans l'intérieur des bambous lorsque ceux-ci fleurissent, et qui a la longueur de la moitié de l'index (*bicho da taquara*). Les Indiens font cuire ces vers, et ils en retirent une espèce de graisse très-fine et très-délicate avec laquelle s'apprêtent les alimens. L'adjudant Francisco da Silva de Oliveira, dont j'ai parlé plus haut, me confirma ces détails, que je connaissais déjà, et m'en communiqua d'autres auxquels son caractère recommandable permet d'ajouter foi. Le ver dont il s'agit n'est point une nourriture saine, et lorsqu'il paraît, ce qui n'arrive pas tous les ans, puisqu'il faut pour cela que les bambous fleurissent, lorsqu'il paraît, dis-je, les Indiens éprouvent toujours des maladies. Ces hommes ont coutume de faire sécher quelques vers de bambous; ils les conservent avec soin; ils les appliquent, réduits en poudre, sur les blessures, et celles-ci guérissent avec une extrême promptitude. M. de Oliveira me dit avoir fait avec le plus grand succès l'expérience de ce remède sur lui-même et sur d'autres personnes. Ce n'est pas tout : les Indiens emploient encore le *bicho da taquara* à un usage fort différent. Lorsque l'amour leur cause de insomnies, ils avalent un de ces vers que l'on a fait sécher, sans en ôter le tube intestinal, et alors ils tombent dans une espèce de sommeil extatique qui dure plusieurs jours. Celui qui a mangé un ver desséché du bambou raconte, en se réveillant, des songes merveilleux; il a vu des forêts brillantes, il a goûté des fruits exquis. Mais avant de manger le *bicho da taquara*, on a grand soin d'en ôter la tête, que l'on regarde comme un poison dangereux. Les Indiens, au reste, ne sont pas les seuls qui fassent usage comme aliment du ver dont je viens de parler. Plusieurs Portugais le regardent également comme un mets délicieux. Lorsque ces vers paraissaient, le commandant Januario en faisait fondre une grande quantité, et il gardait leur graisse pour s'en servir en guise de beurre. Désirant ne pas laisser incomplet ce qui concerne le *bicho da taquara*, je citerai ici ce que j'ai déjà écrit sur cette larve dans l'introduction aux *Plantes les plus remarquables du Brésil et du Paraguay*.

« Je n'avais vu chez les Malali's que les *bichos da ta-
« quara* desséchés et séparés de leurs têtes; mais dans
« une herborisation que je fis dans l'île S. Francisco,
« avec mon Botocudo, ce jeune homme trouva un
« grand nombre de ces vers dans des bambous fleuris,
« et il se mit à les manger en ma présence. Il brisait
« l'animal; il en ôtait avec soin la tête et le tube in-
« testinal, et suçait la substance molle et blanchâtre
« qui restait sous la peau. Malgré ma répugnance,
« je suivis l'exemple du jeune sauvage, et trouvai à ce
« mets singulier une saveur extrêmement agréable qui
« rappelait celle de la crème la plus délicate. Si donc,
« comme je ne puis en douter, les récits des Malali's
« sont fidèles, la propriété narcotique du *bicho da*
« *taquara* résiderait uniquement dans le tube intes-
« tinal, puisque la graisse environnante ne produit

« aucun accident. Quoi qu'il en soit, j'ai soumis à
« M. Latreille la description que j'ai faite de l'animal
« dont il s'agit, et ce profond entomologiste l'a re-
« connu pour une chenille qui probablement appar-
« tient au genre *cossus* ou au genre *hépiale.* »

Tous les Indiens civilisés de Passanha n'habitent point l'Aldea de S. Antonio. De ceux qui sont employés comme soldats, les uns restent au poste du Canto da Serra de S. João, les autres à un second poste qui est plus rapproché de l'aldea, et qu'on appelle *Quartel de S. Antonio.* En quittant l'aldea, nous passâmes par ce dernier poste. Il a été placé dans un fond, entre des mornes très-élevés et entièrement couverts de bois. Les baraques qui servent d'habitations au détachement sont simplement construites avec de longues perches assez grosses et très-rapprochées, et elles ont un toit couvert avec des écorces d'arbres. A l'exception de cinq, tous les militaires du poste sont des Indiens qui ont avec eux leurs femmes et leurs enfans. J'y vis un Copoxó et un Panhame, et je ne leur trouvai aucun des traits de la race indienne. Le Panhame ressemblait extrêmement à quelques-uns de nos paysans français qui ont conservé cet air de simplicité que l'on voudrait toujours trouver aux champs. Comme ce Panhame est le seul que j'aie jamais rencontré, il m'est impossible de déterminer si ses traits étaient purement individuels, ou s'ils appartenaient réellement à une horde entière, ce qui constituerait une exception extrêmement remarquable.

Je vis, auprès de Passanha, plusieurs Botocudos de

tous les âges, qui avaient été pris dans la première enfance, et vivaient dans les maisons des Portugais en travaillant pour eux. Ces Indiens me frappèrent plus que les autres par l'obliquité de leurs yeux et par la largeur de leurs épaules et de leur poitrine. Ils ont de la vigueur, ils se montrent très-laborieux, et les Portugais se louent beaucoup de leurs services.

Quand la division militaire de Passanha était encore assez forte pour faire aux Botocudos une guerre offensive, les soldats avaient pour l'attaque des vestes de l'épaisseur d'environ un pouce, faites de plusieurs toiles de coton cousues ensemble, à la manière de nos couvertures piquées (*gibão*). Ces vestes garantissaient des flèches le corps et les bras; mais elles laissaient à découvert la tête, les cuisses et les jambes; elles étaient si raides qu'elles pouvaient se tenir debout, et leur poids ralentissait la marche du soldat accablé de chaleur. C'était ordinairement pendant l'obscurité que l'on se mettait en marche. On donnait une bougie à chaque soldat, et l'on s'enfonçait dans l'épaisseur des bois, précédé de quelques Indiens civilisés qui connaissaient les localités. Les cris des enfans et les chants barbares dont les hommes accompagnent les danses auxquelles ils se livrent ordinairement à la fin de la journée, faisaient reconnaître le lieu où une troupe de Botocudos devait passer la nuit. C'était toujours dans une vallée, sur le bord d'un ruisseau. On entourait de tous les côtés le lieu de la retraite des sauvages; on leur laissait passer la nuit dans une sécurité entière; et, à la naissance du jour, ils se voyaient environnés.

Alors le combat s'engageait; les Portugais tiraient des coups de fusil, et les Botocudos lançaient des flèches. Peu à peu on resserrait le cercle qu'on avait formé autour de ces derniers, et quand il en était tombé un certain nombre, ceux qui restaient fondaient sur leurs ennemis pour s'ouvrir un passage et pour prendre la fuite. Enfin, lorsqu'il ne restait plus au milieu des Portugais que des femmes et des enfans, on s'emparait d'eux et on les emmenait. Les femmes poussaient d'abord de grands cris; mais à peine avaient-elles fait un peu de chemin, qu'elles paraissaient consolées, et s'attachaient à leurs conducteurs. Quant aux hommes, lorsqu'il arrive qu'on en prenne quelques-uns, ils ferment les yeux, ne répondent pas même aux questions qu'on leur fait dans leur propre langue, refusent absolument de marcher, et se laissent donner la mort. Les Botocudos, craignant beaucoup les armes à feu, n'attaquent point les Portugais en face; mais ils se cachent derrière les arbres, et lancent des flèches à ceux qui passent devant eux.

Quoi qu'il en soit, la guerre contre les Botocudos est une absurdité digne des temps les plus barbares, et M. l'adjudant Francisco da Silva de Oliveira fut le premier à m'en parler dans ce sens. Les troupes que l'on envoie contre les Botocudos ne sont pas suffisantes pour les exterminer, et par conséquent il faut se borner à en tuer de temps en temps quelques-uns pour lesquels on perd également quelques soldats. Ne vaudrait-il pas mieux tâcher de se rapprocher de ces sauvages, et profiter, par ce moyen, des terres dont ils sont maîtres? Rien, me disait M. de Oliveira, ne serait plus facile. Les Botocudos de la septième division se sont déjà rapprochés des Portugais; l'on pourrait se servir d'eux pour faire la paix avec les autres, et quelques présens de haches, de couteaux, accompagnés de paroles amicales, suffiraient probablement pour mettre un terme à toute hostilité [1]. Ce résultat serait sans doute fort à désirer pour les Portugais, auxquels il procurerait une vaste étendue de terrains fertiles. Quant aux Botocudos, il faudrait au moins qu'en profitant de leurs forêts, on prît, pour tâcher de les civiliser, des moyens différens de ceux qui ont été employés dans la septième division, où personne ne cherche à inculquer aux hommes de la même nation les véritables principes de la religion chrétienne, où ils reçoivent les plus mauvais exemples, et où les enfans, ravis à leurs pères, sont trop souvent condamnés à une sorte d'esclavage [2].

Ce qui me fut raconté à Passanha des mœurs des Botocudos de ce pays, prouve que ces Indiens diffèrent fort peu de ceux de la même nation qui habitent les bords du Jiquitinhonha, et que j'ai vus plus tard : peut-être même les différences que l'on m'indiqua

[1] On verra dans mon second voyage que les Botocudos du Rio Doce ont cessé de faire la guerre aux Portugais. Ceux des environs de Passanha auront sans doute suivi le même exemple. Peut-être même les tribus de Passanha et celles du Rio Doce sont-elles identiques.

[2] Depuis mon voyage au Jiquitinhonha, un Français, le respectable M. Marlière, directeur des Indiens, a pris autant qu'il le pouvait de sages mesures pour remédier au mal.

n'existent-elles pas réellement. L'on me dit que les Botocudos de Passanha restaient absolument nus; qu'ils n'avaient point de culte; qu'ils ne conservaient aucune demeure fixe; qu'ils construisaient des cahuttes à la hâte et sans art, en enfonçant des morceaux de bois dans la terre et les recouvrant de feuilles; qu'ils abandonnaient aujourd'hui les huttes construites la veille pour en former de semblables ailleurs; qu'ils y faisaient du feu afin d'écarter les moustiques, très-abondantes dans les forêts; enfin, que toute leur industrie se bornait à faire des arcs et des flèches pour aller à la chasse et tuer leurs ennemis. L'on m'ajouta que ces sauvages mangeaient la chair des animaux grillée au feu et cuite imparfaitement; qu'ils passaient dans leurs oreilles et leur lèvre inférieure des morceaux de bois d'une grandeur démesurée, de la forme d'un bondon; qu'ils couraient avec une grande rapidité, et que, pour accoutumer les jeunes gens à la course, ils leur liaient les jambes audessous des jointures, afin qu'ensuite, débarrassés de cette gêne, ils eussent une plus grande agilité. Si les Botocudos de Passanha n'ont, comme cela est vraisemblable, aucun rapport avec ceux du Jiquitinhonha, du moins l'ensemble des détails qui précèdent prouve, comme on le verra par la suite, que ces sauvages appartiennent tous à une même nation. Cependant, comme les Botocudos du Jiquitinhonha n'ont aucune idée de la Divinité [1], ceux de Passanha diffè-

[1] On verra du moins que s'ils en ont une idée, elle est bien vague, et se confond dans leur esprit avec celle du soleil.

reraient d'eux sur un point bien essentiel, s'il est vrai, comme on me le raconta dans le pays, qu'ils reconnaissent un Être suprême, et qu'ils le croient irrité, quand ils entendent gronder le tonnerre. Ce qui, au reste, tendrait à prouver que cette croyance leur a été communiqué par les Malali's ou d'autres Indiens de même lignage, c'est qu'ils donnent à Dieu le nom du *Tupán*, qui appartient au langage de ces peuples. Il serait certainement très-curieux de rechercher la véritable origine de ce nom; car on le retrouve dans des idiomes fort différens entre eux.

On soutient généralement, dans la province des Mines, que les Botocudos sont anthropophages, et les renseignemens que je pris à Passanha tendent à confirmer cette opinion. Quand ces Indiens ont tué quelque ennemi, ils se repaissent, me dit-on, de sa chair comme d'un mets délicat, et ils ne font point le même cas de toutes les parties du corps. Bien des fois, m'assura-t-on, on a trouvé le tronc seul de ceux qu'ils avaient mis à mort, et l'on a vu les ossemens des autres membres autour des feux abandonnés. Je dois dire ici que Firmiano, le Botocudo qui m'a suivi pendant plusieurs années, rejetait l'accusation d'anthropophagie comme un mensonge qu'avaient inventé les Portugais, pour avoir un prétexte de nuire à sa nation; mais il ajoutait en même temps que, ce qui pouvait avoir donné lieu à cette calomnie, était l'usage qu'avaient ses compatriotes de couper par morceaux le corps de leurs ennemis privés de l'existence.

CHAPITRE XVIII.

VOYAGE DE PASSANHA AU TERMO DE MINAS NOVAS. — VILLAGE DE RIO VERMELHO. — CULTURE DU TABAC.

Départ de Passanha. — *S. Roberto*. L'auteur pris pour un médecin. — Attention du propriétaire de Cana Brava. Beau chemin dans un bois vierge. — Pont des Paulistes. — Rio Vermelho, rivière. Manière de prendre le poisson. — Village de *Rio Vermelho*; son origine; sa situation; ses maisons; sa population; pureté de l'air qu'on y respire; exemples de longévité; hydropisie. Productions du pays. — Culture du tabac. — Satire faite par un Mineiro de la nonchalance de ses compatriotes. — Changement dans l'aspect du pays. — *Fazenda* de *Mondo Novo*. — Notes sur *Rio Pardo* et *Conquista*. — Indigotiers.

Je quittai, le 21 avril, le Quartel do Canto da Serra, pour aller visiter le *termo* si intéressant [1] de *Minas*

---

[1] Itinéraire approximatif de Passanha à Minas Novas.

De Passanha à	Luiz da Mota, environ.	3 l.
—	Aldea de S. Nicolao.	2 ½
—	Cana Brava.	2 ½
—	Jeronimo Luiz.	4
—	Rio Vermelho (village).	3
—	Mondo Novo.	2 ½
—	N. S. da Pénha (village du termo de Minas Novas).	4 ½
	Total.	22 l. p.

AU BRÉSIL.

Novas; et je pris congé du bon commandant de Passanha avec un sentiment profond de regret et de sensibilité. Il y a dans ces mots : *nous ne nous reverrons jamais,* quelque chose qui ressemble à l'éternité, et qui produisait sur moi une impression que je ne saurais rendre.

Je couchai une seconde fois à la *fazenda* de Luiz da Mota, à l'Aldea de S. Nicolao, à Cana Brava, et ce fut un peu au-delà de ce dernier gîte, au lieu appelé *Ponte dos Paulistas,* que je quittai la route de Villa do Principe, pour prendre celle du village de *Rio Vermelho* et de Minas Novas, en me dirigeant vers le nord.

Entre S. Nicolao et Cana Brava, il fallut m'arrêter quelques instans à la petite *fazenda* de *S. Roberto.* Le titre de docteur qu'on avait bien voulu me donner, depuis Villa do Principe jusqu'à Passanha, avait attiré plusieurs malades à S. Roberto; j'eus beau répéter que je n'étais point médecin, il fallut, bon gré, mal gré, que j'enseignasse des remèdes; mais je suis bien sûr que mes bénignes ordonnances n'auront fait mourir personne.

Dans un espace de plus d'une lieue, avant d'arriver à Cana Brava, je trouvai le chemin entièrement nettoyé, et dans le meilleur état. C'était une attention qu'avait eue pour moi mon hôte de Cana Brava, et je lui dus le plaisir de faire, dans les bois vierges, une promenade délicieuse. A droite et à gauche du sentier qui, auparavant, formait toute la route, les arbres et les broussailles avaient été coupés dans un espace de trois à quatre pieds, et laissaient voir le gazon le plus beau. Les branches mortes, les lianes pendantes et les rameaux entrecroisés des *taquaras* qui, à mon premier passage, me forçaient d'être sans cesse sur mes gardes, et de me coucher sur le cou de mon mulet, tout cela avait disparu, et je pouvais contempler à mon aise les majestueuses beautés des bois vierges; ces bambous, dont les uns recouvraient de leurs petites feuilles des espaces considérables plantés d'arbrisseaux et de broussailles, et dont les autres formaient au-dessus de ma tête des arcs de triomphe; ces lianes qui tombaient de la cime des arbres les plus élevés; ces fougères arborescentes et ces *palmitos (euterpe oleracea,* Mart.) qui mariaient leur feuillage; enfin ces fougères plus humbles dont les espèces si variées montraient leurs feuilles au-dessus des gazons, ou les laissaient pendre du tronc des plus vieux arbres. Ce que j'avais à regretter parmi tant de magnificence, c'étaient des fleurs; car à peine quelques *lantana* et deux ou trois espèces d'acanthées élevaient de loin en loin leur corolle d'un rouge vermillon au milieu des masses de verdure qui les environnaient.

Les bois que l'on traverse depuis le commencement de la route de Minas Novas jusqu'au lieu appelé *Jeronimo Luiz,* dans un espace d'une à deux lieues, ont un aspect encore plus sombre et plus sauvage que ceux du chemin de Passanha.

C'est à environ cent pas de l'embranchement des deux routes que se trouve le pont *des Paulistes,* dont le nom s'est communiqué à tout le voisinage. Là le

Rio Vermelho qui, plus haut, pouvait avoir une largeur égale à celle du Loiret, se trouve tout à coup resserré entre des rocs qui ne lui laissent qu'un passage de deux ou trois toises; il se précipite, il écume, et bientôt il rentre dans un lit plus large où il coule avec tranquillité. Le pont a été bâti au-dessus de l'endroit où la rivière se précipite; il est en bois, mais depuis Marianna je n'en avais pas vu d'aussi bien construit. Son nom prouve qu'il est dû à quelques-uns de ces aventuriers hardis qui, partant de la ville de Saint-Paul, firent autrefois tant de découvertes dans l'intérieur des terres, et dont le souvenir n'est point effacé de la mémoire des Brésiliens [1].

Après le pont des Paulistes, le chemin, qui n'est qu'un sentier fort étroit, suit presque toujours le Rio Vermelho. Quelquefois il le côtoie, et l'on voit les eaux noirâtres de la rivière couler lentement entre les grands arbres de la forêt, les lianes et les bambous. Plus souvent, le sentier s'élève à une hauteur assez considérable au-dessus du lit de la rivière; alors les branchages dérobent celle-ci à la vue du voyageur; mais le bruit qu'elle fait entendre, en passant entre les rochers qui de temps en temps embarrassent son cours, trahit assez son voisinage. A environ une lieue et demie du village de même nom, le Rio Vermelho n'a déjà plus que deux ou trois toises. Le *Cocaes* [2], le *Bar-*

---

[1] On a prétendu que parmi ces aventuriers il y avait des Français, et le nom de plusieurs Paulistes actuels semblerait le prouver.

[2] Suivant Moraes (*Dic.*, I, p. 423), *cocão* signifie une

reiro[1], le *Turvo*, viennent se jeter dans son lit, et c'est à la rivière qui résulte de la réunion de toutes ces eaux, que l'on donne le nom de Sussuhy[2].

J'observai, dans le Rio Vermelho, une des méthodes qu'emploient les habitans de ce pays pour prendre le poisson. En enfonçant, dans le lit de la rivière, de longues perches serrées les unes contre les autres, ils forment un carré long dont le rivage fait un côté; et, au côté opposé, ils laissent une porte qui se lève verticalement, comme celle de certaines ratières. Ils jettent dans l'intérieur du carré des nymphes de guêpes dont les poissons sont très-friands; ils lèvent la porte, l'attachent avec une liane à quelque arbre voisin, et quand ils croient que le carré s'est rempli de poissons, ils laissent tomber la porte.

Au-delà de Jeronimo Luiz, *fazenda* où je fis halte, les forêts sont moins épaisses, les *capoeiras* et les *capoeirões* deviennent plus nombreux; on voit quelques habitations, et, après avoir fait trois lieues, l'on arrive au village de *Rio Vermelho*.

Ce village, situé à quatorze lieues portugaises de Tijuco, et environ quinze lieues de Passanha, est le chef-lieu d'une paroisse qui a douze lieues de longueur, et qui ne comprend qu'une population de 4,000 indi-

sorte de bois du Brésil que l'on emploie dans les charpentes. *Cocaes* viendrait-il de ce mot *cocão?*

[1] Les Brésiliens appellent *barreiro* un lieu où il existe de l'argile salpêtrée.

[2] Voyez ce qui a été dit sur cette rivière dans le chapitre XVI de ce volume.

vidus, dont deux mille deux cents au-dessus de l'âge de sept ans [1]. Rio Vermelho n'a pas plus de quarante à cinquante ans d'ancienneté, et il paraît que ses habitans ont été attirés, non par l'intention de chercher de l'or, mais par la fertilité du terrain et par le voisinage de Tijuco, où les vivres se vendent à des prix plus élevés qu'ailleurs.

Comme le village dont il s'agit a été appelé *Rio Vermelho*, on pourrait croire qu'il est arrosé par la rivière du même nom; mais cette dernière en est éloignée d'environ une lieue et demie, et c'est le ruisseau de *Barreiro* qui coule auprès du village.

Rio Vermelho a été bâti sur une petite plaine entourée de tous les côtés par des montagnes. Il est plus long que large, et se compose d'une cinquantaine de maisonnettes qui, pour la plupart, sont nouvellement construites; mais dont à peine deux ou trois ont été blanchies, et qui toutes ne présentent qu'un simple rez-de-chaussée. Une partie de ces maisons forme une rue qui s'étend à peu près de l'orient au couchant; les autres maisons sont groupées çà et là; toutes sont accompagnées d'un bouquet de bananiers, dont les longues feuilles s'étalent sur les toits couverts en

[1] L'auteur des *Memorias historicas* donne à Rio Vermelho le nom de *N. S. da Penha do Rio Vermelho*, et il ajoute que ce village est situé par le 18° 18' lat. et 333° 18' long., à 9 l. est-nord-est de Villa do Principe, 52 de Marianna, et 130 de Rio de Janeiro. Le même auteur indique une autre population que moi; mais j'ai dû préférer les renseignemens que j'ai pris sur les lieux.

tuiles. L'église est située sur une hauteur, à l'extrémité du village; elle n'est point blanchie; ses murailles de terre tombent de toutes parts, et son intérieur est sans ornement. Le village est environné d'une pelouse, au milieu de laquelle croît en abondance une composée dont les feuilles sont étroites, les fleurs d'un pourpre pâle, et que l'on appelle *erva do vigario*. Des bois vierges très-épais couvrent les mornes assez raides qui, vers le nord, bordent l'espèce de petite plaine où le village est situé; du côté du midi[1], au contraire, la montagne s'élève par une pente douce en formant un hémicycle parfait, et elle ne présente, au-dessus de sa base, que des gazons, puis de petits arbres écartés et des bouquets d'arbrisseaux, indices d'une ancienne culture. L'ensemble dont je viens de tracer le tableau présente un aspect fort agréable.

D'après ce qui précède, on voit qu'il y a une grande différence entre le Rio Vermelho et les villages voisins de Villa Rica; mais ceux-ci furent bâtis par des mineurs riches, et Rio Vermelho, comme Passanha, doit sa fondation à des cultivateurs probablement tous pauvres. Au reste, ces différens villages auront sans doute le même sort; ils seront un jour également abandonnés, si les Mineiros ne se décident point à renoncer à leur système défectueux d'agriculture.

L'air qu'on respire à Rio Vermelho est très-sain,

---

[1] Je dois prévenir que je n'ai pu déterminer la position des lieux avec une rigoureuse exactitude. Je ne répèterai plus cette observation.

et les octogénaires, les centenaires même n'y sont point rares. Peu de temps avant mon arrivée dans ce village, il y était mort deux époux, dont l'un avait cent vingt-huit ans, et l'autre cent trente-deux; et une femme avait péri, il y avait quelques mois, par un accident, laissant, à l'âge de cent trente-deux ans, une fille de quatre-vingt-dix, qui travaillait encore et coupait des arbres avec la hache. En général, des exemples de longévité se rencontrent assez fréquemment dans l'intérieur de la province des Mines, et attestent la salubrité de ce beau pays.

La maladie la plus commune à Rio Vermelho comme à S. Miguel de Mato dentro, à Villa do Principe, Passanha et probablement toute la province, c'est l'hydropisie. Ici on attribue cette maladie aux choux dont les habitans font leur principale nourriture; mais il est beaucoup plus vraisemblable qu'elle est due, à Rio Vermelho comme ailleurs, à l'abus pernicieux de l'eau-de-vie de sucre.

Ainsi que dans une foule d'autres villages, les blancs sont fort rares à Rio Vermelho, et la population presque entière de la paroisse se compose de mulâtres. Ces hommes, pauvres et ignorans, ne pouvaient manquer d'être superstitieux; aussi, dans ce pays, croit-on beaucoup aux sortiléges.

L'agriculture forme l'occupation de tous les habitans du canton; mais ils ont leurs champs à quelque distance du village, et, autour de celui-ci, l'on n'aperçoit point de terres ensemencées. Le tabac, la canne à sucre, le maïs, les haricots, sont les plantes que l'on cultive principalement aux environs de Rio Vermelho. Les caféyers y réussissent très-bien ; cependant on s'occupe peu de ce genre de culture, le café ne se vendant que 1,200 reis l'arobe, prix qui à peine dédommage le cultivateur de ses travaux. On plante aussi peu de cotonniers auprès de Rio Vermelho ; mais c'est parce que ces arbrisseaux n'y produisent pas autant qu'entre Passanha et Villa do Principe. La terre est cependant si fertile, qu'on a vu, m'a-t-on dit, un seul grain de blé donner jusqu'à soixante épis. Ainsi qu'aux environs de Sabará, on se sert ici de baguettes pour battre le froment ; mais comme par cette méthode on perd beaucoup de grains, je tâchai de faire connaître l'usage de notre fléau. Je crus devoir aussi indiquer l'opération du chaulage, non-seulement aux propriétaires de ce pays, mais encore à ceux de la route de Passanha, qui tous se plaignaient de la rouille (*ferrugem*).

Pour la première fois, je viens de parler de la culture du tabac ; je crois devoir faire connaître brièvement en quoi elle consiste dans ce pays. Après avoir coupé et brûlé les *capoeiras*, on fume la terre, et ensuite on y sème les graines du tabac. Lorsque celles-ci sont levées, on garantit les jeunes plantes de l'ardeur du soleil, en les couvrant avec des feuilles de palmier ; mais quand le plant a acquis à peu près la hauteur de quatre doigts, on lui ôte son abri. La graine avait été semée très-dru ; mais lorsque le plant a environ un pied, on a soin de le repiquer. Quelques colons ne fument point le terrain où l'on transporte les jeunes pieds de tabac; mais ceux-ci poussent beaucoup mieux, quand on fait usage du fumier. On replante le tabac par rangées, entre lesquelles on laisse assez de place pour qu'un homme puisse passer facilement, et, dans la même rangée, on met environ trois palmes de distance d'un pied à l'autre. On nettoie la terre autant de fois qu'elle en a besoin, et, chaque jour, jusqu'au moment où se fait la récolte, on enlève les bourgeons qui naissent à l'aisselle des feuilles, afin de faire prendre à celles-ci plus de vigueur. On peut semer le tabac dans toutes les saisons : celui qui vient pendant les pluies produit des feuilles plus grandes; mais celui du temps sec, que l'on est obligé d'arroser, a plus de force et de parfum. Pour se procurer du fumier, on garde à l'écurie autant de chevaux qu'il est nécessaire, et on les nourrit au râtelier avec de l'herbe fraîche. Dans les environs de Bahia, les propriétaires, m'a-t-on dit, entourent les terrains qu'ils doivent planter de tabac l'année suivante; et, tous les soirs, ils y font parquer leur bétail pour engraisser la terre. D'après ce qui précède, on voit que la culture dont il s'agit demande infiniment plus de soin que celle du maïs et des haricots; aussi y a-t-il beaucoup de propriétaires qui ne veulent point s'y livrer.

Je fus reçu à Rio Vermelho par M. Martinho Teixeira, beau-frère de l'adjudant du commandant de Passanha. Ce brave homme était extrêmement gai, et s'amusait beaucoup d'entendre parler une langue qui n'était point celle de Rio Vermelho. Mes plantes ne l'amusaient pas moins, et ses nombreuses questions montraient toute sa curiosité.

M. Teixeira me fit, avec beaucoup d'esprit et d'originalité, la satire de la vie paresseuse de ses compatriotes. Il prétendait, entre autres, qu'ils n'usaient leurs chemises que par-derrière et sur les côtés, parce qu'ils étaient toujours couchés; ou bien aux coudes, parce qu'ils ne pouvaient s'entretenir sans être appuyés. On se repose le lundi, ajoutait-il, de la fatigue d'avoir entendu le dimanche une messe d'un quart d'heure; le mardi, on laisse travailler ses nègres à sa place; le mercredi et le jeudi, il faut bien aller à la chasse pour manger un peu de viande; il faut pêcher le vendredi et le samedi, parce que ce sont des jours maigres; enfin le dimanche on se repose des travaux de toute la semaine. Un arbre tombe-t-il dans un chemin, on fait un sentier qui passe dans le bois, et va regagner le chemin de l'autre côté; on eût employé beaucoup moins de temps à couper l'arbre; mais il aurait fallu se servir de la cognée, et en faisant le sentier on laisse les gros arbres; on se contente de couper les arbustes, et pour cela on n'a besoin que de son couteau. Un homme a-t-il de la farine à aller chercher, il monte sur sa mule, prend un petit sac, et fait six voyages : en mettant un bât sur la mule, il eût pu lui faire porter toute la charge en une seule fois; mais il aurait été forcé d'aller à pied.

J'allai rendre visite au curé de Rio Vermelho, qui se plaignit beaucoup de ce que je n'étais pas descendu chez lui. Il traduisait parfaitement le français en portugais, et se servit, pour m'en donner la preuve, d'une bible de Sacy. Cet exemple et plusieurs autres montrent assez que le clergé de la province des Mines n'est pas aussi ignorant que l'on pourrait le croire.

Dans l'espace d'environ une lieue au-delà de Rio Vermelho, le pays est encore le même. Mais à un détour que fait la route, j'aperçus un *andaia* : ce cocotier ne se trouve point dans les grands bois; il craint l'ombre, et devait être le signal de quelque changement dans le paysage. Alors, en effet, je cessai de voir des forêts obscures, telles que j'en avais toujours traversé depuis Villa do Principe; je me trouvai au-dessus d'une large vallée, tandis que celles des jours précédens étaient en général étroites et profondes; les mornes couverts de *capoeiras* devinrent moins élevés, et enfin la campagne perdit cet aspect sombre et sauvage qu'elle avait eu depuis si long-temps.

A deux lieues et demie de Rio Vermelho, je fis halte à la *fazenda* assez importante de *Mundo Novo*, ainsi appelée d'un ruisseau du même nom, sur le bord duquel elle est bâtie. Le propriétaire, M. Martinho Jozé de Santa Anna, me fit le meilleur accueil. Il demeurait encore, il y avait peu de temps, au village de *Rio Pardo*, dans le *termo* de Minas Novas[1], et il avait acheté la *fazenda* qu'il occupe aujourd'hui, afin de se rapprocher davantage des villes, et de pouvoir débiter plus facilement les productions de ses terres. De Rio Pardo, me dit-il, on peut, en vingt-cinq jour-

---

[1] Rio Pardo est situé par le 15° 1′ lat. et 335° 36′ long., dans le *Sertão* ou Désert, à peu de distance du confluent de la rivière du même nom et du *Rio Preto* (Piz.).

nées, se rendre à Bahia, lorsqu'on voyage avec des mulets chargés. A dix journées de ce même village, se trouve, sur le chemin de Bahia, un canton appelé *Conquista,* parce qu'en effet il a été conquis, les armes à la main, sur les indigènes. Celui qui a fait cette conquête est un homme aventureux et plein de courage, qui, toute sa vie, a parcouru les forêts, et qui, à l'âge de cent ans (en 1817), les parcourt encore. Il n'a cessé de faire la guerre aux Botocudos, et, comme le commandant de Passanha, il s'est beaucoup servi d'autres nations indiennes, que la crainte d'un ennemi commun a rapprochées des Portugais, et qui peu à peu se sont civilisées [1].

L'indigotier [2] croît à peu près dans toutes les *capoeiras;* mais celles qu'on trouve avant d'arriver à la

---

[1] Il est clair que c'est de cette expédition que parle Southey, comme ayant eu lieu en 1805 sous les capitaines João Gonçalves da Costa et Raimundo Gonçalves da Costa (*Hist. of Braz.*, III, p. 692). Je ne chercherai point à concilier ce qui est dit ici avec ce qu'a écrit M. le prince de Neuwied de *l'arraial da Conquista.* Ce qu'il y a de sûr, c'est qu'il n'y a pas d'*arraial* qui soit, comme l'avance M. de Neuwied, chef-lieu de *comarca,* et Conquista ne fait point partie des cinq capitales de *comarca* que l'on compte dans la province de Bahia, savoir, celles de *Bahia,* de *Jacobina,* de *Serzipe d'El Rey,* des *Ilheos* et de *Porto Seguro* (V. Pizarro).

[2] N'ayant malheureusement pas mes échantillons sous les yeux, je ne saurais dire avec certitude si les botanistes doivent regarder cette espèce comme absolument identique avec celle des Antilles.

fazenda de Mundo Novo, sont entièrement composées de cette plante. On n'en tire aucun parti pour le commerce; mais les propriétaires l'emploient quelquefois pour teindre les étoffes dont ils s'habillent. M. Martinho Jozé de Santa Anna me fit voir un pantalon qu'il avait teint avec l'indigo de ses terres, et qui était d'un très-beau bleu. Il faudrait recommander la culture de l'indigotier aux habitans des provinces fort éloignées de la côte, parce que, sous un volume peu considérable, l'indigo représente de grandes va-

FIN DU TOME PREMIER.

ERRATA.

Pages	Lignes	Au lieu de	Lisez
10	2	Uraguay..........	Uruguay.
16	20	partant..........	par tant
20	15	Corcoyado........	Corcovado.
21	24 et suiv.	le long des côtés du rocher et à sa partie supérieure; celui-ci	le long des côtés du rocher; et à sa partie supérieure celui-ci
24	16 et 17	celles bâties.......	celle bâtie
25	29	barauna.........	braúna
27	14	Tout le monde sait que le système colonial tendait à retarder les progrès de l'instruction, et depuis que leurs ports	Tout le monde sait que le système colonial tendait à retarder les progrès de l'instruction chez les habitans du Brésil, et depuis que leurs ports
Id.	21	Jejuco..........	Tijuco.
32	3 et suiv.	on n'y trouve plus de singes, fort peu de perroquets et de toucans, et, en 1821, j'apercevais à peine quelques petites espèces dans les campagnes les plus voisines.	on n'y trouve plus de singes, on y voit fort peu de perroquets et de toucans, et, en 1821, j'apercevais à peine quelques petites espèces de la famille des passereaux dans les campagnes les plus voisines.
40	24	produisait en même temps un bruit à peu près semblable	produisait un bruit à peu près semblable
41	24	Sasaricons........	Sararicons.
50	6	Inhuma..........	Inhauma
53	29 et 30	vol. VIII p. 2da, p. 32..	vol. IV, p. 32.
54	21	qu'elle a faite......	qu'elle est obligée de faire
55	28	Brasilia.........	Brasiliæ
58	2 et 3	ingenho.........	engenho
59	23	ils.............	elles
60	10	Encrusiada.......	Encruzilhada
60,61,62, 75,82,83, 84,85,86, 88,89,90 et 93	a	..... rezistro........	registro

SUITE DE L'ERRATA.

Pages	Lignes	Au lieu de	Lisez
60	28	Goytacares.	Goytacazes.
63	30	Correg.	Corog. Braz. II, p. 26.
66	24	de l'eau et du bois, allume du feu.	de l'eau et du bois, il allume du feu,
74	10	et, après plusieurs détours, finit.	et, après plusieurs détours, il finit
82	4	population.	contrée
94	9	n'eût été.	ne serait
97	4	*tobaca* ou *tobioca*.	*taboca* ou *tabioca*.
Id.	10	*toboca*.	*taboca*
103	28	recourbent.	recouvrent
105	6 et 7	vintems.	*vintéis*
110	17 }	*casa d'escuteiro*.	*casa d'escoteiro*
128	12 }		
112	14 et suiv.	celui, par exemple, des Monts-d'Or en Auvergne, lorsque après avoir passé le pic de Sancy on arrive à Vassivière.	celui, par exemple, des Monts-d'Or en Auvergne, entre le pic de Sancy et le village de Vassivière.
Id.	18 et suiv.	Je n'ai pas besoin de dire que les campos ne sont pas les mêmes de tous les points de la chaîne occidentale jusqu'au Rio de S. Francisco ;	Je n'ai pas besoin de dire que les *campos* ne sont pas partout les mêmes entre la chaîne occidentale et le Rio de S. Francisco ;
119	26	par la rencontre de deux rues principales.	par la rencontre des deux rues principales.
124	14	l'habitation appelée *Padre Anastasio*, est semblable	l'habitation appelée *Padre Anastasio* du nom de son propriétaire actuel, est semblable
125	9 et suiv.	Les oiseaux que je voyais de ces lieux découverts,	Les oiseaux que je voyais dans ces lieux découverts,
127	22	nous semblaient.	nous parurent
137	25	ANTONIO DIAS DE THAUBATÈ,	ANTONIO DIAS DE *Thaubaté*,
140	29	annoncent.	annonce
144	23	Cette façade donne sur une terrasse très-étroite qui domine la caserne, un des petits côtés du bâtiment fait face à la place ;	Cette façade donne sur une terrasse très-étroite qui domine la caserne. C'est un des petits côtés du bâtiment qui fait face à la place ;
148	19	des pièces tirées	une pièce tirée

SUITE DE L'ERRATA.

Pages	Lignes	Au lieu de	Lisez
160	19	*Riberao de Carmo*...	*Ribeirão do Carmo*
163	9	que je fisse cette démarche,	que je fisse des démarches pour pouvoir m'y promener,
185	11 et 12	les yeux se distinguent à peine de ces hideuses protubérances.	les yeux se distinguent à peine au milieu de ces hideuses protubérances.
186	10	*Serra do Caraça*...	*Serra da Caraça*,
Id.	27	d'une qualité aussi belle.	aussi beau
187	4	de sapocynées.	des apocynées.
188	14	*Catas Atas*[1] *de Mato dentro*	*Catas*[1] *Altas de Mato dentro*
Id.	18	vintems.	vintēis
194	8	on les coupe, ensuite on les brûle,	on les coupe ensuite, on les brûle,
208	16	sont attachés.	est attaché
224	20	*anthirrhinum*.	*antirrhinum*
Id.	25	*sauvagesia*.	*lavradia*
241	12	général.	gouverneur.
247	15	elle.	cette dernière
256	6	commençait sur le terrain même de l'opération du lavage ;	commençait sur le terrain même l'opération du lavage ;
261	5	*arriero*.	*arrieiro*,
263	16	les analyses.	l'analyse
264	2	*capoeiros*.	*capoeiras*
Id.	17 et suiv.	bordé par des masses de végétaux serrées, que lorsque deux mulets vont en tellement sens contraire,	bordé par des masses de végétaux tellement serrées, que lorsque deux mulets vont en sens contraire,
266	3 et 4	dont la couleur jaunâtre, mêlée au vert obscur et plus cendré.	dont la couleur jaunâtre, mêlée au vert plus obscur et cendré
268	20	de ces immenses bambous.	de ces immenses graminées
288	4	*Girão*.	*Girao*.
301	1	n'est blanchie.	n'a été reblanchie,
305	14	on construit.	on a construit,
307	28	le gouvernement était un de ceux	le gouvernement du Brésil était un de ceux
309	21	dans la grande chaîne occidentale de Congonhas,	dans la grande chaîne occidentale auprès de Congonhas,

SUITE DE L'ERRATA.

Pages	Lignes	Au lieu de	Lisez
312	13	les blessures.	ses blessures,
318	19	chá de pedreste.	chá de pedestre
322	8, 13, 16, 20, 27,	carapatos.	carrapatos
336	18	ses chiens.	ces chiens ;
343	27	de *Congonhas*, de *Sabará*.	de *Congonhas de Sabará*
345	10	où l'on a retranché un petit morceau.	où l'on en a retranché un petit morceau
347	1	aucun prêtre ne les accompagne,	presque jamais aucun prêtre ne les accompagne,
351	4	une partie.	plusieurs
368	28	*corregidor*.	*corregedor*,
385	10	*girãos*.	*giraos*.
401, 410, 413, 415, 433 et 439		Malali's.	Malalís
414	5	Macuni's.	Macunís,
417	11	L. et Mart.	L. ex Mart.
418	9	que pour neuf journées.	que neuf journées
Id.	23	Rico Doce.	Rio Doce,
444	28	salpêtrée.	salpêtré

www.ingramcontent.com/pod-product-compliance
Lightning Source LLC
Chambersburg PA
CBHW050608230426
43670CB00009B/1313